Franz Stock
1904-1948

Raymond Loonbeek

Franz Stock
(1904-1948)
La fraternité universelle

Préface de
Nicolas Villeroy de Galhau

Deuxième édition revue et augmentée

SALVATOR
103, rue Notre-Dame des Champs
F-75006 Paris

Maquette intérieure : Atlant'Communication

Couverture : Isabelle de Senilhes

103, rue Notre-Dame des Champs F-75006 Paris

e-mail : salvator.editions@wanadoo.fr
site internet : www.editions-salvator.com

ISBN : 978-2-7067-0484-0
Dépôt légal : mars 2007

Le présent ouvrage a obtenu en 1993
le prix Philippe VIANNAY

« Défense de la France »

Sommaire

Préface

Pourquoi une réédition ?

C'est tout simplement devant la demande croissante de littérature concernant Franz Stock qu'il est apparu intéressant, voire nécessaire, d'offrir aux amis de Franz Stock une nouvelle édition, corrigée à la lumière de certaines connaissance nouvelles, de ce livre spécialement intéressant et documenté dont l'édition originale remonte à l'année 1992.

Pourquoi une nouvelle préface ?

Depuis 1992 beaucoup de choses ont évolué en Europe. Le miracle de la réconciliation franco-allemande était bien devenu une réalité, sans que l'on sache très bien au fond, s'il s'agissait de la volonté exprimée par quelques utopistes généreux ou si, au contraire, il pouvait s'agir d'un mouvement profond et susceptible de trouver un enracinement dans la population européenne et française en particulier.

Que peut-on dire aujourd'hui ?

Tout simplement une chose fondamentale : c'est que sans doute, s'il n'y avait pas eu à l'origine la volonté de quelques précurseurs de dépasser, sans oublier, les affrontements et les horreurs du dernier conflit, l'Europe dont le noyau dur est incontestablement l'amitié franco-allemande, n'existerait tout simplement pas aujourd'hui.

Parmi les précurseurs, il y a les noms bien connus de Robert Schuman, Jean Monnet, Paul-Henri Spaak, ou encore Edmond Michelet, et beaucoup d'autres. Mais il convient d'y ajouter celui de Franz Stock qui avait déjà perçu avant la guerre, et sans se douter de ce qui allait se passer, que l'amitié entre « cousins germains » était d'abord naturelle entre peuples à la civilisation et aux sources culturelles communes et aussi, et surtout, qu'elle était indispensable à l'équilibre du monde.

Il est très frappant de constater que depuis plus de cinquante ans, les grands protagonistes de cette réconciliation ont bien souvent été ceux qui, eux-mêmes ou leurs familles, avaient le plus souffert des exactions du régime nazi. Ce constat est sans doute rassurant, si l'on s'interroge sur la nature humaine et sur sa capacité à renverser le cours des choses les plus dramatiques.

Les associations qui honorent le souvenir de Franz Stock sont fières de participer à ce travail de mémoire et de réconciliations dont ce livre est une illustration magistrale.

C'est une des raisons qui les encouragent à poursuivre le projet de création du « Centre européen de rencontre Franz Stock » au Coudray-Chartres, dans ce que l'Histoire a retenu sous le nom de « Séminaire des barbelés » et où Franz Stock a consacré les deux dernières années de sa trop courte vie à encadrer de jeunes séminaristes allemands, destinés à être le ferment de l'Allemagne nouvelle.

Ceux qui seraient intéressés à participer à cette réalisation, trouveront à la fin de cet ouvrage un formulaire de participation financière. Qu'ils en soient ici remerciés.

Nicolas VILLEROY DE GALHAU
Président du « Centre européen de rencontre Franz Stock »

Prologue

Bierville : une rencontre décisive

L'itinéraire de Franz Stock est surprenant. Qui chemine dans la vie, l'esprit ouvert et le cœur accueillant, sort forcément des sentiers battus. Mais ces « déviances » mêmes sont des zones de rencontre. Par bonheur, d'autres guetteurs, d'autres quémandeurs de sens, d'autres déshabitués explorent eux aussi des pistes nouvelles. Cela donne des entrecroisements et des convergences. Le congrès de Bierville de 1926 fut l'un des carrefours de ces utopistes réalistes (mais où est le réel ?). L'organisateur ? Marc Sangnier dont ce n'est pas le coup d'essai. Le thème de la rencontre ? La paix par la jeunesse.

Les canons se sont tus depuis huit ans à peine. L'Europe sort d'une guerre suicidaire, mais les plaies ne sont pas cicatrisées. Pire, malgré la paix conclue, la rancœur et la haine continuent à distiller leur venin dans le cœur des signataires de Versailles. Marc Sangnier est d'avis qu'il faut penser, sentir et agir autrement. Il voue sa fortune et son éloquence à la promotion de la compréhension entre les hommes et à leur rapprochement. En août 1926, son domaine de Bierville, situé sur le territoire de Boissy-la-Rivière, près d'Étampes, à cinquante kilomètres au sud de Paris, est le vaste théâtre d'une rencontre des pèlerins de la paix. Ils sont six mille jeunes (on avance souvent le nombre de dix mille) à vouloir que la guerre n'ait pas d'avenir. Ils viennent de trente-trois pays différents. Parmi eux, huit cents Allemands. Dans le groupe, un séminariste de Paderborn : il se nomme Franz Stock et aura bientôt vingt-deux ans. Il est fasciné, comme tous les participants, par le verbe enthousiaste de Sangnier et par l'ambiance fraternelle de Bierville. Les jeunes congressistes allemands et français savent quel terrible tribut leurs deux pays ont payé à la guerre. Ils respectent l'héroïsme de ceux qui sont tombés, mais ils veulent tout faire pour que l'hécatombe ne se renouvelle pas. La voie exigeante du dialogue leur paraît s'imposer. Elle est faite d'acceptation de l'altérité, d'objectivité intellectuelle, de confiance en l'autre. Elle requiert en outre que ces dispositions s'incarnent dans des attitudes concrètes : oser parler et savoir écouter.

Les participants à ces grandes assises de la paix se répartissent dans des cercles de discussion. Franz Stock y rencontre un étudiant français, Joseph Folliet. Le courant passe entre eux. C'est le début d'une amitié durable et l'amorce d'un commun cheminement.

Franz était venu d'Allemagne avec six condisciples dont Joseph Weber. Or, il était convenu que celui-ci se rendrait à Tulle après le congrès, dans la famille de Paul Maureille, présent lui aussi à Bierville, avec qui il correspondait depuis deux ans dans le cadre de la *Friedensbund deutscher Katholiken*. L'invitation fut étendue à Franz. C'est ainsi que son premier séjour en France se prolongea par une incursion en Corrèze. À Tulle même, les deux Allemands se firent des amis parmi les jeunes du Cercle catholique. Franz Stock apprécia beaucoup un curé de la ville, l'abbé Léon Tournet. Des liens se tissèrent d'une qualité telle que l'expérience se renouvela l'année suivante.

À travers les hommes et les paysages, par-delà le vécu de Bierville et de Tulle, Franz Stock pénétrait dans la France profonde. Il en découvrait l'âme et la culture. Il restait Allemand, bien sûr. Mais la certitude se renforçait en lui que l'animosité envers l'ennemi héréditaire pouvait et devait être dépassée, que le nationalisme était une position injustifiée.

Une vingtaine d'années plus tard, dans la lettre qu'il adressa le 18 juin 1946 à Mme Coudert, employée de librairie, l'abbé Stock évoque ce premier contact avec la France. Les confidences n'abondent pas dans ses écrits. Je citerai donc ce précieux témoignage malgré les imperfections de style. « C'est en Corrèze où j'ai pris le premier contact avec la France, au mois d'août 1926, *et depuis cela ce pays ne m'a plus laissé*. Là j'ai pris l'initiative de faire mes études à Paris et j'ai commencé en effet, en mars 1928… Extrêmement instructifs et impressionnants furent mes séjours sur le sol français. Je lui dois une grande portion de ma culture spirituelle et littéraire… »[1]

Le témoignage de Paul Maureille contient de précieuses indications : « C'est au cours de son second séjour (1927) que Franz Stock m'a fait part de son désir de poursuivre ses études en France. Je ne sais s'il y pensait avant, mais je me souviens très bien de ses propos : "L'Église catholique ne renie aucun patriotisme, mais le nationalisme est un danger contre lequel ses prêtres doivent lutter à l'avant-garde, en Allemagne et en France particulièrement. Pour être prêtre avant d'être Allemand, en allant étudier dans un séminaire français, je conforte ma vocation de 'catholique'.[2]" De fait, il est dorénavant happé par la France : Bierville, Folliet, Tulle, les études à Paris, les Compagnons de Saint-François… Tout s'enchaîne. Comme il avait raison l'ambassadeur d'Allemagne qui, lors de l'inauguration, le 23 avril 1989, de la plaque commémorative apposée sur la maison de la rue Lhomond où Stock résida longtemps, prononça ces paroles : « La France ne l'a plus lâché. »

L'exaltation immodérée de la nation imprégnait les esprits. Le manifeste de la Ligue d'Action française (1905) déclare « qu'un vrai nationaliste place la

1. Cité par Jeanne ANCELET-HUSTACHE., Postface à E. KOCK, *L'abbé Franz Stock*, [Tournai, 1968], p. 225.
2. Cité par P. MAUREILLE, Lettre du 31 décembre 1991 à l'auteur.

patrie avant tout ; il conçoit donc, il traite donc, il résout donc toutes les questions politiques pendantes dans leur rapport avec l'intérêt national ».

Sous sa forme maurrassienne, très influente en France, le nationalisme est présenté comme le remède le plus adéquat à la décadence qui menace toute la civilisation européenne, à la crise de l'esprit dont est responsable le progrès technique et industriel. C'est un système cohérent, qui intègre la politique, la philosophie, la sociologie et même la poésie. Il espère et croit trouver un allié dans « l'ordre *catholique* et romain » rempart efficace, selon Charles Maurras, contre le *christianisme* échevelé et désordonné, qui a laissé contaminer la civilisation gréco-romaine par le virus sémite générateur de décadence et de révolte. Ce ferment envenimé recèlerait, telle la boîte de Pandore, tous les maux qui ont déferlé sur l'Occident : la rébellion de Luther, l'esprit libre-exaministe, la philosophie des Lumières, la Révolution française et l'utopie démocratique. Par bonheur, « la grande construction catholique » a su contenir cette avalanche. En les enrobant dans son chant liturgique latin, l'Église de Rome a su « mettre aux paroles du *Magnificat* » il renverse les puissants de leur trône « une musique qui en atténue le venin »[1]. Les conceptions maurrassiennes ravalent donc la religion au rang de contrefort docile d'un pouvoir fort, donc monarchique, excluant toute référence déterminante à un Absolu autre que la Nation. Nationalisme et intégrisme religieux, s'ils ne coïncident pas, ont assez de convictions communes pour être l'un pour l'autre pourvoyeur d'adeptes.

Lors de l'expansion coloniale des Européens vers 1880, les nations européennes marquent jalousement leur préférence pour la présence de leurs missionnaires respectifs dans les terres qu'elles s'approprient ou qu'elles convoitent. La République, laïque en territoire métropolitain, est assez opportuniste pour protéger dans les territoires d'outre-mer les missionnaires qui diffusent la langue et la culture françaises.

La terrible hécatombe de la Grande Guerre, qui a coûté à la France la vie de 1 400 000 soldats renforce encore le nationalisme. Les tentatives de rapprochement franco-allemand, inspirées par le prix exorbitant de la victoire, trouvent peu d'audience. La raison, en effet, est démunie en face des passions ; les sentiments suscités par le mouvement pacifiste ne font pas le poids devant ceux qu'éveille dans les masses l'exaltation de la patrie. Dès sa première lettre encyclique, Benoît XV avait jeté l'opprobre sur les excès du nationalisme à qui il imputait la responsabilité de la guerre. Après le conflit, l'encyclique *Maximum illud* (1919) – qui accueillait les idées ardemment défendues par le lazariste belge Vincent Lebbe œuvrant en Chine – rejetait catégoriquement le nationalisme missionnaire européen. Pie XI sur la lancée

1. C. Maurras, *Le chemin de paradis*, 1895.

de son prédécesseur, dénonce dès son encyclique inaugurale *Ubi arcano* du 23 décembre 1922 « l'amour exagéré de son pays » et le nationalisme étriqué « qui allait jusqu'à refuser aux autres nations le droit de vivre et de prospérer » (R. Aubert). Il l'oppose à l'amour de la patrie, parfaitement justifié et légitime. Il dira un jour : « Tous les pays veulent avoir, en certaines régions, des missionnaires de leur peuple et de leur langue, pour y favoriser l'influence politique de leur gouvernement. C'est un fâcheux oubli du rôle universel de la religion... » En 1931, il s'en prendra plus durement à « l'impérialisme nationaliste qui fait de chaque peuple son propre Dieu ».

En Allemagne, le nationalisme ne date pas de l'accession de Hitler au pouvoir. En 1870, Bismarck, s'appuyant sur le peuple et le sensibilisant à une histoire et à une culture communes, avait assuré le triomphe d'un État unifié et souverain sur les particularismes. Avec Guillaume II, le pays se lance, de façon plus aventureuse, dans une *Weltpolitik* (politique mondiale) résolument expansionniste ; la presse quotidienne en plein essor développe dans les masses un sentiment de supériorité fondé sur la rapidité de la croissance industrielle ; parallèlement s'affirme une mentalité pangermaniste. La priorité absolue accordée aux intérêts de la patrie constituera la composante essentielle du fascisme hitlérien : le national-socialisme s'appuie sur un nationalisme humilié. Il relève davantage de l'affectivité et de la force irrationnelle que de l'intelligence et tire de cette origine son élan et son dynamisme indomptable. II excelle à raviver le sentiment d'appartenance au groupe et à le développer dans des liturgies exaltantes. Le groupe suprême, dans l'optique nationale-socialiste, au lieu d'être la patrie ou l'État, est la communauté raciale. Pour sauvegarder la pureté supposée du sang aryen, fondement de la supériorité germanique, il faut éliminer tout ce qui peut la vicier. Les Juifs viennent en tête de ces éléments corrupteurs qu'il s'agira d'extirper par les moyens les plus radicaux.

Aujourd'hui, et déjà depuis quelques décennies, les pays d'Europe occidentale tentent tant bien que mal de surmonter leurs nationalismes. La France et l'Allemagne, qui se sont épuisées dans des luttes fratricides, forment maintenant l'élément moteur de la construction de l'Europe. Œuvrant dans les ténèbres, Franz Stock, en n'étant que prêtre, fut un précurseur. Pour lui, il n'y avait « ni Juif ni Grec, ni esclave ni homme libre, ni homme ni femme » car, à ses yeux, tous ne faisaient qu'un dans le Christ Jésus dans les pas de qui, humblement, il voulait mettre les siens. « Tout homme, écrit Karl Rahner, qui peut parler par-dessus les frontières de la séparation et de l'incompréhension a droit à l'honneur et à la reconnaissance. »

PREMIÈRE PARTIE

FORMATION ET PREMIERS MINISTÈRES (1904-1939)

1. L'apport de la famille et du terroir

Le Sauerland forme aujourd'hui, au cœur de l'Allemagne, l'arrière-pays touristique de la Ruhr. Cette région boisée et sauvage, coupée de vallées encaissées, fait partie du massif schisteux rhénan. Culminant à 841 mètres, le Sauerland constitue pour le bassin industriel tout proche, une précieuse réserve d'eau dont les barrages ont rationalisé l'utilisation. Aux abords de Neheim, le relief se calme. La bourgade, située au nord du Sauerland, s'inscrit dans un paysage empreint de douceur. Les collines boisées, les champs, les lacs, les prairies y invitent à la promenade. C'est dans cette ville blottie dans une vallée où confluent la Ruhr et la Möhne, à la jointure de la Ruhr industrielle et des forêts westphaliennes, que Franz Stock vit le jour le 21 septembre 1904.

Le statut administratif de la localité évoluera. En 1941, Neheim fusionne avec Hüsten et en 1975, la cité fusionnée est intégrée dans la ville d'Arnsberg, centre administratif de l'arrondissement (Bezirk). Ce complexe urbain compte aujourd'hui près de 80 000 habitants. Située à quarante kilomètres à l'est de Dortmund, Neheim était suffisamment proche du bassin industriel de la Ruhr pour bénéficier de son essor industriel au XIXe siècle. Déjà en 1809, un visiteur comparait la vallée de la Ruhr à une Angleterre en miniature. Les habitants de Neheim ne tardèrent pas à abandonner l'agriculture, qui requiert un sol plus fertile, pour chercher du travail dans la métallurgie et dans les industries électriques. À Neheim, « ville des lampes », la petite industrie vit en bonne intelligence avec la nature.

C'est dans une entreprise d'accessoires de chaussures que le père de Franz Stock trouvera du travail à Neheim. Originaire de Ruhne, village des environs, deuxième de quatre fils, il avait logiquement laissé à son frère aîné l'exploitation de la ferme familiale et, comme beaucoup, avait trouvé son gagne-pain dans la ville voisine. Tout jeune, il reçut sa formation dans la firme Schäckel und Geele, qui fabriquait des chausse-pieds. Il était chargé d'y graver les noms de la firme et de la ville. Il rêvait de monter sa propre affaire, mais la guerre et l'inflation galopante qui suivit réduisirent ce projet à néant.

Cet homme réservé aimait beaucoup les fleurs. Celles-ci vinrent un jour au secours de sa timidité. C'est, en effet, par l'envoi d'une lettre représentant un bouquet de myosotis et portant quelques mots, qu'il avoua ses sentiments à Franziska Schramm, originaire du même village que lui. Le jeune foyer vécut d'abord chez un oncle à Stockum. Le père se rendait chaque jour à vélo à son lieu de travail. Plus tard il disposa d'un pied-à-terre à Neheim, ne rejoignant sa famille qu'à la fin de la semaine. La construction du barrage de la Möhne contraignit toute la maisonnée, l'oncle y compris, à émigrer définitivement à Neheim. La famille se fixa à la Gartenstrasse sans se douter le moins du monde qu'un demi-siècle plus tard, la rue où elle s'installait porterait le nom de l'aîné des enfants[1].

Entre-temps, deux fils étaient nés : Franz vit le jour à Neheim en 1904 ; la naissance de Johann survint un an plus tard. Sept autres enfants allaient agrandir la famille. Mais les jeunes parents connurent une des plus grandes souffrances qui puissent être infligées à des êtres humains : trois de leurs enfants moururent très jeunes. Un quatrième, Heinz, allait leur être enlevé pendant la Seconde Guerre mondiale. On reste ébahi devant la résistance des parents dans le malheur. Le dynamisme du foyer ne fut pas brisé par ces terribles épreuves. C'est que la simple et profonde foi paysanne unifiait toute leur existence.

La Westphalie était une zone de forte tradition catholique, à l'inverse des régions voisines du Nord et de l'Est largement acquises à la Réforme. La population de Neheim, où vécut Franz enfant et adolescent, était catholique homogène ou peu s'en faut. Des hauteurs dominant la ville, quatre chapelles – dont celles d'Odenhausen et de Wiedenberg – où l'on se rendait en pèlerinage, veillaient avec diligence sur la cité. Pour sa part, depuis 1907, le curé-doyen Anton Müting, tel un monarque, présidait avec autorité et résolution aux destinées religieuses de la localité.

Mais la vie d'un enfant commence avec ses parents. C'est en eux qu'il puise toute une part de ce qu'il sera. Dans un article bref mais dense paru en 1988 à l'occasion du quarantième anniversaire de la mort de Franz Stock, sa sœur Resi (Theresia), cadette de la famille, brosse un remarquable tableau de l'ambiance familiale[2]. Nous possédons aussi le témoignage d'amis de la famille, en particulier celui d'Anton Albert, premier biographe de Stock.

Le père parlait peu. Ce laconisme était dû, semble-t-il, à son tempérament plus qu'à une certaine surdité. Homme modeste, laborieux, d'une vive sensibilité, il était tout donné à sa famille. On aurait pu le dire « homme d'intérieur » si son travail habituel ne l'avait pas retenu loin du foyer. Mais aussitôt rentré chez lui, son activité se poursuivait au bénéfice des siens. Le jardin familial était l'objet de sa sollicitude, mais c'est surtout à travers ses doigts

1. La maison a été transformée en Fondation. Elle se visite comme lieu de mémoire et a conservé son mobilier d'origine.

2. Theresia STOCK, *Unser Bruder Franz. Ausschnitte aus Erinnerungen der Familie Stock,* article dans 1988. *Deutsch-Französische Begegnung in Arnsberg,* p. 36-38.

que s'exprimaient ses dons d'intelligence et d'imagination. Son esprit inventif lui inspirait la fabrication de jouets parfois sophistiqués et d'objets qui venaient à point pour embellir la pièce de séjour, par exemple, des encadrements artistiques ; de nombreuses corbeilles en osier, de forme variée, sortirent de ses mains. Sa bonté s'exprimait, mieux qu'en paroles, par des attentions concrètes, notamment par des cadeaux qu'il avait lui-même confectionnés. « Il se passait toujours quelque chose, écrit Resi. Tout matériau avait pour lui une signification. » Être associé à ces activités de bricolage faisait les délices de Franz au retour de l'école. Cette activité manuelle intense perturbait parfois l'ordre de la maison, ce qui provoqua l'une ou l'autre fois l'intervention énervée mais efficace de la mère pour rétablir l'harmonie de l'habitat.

Mme Stock possédait les vertus complémentaires de celles de son mari. Sans cesser d'être maîtresse de maison, elle était la garante des contacts extérieurs. Elle était ouverte, pleine de vie et d'entrain, très accueillante pour les nombreux visiteurs. C'est elle, à coup sûr, qui apprenait aux enfants que la vie ne se limitait pas au périmètre familial.

Les parents avaient cependant des points communs. En particulier le don de créativité et le sens esthétique, qui se manifestent notamment dans la décoration de la maison lors des fêtes qui étaient intensément célébrées. Les enfants y étaient impliqués.

Les époux partageaient aussi une profonde piété. Les épreuves avaient encore approfondi leurs convictions religieuses. On priait en famille. Amis et visiteurs éventuels participaient à cette prière.

On ne peut passer sous silence la présence de l'oncle. Après avoir accueilli les nouveaux mariés dans sa maison de Stockum-sur-Möhne, il les avait accompagnés à Neheim où il seconda efficacement la jeune maman, dont la famille devint vite nombreuse. Mais son apport dans l'éducation résidait surtout dans son talent de conteur, car il avait beaucoup lu. Il garantissait quelque répit aux parents quand il tenait les enfants en haleine en leur racontant des légendes du cru, où héros et esprits doués de double vue tenaient les rôles principaux. Ses auditeurs ont gardé le souvenir des longues soirées d 'hiver, où l'on dégustait des pommes cuites sans perdre une parole de l'oncle. Outre son talent de narrateur, il avait celui du tressage de l'osier qu'il enseignait à ses neveux.

L'éducation dispensée se caractérisait par quelques mots : apprentissage de la liberté, de la générosité ; incitation à la créativité – trait insolite dans la pédagogie de l'époque - ; découverte de la force de la prière et des liens familiaux faits d'amour et de confiance réciproque. Il en résulta des enfants aux personnalités très diverses. Resi croit pouvoir les répartir en deux groupes : les uns pratiquaient l'expectative, les autres se fixaient sans cesse de nouveaux objectifs. Mais tous avaient beaucoup d'amis. Franz appartenait au second groupe. « Sa soif de découvrir était illimitée. Pour lui il n'y avait aucun matériau à portée de main qui ne conduisît à une fonction déterminée. De tout il savait faire quelque chose. Plus tard, ce furent ses dessins ou la photographie qui fixaient les formes et les traits. Il associait Johann, le puîné, à tout ce qu'il vivait. » Cette ingéniosité et cet esprit d'entreprise, il les partagea plus tard avec ses condisciples et ses frères et sœurs en âge de lui emboîter le pas. Ce fut le cas notamment de Franziska, de cinq ans plus jeune, à l'époque des mouvements de jeunesse et, plus tard, quand il sera prêtre. Resi observe que cette capacité de faire servir les choses à un usage neuf et adéquat s'exercera ultérieurement au niveau humain : Franz a besoin d'agir, d'organiser, de créer, de rechercher des voies nouvelles. Cette aspiration provoquera des rencontres et chaque rencontre inspirera un écrit ou une publication.

Au demeurant, l'enfance de Stock s'écoula comme celle des autres enfants. À six ans, il fréquente la *Volksschule* (école primaire). Franz avait neuf ans quand ses parents occupèrent la maison qu'ils avaient fait construire à la Gartenstrasse. Hélas, dès l'année suivante la guerre éclata. Le père fut mobilisé. Maman resta donc seule, confrontée au paiement de la maison et à l'éducation des enfants. Pour faire face aux charges financières, elle dut accomplir des travaux saisonniers dans son village natal d'où elle ramenait quelques vivres pour ses enfants. Pour sa part, Franz en aîné responsable cherchait à gagner quelque argent : avec Johann il allait vendre dans les environs de Neheim les paniers qu'il avait tressés avec le vieil oncle[1]. Ces circonstances perturbèrent gravement le déroulement de ses études. On ne passe normalement que quatre ans à la Volksschule. Franz y prolongea son séjour ou resta purement et simplement à la maison. Sa sœur Resi explique que la maman ne voulait pas l'envoyer au lycée parce que le père était à la guerre et qu'elle avait besoin de quelqu'un à la maison pour surveiller les petits.

Le vicaire Böhnisch prépare Franz à la première communion qu'il reçoit à l'âge de onze ans. Il est servant de messe. Cette insertion dans la vie religieuse impliquait une participation active aux fêtes liturgiques, aux processions, aux pèlerinages. Jointe à la ferveur de la prière familiale, elle contribuera à faire entendre à cet enfant sensible et généreux l'appel à la vie sacerdotale.

---

1. Les indications sur l'enfance proviennent pour une part de l'article cité plus haut de Theresia STOCK, de R. CLOSSET, *Franz Stock, aumônier de l'enfer,* [Paris, Salvator, 1992] et de E. KOCK, *L'Abbé Franz Stock.* Traduction, préface et postface de Jeanne ANCELET-HUSTACHE, [Tournai, 1968]. Dans sa postface, la traductrice se réfère à A. ALBERT, *Das war Abbé Stock,* Fribourg, Bâle, Vienne, 1959.

Pendant un certain temps, il envisage de répondre à sa vocation en revêtant la bure franciscaine. Mais dans l'immédiat il tient à poursuivre des études. Pour arriver à ses fins, l'enfant utilise même une sorte de chantage : « Si vous ne m'envoyez pas au lycée, j'irai chez les franciscains. Je veux être prêtre. » Par lettre on se réfère au père. Celui-ci donne son assentiment à l'inscription au lycée[1]. Le doyen Müting, que Maman a consulté, préconise d'apprendre le latin. Franz entamera donc des études au Realgymnasium de Neheim à Pâques 1917[2] avec un retard de trois ans.

Tout ceci ne l'empêchait pas d'être espiègle et bien vivant. Il semble que l'eau et son univers le fascinaient. Enfant, il aimait attraper des poissons dans la Möhne et patiner en hiver. Un jour la glace céda sous les pas d'un de ses frères qui s'était aventuré sur la rivière gelée. Lui-même à deux reprises risqua la noyade : à sept ou huit ans, observant avec trop d'enthousiasme des libellules sur le bord du Mühlenbach, il se pencha en avant et, emporté par le cartable qu'il portait sur le dos, fit le plongeon[3]. À treize ou quatorze ans, Franz se porta volontaire pour un exercice de sauvetage au moyen d'une corde enlacée autour du corps ; la corde s'étant détendue, la manœuvre faillit tourner au tragique. Mystérieuse attraction de l'eau. N'explique-t-elle pas, pour une part, la fascination durable qu'exercera sur lui la Bretagne, terre de l'océan ?

De dix à quinze ans, Franz ne vit presque jamais son père. Cela fait comprendre sans doute ses accointances avec sa mère, provisoirement seule responsable de toute la maisonnée, et le fait que Franz lui ressemblait davantage qu'à son père. Le dynamisme enjoué de Mme Stock, sa capacité de faire face courageusement à des situations nouvelles se retrouvent chez son aîné.

L'adolescence : le lycée et le Quickborn

Au printemps de l'année 1917, Franz entra donc au lycée de sa ville natale, à la Goethestrasse. Rien ne donne à penser que ce séjour dans l'enseignement secondaire laissa sur lui une forte empreinte, exception faite pour le cours d'allemand et d'histoire de M. Schulte. Les découvertes intellectuelles ne le mobilisèrent jamais vraiment sauf celles qui faisaient vibrer sa sensibilité ou débouchaient sur des réalisations concrètes. En classe, Franz ne se distingua que dans une branche, le dessin où il reçut habituellement la

---

1. Les informations sur les contretemps de la période scolaire viennent de Theresia Stock (D. LANZ, Lettre du 23 janvier 1992 à l'auteur).
2. En Allemagne l'année scolaire commençait alors à Pâques.
3. Fait rapporté par son frère Johann, cité par D. LANZ, Lettre du 3 juin 1993 à l'auteur.

mention *Très Bien*. Il manifestait aussi des dons pour la peinture et la sculpture sur bois. De même, l'appréciation fut toujours élogieuse en conduite. Pour le reste il fut un élève moyen. Peu de temps avant l'*Abitur* (baccalauréat), ses bulletins signalent, plusieurs fois d'affilée, des déficiences en allemand et en français[1]. On relève même une fois la mention *Insuffisant* en mathématiques. Pendant les quatre dernières années, il s'inscrivit à un cours de grec en option spéciale. Une longue crise de rhumatisme articulaire l'empêcha de fréquenter l'école pendant les trois quarts d'une année. Il dut de ne pas la redoubler tant à son courage personnel qu'au dévouement de ses condisciples, qui le tinrent informé de l'avancement des matières. N'est-ce pas aussi un indice de l'estime qu'ils lui portaient ?

Quoi qu'on en dise, les grands hommes furent généralement de bons, voire de brillants élèves. Franz Stock est du nombre des exceptions. Son intelligence, surtout sa curiosité et son ouverture intellectuelles sont supérieures à la moyenne, mais il était de ceux qui n'entrent pas dans les cadres préétablis des programmes scolaires. Il suivait seul sa voie propre, il avait son univers mental et une très vive sensibilité. Son attention était sollicitée par le vivant concret. Il n'était pas d'école, du moins de celle que régentait le formalisme. Mais il n'était en rien révolutionnaire et avait assez de sens moral pour s'imposer de réussir les épreuves scolaires. Il le montra bien cette année où le rhumatisme articulaire le handicapa longuement.

La jeunesse d'alors était vivement interpellée par les graves et multiples séquelles de la Première Guerre mondiale. Dans l'Allemagne de l'immédiat après-guerre, du moins à l'Ouest et au Sud, la tendance revancharde était minoritaire. La majorité de l'opinion voulait la paix et même un rapprochement avec la France. On sait que Franz lut la biographie de Moritz von Egidy écrite par H. Driesmans. Officier de l'armée allemande pendant la seconde moitié du XIXe siècle, Egidy dut quitter l'armée où ses idées pacifistes le rendaient indésirable. Stock fit aussi une lecture attentive – ses annotations en témoignent – de l'encyclique de Benoît XV consacrée à la paix[2]. Mais la réflexion chez Franz déclenche l'action : il voulut aller à Genève pour soutenir la candidature de l'Allemagne auprès de la Société des Nations[3]. C'était en 1922, il avait dix-huit ans. Mais son expédition tourna court : faute de visa, il fut refoulé à la frontière…

Au cours de ces années, la seule influence dont l'empreinte fut décisive, hormis la marque hors pair et constante de la famille, fut celle des associations de

1. Voir *ibidem*.

2. *Pacem, Dei munus* du 23 mai 1920. Sur cette encyclique, voir R. AUBERT, *Histoire du Christianisme,* t. 12, p. 312

3. Elle y sera admise le 8 septembre 1926 ; l'Allemagne hitlérienne la quittera le 19 octobre 1933.

jeunesse. Curieusement même, cette influence gagna par son intermédiaire les frères et sœurs. Par le biais des mouvements de jeunesse, Franz *dilatait* sa propre famille.

Pour Franz lui-même ce fut capital et déterminant. Capital parce qu'ainsi allaient éclater les cloisons d'un milieu aux horizons culturels trop limités. Déterminant parce qu'il y découvrira des méthodes et des valeurs auxquelles, tout en les adaptant, il restera fidèle toute sa vie ; mais surtout parce qu'il y développera son goût des rencontres fraternelles et qu'à travers le mouvement Quickborn, il recevra la marque d'un maître à penser, Romano Guardini.

À l'exception de quelques rares initiatives, les premiers mouvements de jeunesse dans les pays industrialisés ne sont apparus qu'au début du XXe siècle. En Allemagne, la *Jugendbewegung* (mouvement de jeunesse) désigne des cercles nés autour de l'année 1900 dans les grandes villes ; ils s'étendront bientôt à tout le pays[1]. Prenant en 1901 le nom de Wandervögel (oiseaux migrateurs), le mouvement organisait de fréquentes courses dans la campagne et des excursions pédestres. Il prônait l'esprit d'équipe et le désir de rencontre. Ses effectifs s'élevaient en 1914 à quarante-cinq mille membres. Ces jeunes entendaient vivre vraiment leur jeunesse, réagir contre l'esprit petit-bourgeois des adultes, mener une vie nouvelle pour des temps nouveaux en réaction contre l'autoritarisme des parents, de l'école et de l'Église ; en réaction aussi contre le rationalisme desséchant. Certes, dans le public, quelques-uns n'y voyaient qu'une « crise d'originalité juvénile » ou une « fugue collective ». Le mouvement préconisait un style de vie que caractérisent simplicité, vie naturelle, sincérité, prise en charge de soi (auto-éducation au lieu de hétéro-éducation), formes neuves de vie commune portées par la joie de vivre. La jeunesse consciente de sa spécificité sortait d'une longue torpeur. Divers mouvements similaires virent le jour. Regroupements, scissions, ramifications, influences réciproques en vinrent à constituer un écheveau particulièrement complexe. La tendance à la différenciation selon plusieurs clivages – socio-politiques, philosophiques et religieux – l'emporta finalement. Certains penseurs-éducateurs chrétiens comme Romano Guardini prirent conscience que ce jaillissement de jeunesse était une chance pour l'Église et que l'Église était une chance pour les jeunes.

Le nazisme, idéologie totalitaire, ne pourra tolérer que la jeunesse lui échappe. Toutes les associations seront dissoutes en 1939 par la police

---

1. On notera que le scoutisme fut fondé par Baden-Powell en 1908, donc vers la même époque. Né dans de tout autres circonstances, il présente des ressemblances frappantes (vie au grand air, connaissance de la nature) avec la *Jugendbewegung*.

secrète, la Gestapo. Les églises seront alors le seul lieu où les jeunes pourront encore se rassembler. Beaucoup trouveront dans la solide formation à la prière liturgique reçue naguère dans les mouvements de jeunesse, un bastion pour leur foi sous la persécution nazie et dans le paganisme ambiant. La *Hitlerjugend,* créée dès le triomphe du Führer, eut beau jeu de développer un mythe de la jeunesse saine contrastant avec le monde corrompu des adultes et investie de l'exaltante mission de créer un ordre nouveau. Des organisations spécialisées embrigadaient les enfants, les jeunes, les femmes, les hommes. G. Schober témoigne : « Ne pas y participer ou refuser son appartenance fut aussi dangereux et mortel que le fait de critiquer le Führer. »[1] Les heures des réunions coïncidaient avec celles des offices divins, si bien que progressivement beaucoup se détachèrent de l'Église. « Ma religion à moi, ce fut la conception du monde national-socialiste, ma bible ce fut "Mein Kampf" du Führer. »[2]

Franz Stock, dans sa jeunesse, ne connut pas, évidemment cet embrigadement. Pendant ses dernières années de lycée, il adhéra à *Neudeutschland.* Ce groupement fondé en 1919 proposait à la jeunesse un idéal élevé de vie renouvelée en Christ au sein d'une communauté qui trouve son achèvement dans l'Église. Il réunit jusqu'à vingt-huit mille membres. Stock le quitta assez rapidement, sous l'influence d'un vicaire de Neheim, pour rejoindre le groupe local d'une autre association, le *Quickborn.* Sur les raisons de ce choix, l'explication de Resi, sœur de Franz, et celle d'un de ses amis, Walter Dirks[3] sont convergentes. C'est le caractère moins intellectualiste, moins autoritaire et surtout la plus grande ouverture d'esprit du Quickborn qui lui firent préférer ce mouvement. Peu porté à une vision théorique du monde, il avait une âme franciscaine, attiré qu'il était par un amour concret de la nature vécu en groupe ; il aimait l'art, la musique et la danse ; jaloux d'une certaine autonomie, il se sentait mal à l'aise dans un cadre strict.

1. G. SCHOBER, *Une enfance en Silésie,* dans *Bulletin de l'Union sacerdotale de Lisieux,* n° 174, janvier 1992, p. 11. L'auteur a rencontré l'abbé Stock à Paris pendant la guerre et après la guerre au Séminaire des Barbelés.

2. *Ibidem.*

3. Journaliste publiciste, ancien membre du Quickborn. où il connut Stock. De trois ans son aîné et comme lui membre de l'Association des catholiques allemands pour la Paix, il le rencontra encore à Bierville. Il a gardé de lui le souvenir d'un être sensible, à la vie intérieure profonde. Dirks appréciait dans le Quickborn le refus d'une intervention autoritaire de l'appareil ecclésiastique, une attitude positive à l'égard de la mixité, la joie de vivre et l'ouverture à la beauté, à la musique surtout, bref un joyeux accueil de la vie qui libère et révèle la personnalité. Il eut en Allemagne dans la direction des *Frankfurter Hefte* (Cahiers de Francfort) une influence analogue à celle d'Emmanuel Mounier en France dans la revue *Esprit.*

Comme le *Jungborn* et les *Kreuzfahrer* (croisés), le Quickborn ne doit pas son existence à une décision de la hiérarchie catholique. Fondé en 1909 dans la ville de Neisse, dans la partie rurale de la Silésie, ce mouvement, qui ne s'appelait pas encore Quickborn, se proposait de lutter contre le fléau de l'alcoolisme, particulièrement parmi les jeunes. Il apparut bien vite aux trois prêtres fondateurs, Hermann Hoffmann, Klemens Neumann et Bernhard Strehler, qu'admonestations et écrits moralisants étaient impuissants à enrayer le mal. L'organisation de fêtes et d'excursions dans une joyeuse ambiance s'avèrerait bien plus efficace. Faire marcher les jeunes était une idée chère à Hoffmann. Neumann apportait au mouvement naissant ses talents d'artiste et entreprit de constituer un recueil de chants qui deviendra le *Spielmann* (le Ménestrel). Strehler quant à lui préconisait de cultiver la joie. Ce trio de prêtres enseignants trouva un propagandiste enthousiaste en la personne d'un franciscain, le Père Elpidius. Au passage, le mouvement naissant charria ainsi quelques éléments de la spiritualité de saint François d'Assise.

Pour faire mieux connaître le mouvement dans le monde scolaire et contribuer à la formation de ses adhérents, Bernhard Strehler publia à partir de 1913 la revue *Quickborn* qui donnera son nom au mouvement[1]. Elle s'adressait aux jeunes de douze à vingt ans. La revue ne publiait pas d'articles proprement religieux, mais était d'inspiration chrétienne. Un peu plus tard, une revue spécifique *Schildgenossen* sera créée pour les aînés.

À Breslau, où enseignait Hoffmann, le jeune mouvement rencontra les Wandervögel, dont il reprit des idées et le style de vie. Mais l'abstinence de boissons alcooliques restait une caractéristique nullement accessoire du Quickborn. Pour les jeunes, elle était vis-à-vis du monde adulte le symbole d'un refus d'imitation pure et simple, une volonté affirmée d'assumer sa propre existence. C'était aussi une forme d'abnégation en vue d'une sorte d'apostolat et de service social.

En 1919, le Quickborn eut la bonne aubaine de pouvoir racheter au prince Aloïs Löwenstein, un vieux château situé à Rothenfels sur le Main, à environ 30 kilomètres à l'ouest de Würzburg. De cette position plus centrale qui donnait au mouvement une sorte de vitrine, le Quickborn put s'implanter dans les régions catholiques de Bavière et de Rhénanie, encore qu'il ne devint jamais un mouvement de masse : ses effectifs ne dépassèrent pas les huit mille membres. À l'inauguration, les Quickborner présents venaient pour la première fois de toute l'Allemagne. Sorti de l'enfance, le mouvement précisait son idéal : entretenir des liens étroits avec l'Église sans cependant se laisser

1. *Born* est un mot poétique signifiant source ; *quick* peut se traduire par frétillant, sémillant. Quickborn, c'est donc « une source frétillante ».

régenter par elle ; porter sur le monde un regard lucide ; le renoncement était souligné, mais en étroite relation avec la poursuite des plus hautes valeurs, il revendique pour les jeunes un triple droit : à la jeunesse, à la liberté, à la joie. Le Quickborn était devenu l'équivalent des Wandervögel. Mais il possédait en propre l'attachement au catholicisme et à ces valeurs concrètes telles que le chant et la danse, qui font l'âme d'un peuple.

Resi Stock m'a communiqué certaines précisions sur les activités du Quickborn. Les réunions hebdomadaires se tenaient à Neheim ou dans les environs à Arnsberg ou encore à Hachen, où la section de Neheim disposait d'un chalet. On partait le dimanche, souvent toute la journée. Des réunions plénières avaient lieu au château de Rothenfels.

Un cahier de douze feuillets (les derniers n'ont pas été utilisés) conservés à l'exposition permanente du Fresekenhof à Neheim témoigne de l'attachement de Franz au Quickborn et de son amour pour la nature. Écrit à l'encre de Chine, en calligraphie gothique, sur fond rouge, le texte traite des idéaux du Quickborn. Il est illustré de gravures peintes sur linoléum. Les enluminures des initiales représentent des jeunes, sac au dos, ou d'autres thèmes d'excursions.[1] C'est tout un engouement pour le Quickborn et pour la nature qui s'exprime là. Dans ce cadre se nouaient des amitiés durables. Ainsi par exemple, à l'occasion d'un camp près de Paderborn, à la Pentecôte de 1924, Franz fit la connaissance de Christoph Allroggen, qui restera toujours un grand ami. Parfois ces escapades le conduisirent en Bavière et même en Autriche.

Au cours des réunions, on essayait de se conformer aux lignes de conduite recommandées par Guardini et contenues dans le cahier de 1920 du Quickborn : bannir tout esprit de supériorité ; ne jamais suspecter les intentions des autres du fait qu'ils s'engagent dans d'autres voies ; demeurer humble ; savoir reconnaître le bien où qu'il se trouve et être toujours disposé à collaborer avec les autres lorsqu'ils poursuivent de nobles objectifs. Tolérance, bienveillance, ouverture. Resi souligne que ces consignes ont marqué son frère en profondeur. Franz ne s'écartera jamais de cette voie. De même, il lira avec beaucoup d'attention le livre de base du mouvement écrit par Guardini : *Lettres sur la formation personnelle*. Leur publication, par cahiers séparés, commence en 1921. Dans l'introduction, l'auteur s'explique : on ne s'inscrit pas au Quickborn pour n'y chercher que la marche, les jeux, les chants, les danses, mais bien pour tendre vers un noble style de vie, pour la réalisation de l'idée que Dieu se fait de l'homme. Les *Lettres* aideront à découvrir cette image déposée au fond de chacun ; leurs titres sont évocateurs : joie du cœur, sincérité de la parole,

1. Précisions aimablement communiquées par Dieter LANZ, Lettre du 10 septembre 1992.

donner et prendre, chez soi et hospitalité, passage à l'action, prière, courtoisie, liberté…

Le château de Rothenfels fut un remarquable banc d'essai pour l'expérimentation d'idées neuves, en particulier dans le domaine liturgique. « L'histoire de Rothenfels reste à écrire, écrit le P. Duployé, […] C'est l'histoire d'une génération, et, n'ayons pas peur du mot, d'une révolution. […] Il n'y a pas de révolution authentique qui ne se fonde, qui ne s'enracine dans une tradition […]. Tant qu'on remue des idées, on n'a rien fait. Il faut […] susciter des comportements, bref, créer des *mœurs* »[1]. À travers les célébrations, c'est toute la vie religieuse des hôtes de Rothenfels qui était régénérée. Un des fruits concrets fut l'édition maintes fois améliorée du *Ménestrel,* qui palliait la grande misère des chants d'église catholiques. L'édition de 1937 atteignit 200 000 exemplaires.

Le mouvement Quickborn charrie encore d'autres attachements. Et d'abord l'aspiration à la paix et la promotion des valeurs nationales et populaires. Ces dernières se chantent très volontiers. Quant à la paix, commune aux spiritualités bénédictine et franciscaine, elle engendre, transposée dans le Quickborn, une note pacifiste. La réflexion critique qui s'exerce dans le mouvement à l'égard de la société et de la culture s'appliquera plus tard aux décisions prises par l'État allemand de réarmer ainsi qu'à l'antagonisme entretenu par certains à l'égard de la France et, ultérieurement, de la Pologne. Pour le Quickborn, ces pays restaient des partenaires potentiels avec qui le dialogue devait se nouer.

Franz fut un adepte enthousiaste du Quickborn. Il recopiait des articles de ses revues ; il appréciait la priorité accordée à l'expérience vécue sans pour autant que soit négligée l'étude théorique. Dans sa préface à la traduction allemande de la biographie de Stock par René Closset, Walter Dirks souligne le retentissement durable du mouvement dans la vie de Franz. C'est dans sa participation au Quickborn qu'il trouva l'indispensable complément à l'apport familial et que s'affirma sa personnalité. Il est aisé d'y repérer les orientations qui furent celles de toute sa vie et inspirèrent concrètement son ministère pastoral.

L'importance de cette influence postule que l'on fasse la connaissance de Romano Guardini, maître à penser du Mouvement.

---

1. P. DUPLOYÉ, *Les origines du Centre de Pastorale liturgique, 1943-1949,* Mulhouse, Paris, Tournai, 1968, p. 338.

Un inspirateur : Romano Guardini

Le Quickborn avait un inspirateur de grande envergure : Romano Guardini.

Né à Vérone en 1885, mais émigré à Mayence dès l'âge d'un an, Romano Guardini fut pendant des décennies le maître à penser et le maître de vie incontesté de la jeunesse catholique allemande ; il fut aussi un des grands inspirateurs du catholicisme de son pays.

Alliant le génie latin et le génie germanique, pétri d'Évangile et de culture contemporaine, philosophe et homme de terrain, il s'était nourri aux sources vives de la pensée : Socrate, saint Paul et saint Jean, saint Augustin et saint Bonaventure, Dante, Pascal, Hölderlin, Dostoïevski, Nietzsche, Rilke… constituaient les sources privilégiées de sa réflexion. Mais, disons-le tout de suite, au-delà des idées, c'était la personne concrète de Jésus-Christ qui l'inspirait.

C'était un professeur très apprécié : on créa pour lui en 1923 une chaire de philosophie catholique à l'université d'État de Berlin ; les salles où il faisait cours étaient encombrées d'auditeurs non inscrits. Sa carrière d'enseignant le conduisit successivement à Bonn et Breslau (en 1922), à Berlin (de 1923 à 1939), Tübingen (de 1945 à 1947), Munich (de 1948 à 1963).

Homme libre – le pouvoir nazi l'a démis de sa charge de professeur en 1939 – il ne fut jamais à la solde d'une cause ou d'un parti. Il démontra dans les faits qu'on pouvait être à la fois acquis à la culture contemporaine et à la tradition chrétienne, que l'on pouvait parler un langage compris de tous, vivre le pluralisme sans tomber dans le subjectivisme. Avec quelques autres, il contribua à désamorcer la lutte entre le modernisme et l'intégrisme et à sortir l'Église, après la Première Guerre mondiale, d'une pénible période réactionnaire. Très proche des jeunes, dont les réactions constitueront le banc d'essai de sa pensée, il marquera profondément le mouvement Quickborn.

L'intention fondatrice qui dynamise l'ensemble de l'œuvre de Guardini est l'intégration du message chrétien dans une vision globale du monde moderne (un mot presque intraduisible exprime cette visée : *Weltanschauung*). Il dénonce tous les clivages : le religieux séparé du profane, le spirituel coupé de la vie, la raison dépouillée de l'affectivité, l'esprit dissocié du corps… L'incarnation du Fils de Dieu réunit tout ce que l'analyse humaine divise.

On connaît le dilemme de la pensée contemporaine : Dieu ou l'homme ; si Dieu existe, l'homme est mort. Dans un livre majeur publié en 1939, *Le monde et la personne*, Guardini dénonce une erreur philosophique très grave : « L'homme moderne, écrit-il, éprouve le sentiment d'être chassé du fond le plus intime de son être, violé dans sa dignité […] parce qu'il [Dieu] est […]

l'omniprésent qui se dresse en face et au-dessus de la personne humaine »[1]. L'homme perçoit Dieu comme un être *à côté* de lui : là se trouve une erreur fondamentale. Dieu est créateur : il « n'entre pas plus dans la catégorie de l'"Autre", écrit Guardini, que dans la catégorie du "Même" »[2], il est la source de l'être et de la liberté de l'homme. « Plus un homme est possédé par cette puissance de l'amour divin, plus il s'accomplit lui-même. Plus les actes de l'homme prennent leur origine dans l'amour divin, plus cet amour lui appartient en propre »[3]. Car « Dieu se destine lui-même à être le "Tu" de l'homme »[4].

La Révélation permet de découvrir que l'histoire a un sens, car l'Esprit réalise « dans la création le mystère d'un devenir secret »[5] : la Rédemption s'accomplit. Le monde est ce qu'il paraît visiblement et en même temps plus que ce qu'il paraît. Sans aucune intention apologétique, Guardini exprime sa conviction profonde que le message chrétien est la seule réponse valable aux problèmes que l'homme se pose.

Autre innovation de Guardini : à une époque où la théologie était faite essentiellement de spéculations abstraites, il a ancré sa pensée dans l'histoire biblique. Le Christ est au centre de son enseignement. Il le montre entre autres dans son livre admirable *Le Seigneur* publié en 1937 et qui constitue un écho de ses sermons. Selon les théologiens d'aujourd'hui, cet ouvrage reste un des meilleurs portraits qui aient été faits du Christ. Pour lui, Jésus n'est pas un maître à penser mais quelqu'un qui agit. « Si l'on isole, écrit-il, une parole prononcée par lui [Jésus] de sa personne vivante, pour lui donner une valeur en soi, elle n'est plus la parole de Dieu. Si l'on voulait rapporter une de ses paroles directement de Dieu à l'homme, elle cesserait d'être chrétienne. Le Christ n'est pas seulement le messager [...], il est substantiellement ce qu'il dit[6]. »

C'est peut-être dans le mouvement liturgique que son action eut l'impact le plus direct. Il avait découvert la liturgie comme aliment de la vie de foi et agent de « rechristianisation » grâce à dom Cunibert Mohlberg, moine de l'abbaye bénédictine de Maria Laach, qui avait été gagné au vaste mouvement engagé à partir de 1909 en Belgique, dans le Nord de la France et aux Pays-Bas par un moine belge, dom Lambert Beaudouin. Quand Romano Guardini publia en 1918 *L'esprit de la liturgie,* cette discipline était considérée encore

---

1. R. GUARDINI, *Le monde et la personne,* Paris, 1959, p. 41.
2. *Ibidem,* p. 44.
3. R. GUARDINI, *Royaume de Dieu et liberté de l'homme,* Paris, 1960, p. 57.
4. R. GUARDINI, *Le monde et la personne,* Paris, 1959, p. 156.
5. R. GUARDINI, *Royaume de Dieu de liberté de l'homme,* Paris, 1960, p. 125.
6. R. GUARDINI, *Le Seigneur,* t. l, Paris, 1945, p. 284.

en Allemagne surtout sinon exclusivement par les membres du clergé comme un code de règles minutieuses déterminant jusque dans le moindre geste la manière de pratiquer les rites sacrés. Lors du Congrès catholique de Malines, en septembre 1909, dom Lambert Beaudouin, qui avait été chargé par le cardinal Mercier, archevêque de Malines, de faire une communication sur l'importance de la liturgie dans la vie de tous les jours, se vit refuser par les organisateurs une place pour son rapport dans la section doctrinale, dans la section morale, dans la section de la piété… tant la liturgie faisait figure d'étrangère à la théologie et à la vie de foi ; en définitive, il ne trouva accueil que dans la section consacrée aux œuvres scientifiques, artistiques et littéraires…[1]

Dans sa recherche d'une liturgie authentique, Guardini restera en dialogue constant avec la jeunesse. Il publiera à partir de 1921 dans la revue du Quickborn une série de considérations sous le titre : *Liturgie dans le quotidien*, regroupées bientôt en deux cahiers, puis éditées en 1927 sous le titre *Signes sacrés*. Il y décrit la richesse de signification contenue dans des signes très simples de la réalité quotidienne comme par exemple la main, la flamme, la porte, l'autel, se tenir debout, marcher, le temps sanctifié…

Le retentissement sera considérable : le seul livre *L'esprit de la liturgie* connaîtra dix-huit éditions. Guardini s'insurge contre la conception de ses contemporains qui dissocie le spirituel de la vie concrète, l'intellect des perceptions sensorielles et de l'affectivité. « Le fidèle d'aujourd'hui, écrira-t-il, ne regarde plus vraiment, il ne "contemple" pas, mais il observe en spectateur. Il n'écoute pas vraiment, mais il prend connaissance ; il n'entend pas, mais il lit »[2]. L'être humain forme un tout et c'est comme tel qu'Il doit s'adresser à Dieu, entre autres dans la liturgie. « La mine, écrit Guardini, l'attitude, la parole, les gestes, tout manifeste une intériorité […] un esprit. » Et chaque fois que l'intérieur, le spirituel, poussé par une nécessité de nature, trouve une expression extérieure, un symbole prend naissance[3]. De même que l'enfant, « dans son jeu et par son jeu épanche librement sa vie sous forme de paroles et de gestes » sans autre objectif que de devenir plus pleinement lui-même[4], de même la liturgie est un jeu sacré qui fait pénétrer les participants dans le mystère du salut. C'est dire l'importance de la culture qui « fournit à la religion les moyens de développer la plénitude de son bienfait »[5]. Le jeu

1. C'est cinquante ans plus tard, en 1959, lors de la sixième semaine d'études des professeurs de liturgie, que Dom Lambert Beaudouin a raconté ses déboires (Voir *Les Questions liturgiques et paroissiales*, t. XL, 1959, p. 200).

2. Romano GUARDINI, *Les sens et la connaissance de Dieu*, Paris, 1954, p. 113.

3. Voir Romano GUARDINI, *L'esprit de la liturgie*, Paris, 1951, p. 189.

4. *Ibid.*, p. 214.

5. *Ibid.*, p. 134.

liturgique protège la vie religieuse du moralisme, de la sentimentalité, de l'individualisme et de la subjectivité[1]. Il conduit le croyant à retrouver la vérité de son être et une cohérence intérieure. Il débouche, sans l'avoir cherché, sur la beauté : « Il fallait, écrit Guardini, que ces choses fussent révélées, dites, cherchées, conquises, trouvées, données par tous les moyens d'expression et voici qu'a surgi la beauté... »[2].

Il n'est pas facile d'évaluer l'impact exact de la pensée de Guardini sur Franz Stock. Un fait est certain : l'influence a été profonde par l'intermédiaire du Quickborn ; par ailleurs, les livres de Guardini figurent en bonne place dans sa bibliothèque[3]. Nous savons d'autre part – l'information nous est livrée par ses *Journaux* successifs – que Franz Stock a fait le 9 juillet 1944 un exposé sur la formation liturgique selon Guardini et qu'il a participé le 12 janvier 1945 à Cherbourg à un travail de groupe inspiré par ses conceptions liturgiques.

En 1944, Franz Stock sera investi de la charge de Supérieur d'un séminaire regroupant les séminaristes allemands prisonniers de guerre. Il se trouvera devant des hommes que l'endoctrinement national-socialiste avait, dès l'enfance, tenus à l'écart du renouveau du catholicisme allemand. Franz Stock sera un des seuls à pouvoir les mettre en contact avec l'esprit de Guardini, en particulier à l'occasion de ses sermons et comme professeur de liturgie. Bien sûr, l'influence aura été modeste : Stock n'est pas un théologien, mais Guardini insufflait surtout un esprit. Est-il présomptueux de croire que le souci de Franz Stock de rapprocher la foi de la vie concrète, de fêter les événements du quotidien, n'est pas étranger à l'inspiration la plus profonde de l'auteur de la *Liturgie dans le quotidien* ?

1. Voir *ibid.*, p. 137-138.
2. *Ibid.*, p. 250.
3. Dans sa bibliothèque figuraient tous les ouvrages publiés de Guardini.

2. L'entrée au séminaire et la rencontre de Bierville

À Pâques 1926, Franz Stock s'éloignait de sa famille pour entrer au séminaire épiscopal de Paderborn.

En Allemagne, un certain nombre d'universités d'État possèdent des facultés de théologie catholique. C'est le cas, par exemple, à Munich, Tübingen, Fribourg, Mayence, Bonn, Münster. D'autre part, Paderborn, Eichstätt, Trèves, Fulda ont des facultés ecclésiastiques reconnues par l'État. Dans l'un et l'autre cas, les étudiants résident dans un convict (une pension) dont la direction est indépendante de l'Université. Les quatre premiers semestres de la formation sont consacrés principalement à la philosophie et à l'Écriture Sainte. L'étude de la théologie s'étend sur les six semestres suivants dont quatre se passent encore en convict. Les deux derniers semestres de théologie suivis de deux semestres de formation pastorale (étude de la liturgie sacramentaire et de la prédication) sont vécus au *Priesterseminar,* où les séminaristes suivent un régime plus strict et portent toujours l'uniforme ecclésiastique. À Paderborn, le convict (*Leoninum*) n'est séparé du *Priesterseminar* que par l'allée d'un parc.

Franz Stock, jeune séminariste, on l'a vu, s'est rendu en France pour participer au congrès de Bierville. Qu'est-ce qui l'a conduit à cette démarche ?

Il connaissait le philosophe Herman Platz, « Quickborner » de la première heure, un des meilleurs connaisseurs de la pensée occidentale et grand ami de la France[1]. Il était un des habitués des sessions de Rothenfels. C'est lors de l'une d'entre elles qu'il put recommander à Stock ainsi qu'à Bernhard Poether[2] la rencontre de Bierville à laquelle il se rendrait lui-même.

Ainsi donc, après son premier semestre au séminaire, Stock décida de prendre part avec six condisciples au congrès international pour la Paix. On connaît assez bien leur emploi du temps pendant les grandes vacances de 1926. La fin du mois de juillet les voit participer à Paderborn aux fêtes de la Saint-Liboire.

---

1. Il jouera un rôle considérable dans les relations entre catholiques français et catholiques allemands. Voir *Histoire du Christianisme des origines à nos jours,* t. XII, J.-M. MAYEUR, *Guerres mondiales et totalitarismes (1914-1958),* Paris, 1990, p. 574

2. Poether était séminariste de Münster ; il avait alors vingt ans. Il aura une mort héroïque au camp de concentration de Dachau en 1942 pour avoir exercé son ministère en faveur des Polonais.

En 836, les reliques de saint Liboire avaient été transférées du Mans à Paderborn. Ainsi s'étaient créées entre les deux Églises des liens qui avaient résisté aux siècles (on pourrait y voir le plus ancien jumelage d'Europe) et au traité de Versailles. Deux ans à peine après celui-ci, les chapitres des deux cathédrales s'étaient promis d'entretenir à jamais des relations amicales. Stock et ses amis profiteraient de leur voyage en France pour faire un pèlerinage au Mans. Était-ce prémonition ? À Paderborn, le nonce Pacelli, futur Pie XII, avait, au terme de la procession aux flambeaux, interprété le passé des deux diocèses comme une préparation providentielle aux devoirs de l'heure. Il ne soupçonnait pas qu'un jeune théologien perdu dans l'assemblée allait rapprocher efficacement les deux pays en assumant héroïquement les appels du présent. Encadré par les cérémonies de Paderborn et la visite du Mans, le séjour à Bierville prenait donc une valeur particulière[1].

Que s'est-il passé à Bierville ? Un congrès hors du commun. Il eut lieu du 17 au 22 août 1926. L'*Illustration* du 28 août[2] montre que l'événement fut perçu avec un étonnement mêlé de sympathie et d'une pointe de scepticisme. Que le congrès se fût tenu à Boissy-la-Rivière près d'Étampes sous la présidence de Marc Sangnier, dans le beau domaine de Bierville qui s'étend sur cent hectares, n'avait rien de surprenant, pas plus que son nom de *Congrès démocratique international pour la paix*. Mais que cette réunion prétende être la sixième du genre suscitait plus d'étonnement. Les chroniqueurs de l'époque avaient à peine remarqué qu'un rassemblement analogue s'était déroulé chaque année depuis 1921 successivement à Paris, à Vienne, à Fribourg-en-Brisgau, à Londres et à Luxembourg. Mais cette fois le nombre des participants, la multiplicité des nationalités, les messages de sympathie émanant tant du pape Pie XI que d'Aristide Briand, alors ministre des Affaires étrangères, ne pouvaient passer inaperçus, pas plus que le style champêtre et insolite de cet immense camp, où réfectoires et dortoirs se dissimulaient sous les frondaisons en bordure de la Juine, le banquet initial de près de trois mille couverts ainsi que le long cortège aux flambeaux précédé de l'immense drapeau bleu de la Société des Nations et des drapeaux de trente-trois pays.

Au théâtre de verdure, point d'arrivée du cortège, des discours inspirés suscitent l'enthousiasme des congressistes. Le premier orateur, Marc Sangnier,

---

1. Dans sa préface au livre d'A. Albert, Mgr Lorenz Jaeger, archevêque de Paderborn, dit avoir rencontré Franz Stock, son cadet de douze ans, pour la première fois à l'*Épi d'Or*. En fait, cette auberge de jeunesse ne fut créée qu'en 1929. Mais le professeur K. Honselmann affirme (H.J. BRANDT, *Wem die Stunde schlägt*, article dans *Theologie und Glaube,* 73 (1983/1), p. 14) avoir participé avec, entre autres, Franz Stock et Lorenz Jaeger, à un voyage au Mans au terme du congrès pour la paix auquel participaient huit cents Allemands. Ces témoignages sont incompatibles.

2. P. 191.

est relayé par plusieurs autres dont Mgr Julien, évêque d'Arras. Lecture est donnée d'un message de Paul Painlevé, ministre de la Guerre, qui avait contribué à l'organisation du congrès en mettant à la disposition des participants un certain nombre de tentes et des moyens d'action « qui, écrivait-il, semblaient destinés à d'autres fins... »[1].

L'œuvre à accomplir, souligne-t-on, est d'ordre moral avant d'être politique et économique. S'il faut se réjouir de la création à Genève d'une instance juridique internationale, à savoir la Société des Nations, on sait, dit Mgr Julien, « que les plus belles institutions du monde demeurent lettre morte quand les chefs d'État et les peuples ne sont pas animés de l'esprit d'où elles émanent »[2]. Et si, poursuit-il, « la démocratie est pacifique de nature [...], l'égoïsme national n'est pas moins dangereux que l'ambition des princes pour la tranquillité du monde[3]. » « Collaborer par-dessus les frontières sans supprimer ces frontières, sans niveler les différences. Apprendre à se connaître pour apprendre à s'aimer. Avoir horreur de la guerre tout en admirant le courage de soldats qui se sont immolés pour défendre leur pays et leurs foyers. »[4]

Avant le congrès, écrit le chroniqueur de *L'Illustration*, de nombreux participants allemands « avaient parcouru les régions dévastées et visité Reims et Amiens où ils avaient pu fortifier leur amour récent pour la paix par la vision de ces poignantes ruines de la guerre ». Leur présence avait « ravivé des plaies trop mal cicatrisées encore. Il n'y a pas eu de mots irrités sur leur passage. Simplement un silence glacial »[5]. À Bierville, heureusement, l'accueil fut plus cordial. Il y régnait, en effet, un climat de fête. Depuis le début du mois s'y tenaient diverses manifestations : on y chantait la paix dans toutes les langues.

Au cours du congrès proprement dit, qui dura six jours, le travail se fit en commissions. On étudia les tendances de la jeunesse internationale, ce que devrait devenir la Société des Nations, le problème du désarmement complet et simultané, la situation matérielle des étudiants et des intellectuels...

Les séances de travail alternaient avec des jeux, des chants, des danses, des promenades. L'aspect religieux n'était pas absent puisqu'on dénombrait mille deux cents communions chaque matin. Le soir, écrit le chroniqueur du *Figaro* non sans une pointe d'ironie, les Allemands « épandent, sur l'accompagnement mélancolique de guitares, des refrains fleurant l'honnête et sentimental myosotis »[6].

---

1. Dans *La Démocratie,* VIIIe année, n° 1, décembre 1926, p. 126.
2. *Ibid.*, p. 128.
3. *Ibid.*, p. 130.
4. *Ibid.*, p. 132-135, *passim.*
5. *L'Illustration,* 28 août 1926, p. 191.
6. *Le Figaro,* 18 août 1926.

Marc Sangnier proposa le 20 août de faire de Bierville un foyer international permanent pour la paix, qui organiserait des cours et préparerait des rapprochements pendant les vacances entre jeunesses des diverses nations.

Les motions de clôture qui, à vrai dire, ne rallièrent pas l'unanimité des votants, décrétaient que « les États doivent limiter leur souveraineté au profit d'une autorité internationale » ; que « si un État s'engage dans une guerre au mépris des garanties juridiques assurées par les autorités internationales, tout citoyen de ce pays a le droit et le devoir de refuser de porter les armes » ; qu'il faut « trouver le moyen de ne plus fonder la sécurité sur la conscription… mais qu'en attendant, il faut prévoir un statut pour les objecteurs de conscience »[1]. La presse se montra en général sceptique voire ironique, maintes fois cependant assez favorable, parfois enthousiaste ; mais on observe de la part de certains milieux catholiques de droite un silence éloquent. « M. Sangnier est un poète à l'âme résonnante, écrit Henri Vidal. Il croit à la bonté humaine, il croit que l'individu est, dans son naturel, paisible, il croit qu'en l'éduquant et, par lui, éduquant les peuples, une ère s'ouvrira où les nations, enfin, regardant avec dégoût la guerre, se tendront des mains pénitentes. Noble ambition. Devons-nous dire noble rêve ? » Et plus loin, sur un ton persifleur, le journaliste poursuit en décrivant les congressistes : « Depuis vingt jours, sous l'égide de dix gendarmes qui n'ont que faire sur ce camp sinon d'en respirer l'haleine résineuse, ils s'entraident, ils s'expliquent leurs âmes, apprennent à s'aimer… »[2]

« Nous savons par expérience, lit-on dans *Le Temps*, combien ces fêtes de la paix, quand elles ne reposent sur rien de précis et de solide, qu'elles n'ont pour assises qu'un vague sentimentalisme, risquent de créer des illusions dangereuses. »[3] C'est exact, mais il ne faut pas oublier que Bierville n'était pas un congrès d'un parti à vocation gouvernementale ; son objectif était limité à une sensibilisation des esprits à un nouveau regard sur les relations entre les peuples. Et cet objectif a été largement atteint.

Par ailleurs, si on a souligné[4] la coexistence de deux tendances, celle des *pacifiques* qui entendent faire œuvre de longue haleine, réaliste et progressive et celle des *pacifistes* défenseurs d'un antimilitarisme utopique, les pacifiques ont été majoritaires. Dans une assemblée aussi ouverte au pluralisme, il était inévitable que s'élèvent des voix discordantes. Mais il était remarquable de réunir

---

1. Fait significatif : cette dernière motion, la plus concrète, a été soigneusement passée sous silence par le rapporteur du *Figaro*…
2. *Le Figaro,* 23 août 1926.
3. Cité dans *La Croix* du 21 août 1926.
4. Dans *La Croix* du 27 août 1926.

des gens de toutes tendances – tant des libres penseurs déclarés que des catholiques et des protestants militants – appartenant à trente nations différentes et d'y entretenir un véritable esprit de collaboration[1].

Bien sûr, toutes les équivoques n'ont pu être levées. Les Allemands, les plus nombreux – ils étaient huit cents ! – « veulent non la paix mais leur paix, celle qui supprimera la paix de Versailles », lit-on dans une revue de presse[2]. Peut-être. N'oublions pas cependant les injustices de certaines clauses du Traité de Versailles. Par ailleurs, l'atmosphère de Bierville favorisant certaines ambiguïtés : stimuler l'affectivité, nourrir l'euphorie par la fête et les danses, déployer une liturgie exaltante en multipliant les hymnes pacifistes et les cortèges, présentait incontestablement un écueil. Mais juger un arbre à ses fruits ne constitue-t-il pas le meilleur critère d'évaluation ? Bierville a manifestement transformé des mentalités chez les participants. Un homme aussi réaliste que Joseph Folliet – rapporteur pour la France de la commission économique – en a été marqué pour la vie. Cette rencontre, qui fut pour lui la découverte d'un aspect de l'existence à laquelle il aspirait sans en avoir la conscience claire, sera la source vive du mouvement *Les Compagnons de Saint-François,* qu'il créera l'année suivante.

Le congrès de Bierville fut assez déterminant dans la vie de Franz Stock pour avoir été traité en tête de ces pages. C'est là que se noua entre lui et la France une alliance qu'aucun nuage ne pourra éclipser et que ne parviendra à rompre aucune tourmente. Jeunes Français et jeunes Allemands ont confronté leur expérience vécue au sein des mouvements de jeunesse. Amour de la nature, excursions, vie simple, ouverture à la culture populaire s'exprimant dans le chant, le théâtre, la danse ; c'est dans le cadre de cette ambiance générale et du séjour qu'il allait faire en Corrèze que Franz prit la résolution d'approfondir sa découverte : il viendra compléter sa formation théologique en pays francophone. Bierville apportait avant tout un esprit qui renforçait considérablement l'aspiration à la paix et à l'entente des peuples que Stock avait découverte au Quickborn.

Bierville est l'œuvre d'un homme, Marc Sangnier. D'un homme qui a exercé une influence durable et multiple sur les mentalités. Il s'impose à nous de découvrir cet « éveilleur » que Stock retrouvera au cours de son apostolat parisien.

---

1. Le jeune Pierre Mendès-France était présent à Bierville. (*NdE*)
2. *La Croix*, 26 août 1926.

Un prophète : Marc Sangnier

Qui est Marc Sangnier ?

Non un doctrinaire, mais un croyant charismatique ; un homme tout mobilisé pour l'action et pour la mise en œuvre d'une démocratie authentique. Déjà alors qu'il était étudiant, on le retrouve toujours « organisant des réunions dont le but est de rapprocher le favorisé et le démuni, l'ouvrier et l'étudiant, le gradé et le soldat, de susciter la discussion entre le franc-maçon, le juif, l'athée... »[1]

La violente persécution qu'avaient connue les chrétiens lors de la Révolution française, avait laissé une blessure profonde qui, un siècle après, empoisonnait encore les relations entre l'Église de France et le monde politique. Retranchés dans une défense de droits et de privilèges battus en brèche par le mouvement républicain, de nombreux catholiques rêvaient d'une impossible restauration de la monarchie ; ils s'étaient en outre trop souvent isolés du monde scientifique, politique, économique et social, qui avait connu au XIXe siècle une mutation fondamentale.

Marc Sangnier était de ceux qui voulaient résolument faire confiance à la vie, car il y voyait le surgissement de Dieu dans le monde : « Laissons-nous faire par la vie », répétait-il souvent, « laissons-nous faire par l'avenir ! »

Son objectif : non pas un programme précis en matière politique et sociale, mais un engagement de tout l'être dans le concret des situations. Assez indifférent aux institutions, il voulait former des hommes au contact de la vie ; il espérait par là changer les mentalités et, par voie de conséquence, amener une évolution dans les structures sociales. Seule la démarche de foi religieuse, pensait-il, est en mesure d'apporter une démocratie humaine et durable. Il posait des gestes prophétiques, tel le lancement en 1910 du journal *La Démocratie* réalisé de A à Z par un groupe de volontaires : le financement initial provenait de dons ; tout était fait par les militants depuis la production de l'électricité jusqu'à la distribution dans les kiosques ; aucun salarié : le travailleur recevait une indemnité indépendante de sa fonction et liée à ses besoins familiaux, car « on ne peut pas songer à payer une vie humaine », écrivait Sangnier dans ses directives.

Le nom de Marc Sangnier est lié au *Sillon,* revue philosophique, littéraire et artistique qu'il fonda en 1894 avec un petit groupe de jeunes. Mais dès

1. Article « Marc Sangnier » dans *Encyclopaedia universalis, Thesaurus,* vol. 20, Paris [1975], p. 1723.

1899 – et c'était dans la logique de sa personnalité – le Sillon devenait aussi un mouvement extrêmement vigoureux qui entendait éveiller les esprits et n'hésitait pas à heurter l'opinion publique. Les ramifications du Sillon étaient multiples et sa diffusion considérable ; mais corrélativement à sa rapide expansion, il provoquait l'opposition farouche de l'Action française et de la droite conservatrice qui y voyaient une « utopie sociale ». Il était la cible des milieux traditionalistes pour qui, selon l'historien Roger Aubert, « trop souvent les nostalgies tiennent lieu de doctrine »[1]. Le Sillon suscitait aussi des mises en garde de plus en plus sévères de la part de nombreux membres de la hiérarchie catholique vis-à-vis de laquelle, d'ailleurs, il entendait revendiquer son autonomie.

L'inévitable se produisit quand, le 25 août 1910, une lettre circulaire de Pie X prononça virtuellement la condamnation du Sillon. On lui reprochait d'appuyer le principe démocratique qui fait dériver l'autorité publique du peuple : selon le pape, les élections ne délèguent pas un pouvoir, elles ne font que désigner ceux qui seront investis par Dieu de l'autorité. On reproche également au Sillon de devenir – dans un domaine propre à la religion, à savoir la réforme de la civilisation – une association interconfessionnelle qui respecterait toutes les erreurs, travaillant moins pour l'Église que pour l'humanité. On l'accuse encore de faire des « rapprochements blasphématoires » entre l'Évangile et la Révolution.

Bien sûr, le Sillon n'avait pas évité certains écueils ; comme il était résolument existentiel et non doctrinaire, la formulation de ses messages dans la presse et les discours manquait parfois de rigueur. Mais il faut comprendre le caractère excessif de la réaction de Pie X comme une extension au domaine politique et social de la condamnation toute récente des doctrines modernistes : de nouvelles approches de la Foi et de la Bible, en effet, avaient ébranlé, parfois de façon inconsidérée, les assises d'une théologie qui n'avait pas pris en compte les progrès de la recherche. Les tendances intégristes s'amplifieront encore au point qu'en 1913, Rome sera à deux doigts de prendre des mesures contre les syndicats chrétiens.

Marc Sangnier et ses collaborateurs se soumirent immédiatement et le Sillon fut dissous. Cependant ses membres eurent à cœur de poursuivre leur rôle d'animation avec la même ardeur et la même foi qu'auparavant, mais en se limitant aux domaines qui leur restaient ouverts : la politique et l'économie. En diverses régions se créèrent des « Sillons catholiques » décentralisés. Marc Sangnier fondera de son côté en 1912 le mouvement « La Jeune République » et l'hebdomadaire du même nom.

---

1 R. AUBERT, *L'intégrisme du début du XXe siècle*, dans *La Foi et le Temps,* XX, 1 (janv.-févr. 1990), p. 47.

Le choc produit dans les esprits par le conflit mondial de 1914-1918 devait conduire Sangnier – élu député de Paris en 1919 – à étendre au-delà des frontières son souci de changer les mentalités. Mais les haines exacerbées par la guerre étaient encore trop farouches : en 1922, Sangnier fut mis en minorité au congrès de la Ligue de la Démocratie et quand, deux ans plus tard, il se présentera en tête d'une liste d'« Union républicaine pour la Paix », il ne sera pas réélu.

Cet isolement ne l'empêchera pas de s'atteler sans attendre au rapprochement franco-allemand en misant particulièrement sur la jeunesse. En 1921 déjà, il avait réuni pendant huit jours à Paris un Congrès international pour la Paix qui avait rassemblé des représentants de 21 pays sans distinction d'opinions philosophiques et religieuses. Les congressistes mirent immédiatement le doigt sur l'essentiel en soulignant qu'il n'y aurait « pas de paix internationale sans justice sociale »[1]. Tout fut mis en œuvre pour secouer l'opinion publique. Et déjà le seul fait d'avoir organisé une telle manifestation étonna : Benoît XV envoya un message d'encouragement et le président des États-Unis adressa ses félicitations.

L'élan était donné. Chaque année, et ce jusqu'à la prise de pouvoir par Hitler, Sangnier réunira un congrès dans une ville européenne. Le tournant décisif sera pris en août 1926 quand Bierville deviendra un centre permanent d'action pour la paix.

Une phrase lapidaire prononcée en pleine banqueroute économique au congrès de 1923, à Fribourg-en-Brisgau, révèle l'esprit de Marc Sangnier : « Jeunesse allemande, je veux dorénavant me réjouir avec toi, comme je veux souffrir avec toi si l'on te fait du mal. Si je ne partageais pas ta volonté de paix, je n'aurais plus le droit de dire que j'aime vraiment la France »[2].

Le congrès de 1926 aura, on le sait, deux conséquences inattendues. Tout d'abord la « vocation » franco-allemande de Stock. Un choc et un enthousiasme qui marqueront Franz pour la vie. Il ne rencontrera pas Marc Sangnier à ce moment, mais son attrait pour son mouvement l'en rapprochera progressivement : à maintes reprises il aura des contacts avec lui et deviendra bientôt ami de la famille. Seconde conséquence imprévue du congrès de Bierville : la fondation l'année suivante des Compagnons de Saint-François. Joseph Folliet, en effet, et son ami René Beaugey avaient pris part au congrès de 1926 en tant que membres du Sillon catholique. Ils y firent la découverte des mouvements de jeunesse allemands et parmi eux du Quickborn. Séduits par son dynamisme, par son goût de la nature, de la culture populaire et de la fraternité, ils éprouvèrent le désir de créer en France un mouvement du même genre. C'est à Bierville aussi que prit naissance entre Stock et Folliet une amitié profonde que rien ne démentira.

---

1. Madeleine BARTHÉLÉMY-MADAULE, *Marc Sangnier*, Paris, 1973, p. 249.
2. *La Démocratie*, 25 août 1922, p. 474.

Deux ans plus tard, en 1928, Sangnier fondera les Volontaires pour la Paix, mouvement très discipliné et, l'année suivante, il créera la Ligue Française des Auberges de Jeunesse qui, dans sa pensée, servira la cause de la démocratie et du rapprochement des esprits.

Il n'est pas possible de détailler la fécondité dont a fait preuve le Sillon bien longtemps encore après sa dissolution. Citons à titre d'exemple les « Moissonneurs » d'Henri Colas, apôtre de la chanson, les Compagnons de Saint-François, l'inspiration de bien des prêtres de la Jeunesse Ouvrière Chrétienne et de nombreux dirigeants de l'Action Catholique de la Jeunesse Française[1] ; des journaux tels que *L'Aube, Ouest-France, Nord-Éclair* ; en 1938, création des Nouvelles Équipes Françaises (la NEF) qui organisent entre autres des conférences sur les problèmes familiaux, sociaux, internationaux et dénoncent le nazisme ; les équipes locales de ce mouvement apporteront au début de l'occupation allemande une première infrastructure aux organisations clandestines de la Résistance. C'est à l'esprit du Sillon qu'il faut attribuer aussi la fondation en novembre 1944 du Mouvement Républicain Populaire autour de Marc Sangnier, de Francisque Gay, de Maurice Schumann, porte-parole de la France Libre à la radio de Londres pendant la guerre, et de Georges Bidault, président du Conseil National de la Résistance après l'arrestation de Jean Moulin. Tous deux deviendront chefs de gouvernement. Ce parti qui sera en 1946 le plus grand parti de France, se présentera comme une alternative au puissant parti communiste français. Il devra son succès au rôle joué dans la Résistance par les démocrates-chrétiens alors qu'une partie de la droite classique, appuyée par l'Action française, s'était sous l'Occupation inféodée au régime de Vichy.

Les fondateurs du Sillon pouvaient-ils prévoir jusqu'où ils allaient engager le catholicisme français ?

Les séjours à Tulle

À l'issue du congrès de la paix, Franz visita Le Mans avec quelques compatriotes, dont Klemens Honselmann et Lorenz Jaeger[2]. Il gagna ensuite Tulle où il partagea avec Joseph Weber l'hospitalité de la famille de Paul Maureille. Ce dernier rapporte que Franz y vécut la vie des membres du Cercle Catholique qui accueillirent sans réticence les deux Allemands. L'influence personnelle de l'abbé

1. Voir G. CHOLVY et Y.-M. HILAIRE, *Histoire religieuse de la France contemporaine,* t. II, (1880-1930), Paris, 1989, p. 389-390.

2. H.J. BRANDT, *Wem die Stunde schlägt*, article dans *Theologie und Glaube,* 73 (1983/1), p. 14, note 48. Voir cependant la réserve émise plus haut (note 1, p. 38).

Tournet, curé de Saint-Joseph à Tulle, « généreux sans réserve », n'était pas étrangère à cette ouverture d'esprit et de cœur. Franz Stock « trouva à Tulle un paysage et une famille très voisins des siens avec l'usine proche de la campagne, avec le même peuple ouvrier d'ascendance paysanne ». Lors de ce premier séjour, exactement le 8 septembre 1926, Franz et son ami Joseph Weber participèrent à un pèlerinage à Notre-Dame du Port du Salut à Corrèze, chef-lieu de canton dans le département du même nom. Les deux séminaristes allemands eurent l'honneur de porter la statue de la Sainte Vierge au cours de la procession aux flambeaux qui escortait la statue depuis une chapelle jusqu'à l'église paroissiale. De tels gestes, si minimes soient-ils, marquent. Dans un journal allemand, Joseph Weber écrivit : « C'est là que nous apprîmes à aimer la France. » Franz passa à nouveau quinze jours à Tulle l'année suivante, chez les parents de Paul Maureille. La première semaine, il participa avec les jeunes de la paroisse à une randonnée de 224 kilomètres par Argentat, les gorges de la Dordogne jusqu'à Port-Dieu et le retour à Tulle par le plateau limousin. « On visitait les églises romanes, écrit Weber. Chaque jour, la messe était célébrée et on participait à une courte adoration. On dormait dans des granges. C'était grandiose. Partout où nous allions, salués très cordialement et parfois de façon émouvante en tant que premiers Allemands présents là, animés d'intentions pacifiques [...] C'est là que nous apprîmes à aimer la France. » Cette relation des faits, publiée en 1984, avait été, à l'époque, refusée par tous les journaux, car jugée inconcevable.

Stock « était nu-tête, en culotte courte, la guitare en bandoulière, rapporte de son côté Paul Maureille. » Premier levé le matin, il servait la messe à l'abbé Tournet. « Lorsque l'étape était fatigante, il était volontaire pour prendre un jeune sur ses épaules. » C'est alors qu'il apprit *La Prière matinale,* cantique qu'il chanterait avec un condamné à mort, d'Estienne d'Orves, dans le fourgon cellulaire qui les conduirait au Mont Valérien. Il confia à Paul Maureille son intention de venir étudier à Paris et de se consacrer à la réconciliation entre les deux peuples[1]. La semaine suivante, toujours avec les jeunes de Tulle, Stock participait à un pèlerinage à Lourdes où il se trouvait le 21 août. Sur une photo des dix-sept membres du groupe, on reconnaît Franz Stock et Maurice Cacquot, mort héroïquement en 1944[2].

Au cours de ces pérégrinations, Franz eut de multiples entretiens avec l'abbé Léon Tournet. Ce prêtre, qui « ressemblait physiquement et spirituellement à celui qui deviendrait Jean XXIII », fit sur Franz une profonde

1. Conférence de Paul MAUREILLE à l'Institut Catholique de Paris en février 1998.

2. Les S.S. pendirent quatre-vingt-dix-huit habitants de Tulle au début de juin 1944. Maurice Cacquot, âgé alors de trente-huit ans, se présenta volontairement au supplice à la place d'un jeune de dix-huit ans.

impression. Il avait des contacts excellents avec la jeunesse. Il fut pour beaucoup dans le souhait de Stock de répéter son séjour à Tulle.

Paul Maureille note encore que « les progrès de Franz en langue française ont été considérables entre son premier et son second séjour. En 1926, il s'exprimait correctement en français mais parlait peu, cherchait ses mots, comprenait assez bien une conversation banale, répondait avec un accent d'autant plus marqué qu'il était dans une région méridionale qui a elle-même un accent très chantant. En 1927, [...] il participait à nos conversations comme n'importe quel Français y compris avec les termes d'argot populaire... »

« Franz m'a laissé alors le souvenir d'un garçon pieux et heureux, franc et généreux, discret mais non introverti... Il pensait que sa vocation était exactement le contraire d'une vocation militaire... »[1]

Étudiant à Paris

Les diocèses ont leurs particularités. Ainsi, dans le diocèse de Paderborn et quelques autres, les étudiants ont la possibilité, à l'issue des deux années de philosophie, de s'inscrire dans une faculté de théologie de leur choix pendant deux semestres appelés semestres libres (*freie Semester*). L'objectif poursuivi est d'élargir les horizons intellectuels, d'introduire dans des cadres de vie où se noueront de nouvelles relations et, en outre, de vérifier la solidité de la vocation. Il est évident qu'à la faveur de cette mesure, les ténors de la théologie comme Karl Adam à Tübingen attiraient beaucoup de monde.

Franz Stock usa de cette liberté de façon inhabituelle. Il avait entendu le chant d'une autre sirène. Ses séjours à Bierville et en Corrèze l'avaient marqué. À Bierville, il avait appris à connaître la jeunesse française et en Corrèze, il avait découvert l'âme profonde de la France. C'est d'ailleurs un trait de sa personnalité que de suivre ses propres intuitions. Il sollicita son inscription à l'Institut Catholique de Paris[2]. Le choix d'une université non germanophone était parfaitement insolite. En tout cas, on n'avait jamais vu un Allemand dans une faculté de théologie française depuis la guerre. L'animosité consécutive à

1. Les citations de Paul Maureille sont extraites d'un article paru dans *L'âme commune* (périodique prolongeant la mémoire de Marc Sangnier), n. 45 (1984, 1), p. 3-4 et surtout de ses lettres du 31 décembre 1991 et du 10 janvier 1992 à l'auteur. Le *prologue* du présent ouvrage en cite un autre passage. Stock traite aussi de ses séjours en Corrèze dans sa lettre du 18 juin 1946 à Madame Coudert.

2. E. KOCK, *L'Abbé Franz Stock*, [Tournai, 1968], p. 38, signale que Stock projeta d'abord d'aller étudier à Louvain avec Rudolf Dietrich, mais que ce plan n'aboutit pas. Mes recherches pour préciser la raison de ce non-aboutissement sont demeurées sans résultat.

la Première Guerre mondiale restait tenace ; il fallait braver la réprobation tant du côté allemand que du côté français[1].

Joseph Folliet, que Stock avait connu à Bierville, s'employa à le faire admettre à l'Institut Catholique. Les étudiants séminaristes logeaient et prenaient leurs repas au Séminaire des Carmes. À vrai dire, Franz Stock arriva trop tard à Paris et dut prendre logement pendant les premiers mois chez l'abbé Ouve, 34 rue Michelet à Issy-les-Moulineaux. Cette déconvenue allait lui donner l'occasion de découvrir, nous en reparlerons, la gravité de la déchristianisation dans la banlieue de la capitale.

À l'Institut Catholique, la dogmatique spéciale était enseignée par le jésuite d'Alès (éditeur du *Dictionnaire Apologétique de la Foi Catholique*), un érudit que Franz compare au dogmaticien Bartmann de Paderborn ; le Père Courtade était titulaire du cours de dogmatique générale. Chez ce dernier, l'étudiant Stock appréciait la connaissance des auteurs modernes et surtout la précision et la probité avec lesquelles leurs ouvrages étaient cités. La théologie morale, elle aussi, était confiée à deux titulaires. La morale pratique revenait au sulpicien Jean Verdier, supérieur du séminaire des Carmes et futur archevêque de Paris, tandis que la morale spéculative était enseignée par le Père Guy de Broglie, dont la virtuosité intellectuelle et la fluidité verbale éblouissaient le jeune étudiant allemand. Les cours d'Écriture Sainte étaient répartis entre J. Touzard, remplacé l'année suivante par A. Robert (Ancien Testament) et A. Tricot (Nouveau Testament). Franz Stock leur attribua la mention *Très Bien* et qualifiait leur exégèse de « fine, à la Peters »[2]. L'orientation générale est résolument apologétique en dogmatique. La morale occupe une place importante ainsi que l'histoire (Arquillière) et la mariologie (Auriault). La patrologie (Lebreton) n'est pas négligée. On s'étonnera de l'absence d'un cours de liturgie[3].

Au total, un bon niveau scientifique ; l'hébreu et le grec sont d'ailleurs des matières obligatoires. L'enseignement donné reste fidèle à la ligne thomiste.

---

1. Les temps, depuis, ont changé : l'Ambassadeur de France en République Fédérale d'Allemagne signalait en 1988 l'inscription de trois mille étudiants allemands dans les universités françaises (*Deutsch französische Begegnung in Arnsberg*, p. 18).
2. Professeur d'Ancien Testament à Paderborn. Les appréciations décernées par Stock à ses professeurs se trouvent dans une longue lettre écrite, probablement en mai ou juin 1928, à son ami Rudolf Dietrich. Il passe ses cours en revue et les compare à ceux de Paderborn. Il range à tort le cours du P. de Broglie dans la dogmatique. Voir E. KOCK, *L'Abbé Franz Stock*, [Tournai, 1968], p. 39-44. Les titulaires des cours sont mentionnés dans le « Tableau des cours » annuel conservé dans les archives de l'Institut catholique de Paris.
3. Après la Deuxième Guerre mondiale, l'Institut catholique créera, sous la direction de dom Botte, moine de l'abbaye du Mont-César à Louvain, le premier Institut Supérieur de Liturgie.

Comme la tradition s'en est maintenue, « le monde universitaire du Séminaire des Carmes développe une attitude à la fois confessante et critique ». Il reste vrai qu'il s'agissait alors d'un enseignement prudent sinon conservateur. En effet, les théologiens dont Franz Stock reçut l'enseignement avaient été formés ou avaient commencé leur carrière professorale à l'époque du modernisme. En théologie ce terme a un sens précis. II désigne la tendance de ceux qui, préoccupés d'harmoniser leur foi et les « valeurs modernes » avaient parfois adopté des positions outrancières incompatibles avec l'enseignement de l'Église. À ces déviations doctrinales leurs adversaires associèrent souvent et sans beaucoup de discernement ce qu'ils appelaient le « modernisme pratique ». Cette appellation désignait en particulier l'attachement à la démocratie. C'est qu'aux excès du « modernisme » correspondait la réaction en sens inverse du mouvement intégriste, la tendance de ceux qui se targuaient d'être des « catholiques intégraux ». En effet, la réaction contre le modernisme n'a pas évité les abus. Elle a jeté la suspicion sur d'éminents savants, loyalement attachés à l'Église comme le lazariste Fernand Portal, un des pionniers de l'œcuménisme, le père Lagrange, dominicain, fondateur de l'École Biblique de Jérusalem, des historiens d'envergure comme Mgr Batiffol, Mgr Duchesne et l'abbé Bremond, auteur de la remarquable *Histoire littéraire du sentiment religieux,* éditée par Francisque Gay. Ceux qui s'en prennent avec plus de zèle que de science et de discernement à des hommes qui n'ont nullement démérité, étendent leur campagne de dénonciation aux catholiques sociaux chez qui ils subodorent des tendances modernistes transposées sur le plan social. Se rendent-ils compte que leur refus aveugle de toute ouverture à la modernité déconsidère la lutte menée à juste titre contre certaines erreurs modernes ? C'est dans ce contexte, on l'a vu plus haut, que survint en 1910 la condamnation du *Sillon* de Marc Sangnier, suscitant les applaudissements de l'Action Française pour qui l'attachement à la démocratie était susceptible de nuire à la hiérarchie.

Le pontificat de Benoît XV (1914-1922) freina considérablement l'offensive intégriste, mais l'apaisement, propice à l'action et à la réflexion, ne vint que vers 1930. Cependant les questions restaient posées, au niveau de la pensée comme sur le terrain de la réalité concrète. Les résultats de la recherche historique, le questionnement imposé par la philosophie moderne, les conclusions même provisoires de l'enquête historico-critique à laquelle l'Écriture Sainte était soumise ne pouvaient être ignorés. De même on ne pouvait rester indifférent aux évidences sociologiques. Les retraits apeurés dans la citadelle chrétienne ne pouvaient masquer la déchristianisation ou, mieux, la non-évangélisation des banlieues urbaines et des masses ouvrières ; ils ne pouvaient dissimuler non plus l'urgence de l'évangélisation de l'humanité occidentale imprégnée de modernité. Plusieurs apports cumulés avaient engendré en Europe occidentale des changements décisifs. La nouvelle civilisation en train de naître devait accueillir à nouveau le message évangélique, si possible épuré.

La réaction positive devant cette situation nouvelle correspond pour Franz Stock aux dernières années de sa formation et au début de son ministère sacerdotal. Si ces années, pas plus que les années vingt ne virent éclore de grandes synthèses dogmatiques du côté catholique, elles produisirent cependant des théologiens attentifs aux réalités pastorales et des pasteurs lucides, réceptifs à la pensée théologique.

Les considérations spéculatives et les turbulences doctrinales ne semblent pas avoir atteint Franz Stock, qui était davantage homme d'action. Comme on le verra, c'est dans l'agir apostolique que se situe l'épicentre de ses préoccupations. De fait, il puisa de son séjour parisien plus qu'un savoir théologique. Selon le témoignage de son ami, Lorenz Jaeger, futur archevêque de Paderborn, il retint toute sa vie l'influence de l'école française de spiritualité dont le cardinal Pierre de Bérulle (1575-1629) était le chef de file. Cette école, dont le Séminaire des Carmes était l'héritier, recommandait une longue contemplation des événements de la vie du Christ.

Le système allemand des « semestres libres » avait pour objectif d'élargir les horizons intellectuels. Pour Franz Stock, le but fut largement atteint. À l'Institut Catholique, il côtoya des étudiants de diverses nationalités, notamment des Polonais et des Russes. Il y suivit le cours de Jacques Maritain. Chaque semaine il allait au musée du Louvre. Mais surtout il acquit une bonne connaissance de la langue et de la culture françaises. Correspondant occasionnel d'un journal allemand, il eut même des contacts avec le poète romancier Francis Jammes et l'historien Henri Bremond.

Cependant, le ciel ne fut pas toujours sans nuages. Rudolf Dietrich, condisciple de Paderborn, avait rejoint Franz après un semestre. Un incident mineur faillit bien remettre en cause leur présence à Paris. Au séminaire, on lisait pendant les repas un livre de Foch, le vainqueur de 1918. Certaines assertions étaient si blessantes pour la sensibilité allemande que les deux séminaristes envisagèrent leur retour en Allemagne. Un entretien avec M. Verdier, supérieur du séminaire, ramena la sérénité et la compréhension réciproque. La lecture ne fut pas reprise. Mais tous les habitants du séminaire n'étaient pas si accommodants que le supérieur. Maintes fois, des prêtres anciens combattants firent sentir par leur froideur ou leur attitude distante que la rancune contre l'Allemagne les habitait encore. C'est là que se manifestait la grandeur d'âme de Franz : à ce comportement inamical, il répondait par une bonté qui, bien souvent, désarmait les préventions ; nous en avons plusieurs témoignages.

D'avoir vécu plusieurs mois en banlieue à Issy-les-Moulineaux, Franz, dont c'était la première insertion prolongée en milieu français, fut impressionné par la désaffection des masses à l'égard de l'Église. Dans deux séries d'articles parus en 1925 et 1926 dans la revue *Études*, un jésuite, le Père Lhande, décrivait la situation religieuse de la ceinture parisienne. Ses radio-sermons sur le même sujet donnèrent à son message une audience accrue. Ils furent publiés sous le titre suggestif *L'Évangile par-dessus les toits* tandis que ses articles ont été réunis dans un livre intitulé *Le Christ dans la banlieue.*

Qu'il existât un prolétariat presque totalement coupé du christianisme, fut une découverte impressionnante pour Franz, originaire d'une région traditionnellement catholique. Une telle situation ne se rencontrait pas de la même façon en Allemagne où, déjà vers 1900, l'épiscopat avait tenté de remédier à l'inadaptation des paroisses surpeuplées par suite de l'essor industriel. Dans ce pays, on n'avait pas à déplorer, comme en France, une faille entre l'Église et les masses populaires. Grâce notamment à l'action et à l'influence de Mgr Ketteler, évêque de Mayence, le catholicisme allemand avait dès le XIXe siècle contribué à mettre en place une législation sociale de nature à défendre les ouvriers contre les excès de la liberté économique[1]. En politique, la préoccupation sociale était très présente dans le parti du Centre (*Zentrumpartei*) auquel nombre de catholiques allemands accordaient leurs suffrages.

La découverte de la situation socioreligieuse dans la banlieue parisienne fut probablement la première prise de conscience majeure du bouleversement qui allait ébranler l'institution chrétienne[2]. On découvrait le gouffre qui se creusait entre l'Église et la vie réelle des gens. Cela allait de la non-reconnaissance du régime républicain à l'apostasie des masses, du repli frileux dans une théologie qui ignorait l'évolution de la pensée moderne à la méconnaissance du sens chrétien des réalités terrestres. Un peu plus tard, à l'automne 1933, la *Vie Intellectuelle* lança une enquête sur l'incroyance. Le Père Congar, comme théologien, tira les conclusions en juillet 1935[3]. Il voit les raisons du recul non dans les « principes néfastes de la Réforme et de la Révolution française », mais dans le « déficit d'incarnation » de la foi catholique dans un monde où « la mystique de la science et la mystique de l'humanité » ont créé « un tout culturel et humain et un univers des âmes étrangers au tout chrétien et à l'univers de la

1. Sur Mgr Ketteler, voir R. AUBERT, *Monseigneur Ketteler, évêque de Mayence, et les origines du catholicisme social,* dans *Collectanea Mechliniensia,* t. XXXII (1947), p. 534-539.
2. On affirme parfois à tort que le premier cri d'alarme fut lancé par *France, pays de Mission ?*, de DANIEL et GODIN, paru en 1943, qui révélait au public une situation angoissante. C'est oublier les descriptions du P. Lhande et, on le verra plus loin, de Jean de Vincennes.
3. P. 214-249 ; surtout p. 228 et p. 241.

foi ». Or, face à ces mutations radicales, l'Église s'est renfermée en elle-même « constituant un monde à part, proprement conservateur, où il s'agit de garder le dépôt et où des hommes isolés de la vie… répètent en une langue à eux leurs problèmes à eux, exploitant le trésor du dogme presque uniquement en son aspect abstrait et scolastique ». C'est ainsi que de 1926 jusqu'à sa mort, Franz Stock fut témoin de la saine effervescence qui se manifestait dans l'Église de France. Ce dynamisme résultait d'un fécond va-et-vient entre les initiatives pastorales et la réflexion théologique. La pensée théologique éclairait les initiatives des hommes de terrain. Inversement, ces derniers, aux prises avec les dures réalités pastorales, suscitaient chez les théologiens une réflexion qui évitait ainsi de sombrer dans l'abstraction. Dans le domaine littéraire, cette renaissance chrétienne se manifesta par l'émergence de grands écrivains tels que Claudel, Mauriac, Bernanos. Franz Stock fut davantage séduit par leurs œuvres que par celles des théologiens. Il pressentait qu'il lui serait plus aisé de les « monnayer » dans son apostolat.

L'intérêt particulier que Stock manifestait pour la pastorale des pauvres et des marginaux de la banlieue, accru encore par l'influence des Compagnons de Saint-François et des *Friedenskämpfer* (combattants de la paix) l'avait porté à demander à son évêque de pouvoir prolonger d'un semestre son séjour parisien.

Étudiant à Paderborn

L'Église catholique allemande de la seconde moitié du XIXe siècle et du début du XXe voit se multiplier les associations (*Vereine*) où les croyants se serrent les coudes : ouvriers, cultivateurs, étudiants, artistes, diaspora catholique en régions protestantes, émigrés, missions, presse… Le domaine politique lui-même ne fait pas exception puisque la plupart des catholiques accordent leur suffrage au parti du Centre (Zentrum) où se retrouvent aussi ceux qui, sans se dire chrétiens, sympathisent avec les valeurs chrétiennes.

Le cardinal Geissel, archevêque de Cologne (1845-1854), puis Mgr Ketteler, évêque du petit diocèse de Mayence (1848-1877) mais figure de proue de toute l'Église catholique allemande d'alors, sont au point de départ de cette tendance. C'était un changement radical dans l'activité pastorale jusque-là axée sur les contacts individuels. De beaux succès étaient promis à cette nouvelle formule, qui pouvait miser sur le sens de l'organisation et l'esprit de groupe caractéristiques du tempérament allemand. Chaque année depuis 1848, l'Association catholique d'Allemagne rendait perceptible l'unité des diverses associations en un congrès, le *Katholikentag*, où les laïcs allemands parlaient ouvertement des sujets importants de l'actualité. Depuis 1867, sous l'impulsion de Ketteler, les évêques à leur tour se réunirent annuellement à Fulda, lieu symbolique, puisque saint Boniface, l'apôtre de la Germanie, y est enterré. Né sur le tard en 1897, le *Deutsche Caritasverband* regroupe les associations caritatives. C'est donc un catholicisme très structuré. C'est celui que connut Franz Stock. On verra que celui-ci aura avec *Caritas*, citée à l'instant, des relations privilégiées.

L'engagement social de l'Église allemande explique que dans ce pays il n'y eut pas, comme en France, de désaffection massive des masses ouvrières. Le risque cependant existait que ce christianisme, très lié à des structures, perde de sa vitalité. Mais on assista précisément après la Première Guerre mondiale à une renaissance religieuse sous l'influence des mouvements de jeunesse et, par ce même biais, du mouvement liturgique. L'historien de l'Église Roger Aubert caractérise aussi ce renouveau par la redécouverte par les croyants du sens de leur appartenance à l'Église, lieu de communion des chrétiens entre eux et avec Dieu autour du Christ dont la place centrale est mieux affirmée et mieux comprise.

La pensée théologique du XIXe siècle allemand est représentée par quelques grands noms[1]. Après les réalités théologiques de l'époque des Lumières, ils ont ouvert aux perspectives patristiques ainsi qu'à la dimension vitale du mystère. Leurs successeurs eurent le mérite de ne pas ignorer l'idéalisme allemand, notamment la pensée de Hegel, et de bien connaître la philosophie contemporaine. Ainsi Karl Adam (1876-1966) et Guardini (1885-1968) n'ont pas éludé les mises en question de la foi chrétienne par le monde moderne. Tous deux ont réussi à rendre la théologie accessible aux intellectuels chrétiens en l'exprimant dans une problématique et une langue plus proches de la vie des hommes ; ils ont aussi relu en penseurs chrétiens des grands écrivains de la littérature universelle.

Les prêtres vers qui les séminaristes de l'époque de Stock tournaient leurs regards et qu'ils étaient tentés de prendre pour exemples étaient souvent des prélats engagés sur le plan sociopolitique[2]. Il faut citer Carl Sonnenschein (1876-1929), prêtre qui suivit une autre voie : il n'assuma aucun mandat politique, mais son influence fut considérable auprès de milliers d'étudiants, d'artistes et de savants ; il était tout accueil, proche des isolés et des désespérés ; il apportait son aide à toutes les formes de pauvreté.

---

1. Ainsi Johann Möhler (1796-1838), chef de file de l'école de Tübingen, Matthias Joseph Scheeben (1835-1888), qui réalisa une brillante synthèse théologique, l'apologiste Herman Schell (1850-1906), professeur à Wurzbourg, auteur de *Christus* (1902), première bonne monographie sur le Christ.

2. Par exemple, Franz Hitze (1851-1921), qui avait présidé à la naissance du *Caritasverband* de Fribourg. Il avait été député au Reichstag de Berlin et pionnier du syndicalisme chrétien. August Pieper (1866-1942) avait également assumé un mandat politique de député. Et plus tard, Ludwig Kaas (1881-1952) deviendra en 1928 président du parti du Centre (Zentrum) et sera un des signataires du concordat de 1933.

Revenu en Allemagne à l'été 1929, Franz Stock entama un nouveau semestre sous la férule de Bernhard Bartmann et de Norbert Peters, les deux professeurs les plus réputés de l'Académie philosophico-théologique de Paderborn. Quand Franz Stock devint son élève, Bartmann (1860-1938) enseignait la dogmatique depuis près de trente ans. Il était entré en fonction peu avant que Harnack fasse à Berlin ses célèbres exposés sur « l'essence du christianisme » et qu'à Paris Loisy occupe une chaire en Sorbonne et publie *L'Église et l'Évangile* (1902). Son *Précis de dogmatique*, paru en pleine tourmente moderniste, allait connaître huit éditions en allemand échelonnées de 1905 à 1932. Dans sa préface, il indique nettement son option thomiste : « Indépendamment de la recommandation de l'Église, écrit-il, ce qui me portait à invoquer l'autorité de saint Thomas, c'était sa clarté et son art inimitable de dire tout l'essentiel en peu de mots. » Bartmann était d'avis « que se trouvait en saint Thomas la limite extrême jamais atteinte de la spéculation théologique encore possible et soutenable. On ne pouvait aller au-delà »[1]. C'était une profession de foi conservatrice que saint Thomas lui-même n'eût certes pas approuvée ! Pendant plusieurs décennies, le *Précis* de Bartmann fut la source où la majorité des séminaristes allemands puisèrent leur savoir. Et non seulement les Allemands, puisqu'il fut traduit en italien et en français. Cette dernière traduction aussi compta de nombreuses éditions[2]. Fruit d'un talent laborieux, mais manquant d'originalité, d'orientation plus historique que spéculative, l'ouvrage de Bartmann relayait, malheureusement en quelque sorte, le *Manuel de théologie catholique* du grand Scheeben (1835-1888)[3]. Bartmann n'avait pas le même souffle. Comme c'était courant alors, l'Écriture Sainte, citée à l'appui des énoncés dogmatiques, était utilisée comme un arsenal de preuves, quitte à n'en retenir que ce qui étayait la thèse à démontrer. Quant aux Pères de l'Église, Bartmann y recourait sans trop de sens historique. Mais il s'entendait à rendre son cours vivant en l'illustrant par des récits qu'on rapportait encore après bien des années.

Très différent était Norbert Peters (1863-1938), le savant et pittoresque professeur d'exégèse de l'Ancien Testament, auteur d'un commentaire du Siracide et de Job. Il avait des idées avancées pour l'époque. Par exemple, il fut un des premiers exégètes catholiques à faire sienne l'opinion protestante selon laquelle l'Écriture, pour livrer son message religieux, devait être débarrassée d'une interprétation trop littérale, qui ne tient pas compte du genre littéraire. Ses cinq tentatives d'obtenir une chaire dans une université d'État ayant échoué (peut-être accordait-on la préférence à un protestant), il se résigna à rester définitivement

1. E. STAKENMEYER, *Bernhard Bartmann*, article dans *Theologie und Glaube*, 44 (1954), p. 90.
2. Cf. la coédition Salvator-Casterman de 1935.
3. L'œuvre magistrale de ce théologien connut une renaissance en 1935 à l'occasion du centenaire de sa naissance et lorsque les éditions Herder publièrent en 1941 ses œuvres complètes.

à Paderborn. Il se fit construire dans la région une maison semi-champêtre où il consacrait à l'horticulture, à l'arboriculture fruitière, à l'apiculture et à l'élevage des poules tout le temps que ne requérait pas son labeur scientifique...

Dans les facultés de théologie allemandes, la Première Guerre mondiale marqua une césure. Les théologiens de la génération précédente avaient annexé Dieu à la cause allemande. À leurs yeux, les soldats tombés au combat avaient reçu le baptême du sang. N'était-ce pas la voix de Dieu qui, par celle de l'autorité légitime, les avait appelés sous les armes ? Sans conteste, leur mort était assimilable à celle des martyrs, qui avaient versé leur sang pour leur foi en Jésus-Christ. Mais après la guerre l'auditoire de ces théologiens était constitué de jeunes – Stock en était – issus des mouvements de jeunesse catholiques, particulièrement du Quickborn. Ces jeunes aspiraient à un « avenir sans armes et sans frontières »[1]. Précisément, Hermann Müller, le professeur de théologie morale de Paderborn, aida Klemens Neumann, auteur du *Spielmann* (Ménestrel) à enrichir son carnet de chants. Édité en 1914, puis constamment retravaillé, le Ménestrel comportait une sélection de bons chants religieux et de chants populaires anciens et modernes.

Selon Hans Jürgen Brandt, les condisciples de Franz Stock interrogés sur leur ancien camarade de cours furent unanimes à déclarer : il ne se distinguait pas ; il était comme nous. Le témoignage de son ami Rudolf Dietrich est significatif : dans les cours de théologie et les examens, il rencontrait des difficultés. Son intérêt allait aux questions socio-caritatives. Ses tendances étaient nettement esthétiques. « Or, comme l'observe Brandt, l'esthète appréhende la réalité par les sens, pas tellement par la raison[2]. »

Il apparaît donc que Franz ne fut pas mobilisé outre mesure par ses cours à la Faculté de Paderborn pas plus qu'il ne l'avait été au lycée. C'est à autre chose qu'il consacrait le temps que ne requérait pas strictement l'étude. Il avait fait en France des rencontres et des découvertes qu'il était naturellement porté à partager. En 1930, À quelques mois d'intervalle, la *Rhein-Mainische Volkszeitung* publia trois articles de Franz Stock.

L'un de ceux-ci, *Das göttliche Mysterium*, était la traduction résumée d'un article d'Ernest Hello, *Le mystère divin*. Les deux autres ont un accent plus personnel puisqu'ils relatent des visites de Franz à des personnalités. *Une demi-heure chez Francis Jammes* relate l'entretien qu'il eut avec le poète-romancier près de Hasparren, dans le Béarn que l'écrivain ne quitta jamais[3].

---

1. H.J. Brandt, *Wem die Stunde schlägt*, article dans *Theologie und Glaube*, 73 (1983/1), p. 7.
2. *Ibidem*, p. 8.
3. Les écrits de Francis Jammes enthousiasmaient Franz Stock. Celui-ci publia à Paderborn en 1933 une édition scolaire des plus belles pages (le titre est en français) de l'écrivain français.

Franz rendit visite pendant une heure entière, à en croire le titre de son article, au docte abbé Henri Bremond, auteur de l'admirable *Histoire littéraire du sentiment religieux*[1]. L'académicien reçut Franz dans le modeste bureau qui lui servait aussi de chambre. D'entrée de jeu, Bremond fit allusion à la malveillante rumeur selon laquelle Bernanos l'aurait présenté dans *L'Imposture* sous les traits de l'abbé Cénabre. Il s'enquit *ex abrupto* de l'opinion de Franz Stock à ce sujet. On devine que ce dernier rejeta vivement cette hypothèse incongrue. Franz à son tour interrogea son hôte sur *La Jo*ie de Bernanos... Merveilleux privilège que de pouvoir converser avec un parfait lettré !

Mais un labeur de longue haleine allait occuper l'étudiant en théologie. Interpellé par l'indigence multiforme découverte dans la banlieue parisienne, il entreprit de traduire en allemand[2] *Le Bon Dieu dans le bled en Seine-et-Oise*[3] écrit en 1928 par un aristocrate belge, le baron Emmanuel van der Elst (1894-1972), sous le pseudonyme de Jean de Vincennes[4]. Dans l'introduction au livre de Jean de Vincennes, le Père Lhande écrit qu'il considère *Le Bon Dieu dans le bled* comme le complément indispensable de son livre *Le Christ dans la banlieue.*

Franz Stock fit précéder sa traduction d'un « avant-propos (non signé) du traducteur ». Il aligne d'abord des données chiffrées – puisées dans l'hebdomadaire *La Vie Catholique* – sur la situation religieuse de la banlieue. II rappelle ensuite que l'auteur avait écrit antérieurement (en 1927) *De pauvres vies,* ouvrage couronné par l'Académie française, et que Jean de Vincennes avait voulu exercer lui-même les métiers dont il parlait : porteur de bagages, homme-sandwich, « machino » au théâtre du Châtelet, marchand de journaux, marchand ambulant de légumes. La même préoccupation sociale avait porté l'auteur à orienter son enquête hors de Paris sur la misère sociale, morale et religieuse de la banlieue.

1. L'ouvrage comprend onze volumes, qui ne couvrent même pas tout le XVIIe siècle. Élu en 1923 à l'Académie française, Henri Bremond (1865-1933) se proposait de mener son enquête jusqu'à l'époque contemporaine. Il défendit avec acharnement, contre le rationalisme, l'irréductible spécificité de l'expérience poétique dont il entendait rapprocher l'activité mystique.

2 Sous le titre *Gott in der Wüste von Jean de Vincennes. Mit einen Geleitwort von Pierre Lhande,* Paderborn, 1931. Les biographes de l'abbé Stock, unanimes – et encore Hans Jürgen Brandt en 1983 ainsi que Heckeroth et Stork en 1992 – ont affirmé à tort qu'il avait traduit en allemand *Le Christ dans la banlieue* du Père Lhande, publié à Paris en 1926. La proximité des dates, la similitude des sujets et le fait que le Père Lhande ait préfacé le livre de Jean de Vincennes prêtèrent à confusion. Jeanne Ancelet-Hustache signale l'erreur dans sa traduction de E. KOCK, *L'Abbé Franz Stock,* [Tournai, 1968], p. 49. Dès 1927 d'ailleurs, *Le Christ dans la banlieue* avait été traduit en allemand. C'est l'expérience de la vie dans les tranchées de l'Yser comme simple soldat, qui a fait découvrir à Jean de Vincennes les contacts fraternels.

3. Département aujourd'hui disparu, remplacé par six nouveaux départements. Il correspondait à l'ancien diocèse de Versailles, qui ceinturait entièrement Paris.

4. Voir COOMANS DE BRACHENE, *État présent de la noblesse belge,* troisième série, première partie, Bruxelles, 1988, p. 109.

En 1926 et 1927, il avait aussi frappé à la porte des pauvres presbytères de Seine-et-Oise pour écouter le témoignage des desservants des églises et des chapelles provisoires. À partir de ces entretiens, il écrivait des articles parus surtout dans *La Croix* et accumulait la matière dont il tirerait parti dans son livre. Gravement, Franz Stock se porte garant de l'objectivité de l'enquête : « Nous avons pu nous convaincre de l'exactitude des descriptions en parcourant nous-même en tous sens cette zone inhospitalière. » Vingt clichés illustrent le texte : « Pour faire voir la situation au lecteur, nous avons inséré une série de clichés. Certains nous furent aimablement proposés par l'auteur. Nous-même avons réalisé les autres sur place[1]. »

Diapositives à l'appui, Franz, revenu à Paderborn, fit un exposé sur le prolétariat des grandes villes à ses condisciples très impressionnés tant par la situation décrite que par les méthodes pastorales utilisées.

Au cours des étés 1930 et 1931, Stock allait connaître un genre d'expérience tout différent mais non moins marquant : les pèlerinages des Compagnons de Saint-François.

Compagnon de Saint-François

Petit-fils de canut[2], Joseph Folliet (1903-1972), né dans le vieux quartier de la Croix-Rousse à Lyon, appartient à la constellation des fortes personnalités issues de l'Église de Lyon. En 1922 à Assise, la mystique franciscaine avait été pour lui une révélation. Admirateur de Marc Sangnier, c'est en qualité de membre du *Sillon catholique* qu'il participa au congrès de Bierville de 1926. La découverte à cette occasion des mouvements de jeunesse allemands, du Quickborn en particulier, lui suggéra d'ajouter la spiritualité franciscaine à ce qu'il trouvait dans ces mouvements[3]. C'est ainsi qu'en 1927 Joseph Folliet fonda les Compagnons de Saint-François avec René Beaugey, lui aussi un ancien de Bierville.

L'activité fondatrice du mouvement fut une randonnée pédestre à Sainte-Odile en Alsace ; une vingtaine de jeunes membres du *Sillon catholique* y participaient. Dès 1928, Joseph Folliet explicite cette première expérience dans *Les Compagnons de Saint-François : Esprit, Idées, Méthodes.* Paix sociale dans la justice, paix entre les peuples, témoignage chrétien actif dans tous les milieux de vie. Ces idées-forces doivent être vécues, en prise sur le monde, par des

---

1. Fr. Stock, *Introduction à* J. de Vincennes, *Gott in der Wüste,* p. 14.
2. Ouvrier de la soie.
3. Dans son livre *Le Père Laurent Remillieux,* Paris, 1962, p. 9, Folliet écrit que c'est pendant le Congrès de la Paix que s'esquissa un projet qui devait prendre corps un an plus tard.

voyageurs en marche vers un but qui est Dieu et son Royaume. L'objectif du mouvement se précise peu à peu : il s'agit de « constituer des communautés fraternelles de jeunes, de milieux et de pays différents, formés à une vie évangélique dans l'esprit de saint François par la pratique du pèlerinage[1] ». L'importance donnée au pèlerinage pourrait étonner. Mais Folliet est un idéaliste réaliste : il sait combien de longues marches en groupe peuvent désencombrer l'esprit et graver patiemment dans la personnalité les idées autour desquelles on échange son vécu. II sait que de tels cheminements peuvent constituer une école de vie et un apprentissage des relations humaines. « Le pèlerinage est un témoignage d'insatisfaction et de refus, c'est le geste spontané de l'homme "inhabituable" par essence à la cité imparfaite, à la cité finie et qui prend conscience de sa vocation à l'Absolu[2]. » Susciter des vocations de pèlerins c'est l'esprit du mouvement. Aussi le grand pèlerinage annuel, d'une dizaine de jours, est l'activité majeure. Chaque jour, pendant cette longue marche se tient un cercle d'études appelé « chapitre » consacré à l'étude du thème choisi.

Dans un petit livre paru en 1936[3], Joseph Folliet développe les grandes lignes de la spiritualité du Mouvement. Pauvreté et charité, vertus éminemment franciscaines, « sont les deux tributs que la Route exige le plus impérieusement ». II dédie son travail aux Compagnons qui, avec lui, « ont vécu et pensé ce livre ». Ce manifeste, précise-t-il dans l'avant-propos, « a poussé dans la nature[4] ». Le lecteur y apprend « qu'il est d'autres pays que son village et d'autres hommes que ceux de son entourage[5] ». Il n'est que de « se laisser faire par la Route[6] ». « Ce qui est, ce qui arrive est d'un prix inestimable ; sachons en tirer parti[7] », ce qui signifie accepter les incidents, les contretemps, la fatigue, les intempéries, l'ardeur du soleil, la frugalité des repas, l'inconfort des nuits, éventuellement l'accueil mitigé au terme d'une journée harassante. Mais en revanche, que de découvertes la Route réserve à ceux qui savent *voir et entendre*[8].

1. MAZURELLE, dans *Catholicisme,* t. II, Paris, 1950, col. 1416.
2. Dans *Joseph Folliet, notre ami,* en collaboration, Lyon, 1973, p. 109-110.
3. J. FOLLIET, *La Spiritualité de la Route,* Paris [1936].
4. *Ibid.*, p. 10.
5. *Ibid.*, p. 37.
6. *Ibid.*, p. 75.
7. *Ibid.*, p. 77.
8. « La splendeur ou la joliesse du paysage ; les montagnes à l'assaut du ciel ; la mer, « grande rose grise » ; la forêt, cathédrale de vie luxuriante et verte ; le ruisseau qui bruit comme une chanson de jeunesse ; la clairière où les fûts espacés s'enluminent de rose ; le lac, miroir de l'âme contemplative ; la prairie où les ombelles font une écume dentelée ; le sifflement d'un merle, l'ironie d'un loriot, l'appel mélancolique d'un râle de genêt, voire cette humble chose : la poitrine d'un rouge-gorge dans les frondaisons claires d'un coudrier, tout peut servir, tout sert d'échelon pour remonter jusqu'à Dieu. Par une dialectique franciscaine, l'esprit va de la beauté créée à la Beauté incréée, du reflet à la Lumière... » *Ibid.*, p. 165.

« À force de parcourir les chemins de sa patrie [le routier] éprouve à son égard un sentiment qui a la force de l'amour charnel. Il la connaît trait par trait, colline par colline, borne par borne. Il sait comment le ciel clair et cotonneux de l'Ile-de-France diffère du ciel mélancolique et bouleversé de la Bretagne[1]... » Il ne verse pas pour autant dans le nationalisme. « Parce que son amour est simple et sain, il comprend l'attachement des autres à leur pays. Il n'adore pas une idole : il aime un terroir, un parler, une culture. Que d'autres fassent comme lui, cela lui paraît normal. C'est pourquoi il accueille avec joie ceux des autres patries, heureux de leur faire connaître la sienne[2]. »

Aussi est-ce avec nostalgie que Joseph Folliet retrouve dans sa mémoire cette colline luxembourgeoise – c'était en 1931, et Stock était du groupe – « d'où nous contemplions les raccords des labours français et des labours allemands pendant que nous construisions la paix internationale[3]... ». Au cours des pérégrinations, Joseph Folliet aimait à parler de l'ironie de la route. Il signifiait par là le « retour au sens des proportions exactes[4] » et le regard réaliste que, dans le jour cru et le dénuement de la route, chacun porte sur soi-même[5].

---

1. *Ibid.*, p. 145.
2. *Ibid.*
3. *Ibid.*, p. 169.
4. *Ibid.*, p. 178. *L'Almanach catholique* français pour 1930, publié par Francisque Gay, contient, sous la plume de l'abbé M. Phalempin, aumônier de la Bande du Nord, p. 333-334, une bonne présentation des Compagnons.
5. Jean Verdier, supérieur du Séminaire des Carmes, dit un jour à Joseph Folliet : « Monsieur Folliet, vous êtes d'Église, mais *(sic!)* laïc. » L'intéressé interrompit ses études ecclésiastiques. À vrai dire, l'interruption fut longue : « J'ai attendu l'âge de la retraite pour régulariser une vieille liaison en demandant ma réduction à l'état ecclésiastique. » Ordonné prêtre à l'âge de 65 ans, Joseph Folliet mourut quatre ans plus tard en 1972. Ce boute-en-train servi par une mémoire insolente et une puissance de travail hors du commun fit œuvre de penseur, d'écrivain, d'essayiste, d'orateur, de journaliste et aussi de poète chansonnier. Veilleur à l'écoute de l'Esprit, attentif à tous les événements et simultanément pèlerin de l'Éternel, il a œuvré sur tous les chantiers de son temps. Malgré l'opinion commune, il fut très opposé à la guerre d'Algérie. Ses activités se répartissent entre le journalisme (collaboration à *Sept, Temps présent, La Vie catholique illustrée* – qu'il refonda avec Georges Hourdin – et *Foyers*), l'action sociale (il fut en 1938 directeur de la *Chronique sociale de France* – la « Chro » – animée par une équipe permanente d'amis et de collaborateurs occasionnels parmi lesquels Jean Lacroix, Henri de Lubac, François Varillon ; en outre, il participa activement aux *Semaines sociales de Lyon*) et, depuis 1945, l'enseignement de la sociologie aux Facultés Catholiques de Lyon (publication d'ouvrages de morale sociale et de sociologie). Guetteur lucide de son époque et de l'évolution de l'Église, il analysa avec beaucoup de perspicacité les situations et les changements en cours. De ses observations découla une trilogie sur *L'Église et le monde actuel*. Inébranlablement fidèle à l'Église, il sut préserver sa liberté de pensée vis-à-vis de celle-ci. Sa conclusion en 1971 – un an avant sa mort – est intitulée *Le temps de l'angoisse et de la recherche*. Il admirait Marc Sangnier et collabora lui-même au rapprochement franco-allemand.

À Bierville, Paul Maureille, jeune Français de Tulle, dont il fut question plus haut, présenta Franz Stock à Joseph Folliet. Ce fut le début d'une amitié qui s'approfondira plus tard au Séminaire des Carmes. Outre la personnalité de son ami, tout concourt bientôt à attirer Franz vers les Compagnons. Il y retrouve les richesses du Quickborn, et, plus explicite que dans ce dernier, l'action militante pour la paix sociale et internationale ; il y découvre surtout une profonde spiritualité inspirée de saint François.

Stock n'accompagne pas encore son compatriote Rudolf Dietrich au pèlerinage à Notre-Dame du Folgoët en 1929. Mais il est de la partie avec lui et six autres Allemands l'année suivante, quand les Compagnons cheminèrent en Haute-Savoie avec pour destination l'abbaye trappistine de Tamié. Le thème de ce Grand Pèlerinage était : la Paix en nous-mêmes, entre les individus, dans la famille. Il se liera d'amitié avec un Français de la Martinique, Louis Achille. Celui-ci éprouve de la sympathie pour les Compagnons allemands : « Ils avaient tendance à se rapprocher de moi, parce que j'étais, moi aussi, différent des autres pèlerins français, par ma couleur, mais aussi par mon statut d'étudiant encore peu commun aux Compagnons de Saint-François, et surtout par ma pratique courante de l'anglais que j'étudiais en Sorbonne, et dans lequel les Allemands s'exprimaient parfois plus aisément que dans la langue française. Enfin mon goût pour la musique, mon aptitude à chanter des negro spirituals alors fort peu connus en Europe, et mon goût inné de la nature nous rapprochaient. Ne reprochaient-ils pas aux Compagnons de Saint-François français de passer indifféremment devant de beaux paysages, sans s'arrêter pour les admirer ?... Un certain amour de l'eau et une certaine incapacité à se passer d'hygiène corporelle nous a encore rapprochés. Longeant le lac d'Annecy (pour le tropical que j'étais, une vraie révélation), les Allemands et l'Antillais furent les seuls à oser se déshabiller pour faire quelques brasses, se nettoyer et se rafraîchir un peu... Aux chants allemands j'ajoutais mes chants américains et créoles, accentuant ainsi le caractère international et cosmopolite de notre groupe[1]. »

Louis Achille souligne ensuite la « fraternité interraciale totale vécue parmi les Compagnons qui contrastait, dit-il, avec la ségrégation raciale dans laquelle je vivais même dans la capitale fédérale de Washington ». Aussi fit-il le voyage en Europe chaque été de 1932 à 1937 « pour reprendre la Route franciscaine ».

La confiance mutuelle entre Louis Achille et Franz Stock était parfaite. « En l'accueillant, j'avais le sentiment de vaincre deux préjugés, le national et

1. Toutes les citations de Louis Achille sont tirées de sa lettre du 24 août 1989 à l'auteur.

le racial. Stock aussi, semble-t-il. D'où la chaleur particulière avec laquelle il fut accueilli par mes parents à Paris[1]. »

Stock fera encore une autre rencontre. Parmi les nouveaux participants de cette même année 1930, se trouvait aussi l'abbé Remillieux, curé de Notre-Dame Saint-Alban dans la banlieue ouvrière au sud-est de Lyon. Au cours de leur passage dans cette ville, les Compagnons organisèrent un feu de joie dans les terrains vagues à proximité de l'église. Ils interprétèrent aussi le *Mystère de saint François et de son compagnon,* jeu scénique de Folliet qui sera publié en 1932. « Entre la paroisse et le mouvement, un pacte était passé[2]. »

Au cours de son premier séjour parisien, Franz Stock avait pris conscience de la misère matérielle et spirituelle des masses suburbaines. La rencontre à Lyon de l'abbé Remillieux confirma ce sentiment, mais lui fit découvrir simultanément un style tout neuf de pastorale paroissiale dynamique. Toute l'action de l'abbé Remillieux prouvait que la paroisse, institution de base du catholicisme, n'était pas forcément un lieu « d'expectative presbytérale ». Elle pouvait être un lieu de rayonnement missionnaire. En suscitant la participation effective à une liturgie vraie, en restituant la vie aux sacrements libérés de leur gangue de formalisme[3], en faisant toute clarté sur les questions financières dûment reléguées à leur place secondaire[4], la paroisse pouvait être un lieu de ressourcement et un lieu d'authentique catholicité[5], où se vit et se perçoit l'universalisme chrétien. Au prix d'un très gros effort, Remillieux avait étudié l'allemand dans sa jeunesse et le parlait aisément. Il eut l'audace peu de temps après la Première Guerre d'accueillir dans sa paroisse des prêtres allemands qui venaient y faire un stage. C'était pour lui une des façons de contribuer au dialogue franco-allemand.

---

1. Il doit s'agir des années 1934 et suivantes, quand Stock résidera à Paris comme recteur de la paroisse allemande.
2. J. FOLLIET, *Le Père Laurent Remillieux, curé de. Notre-Dame Saint-Alban (1882-1949)*, Paris, 1962, p. 10.
3. Des exemples : Le baptême avait lieu le dimanche à 8 heures devant la communauté paroissiale rassemblée ; c'était tout à fait insolite pour l'époque. Remillieux fut sans doute le premier en France à célébrer la messe dialoguée empruntée aux mouvements de jeunesse allemands. Il insistait pour que l'on répondît « avec des voix claires et bien timbrées ». Le petit livre de H. CH. CHERY, *Communauté paroissiale et Liturgie. Notre-Dame Saint-Alban,* Paris, [1947], décrit l'expérience pastorale menée par l'abbé Remilleux.
4. Le livre que lui consacre Joseph Folliet en 1962 (cité plus haut) porte en sous-titre : *Le petit prêtre qui avait vaincu l'argent.* Il avait supprimé les quêtes, mais demandait aux fidèles de soutenir leur clergé par des dons anonymes et n'omettait jamais la publication intégrale des comptes.
5. Pie XI le recevant en 1935 lui dit : « Vous êtes catholique, Monsieur le Curé. »

Sa méthode ? Faire vrai, c'est-à-dire conformément à l'Évangile. Vivre et être accueillant à ce qui vit[1]. Comme l'écrit fort bien Folliet, sa paroisse « formait un extraordinaire abrégé de l'Église universelle, [...] une sorte de tourbillon spirituel où se rencontraient les courants de l'Église et du monde[2] ». Il fut l'ami de l'abbé Monchanin qui allait vivre en Inde une existence d'ermite, de l'abbé Couturier, l'apôtre de l'œcuménisme. Lui-même d'ailleurs avait été membre du groupe de travail œcuménique de la trappe des Dombes. Il contribua à l'accueil d'étudiants asiatiques. Présent à Bierville, il fut un des premiers à adhérer à *Pax Christi* quand Mgr Théas, alors évêque de Montauban, créa ce mouvement pour la Paix en 1945 au sortir de la Deuxième Guerre mondiale. Le vendredi soir, il conviait ses paroissiens à l'« heure de lumière », qui était une méditation collective. Et le dimanche soir, l'« heure de louange » clôturait le jour du Seigneur. Mais surtout l'Église locale était présente aux paroissiens, donc aux travailleurs, et cette présence n'était pas l'initiative de quelques individus ; elle était voulue et ressentie comme la démarche de la communauté paroissiale en prise directe avec l'Eucharistie et les sacrements.

Lors de son premier séjour parisien, Franz Stock avait bien perçu que la chrétienté n'était plus une réalité. Déjà l'enquête de Jean de Vincennes, qu'il était en train de traduire, témoignait d'une vraie présence de l'Église dans la misère des banlieues. Les contacts avec l'abbé Remillieux le mettaient en présence d'un homme qui avait réagi de façon originale à la déchristianisation.

Le pèlerinage de l'année suivante – 1931 – gardera le même thème, la paix, mais considérée cette fois au niveau international. L'encyclique *Pacem, Dei munus* (1920) de Benoît XV servira de fil conducteur. Étant élève de terminale, Franz l'avait lue attentivement. Cette fois, le cortège des pèlerins qui cheminent vers Luxembourg aura un caractère international plus prononcé puisqu'aux Français et aux Allemands s'ajoutent des Belges, des Hollandais et des Italiens. Le « chansonnier » à qui il revient de diriger les « chapitres » n'est autre que Joseph Folliet.

Au pèlerinage proprement dit, Franz Stock avait proposé cette année-là d'adjoindre un camp sous tente qui se tiendrait du 24 au 31 août à l'ermitage de Neheim, à 584 m d'altitude dans une vaste prairie entourée de sapins. Son but : mieux faire connaître le mouvement « au-dessus des frontières et plus

---

1. Moins connue que l'effort de renouveau du Sacré-Cœur du Petit-Colombes des abbés Michonneau et Rétif, l'expérience de Notre-Dame Saint-Alban lui est antérieure. Mais l'abbé Remillieux n'était pas parisien et n'écrivit aucun livre... Cependant n'a-t-il pas anticipé dans sa paroisse celles qui seraient les « nouvelles » tendances pastorales des décennies à venir ? Renouveau liturgique, essor de la conscience communautaire, pastorale familiale, responsabilité partagée avec les laïcs.
2. J. FOLLIET, *Le Père Laurent Remillieux,* Paris, 1962, p. 12.

particulièrement en Allemagne où nombreux sont les jeunes qui sont animés de notre idéal ». Ce sera l'occasion de contacts. « Nous rencontrerons de nombreux amis : prêtres, séminaristes, collégiens, ouvriers, étudiants... Nous apprendrons à nous connaître, à nous aimer[1]. »

Franz et son cousin Schäfer rejoignent les Compagnons à Remerschen. Léon Pierrieau, qui avait participé comme soldat aux furieuses tueries de 1918, se promettait bien d'ignorer ces nouveaux venus Allemands. « Mais Franz, raconte-t-il, finit par me débusquer pour me remercier des quelques renseignements d'itinéraire que je lui avais communiqués, et quand ses yeux croisèrent les miens, quand sa main serra la mienne, je sentis quelque chose qui craquait en moi, et, de cette minute, à la fois émouvante et douloureuse, date mon amitié profonde pour Franz, une amitié d'éternité[2]. » Le mardi 18 août, à l'ermitage du minuscule hameau allemand de Gisterklaus, Franz avec dix-huit autres membres du groupe[3] fit sa promesse de Compagnon. À quoi s'engageait-il ? Les points saillants étaient de faire acte quotidien de pèlerinage[4], de veiller au développement de toute la personne au triple point de vue physique, intellectuel, spirituel, de faire grande place au service social, familial, civique, de rayonner la joie, d'observer la chasteté selon son état. Stock est très apprécié des pèlerins : au dire d'un des Compagnons, c'est « un ami "affectionné" de tous, dont la présence parmi nous est le signe évident du "catholicisme" réel des Compagnons[5] ». De passage à Trèves, la joyeuse troupe organise un feu de camp à l'abbaye bénédictine de Saint-Matthias. À Luxembourg même, le groupe des pèlerins, au grand étonnement des passants, se dirige en priant vers la cathédrale Notre-Dame. Tout le groupe sera reçu par l'ambassade d'Allemagne tandis que l'ambassade de France reste impassible devant l'événement.

Dès le lendemain, treize Compagnons prennent le train en direction de Neheim. Vu les intempéries, les parents de Franz offrent généreusement l'hospitalité à tout le groupe. Et la semaine se passe au mieux. La *Prière Matinale* d'Henri Colas est chantée alternativement en français et en allemand. La méditation axée sur la paix est guidée par l'abbé Remillieux qui célèbre ensuite l'eucharistie. Allemands et Français la chantent en commun. Le jour se passe en contacts avec la population locale, notamment avec la jeunesse.

---

1. Lettre de Paderborn datée du 20 mai 1931 (lendemain de son ordination diaconale), publiée dans *L'Appel de la Route,* juin 1931, p. 65.
2. L. PIERRIEAU, *Qui était Franz Stock ?,* dans *L'Appel de la Route,* n° 83, 2e trim. 1963, p. 5.
3. Parmi lesquels le Martiniquais Louis Achille.
4. C'est-à-dire être pauvre, humble, charitable.
5. *L'Appel de la Route,* décembre 1931.

L'abbé Remillieux fait des causeries sur la fraternité universelle et sur la fraternité franco-allemande en particulier. Le soir, au cours des feux de joie, des chants français alternent avec des *Lieder* allemands accompagnés de guitare.

Au cours de cette semaine, les Compagnons participèrent à une manifestation pacifiste qui rassembla un millier de personnes au Borberg, dans une clairière de la forêt de Brilon. Des trublions nazis vinrent perturber les cérémonies aux cris de « Allemagne, éveille-toi ! ». À quoi les orateurs allemands répondirent que la véritable Allemagne était déjà éveillée[1]. Joseph Folliet, avec sa fougue et son talent habituels, prit la parole en français ; Franz Stock traduisit son allocution en allemand tandis que l'abbé Remillieux transposait en français les discours des orateurs allemands. En 1983 et 1988, en mémoire de Franz Stock, de nouveaux pèlerinages pour la paix seront organisés dans la forêt de Brilon.

La fête de la jeunesse du dimanche 30 août 1931 fut le point d'orgue de la semaine de Neheim. Les participants n'avaient pas voulu « se contenter de signer des manifestes pour la Paix et d'applaudir aux diverses manifestations de collaboration franco-allemande ». Ils avaient accompli des *actes* de paix : ils avaient partagé, ils avaient vécu ensemble, ils avaient amené des gens à se rencontrer, à se parler, à se découvrir[2], sans éviter pour autant d'aborder des

1. L'incident est rapporté du point de vue nazi par Friedrich Alfred BECK dans *Kampf und Sieg* (Combat et victoire). Il y est précisé que les nazis étaient environ vingt. Le narrateur signale que le clou de la manifestation était la présence de 18 (*sic*) communistes (*sic*) français qui voyageaient à travers l'Allemagne ! Les nazis se faufilèrent de différents côtés dans la foule. Au moment où le chef de la manifestation donna l'accolade à un Noir français (le Martiniquais Louis Achille), un nazi donna le signal qui déclencha les cris « Allemagne, éveille-toi ! » (*Deutschland erwache*). Les perturbateurs refoulés narguèrent encore la police et l'assemblée en entonnant des chants de combat nazis. On retrouve des comportements analogues dans le roman d'E. GLAESER, *Le dernier civil* qui, mieux – en un certain sens – qu'un livre d'histoire, dépeint les procédés nazis de manipulation et d'intimidation de l'opinion publique. Le journal nazi *Rote Erde* (Terre rouge) de Bochum s'indigne de son côté de la manifestation de Brilon (voir E. KOCK, *L'Abbé Franz Stock,* [Tournai, 1968], p. 53). St. ZWEIG, *Le monde d'hier. Souvenirs d'un européen,* traduction nouvelle, Paris, [1993], décrit très bien (p. 440-443) la stratégie des bandes nazies.

2. Robert Schuman et Jean Monnet ne firent pas autrement pour mettre l'Europe sur les rails en commençant par créer une *solidarité de fait* lorsqu'ils ont instauré en 1951 un marché commun du charbon et de l'acier (naguère, matières de base pour les industries de guerre !). Cela ne signifie d'aucune façon qu'ils minimisaient l'importance de l'Europe des cultures (voir *Schuman, Adenauer, De Gasperi,* par Audisio et Chiara, Salvator, Paris, 2004). La question est d'appartenir à une culture sans y sombrer. Dans la déclaration de Paris du 9 mai 1950, qui est au point de départ de l'unification européenne, il est affirmé que « l'Europe ne se fera pas d'un coup, ni dans une construction d'ensemble : elle se fera par des réalisations concrètes, créant d'abord une solidarité de fait. Le rassemblement des nations européennes exige que l'opposition séculaire de la France et de l'Allemagne soit éliminée : l'action entreprise doit toucher au premier chef la France et l'Allemagne. »

sujets aussi délicats que les atrocités commises pendant la guerre. Ils eurent contact aussi avec un officier du *Stahlhelm* (casque d'acier pro-hitlérien). Même le problème que posait cette phalange fut objet de discussion tant ils étaient décidés à aborder tous les sujets.

Louis Achille a gardé un souvenir chaleureux de ces journées : « C'est surtout dans la propre famille de Franz Stock à Neheim qu'une dizaine de Compagnons de Saint-François pénétrèrent le plus avant dans une province allemande et une famille ouvrière de ce pays. » Les amis de Franz Stock, eux aussi, croyaient à la paix et « en tout cas, à sa nécessité urgente[1] ». Léon Terraud, un autre Compagnon enchaîne : « Avoir connu, par l'intérieur, le rythme de cette vie intime, rythme de repas, du lever, du coucher, qui imprime sa cadence à la vie tout entière, physique et mentale... ; avoir pu suivre du regard une mère allemande vaquant tout bonnement à ses occupations domestiques, avoir été gratifié de son sourire maternel, avoir vu son visage se voiler de tristesse et l'avoir vue se joindre les mains dans un geste de recueillement au moment de la séparation ; avoir pu se faire un moment Allemand, fils allemand, quelle féconde expérience !... Et je pourrais en dire autant de tous les membres de la famille qui ont vécu devant nous, nous ont traités absolument comme si nous étions des leurs... Bref, conclut-il, l'accueil enthousiaste de certains Allemands nous a rappelé celui que réservent aux visiteurs français les habitants de ces vieux pays amis que sont la Belgique et la Pologne[2]. »

Après cette expérience mémorable, Franz regagne son séminaire de Paderborn pour le semestre d'hiver, le dernier avant l'ordination. Dans *L'Appel de la Route,* Folliet écrit : « Il m'est souvent arrivé de penser et de dire que si le Mouvement Compagnon n'avait pas servi à une autre fin que celle de susciter un Franz Stock, il aurait pleinement rempli sa mission surnaturelle que la Providence lui avait assignée[3]. »

---

1. L.-T. ACHILLE, Lettre du 24 août 1989 à l'auteur.
2. *L'Appel de la Route,* septembre-octobre 1931, p. 106. Louis Achille retournera en Allemagne après la guerre et montrera aux familles de Neheim les films fixes réalisés : mais combien d'enfants de 1931 sont morts à la guerre !...
3. N° 82, 1er trimestre 1963, p. 2.

3. Premiers ministères. Percée du nazisme

Une « bande » de Compagnons allemands existe maintenant au Leoconvict, où résident les séminaristes de Paderborn. Par ailleurs, Franz entretient des relations épistolaires avec ses amis d'Outre-Rhin. Dans une lettre datée du 9 janvier 1932[1] à un Compagnon hollandais, Jan van der Putten, il brosse en quelques lignes un tableau intéressant de l'activité du Quickborn. Ce mouvement a été le premier à s'affirmer comme catholique face au Wandervögel interconfessionnel, le premier aussi à s'adresser à l'intégralité de la personne. Cet esprit a imprégné progressivement une partie importante de la jeunesse catholique. Le Quickborn, poursuit-il, peut estimer maintenant sa mission accomplie : le chant populaire et la liturgie sont restitués au peuple. Burg Rothenfels est devenu un centre de culture spirituelle. On y travaille en groupe les questions d'aujourd'hui. On cherche à pénétrer tout d'esprit chrétien : la politique, les affaires, l'art. Le nombre des membres pour toute l'Allemagne ne dépasse cependant pas 5 500.

Le 12 mars 1932, Mgr Kaspar Klein confère l'ordination presbytérale à Franz Stock qui, le lundi de Pâques – le 28 mars – célèbre sa première messe dans l'église Saint-Jean-Baptiste de Neheim. Le doyen Müting qui connaissait la famille Stock depuis l'enfance de Franz prononce le sermon. Le jeune prêtre avait toujours eu une affection particulière pour ses plus jeunes frère et sœur, Heinz et Theresia. Ce fut donc pour lui une joie supplémentaire que Heinz fit ce jour-là sa première communion. L'image-souvenir porte au verso quelques lignes de la première épître de saint Pierre : « D'un cœur pur, aimez-vous les uns les autres sans défaillance » (I P 1, 22-23).

Dès le lendemain de sa première messe, Stock est envoyé à Effeln-Anröchte (non loin de Lippstadt, à peu près à mi-distance de Neheim à Paderborn). Moins de trois mois plus tard, le 25 juin 1932, il est transféré dans la région minière de Dortmund-Eving, à la paroisse Sainte-Barbe située dans la zone nord de la ville. Les deux années de ce ministère dans la Ruhr sont le seul apostolat de quelque longueur qu'il exerça dans son diocèse et dans sa patrie. Au dire de Lorenz Jaeger qui deviendra en 1941 archevêque de

---

1. Dans cette lettre, Stock propose à son correspondant de troquer un exemplaire du recueil de chants, le *Ménestrel* (Spielmann) du Quickborn, contre des reproductions du peintre Jan Toorop, ce qui nous apprend au passage qu'il apprécie beaucoup cet artiste hollandais.

Paderborn, « ses premières démarches apostoliques montrent sa passion d'être “tout à tous”. Il s'occupa en priorité des plus pauvres et des plus délaissés, les mineurs polonais[1] ». Il se mit en peine d'étudier leur langue avec assez d'ardeur pour pouvoir bientôt prêcher et entendre les confessions en polonais. D'autre part, les expériences enrichissantes qu'il avait faites au Quickborn, chez les Compagnons ou au sein du mouvement catholique pour la paix l'avaient sensibilisé au monde de la jeunesse. Des photos le montrent en compagnie de jeunes marcheurs en route vers Lanstrop, Brechten ou Lindenhorst. Malgré la brièveté de son séjour à Dortmund – deux ans –, les vieux, longtemps après, parleront encore du jeune vicaire[2].

Les deux composantes de son apostolat ultérieur sont déjà présentes : l'attention particulière aux marginaux et l'ouverture au monde de la jeunesse.

Mais la situation politique de l'Allemagne évoluait dans un sens que beaucoup en Westphalie n'avaient ni prévu ni souhaité.

Quand Adolf Hitler devint chancelier le 30 janvier 1933, Stock exerçait depuis sept mois son ministère à Dortmund. Le triomphe du nazisme est l'aboutissement d'une série d'erreurs, d'accidents et de méprises.

En Europe continentale, théâtre des opérations militaires de la guerre 1914-1918, toutes les parties intéressées s'estiment lésées par le Traité de Versailles (1919). L'Allemagne tenue à l'écart des négociations conteste particulièrement la modification de sa frontière orientale et tient pour insoutenable la thèse de sa responsabilité exclusive *(Alleinschuld)* dans le déclenchement du conflit[3]. L'Italie, assurée d'avoir contraint par sa victoire du Piave le 29 octobre 1918 l'Autriche-Hongrie à demander l'armistice, constate qu'il n'est pas fait droit à certaines de ses revendications. La France s'inquiète des incertitudes que comporte le traité, en particulier du caractère aléatoire des versements imposés à l'Allemagne au titre de réparations.

L'Angleterre, par contre, réserve au traité un accueil assez favorable. Sous l'influence de l'économiste John Maynard Keynes, qui publie dès novembre 1919 *Les Conséquences économiques de la Paix,* l'opinion anglaise – du moins les intellectuels et les milieux d'affaires – estime même trop sévères les clauses d'un traité pesant durement sur une Allemagne qui était avant la guerre le centre de gravité du commerce européen.

Loin d'amorcer la réconciliation entre les belligérants, le Traité de Versailles stimule la protestation de l'Allemagne sans lui enlever les moyens de

1. L. Jaeger, *Introduction* à A. Albert, *Das war Abbé Stock,* Fribourg, Bâle, Vienne, 1959, p. 9.
2. Franziska Stock, entretien du 18 février 1988.
3. Article 231 du Traité de Versailles.

revanche. Les partis, unanimes, considèrent le traité comme une vexation blessante pour la fierté allemande et comme un carcan qui empêche un grand peuple de vivre.

Les années qui suivent voient la Société des Nations (S.D.N.) déployer, en vue d'affermir la paix, des efforts que nous jugeons aujourd'hui, à juste titre, dérisoires. Les États-Unis boudent cette institution internationale où la Grande-Bretagne et la France jouent un rôle prépondérant sans pouvoir cependant accorder leurs vues. L'opinion publique, même dans les États intéressés, n'a jamais fermement soutenu cet organisme. La Commission préparatoire instituée en 1925 par le Conseil de la S.D.N. pour généraliser le désarmement piétine et n'aboutit, cinq ans plus tard, qu'à un énoncé de principes et à la fixation d'une méthode. Dans l'intervalle, le pacte Briand-Kellog du 27 août 1928 entend mettre la guerre hors la loi. Le discours d'Aristide Briand, prononcé le 5 septembre 1929 à l'Assemblée de la S.D.N., préconisant une « fédération » européenne, n'éveille que méfiance en URSS, en Allemagne et en Grande-Bretagne. Cette première velléité d'unifier le vieux continent, dont la guerre de 1914-1918 a réduit l'influence sur les affaires mondiales au profit des États-Unis, n'est bientôt qu'un rêve évanescent. Plus précisément, l'attitude de la France à l'égard de l'Allemagne oscille entre la fermeté et la conciliation. Force est de reconnaître que cette dernière position, qui finalement l'emporte, n'a pas obtenu vers 1930 les fruits espérés. Une partie notoire de l'opinion publique allemande s'est laissée séduire par les sirènes nationales-socialistes. Les représentants de ce parti qui n'étaient que douze en 1928, passent à cent-sept sept lors des élections générales de septembre 1930. Si les forces politiques modérées restent majoritaires en Allemagne, les positions dures du parti national-socialiste se renforcent et gagnent du terrain à la façon d'une lame de fond.

La France, à vrai dire, faisait figure de vainqueur exsangue ou, à tout le moins, lassé. Le tribut qu'elle avait payé à la victoire représentait un cinquième de sa population active. En face d'elle, l'Allemagne vaincue était ulcérée, ressentant comme une amputation l'inclusion d'importantes minorités allemandes en Pologne et en Tchécoslovaquie, et bien consciente de la force que lui conféraient en Europe sa prépondérance démographique et son potentiel industriel et économique que les opérations militaires n'avaient pas entamés.

La Grande-Bretagne et les États-Unis – et pour tout dire, la communauté mondiale – avaient avantage à retrouver dans le Reich allemand un partenaire commercial dont le dynamisme et la capacité d'organisation faisaient un interlocuteur privilégié.

L'Europe politique était lézardée en 1929 : aux intérêts nationaux divergents, venait s'ajouter l'existence de systèmes politiques aux principes de base radicalement différents. Dans les pays où pouvait s'exprimer l'opinion publique, le désir de paix se manifestait et l'emportait. Mais la dictature du prolétariat établie à Moscou (1917) et la naissance d'une dictature fasciste à Rome (1922) empêchaient l'opinion publique de ces pays de clamer sa volonté de paix.

Qu'est-ce qui va donc précipiter l'Allemagne dans la voie aventureuse du nazisme ? Au malaise engendré par les séquelles du Traité de Versailles vient s'ajouter en octobre 1929 l'effondrement de Wall Street. L'Allemagne, soutenue jusque-là par les crédits américains, est entraînée dans le gouffre et sombre dans le marasme économique. L'inflation ruine la population qui ne la pardonne pas à la République de Weimar. Le chômage frappe près de cinq millions de travailleurs. Un énorme désir d'ordre soulève le peuple. Du pays prostré émerge alors un homme qui promet à toutes les classes et à tous les milieux libération, prospérité, avenir glorieux et dignité retrouvée. Son talent oratoire, qu'il renforçait d'une charge passionnelle inouïe, était servi par sa capacité de deviner « quasi instinctivement les besoins de tout groupe sur lequel il était appelé à agir[1] ». Il réveille ainsi chez beaucoup d'Allemands le besoin profond qu'ils éprouvent de suivre un chef et un guide en qui la nation se reconnaît.

Toutes ces raisons conjuguées expliquent pour une bonne part le triomphe d'Adolf Hitler. Beaucoup de ceux qui l'avaient porté au pouvoir espéraient un renouveau. Ils ne soupçonnaient pas ce que recouvrait cette idéologie ni surtout la cruauté qu'elle engendrerait[2]. Le nazisme est plus qu'une conception politique comme le fascisme : il se veut *Weltanschauung*, une idéologie embrassant tout l'homme et tous les domaines de la vie.

Le nazisme ainsi intronisé ne tarda pas à dévoiler son vrai visage, mais il était trop solidement accroché aux commandes et trop efficacement organisé pour être encore contenu. La loi des pleins pouvoirs rendait Hitler tout-puissant et la loi de synchronisation muselait l'éventuelle opposition de la presse et des partis. Le « monstre inconnu », comme l'appelle P. Ayçoberry, était introduit dans la bergerie.

En 1978, à l'occasion du trentième anniversaire de la mort de Franz Stock, on rapportait que le 1er mai 1933 – Hitler étant chancelier depuis le 30 janvier – le vicaire de Dortmund-Eving, enfourchant un cheval pour mieux être

---

1. G. Gorielly, *Hitler prend le pouvoir*, [Bruxelles, 1985], p. 55.

2. « Je dois avouer que nous tous, en Allemagne et en Autriche, n'avons jamais jugé possible en 1933, et encore en 1934, un centième, un millième de ce qui devait cependant éclater quelques semaines plus tard » (St. Zweig, *Le monde d'hier. Souvenirs d'un européen*, Paris, [1993], p. 447. Cet ouvrage, rédigé en 1941 au Brésil, retrace l'évolution de l'Europe de 1885 à 1941 : montée des nationalismes, formidable bouleversement des idées après 1914-1918. Le titre original de l'ouvrage est : *Die Welt von gestern*. Stockholm, 1944).

vu, tint un discours enflammé contre le régime hitlérien. Ce même 1er mai, Hitler opérait un miracle dont il deviendrait coutumier. Les milieux ouvriers étaient les plus opposés au nazisme. Mais loin d'interdire la manifestation du 1er mai[1], le pouvoir nazi invita instamment le monde ouvrier à le célébrer. Les ouvriers allemands en tenue de travail défilèrent à Berlin, encadrés par des S.A.[2]. Le soir, le Führer suscita l'enthousiasme délirant d'un million d'ouvriers en leur annonçant qu'ils seraient les artisans de la puissance et de la gloire de l'Allemagne...

Recteur de la mission Saint-Boniface à Paris

La désignation d'un Recteur de la paroisse allemande de Paris requérait l'intervention de trois évêques. De fait quand, en 1934, le Père Ritter fut déchargé de cette fonction, l'initiative de la nomination d'un successeur partit du cardinal Verdier, archevêque de Paris, qui se souvenait de Franz Stock, son ancien élève allemand au Séminaire des Carmes. La décision ultime revenait au cardinal Schulte de Cologne moyennant, bien entendu, l'accord de l'archevêque du diocèse de Paderborn où Stock était incardiné.

Il faudra se souvenir de cette modalité d'organisation de l'Église d'Allemagne où l'épiscopat, réuni à Fulda en août 1935, a officiellement reconnu la R.K.A. (*Reichsbund katholische Auslanddeutsche*) – qui existait déjà – comme l'organe central pour l'apostolat missionnaire auprès des catholiques allemands résidant à l'étranger[3].

Franz se rendait-il compte de la tâche délicate qu'on lui confiait ? Il appartenait à un pays où le parti au pouvoir faisait tout pour entretenir l'esprit de revanche, pour renforcer les différences ; indépendamment de la manipulation nazie, les deux pays subissaient l'emprise d'un nationalisme qui avait contribué à deux reprises à les faire s'affronter. Malgré ces circonstances si défavorables, Franz Stock accepta sans hésiter – avec joie même. Et effectivement les cinq premières années, difficiles par ailleurs, furent sans doute les plus heureuses de sa vie sacerdotale.

Il désirait que Franziska, l'aînée de ses sœurs, l'accompagne à Paris. Elle raconte qu'il lui demanda ce service en ces termes : « Si tu refuses, je

---

1. Organisée pour la première fois dans le monde en Allemagne en 1889.
2. Abréviation de Sturm Abteilung (section d'assaut), milice nazie qui se distinguera par son comportement sauvage et sanguinaire et comptera à son actif de nombreux coups de main notamment contre les Juifs.
3. *Kirchlicher Anzeiger,* juillet 1936, p. 6.

refuse. » Elle accepta et pendant une dizaine d'années, hormis la parenthèse de la première année de la guerre, elle assuma la conduite de la maison. Les parents consentirent au départ de leurs deux aînés[1]. Les bailleurs de fonds – en fait le *Deutsche Caritasverband* dont le siège était à Fribourg-en-Brisgau[2] – autorisèrent le Recteur à engager Luise Berlinghof dans les fonctions de secrétaire. Elle aussi seconda Franz jusqu'en 1944.

Le jeune pasteur – il allait avoir trente ans le mois même de sa venue – n'allait pas tarder à constater le caractère hétéroclite de son troupeau. Qui étaient ses paroissiens ? Il y avait surtout des jeunes filles venues apprendre le français comme jeunes filles au pair. Depuis 1932, ces jeunes Allemandes trouvaient un abri provisoire dans l'immeuble adjacent à la maison du Recteur. Le presbytère et le foyer pour jeunes filles étaient situés respectivement aux numéros 21 et 23 de la discrète rue Lhomond, à proximité du Panthéon. Il y avait aussi les membres de l'Ambassade, en principe favorables au régime national-socialiste qu'ils représentaient, quelques familles allemandes installées à Paris et des étudiants. Mais la paroisse comptait aussi parmi ses membres des réfugiés politiques qui avaient fui le régime nazi ou que celui-ci avait expulsés. On conçoit que ces paroissiens ne désiraient guère rencontrer les membres de l'Ambassade. Cette situation ne simplifiait pas la tâche du Recteur.

Par ailleurs, la paroisse ne disposait pas en permanence d'autre lieu de culte que la chapelle relativement exiguë de la maison de la rue Lhomond. Existait autrefois l'église Saint-Joseph-des-Allemands, rue Lafayette, consacrée en 1866. Mais si la paroisse allemande put la récupérer après la guerre de 1870, elle en perdit la propriété après la Première Guerre mondiale.

En 1935, le fichier paroissial comptait 504 « inscrits ». Ce nombre ne comprenait pas les Sudètes, les Autrichiens ni les Suisses de langue allemande, mais bien les paroissiens clandestins qui avaient fui le nazisme. Une anecdote fera mieux comprendre la position inconfortable du pasteur. L'ambassadeur d'Allemagne l'avait invité à une réception organisée en l'honneur de von Ribbentrop, ministre des Affaires étrangères, venu signer à

---

1. Entretien du 18 février 1988 avec Franziska Stock.

2. Fondée en 1897 à Cologne par Mgr Dr Lorenz Werthmann, la *Caritas* allemande est organisée aux niveaux paroissial, diocésain et national. À l'exception des paroisses et des diocèses, c'est la seule structure catholique qui put poursuivre ses activités pendant les années du nazisme. Les laïcs y occupent fréquemment une fonction de direction. Dans l'Allemagne en ruines de 1945, *Caritas* jouera un grand rôle. L'équivalent français, le *Secours catholique*, fut fondé par l'abbé Rodhain en 1946. La pastorale allemande à Paris dut beaucoup à l'aide que lui accordèrent Werthmann et ses successeurs. Stock, recteur puis supérieur de séminaire, obtint de *Caritas* une aide financière et morale permanente. Une abondante correspondance avec Joerger, Höfler, Auer et Vorgrimler en témoigne.

Paris le 6 décembre 1938 la « déclaration d'amitié franco-allemande ». Le ministre était accompagné de son épouse. À la question que celle-ci avait posée à l'abbé Stock concernant le nombre de ses paroissiens allemands, le Recteur cita, sans trop réfléchir, le chiffre exact mais supérieur à celui des Allemands inscrits à l'Ambassade. Il y avait inclus ses paroissiens clandestins... Madame von Ribbentrop manifesta sa surprise. Le Recteur ne put racheter son étourderie qu'au prix d'une pirouette : « Je pense aux nombreux Alsaciens qui ne peuvent se faire inscrire à l'Ambassade d'Allemagne ! » Et de surenchérir : « Je considère comme un de mes devoirs d'entretenir la germanité chez les Alsaciens[1]. »

Au caractère disparate de la communauté et à l'absence d'église « paroissiale » s'ajoutait la dispersion géographique des fidèles disséminés dans tout Paris et la périphérie. Beaucoup d'entre eux, pour des raisons bien compréhensibles d'éloignement, ne fréquentaient pas les offices de la paroisse allemande. Pour pallier cette difficulté, Franz Stock, à peine installé, publia chaque mois le *Kirchlicher Anzeiger,* petit journal dactylographié et stencilé, tiré à quatre-cent-cinquante exemplaires dont une trentaine était envoyée aux Allemands de Lyon. C'est le trait d'union entre le pasteur et son troupeau dispersé dans la grande ville. Le Recteur y propose un enseignement sur les fêtes liturgiques. Il fait écho aux lettres pastorales du cardinal de Cologne dont dépend la paroisse parisienne. Des articles de spiritualité empruntés à des auteurs contemporains (Hello, Claudel, le prêtre-poète flamand Cyriel Verschaeve...) ou à des revues chrétiennes, parfois même des textes patristiques, sont présentés aux lecteurs. Le regard du chroniqueur paroissial se porte sur le passé et sur l'avenir : réalisations, projets, difficultés financières ou autres occupent plusieurs pages. Le souci se manifeste aussi de faire mieux connaître la France aux Allemands qui y vivent. C'est la même préoccupation qui pousse le Recteur à organiser des activités touristiques et culturelles : le journal paroissial en diffuse l'annonce. Le curé-chroniqueur se double d'un historien humaniste. Il livre, par fragments, le fruit de son enquête historique qui aboutira, en 1937 à l'occasion du centenaire de la paroisse allemande, à une brochure d'une cinquantaine de pages relatant l'histoire de la Mission Saint-Boniface[2]. Bien sûr, il n'y est pas fait mention de l'apostolat du Recteur auprès des émigrants réfugiés et des Polonais.

À vrai dire, personne à Paris ne savait qui avait fondé la paroisse allemande, ni quand. Une pastorale spécifique pour les Allemands de Paris est

1. E. Kock, *L'Abbé Stock,* [Tournai, 1968], p. 86.
2. Fr. Stock, *100 Jahre. Deutsche Seelsorge in Paris, 1837-1937.*

attestée depuis le XVIIe siècle. Dès 1627 avait été créée une « Société Catholique des Nations Flamande et Allemande ». Pendant les deux siècles suivants, une prédication en langue allemande se fit successivement dans différentes églises de Paris, notamment à Saint-Germain-des-Prés, puis chez les Capucins de la rue Saint-Honoré et finalement, grâce à l'abbé Bervanger, à Saint-Julien-le-Pauvre. L'abbé Stock n'ignore pas les antécédents de la paroisse allemande, mais il voit en l'abbé Axinger son véritable fondateur parce que personne avant lui n'avait si bien délimité les objectifs pastoraux à poursuivre, ni poussé aussi loin la mise en œuvre des moyens pour y atteindre. Une certaine organisation avait été mise en place.

À Munich, Stock eut la bonne fortune d'aller fouiner dans les archives secrètes de l'État de Bavière et d'y découvrir des documents inconnus sur l'action d'Axinger, son lointain prédécesseur et sur l'aide que lui accorda Louis Ier de Bavière.

Né à Strasbourg le 29 avril 1806, d'origine bavaroise par son père, l'abbé Joseph Axinger avait une parfaite connaissance non seulement du français et de l'allemand, mais aussi de l'italien et de l'anglais. Les fonctions qu'il exerça furent aussi variées que ses dons, et ceux-ci étaient nombreux : il fut professeur, directeur du collège de Guebwiller, précepteur, prédicateur, traducteur, journaliste, historien, polémiste et de surcroît chanoine d'Évreux[1]. Ses nombreux voyages l'avaient mis en relation avec des écrivains et des grands théologiens de France et d'Allemagne. Au sein de ce tourbillon d'activités, il trouva le temps de fonder à Paris en 1837 l'« Œuvre de Saint-Boniface en faveur des pauvres catholiques allemands de la capitale ». Depuis quelques mois, avec l'aide d'un prêtre auxiliaire de Notre-Dame-des-Victoires, il assurait chaque dimanche la prédication en allemand dans cette église. « Mais comment peut-on apprendre aux affamés à prier "Donne-nous notre pain quotidien" sans leur donner le moyen de se le procurer ?[2] » Axinger diffuse un appel au public français le 12 novembre 1837. Il lui apprend qu'« au milieu de l'immense population de la capitale, vit ignorée une autre population, excentrique par ses mœurs et par son langage à tout ce qui l'entoure, et, par cela même, privée des ressources multiples que la bienfaisance publique offre aux indigènes. La curiosité, le désir de faire fortune, d'autres circonstances encore attirent, chaque année, à Paris un nombre considérable d'Allemands que le défaut d'appui moral, l'inexpérience et la faiblesse du cœur humain, livrent

1. L'évêque d'Évreux, en 1883, l'avait fait chanoine en reconnaissance d'une mission prêchée dans la région de Gisors pour les ouvriers allemands.

2. Ces mots de Carl Sonnenschein, le grand apôtre de Berlin, sont cités par Fr. STOCK, *100 Jahre. Deutsche Seelsorge in Paris, 1837-1937*, p. 9.

ensuite à toutes les séductions d'une grande cité ». Plus loin, il poursuit : « Les catholiques allemands appartiennent, pour la plupart, à la classe ouvrière, et, par conséquent, les pauvres y abondent. C'est cette portion du troupeau qui réclame les soins les plus empressés et les plus intelligents... C'est pour elle qu'a été créée l'œuvre de Saint-Boniface. Mais l'absence de ressources pour atteindre cet objet, oblige d'en appeler à la bienfaisance publique... Outre les secours corporels, il sera spécialement pourvu aux besoins intellectuels et moraux, en fournissant aux personnes repenties les moyens de revenir à la vertu et d'y persévérer, en répandant de bons livres, en aidant les parents soit à placer leurs enfants dans des écoles gratuites, soit à leur trouver des maîtres probes et religieux sous lesquels ils puissent apprendre les métiers auxquels ils se destinent, enfin en veillant à l'accomplissement des devoirs religieux. »

Vaste programme que le jeune prêtre ne put mener à bien car il quitta Paris dès 1840, soit trois ans après la fondation, pour des raisons de santé. À vrai dire, il était alors difficile à cet homme impétueux de rester longtemps en place. La fringale des voyages le reprit. En 1841, il devint en même temps pédagogue et rédacteur en chef et se signala comme polémiste. Mais en 1844 ce prêtre fougueux, brusquement s'assagit. Jusqu'à sa mort survenue le 7 janvier 1888, il fut curé successivement dans plusieurs localités alsaciennes[1].

L'abbé Stock s'intéressa beaucoup à cet homme hors du commun. Il projetait d'écrire sa vie ainsi que celle de Mgr de Quelen, l'archevêque de Paris (1778-1869) qui soutint activement le labeur pastoral d'Axinger. Au cours de recherches à la Bibliothèque Nationale, il avait engrangé à leur sujet de nombreuses indications. Mais sa curiosité s'étendait aussi, en vue de publications ultérieures, à tous les secteurs de la présence allemande en France à travers les siècles.

Depuis le temps de l'abbé Axinger jusqu'à la guerre de 1870, le nombre d'Allemands à Paris, selon diverses sources, oscille autour de 80 000[2]. Stock

---

1. Diverses informations m'ont été communiquées par l'abbé JOHNER, Lettre du 26 février 1993 à l'auteur.

2. Dans un appel lancé aux conférences allemandes de Saint-Vincent-de-Paul, Adolphe Baudon, président général de la Conférence de Saint-Joseph écrit que, selon certains, Paris occupait le quatrième rang parmi les grandes villes allemandes (!) après Vienne, Berlin et Hambourg (*100 Jahre. Deutsche Seelsorge in Paris, 1837-1937*, p. 19). En 1868, un prêtre de la Mission allemande en fait la troisième ville et cite le nombre de 150 000 Allemands, mais il inclut dans ce nombre des Alsaciens, des Lorrains, des Luxembourgeois, des Autrichiens (*Ibidem*, p. 22-23). Tant que l'Allemagne fut, dans son ensemble, agricole, un grand nombre de ressortissants durent émigrer pour survivre. La ferme des parents, ne pouvant nourrir qu'une famille, revenait à l'aîné. Ce n'est que vers 1860 que se développe l'Allemagne des usines et des chemins de fer. Cette révolution industrielle freine considérablement l'important mouvement migratoire du XIXe siècle et est au point de départ de la puissance allemande.

écrit dans sa chronique sur la paroisse allemande que dans l'esprit d'Axinger, tous les Allemands indigents de Paris peuvent réclamer assistance. Les seuls motifs d'exclusion sont l'immoralité et le vagabondage. La première forme d'aide envisagée est toujours la mise au travail. En cas d'impossibilité, l'indigent sera invité à confectionner des objets à partir de matières premières qui seront mises à sa disposition. Les objets ainsi confectionnés seront redistribués ou mis en loterie. Les secours, on le voit, ne sont pas toujours ni exclusivement d'ordre pécuniaire.

Axinger avait fait appel au public français ; il a frappé aussi à la porte des rois. Louis-Philippe et la reine souscrivirent à une cotisation annuelle. Le roi Louis Ier de Bavière s'est montré encore plus généreux, agissant ainsi dans la ligne de la politique qu'il avait adoptée de soutenir partout « les missionnaires pionniers de l'Allemagne ». On constate que cette généreuse entreprise n'échapperait pas aujourd'hui au reproche de paternalisme ni à celui de nationalisme. Elle innovait cependant et rendit d'immenses services, se voulant « œuvre de dévouement, étrangère à tout esprit de parti, à toute espèce de considération temporelle ou égoïste ».

Axinger, selon Stock, était plus un initiateur qu'un organisateur pratique. Son œuvre faillit péricliter après son départ de Paris. Ce n'est qu'avec le jésuite Chable, après les journées révolutionnaires de 1848, que la pastorale allemande à Paris prit son véritable essor. Une chapelle fut installée au Faubourg Saint-Martin, dans la Cité Charaud où vivaient près de deux mille Allemands. Devenue bientôt trop exiguë, elle fut remplacée en 1851 par un édifice construit d'abord en bois rue Lafayette : c'était l'église « Saint-Joseph-des-Allemands ». On fonda aussi deux écoles. L'Allemagne assurait un appui financier croissant. Le Père Chable et bientôt son successeur le Père Modeste, un autre jésuite français, parlèrent plusieurs fois au *Katholikentag* et mobilisèrent les catholiques allemands. Vers 1860, deux autres centres de pastorale allemande se créèrent l'un rue Fonderie et l'autre au sud de Paris.

La guerre de 1870 ne fut qu'une courte parenthèse aux conséquences moins redoutables que celles qu'entraîneront les lois Combes de 1901. Mais entre-temps la population allemande de Paris avait bien changé, reflétant les modifications intervenues dans l'économie allemande. Des jeunes commerçants et artisans et des jeunes filles occupées comme éducatrices ou gardiennes d'enfants avaient relayé les masses ouvrières du XIXe siècle. Ces nouveaux venus cherchaient seulement dans la paroisse allemande un lieu où retrouver leur langue, leurs usages ainsi que les chants et les jeux de leur patrie.

Tout cela fut balayé par la Première Guerre mondiale. Les biens furent confisqués. Ce n'est qu'en 1926 qu'un religieux de la Congrégation du Saint-Esprit, le Père Heinrich Ritter, put être nommé Recteur des Allemands de Paris. Il faut beaucoup de temps avant que de graves blessures se cicatrisent, constate Franz Stock dans sa chronique. Et tout en s'interdisant de céder au pessimisme, il ajoute : « Qui voudrait affirmer aujourd'hui [en 1937] que toutes sont déjà guéries ? » Franz Stock, étudiant à Paris, avait parfois servi la messe du nouveau Recteur. Il ne se doutait pas qu'il lui succéderait quelques années plus tard. Mais il avait pu expérimenter l'effet bienfaisant, pour un Allemand isolé à l'étranger, des contacts avec une communauté de compatriotes. Toujours est-il que les débuts du Père Ritter furent pénibles. Il ne disposait ni d'un lieu de culte ni d'un lieu de rencontre ou de retrouvailles. De nombreuses démarches échouèrent. Cependant, le 1er juillet 1928, les portes de l'église Saint-Ignace des Jésuites s'ouvrirent aux Allemands à des moments déterminés de la semaine. Depuis 1923, l'archevêché de Paris tenait cet édifice à la disposition des catholiques étrangers. En 1929 enfin, le Père Ritter put louer rue Lhomond une maison qui depuis 1886 abritait une chapelle et offrait en outre l'avantage de posséder une salle de réunion. Peu de temps après, dans la maison voisine, devenue disponible, le Recteur créa un foyer pour jeunes filles. En plus de son Rectorat, il assumait d'importantes responsabilités au sein de sa Congrégation, ce qui limitait le temps qu'il pouvait consacrer à la Paroisse.

Les choses en étaient là quand l'abbé Stock fut désigné pour remplacer le Père Ritter promu à l'épiscopat[1].

Ce bref panorama historique est tiré de l'étude[2] publiée par Franz Stock en 1937, année qu'il considérait – on en a dit la raison – comme celle du centenaire de la paroisse allemande. La communauté paroissiale fut d'avis que le Mémorial du Centenaire ne donnerait pas une image vivante de la mission allemande s'il ne s'achevait par un aperçu sur l'actualité. Stock cède donc la plume à un autre rédacteur et avertit que « l'éditeur n'assume la responsabilité de cette partie que dans les passages où elle ne traite pas de [sa] personne ». Pour nous, c'est une aubaine de découvrir l'image que se font de lui les paroissiens de ce jeune prêtre qui a quitté la région minière de Dortmund et ses travailleurs polonais pour la grande métropole d'Occident.

Entre Franz Stock et son prédécesseur, il y avait l'écart d'une génération : le Père Ritter avait été ordonné prêtre l'année même de la naissance de Franz.

---

1. Le Père Ritter resta en France un certain temps et put aider Franz Stock à prendre le relais. Une cérémonie d'adieux eut lieu rue Lhomond. Il exerça son ministère épiscopal en Amérique latine.
2. *100 Jahre. Deutsche Seelsorge in Paris, 18.37-1938.* Cette brochure fut sévèrement jugée par R. Wilkening dans la *Bibliographie de Stuttgart du Germanisme à l'étranger*, n° 10, 1938 (voir E. Kock, *L'Abbé Franz Stock,* [Tournai, 1968], p. 83) parce qu'elle ne faisait aucune mention élogieuse du nazisme et en revanche mettait en valeur des évêques hostiles au régime.

Le nouveau Recteur est issu des mouvements de jeunesse et l'on sait l'influence que le Quickborn et les Compagnons de Saint-François ont exercée sur lui. Autre génération, autre style. Stock sillonne à vélo les rues de Paris. Au retour d'une marche à pied avec des jeunes, on le rencontre sac au dos et bâton à la main. Et au cours de joyeuses soirées, il accompagne à la guitare chants et danses importés d'Allemagne. La germanité[1] s'affirme ainsi en plein Quartier latin. Mais Paris ne s'est-il pas fait peu à peu des apports de toutes les provinces et de toutes les cultures et ne faut-il pas voir dans ces alluvions qui convergent dans la capitale l'explication de son incessant renouvellement ? On devine que le jeune Recteur était tout le contraire d'un personnage hiératique, inaccessible. Il était homme parmi les hommes, proche de ses paroissiens et ouvert aux relations personnelles.

Franz Stock a trop frayé avec la nature pour la répudier maintenant qu'il a élu domicile dans un océan de pierres. Les fêtes de mai *(Maifeier)* et d'action de grâce pour la moisson *(Erntedankfest),* typiques du monde rural sont fêtées en plein Paris. La salle est décorée de branches et de fleurs que le Recteur et un groupe de jeunes sont allés chercher dans la campagne et dans les bois. Mais la rue Lhomond est d'abord un symbole. Stock le souligne dans son introduction au Mémorial du Centenaire : « Grâces soient rendues à l'Église qui a permis aux chrétiens allemands de Paris de célébrer leur Foi, de recevoir les sacrements, d'entendre la Parole *dans leur langue.* » Il enchaîne en remerciant l'Allemagne de permettre à ses fils et à ses filles à l'étranger de maintenir vivante leur culture. Et la dernière phrase du Mémorial est une citation de Goethe : « C'est dans sa langue que se trouve l'âme d'un peuple. » Sans cette permanence de l'enracinement, Paris risquerait bien d'être pour des étrangers la Babel moderne[2].

Il va de soi que le Recteur de la paroisse allemande organise et préside la vie liturgique. En semaine et le dimanche soir, les offices religieux avaient lieu dans la chapelle de la rue Lhomond. Le dimanche matin, l'affluence des fidèles requérait un lieu de culte plus spacieux. Depuis 1928, après avoir frappé à d'autres portes, la communauté de langue allemande avait trouvé accueil

1. Ce terme (en allemand *Deutschtum*) désigne l'entité culturelle et linguistique allemande. Un Autrichien par exemple peut fort bien participer du Deutschtum (G. GLORIELI, *1933. Hitler prend le pouvoir,* Bruxelles, 1985, p. 46). La nation germanique est davantage personnalisée par une culture que par le concept juridique d'État (d'après *Encyclopaedia Universalis,* t. 1, [1972], p. 639).
2. Pour le rectorat de Stock à Paris, les principales sources sont le Mémorial du Centenaire (*100 Jahre. Deutsche Seelsorge in Paris, 1837-1937*, p. 29-39) ; *Bericht über das Leben in der deutschen katholischen Gemeinde in Paris/1935* ; le journal paroissial *Kirchlicher Anzeiger* a valeur de chronique. À cela s'ajoutent de nombreux témoignages transmis dans des lettres personnelles ou des revues, ainsi que les principales biographies (Closset et Kock).

dans l'église Saint-Ignace de la rue de Sèvres utilisée aussi par les Tchèques, les Hongrois et les Italiens. La chorale de la paroisse y exécutait des chants en polyphonie, ce qui ne manquait pas d'attirer le public français qui représentait plus de la moitié de l'assemblée. Franz Stock assurait la prédication, mais curieusement celle-ci avait lieu après la messe (était-ce la présence des Français qui justifiait ce report ?) devant un auditoire réduit à environ soixante-quinze personnes. Ses homélies, dites d'une voix claire, étaient axées principalement sur l'année liturgique et sur les textes bibliques du jour. Elles étaient bien préparées, encore qu'il ne fût pas lié par ses notes. Il essayait, en particulier pendant l'Avent et le Carême, de les grouper autour de thèmes déterminés : la personne de Jésus dans les Évangiles, la Passion du Christ, la liturgie, ses signes et ses moyens d'expression, l'espérance du salut dans d'autres religions, la création, le péché originel et d'autres problèmes existentiels. Les événements et les problèmes moraux n'étaient pas ignorés. Sa prédication différait de celle de son temps par son caractère moins moralisateur et par le souci de rejoindre le vécu. Ses allocutions étaient davantage pastorales et méditatives que doctrinales ou apologétiques. Elles visaient à approfondir et à renouveler la foi de ses auditeurs et incitaient à la prière. Les saints – Marie en particulier, mais aussi Michel, Boniface, François, Élisabeth – avaient leur place dans son univers spirituel. La toile de fond, que constituait la solide formation théologique que Franz avait acquise à Paderborn et à Paris, avait laissé entière la piété simple et profonde reçue des parents, mais il était ouvert aux courants théologiques qui apportaient un éclairage biblique et dogmatique sur les problèmes de l'homme contemporain et sur l'Église. On retrouve ici, comme au temps de son adolescence, l'influence du penseur et théologien Romano Guardini.

Le souci de cultiver la germanité vient immédiatement après l'objectif proprement pastoral poursuivi par la Mission Saint-Boniface[1]. Grâce aux rencontres au Foyer de la rue Lhomond, les catholiques allemands retrouvaient l'ambiance de leur pays : langue, chants, théâtre, jeux de société, chants populaires qu'accompagnait l'accordéon ou la guitare, projection de films réalisés par des membres de la communauté, voilà qui permettait aux participants de reprendre racine. La communauté germanophone de Paris était confrontée à l'expérience vécue par toutes les minorités linguistiques de la planète et, singulièrement, elle était dans la situation délicate des immigrés tiraillés entre deux destinées : l'assimilation au nouveau milieu ambiant ou la préservation en terre étrangère de l'identité originelle.

---

1. La communauté catholique allemande a repris ce nom des origines, longtemps supplanté par celui de *Mission Saint-Joseph*.

Appréciées à l'origine par l'Ambassade, les activités de la paroisse le furent moins quand le national-socialisme prit ses distances à l'égard de l'Église. La salle qu'occupait, rue Roquépine, la Communauté allemande relevant exclusivement de l'Ambassade, était ornée de croix gammées et était dominée par un grand portrait d'Hitler qui faisait défaut rue Lhomond. La Mission Saint-Boniface offrait donc par le biais de la vie culturelle une occasion de ressourcement dans l'ambiance nationale sans toutefois verser dans le nationalisme. Cependant, les sentiments de Stock sont foncièrement allemands : la paroisse fêta avec faste le retour de la Sarre à Allemagne après le référendum du 13 janvier 1935[1]. On se réunit au foyer – des jeunes surtout – le jeudi soir et le dimanche soir (*Heimabende*) pour le plaisir d'être ensemble. Les activités et les talents exercés au cours des soirées refont surface lors des manifestations – proprement religieuses ou non – qui ponctuent l'année : veillée de Noël, mardi-gras, Pâques, fête de la moisson, fête des mères, commémoration des victimes de la guerre, soirée littéraire, fête de bienfaisance...

Le foyer lui-même a pris une apparence allemande. Un jeune peintre y a apporté la couleur. Celle-ci a tout envahi : cage d'escalier, salle de réunion, chapelle ; la décoration se veut résolument joyeuse. Le foyer pour jeunes filles possède maintenant une pièce rustique où il fait bon vivre et dans la grande salle a été aménagé un coin de cheminée propice aux conversations. Les deux maisons de la rue Lhomond présentent une façade banale mais à l'intérieur elles ont une âme. On vient s'y retremper ; on y trouve un chez soi et un coin de patrie (*Heim und Heimat*). La Foi, en effet, n'est pas désincarnée : elle se vit au sein d'un groupe. Que celui-ci vienne à manquer, la Foi née d'une expérience de l'Esprit ne peut plus s'appuyer sur la communauté d'Église où cet Esprit vit et se manifeste. L'abbé Stock, peut-être instinctivement, inscrit son ministère pastoral dans une conception de la Foi qui est précisément celle de Karl Adam et de Romano Guardini[2].

Approfondir sa propre culture, rejoindre ses racines, c'est devenir davantage soi-même et n'implique nullement un rejet des autres. Stock n'omet aucune occasion d'apprendre la France aux Allemands. Il le fait au cours de causeries le dimanche soir après la prière. Au retour de ses équipées en Bretagne, en Normandie, dans les Pyrénées, il projette devant ses compatriotes les films qu'il a réalisés. Il accueille rue Lhomond la « bande » parisienne des

1. En réponse à une demande d'information confidentielle du consulat de l'ambassade allemande à Paris qui demandait s'il était certain qu'une jeune fille Sarroise du foyer dont le nom est précisé donnerait sa voix à l'Allemagne, Franz Stock répond que selon les dires de l'intéressée, elle votera certainement pour le retour à l'Allemagne. Voir E. KOCK, *L'Abbé Franz Stock,* [Tournai, 1968], p. 64.
2. Voir R. AUBERT, *Le problème de l'acte de Foi,* Louvain, 1945, p. 525 et 628-629.

Compagnons de Saint-François. Avec certains de ceux-ci et avec ses compatriotes, il participe à des réunions d'amitié qui mettent en contact Français et Allemands ; elles sont organisées par M. Goerth, conseiller de l'Ambassade d'Allemagne. Il y rencontrera entre autres le Père Riquet accompagné de ses étudiants de la Conférence Laënnec[1]. « Malgré la situation politique tendue, écrit Stock, et malgré la grande réserve manifestée par les mouvements de jeunesse français animés pourtant naguère de sentiments amicaux, nous n'avons pas dû renoncer à une certaine collaboration et à un rapprochement. Maintes fois des jeunes Français à l'esprit ouvert ont participé à nos fêtes vespérales. Ils voulaient apprendre l'allemand comme on le parle dans nos rencontres. En fait, c'était surtout des Compagnons de Saint-François qui, à diverses reprises, vinrent nombreux à nos manifestations. Le jour de la fête de saint François, on organisa de concert une soirée festive franco-allemande au cours de laquelle nous avons pu exécuter des Lieder allemands ainsi que des danses folkloriques[2]. » Stock évoque aussi la participation du chœur des jeunes filles de la paroisse à une soirée internationale de chants de Noël.

Après la messe dominicale, il était fréquent que le Recteur entraîne ses paroissiens au Louvre faire la découverte des grands peintres. On aime aussi excursionner en Ile-de-France et aux alentours. Le rapport d'activités de l'année 1935 cite Chanteloup, le Parc de Saint-Cloud[3], Saint-Germain-en-Laye, Chartres (quatre-vingt-dix-huit participants) et la visite au cimetière militaire de Caudry, près de Cambrai, selon la coutume bien observée de faire mémoire des victimes de la guerre (*Gedenktag der Gefallenen*).

Ces excursions organisées pour les jeunes semblent avoir été le meilleur moment de rencontre du Recteur avec eux. Son passé de membre du Quickborn refaisait surface. Il s'entendait à attirer la jeunesse. Sac au dos, le groupe parcourait les vastes forêts qui ceinturent la capitale française au sud, au nord et surtout à l'ouest. Son expérience des mouvements de jeunesse lui avait appris que rien n'égalait les longues marches pour souder un groupe, pour ouvrir les jeunes Allemands à la France authentique et leur faire découvrir les trésors de l'art français qui ne manquent pas à proximité des forêts à Barbizon, à Fontainebleau, à Chantilly, à Saint-Germain-en-Laye, à Rambouillet.

---

1. M. Riquet, Lettres du 10 et du 24 mai 1989 à l'auteur. Ce jésuite sera célèbre pour son rôle dans la Résistance et, plus tard, comme conférencier de Notre-Dame de Paris. Il s'est fait aussi apôtre de la réconciliation.
2. F. Stock, *Bericht über das Leben in der deutschen katholischen Gemeinde in Paris/1935*, p. 7.
3. Au cours de cette excursion, les participants observèrent la tradition allemande de chercher des œufs de Pâques dans le parc.

L'abbé Stock participe avec des groupes de jeunes Allemands aux « Rencontres internationales » organisées au Foyer de la Paix de Bierville par Marc Sangnier. Le déroulement de la soirée du 6 décembre 1936 nous est bien connu[1]. Le thème de l'année est : « Le folklore international, moyen d'expression des peuples. » Pouvait-on choisir meilleur sujet pour aguicher le Recteur de la rue Lhomond ? Stock présente les chants en traduisant chaque fois quelques phrases ; il explique que « la chanson est une partie de l'âme allemande dont elle exprime les aspirations et les rêves ». Le programme comporte aussi des danses folkloriques auxquelles participent Franziska Stock et Luise Berlinghof. Marc Sangnier conclut éloquemment : « Ce soir [...] a vécu pour nous cette Allemagne musicienne sentimentale et rêveuse qui, parce qu'elle surgit de son folklore, est l'émanation même de sa race, Allemagne que nous aimons[2]. »

Dès la fin du XIXe siècle, les jeunes filles allemandes en service à Paris furent une composante importante de la mission allemande. Le foyer que le Père Ritter avait pu installer dans la maison adjacente à celle du Rectorat répondait à une réelle nécessité. Certes, les jeunes Allemandes employées au pair ou comme ménagères dans les familles françaises n'étaient plus des milliers comme au siècle précédent. Mais esseulées dans la grande ville, elles éprouvaient le besoin de retrouver des compatriotes. Le foyer leur offrait appui, réconfort et parfois refuge. Des assistantes paroissiales fribourgeoises s'y tenaient à leur disposition. Chaque jour une douzaine de jeunes filles en moyenne recouraient à leurs conseils. Stock lui-même prodiguait ses encouragements à celles qui rencontraient des problèmes dans leurs fonctions d'aides familiales[2]. Le vendredi soir, de 21 à 23 heures, le Recteur accueillait au foyer celles qui le désiraient. Elles étaient trente ou quarante. Dans une joyeuse atmosphère, il leur faisait mieux connaître leur Foi et leur montrait l'éclairage que celle-ci projetait sur leurs difficultés. Pendant un temps, il leur fit chaque semaine un exposé sur une des grandes religions.

---

1. Mme CHATELAT-SANGNIER, fille de Marc Sangnier, Lettre du 2 septembre 1988 à l'auteur. D'autre part, *L'Éveil des Peuples,* journal de Marc Sangnier, fait écho à cette soirée.

2. Stock a gardé contact avec la famille de Marc Sangnier. La lettre qu'il écrivit à l'occasion du décès accidentel de Paul Sangnier, fils de Marc, survenu le 10 avril 1939, est conservée. Franz qui a rencontré le défunt en Forêt Noire et au Foyer de la Paix exprime son émotion : « C'était le même sentiment que j'aurais eu si c'étaient les miens et la perte d'un de mes frères. » Il conclut : « Un prêtre allemand prie pour lui et tient parole » (lettre du 23 avril 1939 à Mlle M. Sangnier). Le matin du 23 avril, Marc Sangnier et son épouse avaient communié à la messe que l'abbé avait célébrée en l'église Saint-Ignace. Franz Stock revit Mme Sangnier au début de 1944. Son mari avait été interné à Fresnes. Stock promit d'aller lui rendre visite, mais celui-ci fut libéré avant (Mme CHATELAT-SANGNIER. Lettre du 2 septembre 1988 à l'auteur).

3. Mme Anna ENGELS, Lettre du 15 avril 1989 à l'auteur.

Mais le foyer était avant tout une pension de famille pour des jeunes filles de passage. Il pouvait héberger vingt hôtes aux conditions les plus favorables, ce que les mesures restrictives d'exportation de devises rendait particulièrement appréciable. En 1937, par exemple, 305 jeunes filles y passèrent au total 5 492 nuitées[1]. Il était loisible aux pensionnaires d'y faire leur lessive, de préparer elles-mêmes dans la cuisine leur plat préféré. Il y régnait un climat de bonne convivialité. On pouvait s'y délasser ou s'occuper. Le foyer était aussi devenu un centre de bienfaisance. En un an, on y servit 2 164 repas gratuits à des compatriotes nécessiteux. Par ce dernier aspect, la Mission allemande renouait avec les années lointaines des premières décennies de son histoire. La plaie alors mondiale du chômage faisait grossir le nombre des indigents et, par contrecoup, rendait plus instable la population de la paroisse.

La bibliothèque de la communauté paroissiale servait de bureau à l'abbé Stock. En grand ami des livres, il devait s'y sentir à l'aise. C'est là qu'on allait rencontrer le Recteur. Ses visiteurs, même s'ils pouvaient déjà utiliser la langue française, étaient heureux de trouver quelqu'un à qui ils pouvaient mieux se dire et tout dire dans leur langue. Lorenz Jaeger note qu'on entrait à la Mission allemande comme dans un moulin[2]. Il y avait mille et une raisons de prendre contact avec Stock, d'autant que la mission Saint-Boniface faisait un peu (très officieusement) office de consulat pour un certain nombre d'Allemands. L'interdiction faite aux citoyens du IIIe Reich d'exporter plus de 10 marks[3] par mois rendait presque impossibles les séjours à l'étranger à moins que l'on trouvât gîte et couvert chez des amis. Le poète-historien Reinhold Schneider[4] est du nombre des

1. Les séjours duraient donc un peu moins de vingt jours en moyenne.

2. « Comme dans un pigeonnier », dit de façon suggestive la langue allemande. « La maison était ouverte littéralement jour et nuit. Tous ceux qui étaient dans le besoin venaient chercher ici aide et protection » (L. JAEGER, *Introduction* à A. ALBERT, *Das war Abbé Stock*, Fribourg, Bâle, Vienne, 1959, p. 10).

3. 10 marks étaient en 1938 l'équivalent approximatif de 60 euros de 2007.

4. Né en 1903, Reinhold Schneider travailla chez un imprimeur après ses études secondaires. C'est en autodidacte qu'il étudia l'histoire, la philosophie et la littérature. Installé à Fribourg en 1938, il y mourut vingt ans plus tard. Envahi par l'angoisse, très sensible à l'aspect tragique de la vie, il retrouva la foi chrétienne à l'âge adulte. Kierkegaard eut sur lui une influence décisive. À la fin de sa vie, il vécut davantage la déréliction du Christ que l'espérance de la Résurrection. Pendant la guerre, il fut un des représentants de la résistance intellectuelle et spirituelle au nazisme. Stock revit Schneider à Fribourg en janvier 1942 et en janvier 1943 ainsi qu'en septembre 1946. On verra que Schneider composa une poésie pour les étudiants du « Séminaire des Barbelés » de Chartres dirigé par Stock. Ceux-ci le tenaient en haute estime. Sur les relations de Stock avec Schneider et leur échange de lettres, voir l'introduction à Fr. STOCK, *Die ersten deutschen Buchdrucker in Paris um 1500 herausgegeben und kommentiert von Ansgar Heckeroth und Hans-Walter Stork*, Paderborn, 1992, p. [22-24] et [33-37].

hôtes illustres qui passèrent rue Lhomond. Il était venu à Paris de novembre 1938 à février 1939 pour étudier la tragédie française. À l'occasion de ce séjour, il avait été en relation avec la paroisse allemande où il avait renoué avec le Recteur Stock. Ils s'étaient rencontrés une première fois en Allemagne. Dans sa lettre au Recteur du 17 janvier 1940, l'écrivain évoque des souvenirs précis : la messe de minuit de 1938 et le bureau tapissé de livres. Dans leur correspondance ultérieure, les deux hommes expriment l'espoir de voir se construire une Europe unie. Selon Schneider, cette unité résultera de la solidarité des intellectuels des différents pays et du rayonnement accru du christianisme. Stock accueillit aussi, par exemple, Heinrich Diebecker, jeune séminariste venu à Paris à la Pentecôte 1936 attester auprès de l'Action Catholique de la Jeunesse Française (A.C.J.F.) qu'il y a en Allemagne une jeunesse catholique hostile à Hitler et au nazisme[1].

Il faut insister sur le caractère inconfortable de la situation de Stock à Paris de 1934 à 1939. Depuis son séjour au séminaire des Carmes comme étudiant, il savait quelle animosité pouvait lui valoir sa qualité de citoyen allemand. Or l'avènement du nazisme et la haine qu'il attisait en Allemagne déclenchait une dangereuse spirale. Réciproquement, en France, l'Allemand était l'ennemi. Le Recteur de la rue Lhomond dut l'éprouver particulièrement quand il lut dans *Le Journal* du 30 mars 1935 un article odieusement calomniateur qui le représentait comme un propagandiste nazi, pire comme un indicateur de la Gestapo[2]. Stock usa du droit de réponse. Mais pour sa défense, il ne put dire l'essentiel : l'aide substantielle qu'il accordait aux émigrants allemands.

Quelque vingt-cinq mille Allemands, fuyant le nazisme hitlérien, arrivèrent en France, à Paris surtout, dans les années trente[3]. Parmi eux se trouvaient beaucoup d'intellectuels et de Juifs. Ceux-ci subissaient même en France les brimades d'un certain antisémitisme. Quant aux autres, suspects en Allemagne, ils furent souvent aussi suspects en France[4]. Les relations de Stock

---

1. Voir H. DIEBECKER, Lettre du 17 septembre 1995 à l'auteur.

2. Police secrète.

3. Voir en particulier A. BETZ, *Exil et engagement. Les intellectuels allemands et la France : 1930-1940,* trad. P. RUSCH [Paris, 1991] ainsi que Ursula BERNARD, *Regards sur le IIIe Reich. Le point de vue des écrivains allemands émigrés en France : 1933-1939*, Publications de l'Université des langues et lettres, Grenoble, 1983.

4. Parmi les écrivains exilés : Heinrich Mann, Ernst Bloch, Bertold Brecht. Ces écrivains seront redécouverts et appréciés par la jeunesse allemande des années soixante. Quand la guerre se déclencha en 1939, le sort des victimes de l'hitlérisme empira encore puisque les émigrants furent regroupés dans des camps d'internement où l'on tentait de distinguer les éventuels nazis des ennemis de l'hitlérisme. À l'approche des troupes allemandes, les suicides furent nombreux. On ignore souvent que l'armistice franco-allemand de juin 1940 comportait l'obligation pour la France de livrer à l'Allemagne les réfugiés allemands et autrichiens. Beaucoup d'immigrés s'enfuirent aux États-Unis.

avec ces compatriotes étaient particulièrement délicates. Ses liens avec l'Ambassade – qui l'aidait financièrement et dont il connaissait bien le personnel – suscitaient évidemment la méfiance des émigrants. Cette même Ambassade – du moins certains de ses membres – devait regretter la froideur du Recteur allemand à l'égard du régime politique au pouvoir dans son pays. Dans une conférence faite à Francfort le 29 mai 1936, Stock déplore tout autant le « harcèlement » de la presse française contre tout ce qui est allemand que les « attaques d'une vulgaire clique de réfugiés » contre leur propre patrie[1]. Mais les excès de langage de certains ne l'empêchent pas de venir en aide aux émigrants dans toute la mesure de ses moyens. Des témoignages ne manquent pas à ce sujet : « De nombreux réfugiés politiques se trouvaient dans sa paroisse. Lorsqu'en 1937, je pus encore aller à Paris, la situation politique avait déjà rendu son travail très difficile. Il devait se montrer prudent dans ses relations. À coup sûr, il était alors déjà surveillé[2]. » « En 1938, j'ai rencontré chez Franz Stock des émigrants venus d'Allemagne. Mais ils ne logeaient pas chez lui. Il évitait autant que possible d'être vu en leur compagnie ou de les soutenir ouvertement, parce que, en qualité de curé de la communauté allemande, il était aussi surveillé par l'Ambassade d'Allemagne[3]. » Voici encore le témoignage de Paul Maureille, l'ancien compagnon de Tulle : « Je vins à Paris pour l'oral de l'agrégation en 1936. C'est alors que je revis Franz Stock pour la dernière fois. Mi-figue, mi-raisin, je lui demandais si je devais le saluer d'un "Heil Hitler". Il fut attristé : "Tu sais bien que ce n'est pas possible, Paul... Si tu n'as pas autre chose à faire, tu pourras m'accompagner aujourd'hui (c'était dimanche) chez quelques paroissiens." Et ce jour-là, j'accompagnai Franz chez des émigrés qui ressemblaient davantage à des Juifs qu'à des Aryens. C'étaient ses paroissiens les plus malheureux. Il leur portait d'abord des nouvelles de leurs familles restées en Allemagne et aussi quelque argent qu'il sortait d'Allemagne dans la doublure de sa soutane ou... par la valise diplomatique (je ne sais)[4]. » Le même témoin précise dans une lettre : « Il [Stock] me déclara : « Je me dois à mes paroissiens les plus malheureux. Ils sont Juifs. Je consacre mon temps à aider les Juifs. » Non seulement il les visitait, mais il leur faisait passer clandestinement de l'argent à partir de leurs avoirs immobiliers laissés en Allemagne[5]. »

---

1. E. Kock, *L'Abbé Franz Stock,* [Tournai, 1968], p. 75.
2. Mme Anna Engels, Lettre du 15 avril 1989 à l'auteur.
3. Abbé Chr. Allroggen, Lettre du 16 septembre 1991 à l'auteur.
4. P. Maureille, *Franz Stock,* dans *L'Âme commune,* n° 45, 1984.
5. P. Maureille, Lettre du 31 décembre 1991 à l'auteur.

D'autres activités du Recteur auraient déplu à l'Ambassade si elle en avait eu connaissance. C'est ainsi qu'ayant été informé que les Polonais de Paris n'avaient pas de prêtre, il se remit à l'étude de leur langue qu'il avait appris à utiliser dans les premiers mois de son ministère dans la banlieue de Dortmund ; il devint en quelque sorte l'aumônier de la colonie polonaise. Or, la Pologne était considérée par le régime nazi comme l'ennemi numéro un de l'Allemagne.

Stock a été amené également à s'intéresser à l'école allemande de la rue de Passy. Les élèves qui eurent l'heur de suivre ses cours de religion ont gardé davantage présent à l'esprit le souvenir de leurs espiègleries et des gifles qu'elles entraînaient que du contenu de l'enseignement qui semble avoir été un commentaire du catéchisme. Filles et garçons suivaient le cours séparément. Entre autres frasques, les garçons ont sur la conscience d'avoir enlevé les fusibles pendant le cours de religion des filles. Au demeurant, les relations entre élèves et professeur étaient bonnes d'autant que ce dernier avait en général des contacts suivis avec leurs parents qu'il rencontrait à la messe dominicale. Dans un contexte général d'éducation austère, l'enseignement religieux ne suscitait guère d'échanges. Le professeur énonçait des vérités hors de discussion : c'était ainsi.

Franz Stock exerce son ministère pastoral comme beaucoup de prêtres allemands. Pour s'en rendre compte, il suffit de parcourir le rapport d'activités paroissiales concernant 1935, la première année complète de son ministère parisien. En neuf pages dactylographiées, il brosse un tableau d'ensemble. L'objectif poursuivi en priorité c'est que chaque croyant fasse l'expérience qu'à tout moment il peut d'une façon ou d'une autre trouver l'aide et l'appui des institutions ecclésiastiques et sociales. Stock estime que ce but est en grande partie atteint, mais que trop d'Allemands de Paris ne signalent pas leur présence à la paroisse. Il rappelle que l'église Saint-Joseph de la rue Lafayette doit être restituée à la communauté allemande. En attendant, la messe dominicale est célébrée à 9 h 30 à l'église Saint-Ignace. Toute l'activité d'entraide est assumée par l'*Elisabethenverein* qui prend en charge l'aide aux nécessiteux et aux malades, l'assistance aux enfants, le bureau d'accueil pour femmes et jeunes filles, la gestion du foyer pour jeunes filles et des organisations de bienfaisance.

De façon générale, une activité strictement associative – caractéristique de l'Église allemande – n'est pas réalisable : la population était trop mouvante. Ceci tenait à la situation sociale et politique. Plus de trois cents personnes étaient assistées par l'activité de bienfaisance. Et dans ce nombre ne sont pas compris les bénéficiaires dont le nom n'est pas connu. Les malades étaient régulièrement visités.

Aux difficultés spécifiques du ministère parisien de Franz Stock, aux soucis financiers vient s'ajouter parfois le sentiment d'un échec relatif. Le bulletin paroissial de mai 1938 s'exprime avec quelque amertume. Le Recteur vient de décrire sa mission à Paris. « Parfois je me demande si tout cela n'est pas que des mots, quand je viens à appliquer ce programme à nos cérémonies dominicales. Qui fréquente l'office allemand dans l'église des Étrangers[1] le dimanche matin ? Qui assiste à la cérémonie du soir à la chapelle du foyer ?... Le travail est sans cesse à recommencer ; depuis quatre ans c'est la même épreuve. » Franz Stock, on le voit, n'est pas à l'abri de la tentation du découragement.

Cependant, tous aimaient cet homme droit et affable, au sourire chaleureux qui nouait d'innombrables contacts. « Il avait des amis dans tous les milieux sociaux, écrit une de ses anciennes paroissiennes. Il était diplomate et connaisseur des hommes. Il s'entendait à attirer à lui la jeunesse. Il était en outre un organisateur avisé. Dans son appartement, sous la conduite de sa sœur Franziska, on éprouvait un sentiment de sécurité familiale. C'est là que j'appris à connaître quelques-uns de ses frères et sœurs ainsi que la profondeur des liens qui l'unissaient à sa famille de Neheim. Il trouvait à toutes les questions des réponses anecdotiques, si bien que dans son entourage on riait et on chantait. Il avait un humour à froid[2]. »

L'année 1937 fut marquée par le centenaire de la Paroisse. En lever de rideau des fêtes, au mois de mars, le comte Hans von Welczeck, ambassadeur – catholique – de l'Allemagne hitlérienne participa, avec le cardinal Verdier, dans l'église Saint-Ignace, à une messe solennelle, rehaussée par les chants d'une chorale de Bonn. C'était la première fois, depuis les origines, qu'un archevêque de Paris participait à une cérémonie de la paroisse allemande.

Le 24 octobre, le centenaire proprement dit est fêté, comme il se doit, dans l'église Notre-Dame-des-Victoires où la paroisse allemande avait vu le jour. Le cardinal Verdier assiste l'après-midi à la partie civile de la fête. Remerciant le cardinal de sa présence, le Recteur ajoute une note personnelle à son discours en faisant observer « qu'il parle à celui qui fut son supérieur très aimé et son professeur très écouté ». De son côté, l'ambassadeur rendit hommage au Recteur de la Paroisse en ces termes : « L'aumônier Stock a su non seulement établir des relations cordiales avec les autorités spirituelles et laïques du pays d'accueil, mais il a mis en rapport la paroisse catholique allemande de Paris avec les organismes scientifiques, littéraires et artistiques de la France[3]. »

---

1. Il s'agit de l'actuelle église Saint-Ignace au 33, rue de Sèvres.
2. Mme Hilde BECKER, Lettre du 16 février 1988 à l'auteur, *passim*.
3. Cité par E. KOCK, *L'Abbé Franz Stock*, [Tournai, 1968], p. 80.

Quelques lignes révélatrices de la personnalité de Stock introduisent discrètement la relation des événements du Centenaire. Il avait prévu une veillée de prière le soir des trois jours précédant le jubilé. Très peu de paroissiens en avaient saisi le sens. « Aujourd'hui, écrit-il, l'homme des grandes villes n'a ni le temps ni le courage de consacrer des heures à une contemplation paisible... Ne vous laissez pas trop aveugler[1] ! »

Dans un contexte international assombri, l'exposition universelle de Paris en 1937 est une parenthèse lumineuse. La société mondiale, provisoirement réconciliée lors de cette manifestation, y présente un visage irénique auquel les millions de visiteurs ne sont pas insensibles. L'Europe ne connaîtrait plus d'événements semblables avant la Deuxième Guerre mondiale. Les pavillons géants – propagande oblige – des deux grandes dictatures européennes, l'URSS et l'Allemagne nazie se font face devant le Trocadéro. Dominant le pavillon allemand, celui du Saint-Siège, à proximité de l'aile gauche du Trocadéro, occupe une place en vue. Dans l'église à coupole, l'autel majeur – c'était bien avant Vatican II – est entouré de douze chapelles dont la décoration est confiée à douze pays différents. Non sans fierté, le Recteur de Paris observe que la chapelle allemande est achevée la première. Trois semaines ont suffi pour la décorer. Berlin a voulu faire diligence. Franz Stock s'est engagé personnellement et avec beaucoup de joie dans cette réalisation. Il intervient dans le choix des deux artistes à qui il incombe de décorer la chapelle : le professeur Anton Wendling d'Aix-la-Chapelle a composé une mosaïque de plus de huit mètres représentant saint Michel vainqueur du dragon. L'autel en lave basaltique de l'Eifel est l'œuvre d'un artiste de la même ville, Hans Schwieppert. Stock est aussi l'auteur d'une élégante brochure de vingt-quatre pages, en français et en allemand, bien illustrée, sur la chapelle allemande. Le texte en est repris dans le journal paroissial. « Est-ce par hasard que la lourde pierre d'où est tiré l'autel provient de la région frontière de l'Eifel ?... Cet autel ne pourrait-il pas nous aider à jeter un pont pour faire la liaison ?... Lorsque, à l'heure de la prière, la communauté se réunit dans cette chapelle pour le saint sacrifice, le protecteur, l'archange saint Michel, doit amener les cœurs à pardonner à leurs frères[2]. »

L'inauguration de la chapelle n'eut lieu que le 5 septembre. Stock célébra la messe en présence de l'ambassadeur d'Allemagne et de son épouse et formula le souhait que « sous l'image de saint Michel, patron de l'Allemagne

1. *Kirchlicher Anzeiger,* septembre-octobre 1937, p. 91.
2. *Kirchlicher Anzeiger,* juin 1937, p. 69-71. Texte français dans *Les Annales du Mont Saint-Michel,* 114e année, n° 2, mars-avril 1988, p. 26-29.

et de la France, les cœurs se trouvent en une estime et une compréhension mutuelles ».

Mais, depuis des années, une dialectique infernale était enclenchée. « À partir de 1930, la crise mondiale, l'avènement du nazisme, les événements de Chine, la guerre d'Espagne nous ouvrirent les yeux; il nous parut que le sol allait manquer sous nos pas... ces premières années d'une grande Paix mondiale, il fallait les envisager soudain comme les dernières de l'entre-deux-guerres[1]. » Stock le pressentait douloureusement. « Il m'entretenait des soucis que lui causait l'époque, et qu'il essayait de contourner habilement », écrit Hilde Becker, amie de la famille[2]. Lorenz Jaeger, écrit de son côté: « Il avait vu venir la guerre. Plus d'une fois, très soucieux, il m'avait parlé des conséquences prévisibles du jeu dangereux pratiqué par les chefs du IIIe Reich et des temps redoutables qui adviendraient pour sa Mission et pour les Allemands résidant en France[3]. » Pour la paroisse allemande, l'orage éclata, en effet, dans la nuit du 25 au 26 août 1939, sous forme d'une communication téléphonique de l'Ambassade d'Allemagne enjoignant à tous les Allemands résidant au Foyer de la rue Lhomond de quitter la France sur-le-champ. C'était pour Stock la brusque interruption d'un beau labeur pastoral et l'abandon précipité de son cadre de vie, de son maigre patrimoine, de ses projets. C'était aussi la fin d'un rêve de jeunesse et la faillite des efforts – les siens et ceux de beaucoup d'autres – en vue de la réconciliation.

Son idéal de rapprochement entre Français et Allemands pourra-t-il survivre à la guerre qui éclatera une semaine plus tard?

Le peintre et l'écrivain

À découvrir les diverses facettes du ministère pastoral de l'abbé Stock, on a l'impression que sa vie est bien remplie. Qu'un éventail d'activités artistiques et intellectuelles ait pu s'y greffer surprend. À moins que la joie de peindre, de jouer de la guitare et le plaisir austère d'arracher aux livres des secrets qui s'y étaient assoupis n'apportent à leur façon détente et équilibre[4].

---

1. Jean-Paul SARTRE, cité par A. BETZ, *Exil et engagement. Les intellectuels allemands et la France. 1930-1940,* [Paris, 1986], p. 9.
2. Lettre du 16 février 1988 à l'auteur.
3. L. JAEGER, dans A. ALBERT, *Das war Abbé Stock,* Fribourg, Bâle, Vienne, 1959, p. 10-11.
4. Les activités de Stock évoquées dans ce chapitre couvrent l'ensemble de sa vie, notamment les années de guerre, où il fut aumônier des prisons et d'après-guerre, où il fut supérieur d'un séminaire de prisonniers de guerre allemands.

Les pinceaux et surtout les crayons de Franz Stock ne restaient jamais longtemps inactifs. Il avait besoin de capter un beau paysage, de fixer une émotion. Qu'il arpente la terre bretonne ou que le calme inhabituel d'un après-midi dominical sans excursion lui accorde quelque répit, il tirait de sa palette les couleurs dont sa très vive sensibilité lui inspirait le choix. Des toiles exécutées par Franz, on n'en conserve guère que vingt-cinq ; elles sont pour la plupart propriété de sa famille. II n'a pu consacrer assez de temps à la peinture pour devenir un grand artiste. Il n'a pas créé un style, mais il avait un vrai talent et ne manquait pas d'inspiration. Il peignait ou dessinait ce qu'il voyait : des paysages bretons, des natures mortes et plus tard les tentes du camp de Cherbourg. Un jour, il ornera de fresques la chapelle du Coudray-Morancez. Il travaillait habituellement d'après nature. Plus tard, quand il sera prisonnier, ses souvenirs seront aussi source d'inspiration. Émergeront alors en priorité la Bretagne avec la mer au coucher du soleil et les bruyères en fleur.

Une peinture exécutée à Chartres après les drames de la guerre, exprime peut-être sa spiritualité la plus intime : c'est une Pieta qui se profile devant le Séminaire des Barbelés. À l'arrière-plan, une ville en flammes embrase le ciel. La cathédrale est celle de Chartres. Toutes les souffrances de la guerre sont là devant une croix dont on ne voit que le pied. Elles culminent dans le corps du Christ que Jean soutient délicatement. Marie submergée de souffrance est en prière. Dans cette œuvre pathétique, tout converge vers le corps du Condamné porté par l'Église dont Stock – qui s'est peint dans saint Jean – est le ministre douloureux.

Tels quels, les dessins de Stock au fusain ou à la plume et ses toiles nous font pénétrer plus avant dans sa sensibilité. Ils dévoilent beaucoup de tendresse et une certaine mélancolie. Manifestement il communiait aux paysages qu'il s'appliquait à fixer sur la toile. Même si son travail pour dominer le sujet n'aboutit pas à créer un chef-d'œuvre, du moins sa façon de capter les lignes et les couleurs montre qu'il cherche à ordonner ce qu'il ressent. Sa dernière peinture représente le Christ souffrant. Comment ne pas penser que le souvenir des traits des prisonniers qu'il accompagna jusqu'au poteau d'exécution ne lui ait été présent quand il peignait le visage du Crucifié[1] ?

---

1. De cette peinture il faut rapprocher un projet de sculpture jamais réalisé. Sigismund Kleine, religieux allemand prisonnier à Chartres, raconte qu'un matin Franz Stock lui demanda de lui procurer un tronc d'arbre : il se proposait de sculpter un corps pour la croix de la chapelle du camp. « Je l'ai vu devant moi cette nuit », dit-il. Mais le lendemain, Franz annula sa demande : « Ne te mets pas en peine pour ce bois, je ne puis le sculpter ; [ce corps] a l'air trop horrible » (S. KLEINE, *Mein Erleben mit Franz Stock,* texte manuscrit, p. 6) ; le souvenir des fusillés l'avait trop fortement impressionné.

La recherche de la beauté animait toute la vie de Franz Stock. Joseph Lechner, deuxième président des anciens du séminaire de Chartres écrit : « Il avait une silhouette d'artiste : c'était un peintre-né. Nous soupçonnions seulement qu'il faisait tout pour *embellir* progressivement notre vie et la rendre plus agréable[1]. »

Ce « taiseux » s'exprimait donc en peignant. Mais aussi par l'écriture. Il restituait, en écrivant, tout un monde de sensations ou partageait les découvertes provenant de ses diligentes recherches effectuées à la Bibliothèque Nationale, à la Mazarine ou à la Bibliothèque Sainte-Geneviève. Le virus de l'histoire dut lui être inoculé au cours de ses études en Allemagne, où cette discipline avait connu depuis le XIXe siècle un regain de vie et de rigueur. Goût de l'histoire, curiosité intellectuelle, désir de partager le bénéfice de toute découverte de l'esprit et des impressions ressenties, préférence innée pour les moyens d'expression autres que la parole : ces facteurs conjugués expliquent la relative abondance des écrits de Stock si absorbé cependant par son ministère. Effectivement, ce qu'il écrivit se rattache presque toujours à une expérience vécue ou à l'enquête historique que cette expérience a mise en branle et qui, en retour, vient l'éclairer.

Qu'on se rappelle ses rencontres avec Francis Jammes, Bremond, sa découverte de la Bretagne, sa prise de conscience des misères dans la banlieue parisienne et tout simplement l'histoire de sa vie. À Paris et ailleurs en France, il prend connaissance avec une certaine fierté de toutes les réalisations des Allemands. C'en était assez pour qu'il accumule des matériaux qui auraient dû donner le jour à une Histoire des Allemands en France. Il n'eut pas le temps de l'écrire. Mais il tira de ces notes d'assez nombreux articles parus dans la *Deutsche Zeitung in Frankreich* et, ensuite, dans la *Pariser Zeitung*[2]. Les articles parus dans la presse sont parfois illustrés de clichés photographiques pris par lui-même ; ces photos sont de vrais petits tableaux.

1. H.-J. Brandt, *Wem die Stunde schlägt,* article dans *Theologie und Glaube,* Paderborn, 1983, premier trimestre, p. 8.

2. Depuis 1935 paraissait à Paris la *Deutsche Zeitung in Frankreich.* Sa parution, évidemment interrompue par la guerre en 1939, reprit dès le 5 octobre 1940. Un article de Stock figure dans ce premier numéro de guerre. Ce journal fut relayé le 15 janvier 1941 par la *Pariser Zeitung* dont le titre reprenait celui d'un journal créé à Paris en 1902. Un article de Stock narre l'histoire de la presse allemande en France, dont l'origine remonte à 1839. Une liste de vingt-huit articles de presse écrits par Stock figure dans la réédition (1992) de *Die ersten deutschen Buchdrucker in Paris um 1500,* p. [38-39]. En outre, selon Theresia Stock, des articles de Franz auraient été publiés, entre 1934 et 1940 dans la *Frankfurter Zeitung* (aujourd'hui *Frankfurter Allgemeine*). La destruction des archives de ce journal empêche de confirmer l'information (G. Gillessen, Lettre du 24 juin 1992 à l'auteur). Observons au passage que depuis 1942 la vie harassante de l'aumônier des prisons interrompt pratiquement son activité littéraire.

D'ailleurs ses écrits, en général, contiennent davantage de faits et d'impressions que de jugements critiques. Ce sont les écrits d'un peintre ! Qu'on n'imagine cependant pas que sa préférence pour l'écrit lui interdisait de prendre la parole. Ses voyages en France donnent lieu à des causeries accompagnées de projections et ses lectures (Pascal, les écrivains du renouveau catholique français) à des conférences[1].

Les paysages du Sauerland natal faits de collines, de bois et de lacs, de pâturages et de rivières se reflètent dans la personnalité de Franz Stock, dans la douceur de ses yeux bleus, dans sa démarche lente, dans la paix qu'il rayonnait.

Une tout autre région allait le fasciner, bien différente de son pays natal. C'est la Bretagne. Contrastant avec la douceur du Sauerland westphalien, l'âpreté de l'Armorique « pays de la mer », son littoral déchiqueté, ses rochers exposés aux coups de boutoir des flots, l'austère solitude des landes, l'aridité des caps et des falaises balayées par les vents marins, le bruit sourd du ressac, les embruns des vagues, une impression de bout du monde : tout cela crée une atmosphère de mystère et de mélancolie, de monde irréel et de forces incontrôlables. La foi des Bretons, leur ferveur religieuse, leur tradition mystique, mêlées il est vrai de rêve et de fantastique, impressionnaient beaucoup Stock. L'amour de la France chez lui, c'est en priorité l'amour de la terre bretonne. Il a porté sur elle un long regard d'où sont issus de très nombreux dessins fidèles, ingénus, parfois maladroits, mais toujours sincères.

Pourquoi cette prédilection de Franz Stock pour la Bretagne ? Les racines chrétiennes et les survivances celtiques, si perceptibles en terre d'Armorique expliquent sans doute la fascination qu'elle exerça d'emblée sur ce prêtre allemand. Il y trouvait le repos comme nulle part ailleurs. Il percevait la Bretagne comme le pays où le mystère affleure et où s'impose la forte présence de la nature inviolée et des flots ouvrant sur l'infini.

La terre bretonne était aussi, comme la Normandie, le Midi méditerranéen et la région parisienne, un lieu qui attirait les peintres. Les noms de Paul Gauguin, d'Émile Bernard, de Paul Sérusier sont liés à Pont-Aven et au Pouldu. Moins connu que ces initiateurs du groupe des Nabis, le Hollandais Jan Verkade doit retenir l'attention. Son autobiographie intitulée *Die Unruhe zu Gott* (Le Tourment de Dieu)[2], avait profondément impressionné Franz Stock[3].

---

1. Anecdote symptomatique : ayant lu plus tard à Cherbourg un livre sur Bremond, il songe aussitôt à en tirer parti dans un sermon.

2. Dom Willibrord VERKADE, *Die Unruhe zu Gott,* Fribourg, 1920. – *Le Tourment de Dieu. Étapes d'un moine peintre.* Traduction de Marguerite FAURE, Paris [1923].

3. Lors de l'entretien du 27 novembre 1987, Mme de Margerie m'a signalé que c'est la lecture de ce livre qui aurait attiré l'attention de Franz Stock sur la Bretagne.

Né en 1868 d'une famille qui adhérait à la secte des Mennonites, Verkade avait hérité de son milieu un mépris très affirmé à l'égard des catholiques. Au cours de son premier séjour à Paris, il avait fait la connaissance de Paul Sérusier. Celui-ci le présenta à Gauguin et à Maurice Denis qui restera un ami fidèle. Admis de la sorte dans le cercle des Nabis, Verkade y découvrit Édouard Vuillard, Pierre Bonnard, des écrivains symbolistes et même le père Tanguy, l'humble boutiquier de la rue Clauzel, qui vendait des articles pour la peinture ainsi que des toiles de Cézanne, Pissarro, Monet, pour lesquelles le public n'avait que raillerie et sarcasme. Verkade avait même assisté avec Sérusier et quelques amis au départ de Gauguin pour Tahiti le 4 avril 1891. Ses fréquentes visites au Louvre lui firent découvrir et estimer les peintures des artistes de la Renaissance italienne tels que Fra Angelico, Mantegna, Ghirlandaïo et Botticelli. Le caractère religieux de leur inspiration impressionna ce jeune homme qui depuis l'âge de quinze ans avait rejeté toute foi religieuse. C'est Sérusier encore qui l'entraîna en Bretagne dans les lieux mêmes qu'avait fréquentés Gauguin.

Dans le récit de sa conversion qu'il écrira plus de vingt ans plus tard (en 1919), Verkade décrit la profonde impression que fit sur lui la découverte du printemps dans la campagne bretonne. Son âme d'artiste est séduite par l'explosion de vie printanière, mais plus encore par la vie joyeuse et la piété profonde des campagnards revêtus de leur costume régional. « Tout cela était si fort et pourtant si doux et si prenant que seul l'agenouillement dans une prière aurait pu exprimer ce que mon âme ressentait en cette heure-là. »

Après l'hiver passé en Hollande, le peintre revient à Paris où il expose quelques peintures au salon des Indépendants avec le groupe des Nabis. La critique lui est favorable. Aucune obligation ne le retenant à Paris, Verkade entend à nouveau l'appel de la « sainte Bretagne ». Dieu « l'enveloppe peu à peu de mille fils invisibles pour l'attirer à Lui ». Baptisé à Vannes, l'artiste part pour l'Italie où il approfondira simultanément sa vie chrétienne et ses découvertes artistiques, soucieux avant tout de saisir et de réaliser « la valeur intérieure des choses, sans se soucier si la forme extérieure dans laquelle elle se manifeste atteint la perfection ».

Au cours d'un séjour prolongé chez les franciscains de Fiesole, un religieux lui parle du monastère bénédictin Saint-Martin de Beuron situé au sud de la Forêt Noire. Des moines y développent conjointement la vie spirituelle et l'expression artistique. Verkade ne tardera pas à devenir novice à Beuron et à assimiler les théories de l'École de peinture locale, tout en prenant ses distances car, selon lui, la poursuite du « beau idéal » ne peut se dispenser de se laisser conduire par les formes de la nature. Il réalisera des fresques dans des églises de plusieurs pays et contribuera à la rénovation de l'art religieux d'inspiration symboliste[1].

Franz Stock dut se retrouver dans l'autobiographie de Verkade. Une vive sensibilité et déjà un même amour de la Bretagne et de la peinture rapprochaient les deux hommes. En outre, Stock dut être marqué par la spiritualité de Verkade qui est une longue quête de Dieu.

Dès son séjour comme étudiant à Paris en 1928, Stock fait la connaissance de la Bretagne, mais c'est surtout après sa nomination comme recteur de la paroisse allemande en 1934, qu'il y passe des vacances. D'emblée il s'éprend de cette province française qui lui procure, plus que toute autre, la détente et où il se sent tout à fait chez lui. Au cours de ses randonnées pédestres, il ne manque pas d'emporter son attirail de peintre ou de dessinateur. À partir de ses souvenirs et de ses impressions, un essai verra le jour[2]. Bien que la rédaction semble bien avancée dès 1939, le livre ne paraîtra que pendant la guerre. Dans sa lettre du 3 août 1943, Franz en avise son évêque : « Un petit livre qui n'a rien à voir avec la théologie paraîtra le 1er octobre… Il est conçu pour nos soldats et contribuera à leur faire découvrir les caractéristiques et les mystères de cette intéressante région. […] Hormis quelques gravures, l'illustration est de moi-même : cela confère à l'ouvrage une note personnelle… » Il précise son dessein : « J'ai entrepris ce travail, me disant qu'ainsi des choses seraient dites qu'un auteur moderne aurait passées sous silence. »

Dans la première partie qui, de la région côtière (Armor) fait pénétrer le lecteur au cœur de la Bretagne (Argoat), tout exprime l'expérience personnelle de l'auteur. Le titre d'ailleurs nous en avertit : *Die Bretagne. Ein Erlebnis* (*La Bretagne – Moments vécus*[3]). C'est tout le contraire d'un guide systématique et rien ne concerne le touriste pressé. Si le titre laisse planer des doutes, l'introduction aura tôt fait de les dissiper. « Il faut avoir visité plus d'une fois l'extrémité occidentale de la France… il faut s'être arrêté sur la côte de granit perpétuellement balayée par les flots. Il faut avoir pris place au pied de la chaire d'une église villageoise… il faut s'être assis à l'ombre des menhirs de Lagatjar et de Carnac… Il faut avoir vu s'éloigner les navires de pêche en partance pour l'Islande… Il faut avoir rêvé sur un rocher abrupt et avoir observé la perpétuelle révolte des flots avides… » Le ton est donné : il faut avoir personnellement ressenti. L'auteur, c'est manifeste, est toute sensibilité à l'écoute d'une région déconcertante au cours de longues randonnées,

1. Voir C. Neybergh, *Une conversion d'artiste. Dom Willibrord Verkade* dans *Revue liturgique et monastique*, 9e année, n° 304, p. 152-163.
2. L'ouvrage a été réédité en 1993 et traduit en français et breton en 2004.
3. Traduction bretonne Franch Morvannou, Université de Brest. Traduction française Marie-José Robert et Joël Goyat.

à la recherche de l'âme d'un peuple. Il porte sur la nature le long regard d'un peintre. Il discerne chez les hommes joie de vivre et profonde mélancolie. Les hommes et les femmes, les sentiments éprouvés devant le grondement de la mer courroucée, les paysages désolés, les paysans, voilà ce qui retient son attention bien plus que les monuments et même que les calvaires émergeant des cimetières. Son étonnement est intarissable devant la Bretagne – le Finistère surtout – perçue comme radicalement autre que le reste de la France, et portant l'empreinte indélébile de son vieux passé celtique.

En août 1939, quelques jours avant qu'éclate la guerre, il décrit sur le vif sa découverte. « À différentes reprises, j'eus l'occasion de visiter des maisons paysannes et des habitations de pêcheurs situées à l'écart et de m'y faire inviter. C'est avec plaisir que je me souviens de ces entretiens avec un authentique paysan breton, natif de la région. Il m'avait invité chez lui... C'était un homme bien bâti, vrai et sans détours. Il aurait pu servir de modèle à Van Gogh. Avec son grand chapeau de paille jaune et son sarrau bleu, il ressemblait, en effet, à la toile du maître hollandais. Un soleil implacable dardait ses rayons. Hospitalier, notre cultivateur ne tarda pas à m'inviter à prendre un verre de cidre dans la grande pièce. Nous prîmes place près de la cheminée. La graisse des crêpes qui avaient été préparées fumait encore dans la poêle restée chaude. En cet après-midi, je compris mieux que les années précédentes que dans ces maisons, à l'écart de tout, des coutumes locales tout à fait typiques se perpétuaient, que des paysans et des pêcheurs étaient restés fidèles à leurs racines celtiques et que ce caractère d'ancienneté était fait de simplicité et de rectitude. Tout, leur vie, leur façon de construire, leurs costumes, leurs usages, plongeait ses racines dans un passé lointain. »

Ailleurs, c'est la nature qui comble le promeneur. Ainsi, à marée montante, profitant du courant inversé du cours des rivières, les embarcations peuvent se laisser entraîner loin dans les terres. « Quel délice le matin à l'aube, quand une brume épaisse est suspendue à bonne hauteur de l'eau entre les rives, de voguer entraîné par le courant. On retombe dans une sorte de somnolence. Le tapis richement brodé de la forêt environnante, pure et parfumée, est habité de murmures et de gloussements : bruissement matinal du monde des oiseaux qui s'éveille, faible craquement des branches mortes de hêtre et de chêne, long murmure des feuillages légèrement agités par le vent, profond silence des buissons infranchissables, glissement régulier de la carène dans l'eau tranquille. »

Vive est la satisfaction de Franz Stock de pouvoir citer l'ordonnance du duc Jean V de Bretagne désirant en 1433 « attraire tous bons marchands à venir fréquenter marchandement en nos pays, spécialement ceux des villes et pays de la Hanse d'Allemagne... ». L'auteur se promet de consacrer ultérieurement une étude à ces relations de l'Allemagne avec la Bretagne, comme il avait étudié les premiers imprimeurs allemands actifs à Paris en 1500. Dans l'immédiat, il ne peut s'empêcher d'exprimer la fierté que lui inspirent ces relations et l'espoir qu'elles reprendront prochainement...

La seconde partie du livre est faite des « pages jaunies de l'histoire de la Bretagne ». C'est un survol des événements depuis les « ténèbres de la préhistoire » jusqu'au XIXe siècle.

Franz Stock dédiera ce livre à son jeune frère Heinz, matelot volontaire de guerre englouti le 25 janvier 1942 dans les flots de la Manche. Comment ne pas songer que son souvenir hanta le frère aîné, revenant dans sa chère Bretagne, quand son regard se perdait loin dans la mer? Et Stock ne se découvrait-il pas lui-même quand il citait le portrait du Breton dû à Renan, breton lui aussi? « Le Breton a tous les défauts et toutes les qualités d'un homme solitaire. » Timide et orgueilleux; violent dans ses sentiments, mais modéré dans l'action, à l'aise chez soi, maladroit ailleurs; méfiant envers l'étranger en qui il voit un être supérieur et prompt à abuser de sa modestie; il aime son intérieur, a le sens de la famille, il éprouve souvent la mélancolie[1].

Les dernières pages du livre décrivent la résistance bretonne aux excès de la Révolution de 1789. Stock dut y voir le symbole du fier refus de l'homme à la contrainte. Au révolutionnaire qui menaçait de détruire l'église du village pour extirper toute trace de « superstition », le maire répondit: « Vous devrez bien nous laisser toujours les étoiles, et on les voit de plus loin que notre clocher. »

Plus tard, dans des circonstances pénibles, Franz Stock rencontrera maintes fois des Bretons. À ses yeux, la qualité de Breton classait d'office ceux qui de naissance pouvaient prétendre à ce titre, dans une catégorie d'êtres dignes d'une sympathie particulière. Comment pourrait-il en être autrement pour celui que la terre bretonne a fait tellement vibrer?

Le chercheur

Si toute une série d'écrits de Franz relèvent d'une sensibilité d'artiste, d'autres révèlent des aspects inattendus de sa personnalité: une curiosité intellectuelle toujours à l'affût et un souci de rigueur. Ces traits sont déjà perceptibles dans le mémoire qu'il présenta en dernière année de théologie. Le travail de Franz portait sur la doctrine thomiste de la création. Il se distinguait

---

1. H.-J. Brandt (*Wem die Stunde schlägt*, article dans *Theologie und Glaube*, Paderborn, 1983, premier trimestre, p. 22) fait la même remarque. Ce portrait, malgré la ressemblance, n'est pas en tous points celui de Stock.

par de nombreuses références à des théologiens français, mais aussi par d'intéressantes idées personnelles. Cela lui valut les éloges de son directeur de convict, Maximilien ten Hompel, qui lui conseilla dans une lettre du 17 août 1932 de concilier dans sa vie sacerdotale travail pastoral et recherche scientifique. Un peu plus tard, pendant son rectorat parisien, le jeune prêtre réussit effectivement à mener de front les deux tâches, du moins jusque vers 1941.

L'activité scientifique et littéraire de Stock est indissociable de celle du pasteur. Il passait aisément de l'une à l'autre, trouvant dans cette alternance un facteur d'équilibre, presque un repos. À y regarder de près, toutes ses publications tendent soit à faire découvrir la France aux Allemands, soit à montrer dans la présence allemande en France la fécondité de l'interpénétration des deux cultures. Dans l'un et l'autre cas, il militait pour la réconciliation des hommes entre eux et avec Dieu.

L'abbé Stock réalisa une véritable œuvre scientifique. Son étude sur les imprimeurs allemands qui introduisirent l'invention de Gutenberg en France renouvelait le sujet par l'ampleur de l'enquête effectuée. L'auteur observe avec fierté que ce sont des Allemands qui, en 1470, ont fait pénétrer l'imprimerie dans l'enceinte de la Sorbonne[1], malgré les protestations des six mille copistes et autres artisans du manuscrit qui craignaient pour leur gagne-pain. Cette somme d'érudition parut à Fribourg-en-Brisgau en 1940 sous le titre *Die ersten deutschen Buchdrucker in Paris um 1500*. La date de parution coïncidait – et c'était bien le vœu de Stock – avec le cinq-centième anniversaire de l'invention de l'imprimerie. En 1992, les Éditions Bonifatius estimèrent que l'intérêt toujours actuel de ce travail justifiait sa réimpression[2]. À partir des notes accumulées, l'abbé Stock se proposait de publier ultérieurement d'autres études, notamment sur les étudiants allemands à Paris au Moyen Âge.

Franz Stock ambitionnait-il d'obtenir le doctorat ? On sait que le 12 juin 1940, depuis le petit village de Klein-Wanzleben où il venait d'être nommé, il s'enquit auprès de l'université de Halle des conditions de promotion. À l'estime du Dr Auer, bibliothécaire de Caritas à Fribourg, son travail sur les imprimeurs allemands à Paris lui aurait déjà largement valu le titre de docteur. Mais il avait d'autres projets. Sa réponse à son évêque, Mgr Jaeger, qui précisément l'invitait en 1943 à conquérir ce titre académique, est éclairante. Après avoir invoqué le manque de temps et la modicité de ses connaissances

1. Le buste en marbre d'Ulrich Gering, qui avec deux compagnons introduisit l'imprimerie à Paris, orne l'escalier monumental de la Bibliothèque Sainte-Geneviève.

2. *Die ersten deutschen Buchdrucker in Paris um 1500, herausgegeben und kommentiert von Ansgar Heckeroth und Hans-Walter Stork*. L'introduction d'A. Heckeroth et de H.-W. Stork ne manque pas d'intérêt.

théologiques, il avoue cependant avoir fait les premiers pas et s'être attelé depuis un certain temps à la biographie d'Axinger. Son travail représente déjà 155 pages bien tassées de texte dactylographié[1]. En fait, depuis ses premières recherches sur l'histoire de la paroisse allemande jusqu'à l'époque de Chartres – soit pendant une douzaine d'années – Stock n'interrompit jamais longtemps ses recherches sur son lointain prédécesseur. C'est qu'il était séduit par ce « constructeur de ponts entre l'Allemagne et la France[2] » avec qui il se sentait de connivence.

1. La biographie était prête pour l'impression jusqu'à l'année 1843.
2. L'expression se trouve dans cette même réponse à Mgr Jaeger, datée du 3 août 1943 (réédition de *Die ersten deutschen Buchdrucker*..., p. [15] et p. [28], note 32).

©Dieter Lanz

Maison paternelle à Neheim/Arnsberg.

Madame Franziska Stock avec quatre de ses enfants.
Franz, premier à droite, est assis à côté de sa sœur Franziska.

©Dieter Lanz

©Dieter Lanz

Au collège de Neheim/Arnsberg durant la guerre 1914/18,
Franz est assis à droite au 2e rang.

©Dieter Lanz

Franz Stock en randonnée avec les mouvements de jeunesse.

Congrès de la Paix à Bierville, en France, 1926
Franz Stock, 2e à partir de la droite, avec Joseph Declerq, Joseph Probst et Hans Umbreit. ***Ut sint unum*** : « Qu'ils soient un. »

Congrès de la Paix à Bierville, 1926 :
(un groupe de participants).

Joseph Folliet et Franz Stock lors d'un
en Allemagne

©Dieter Lanz

ıssemblement franco-allemand à Brilon
Rhénanie du Nord - Westphalie), 1931.

Franz Stock, jeune vicaire.

©Dieter Lanz

21, 23 rue Lhomond à Paris, la paroisse allemande Saint-Boniface jusqu'en 1944.

Août 1939, vacances en Bretagne : Franz Stock
avec sa mère et sa sœur Franziska sur la plage de Pentrez (Finistère Sud).

Août 1939, Franz Stock avec sa mère et Helga Walbaum à la Pointe du Raz.

Maison de pêcheur dans le Finistère, toile de Franz Stock.

DEUXIÈME PARTIE

LA TOURMENTE
(1939-1944)

4. Août 1939-août 1940 : une année de bouleversements

Le départ de Paris avait été précipité. Le 26 août 1939, à 0 h 30, un appel téléphonique de l'ambassade d'Allemagne intimait l'ordre à la maisonnée de la Mission allemande de quitter la France par le premier train. À 3 h 30, ultime célébration de la messe dans la chapelle. À 6 heures, presque tous se trouvaient à la gare du Nord. Stock quitta le dernier.

Par la force des choses, le Recteur de la paroisse allemande avait laissé sur place tout ce que son appartement contenait, en particulier sa bibliothèque et des documents rassemblés en vue de futures publications. Mais surtout, il laissait interrompue une œuvre pastorale remarquablement accomplie ; il abandonnait aussi tout un réseau de relations amicales. Il s'était trop impliqué dans son ministère parisien pour qu'il ne ressente pas de façon très douloureuse la situation actuelle. Le conflit imminent ruinait l'idéal de dépassement des nationalismes entrevu à Bierville et que Franz Stock avait mis en œuvre en tissant tant de liens. Par ailleurs, que deviendrait ce qu'il laissait à Paris dans la situation créée par la guerre et dans la recrudescence de haine qu'immanquablement elle entraînerait ? « On n'a pas besoin de beaucoup de choses pour vivre, écrira-t-il plus tard au sujet de ce départ précipité, et l'on peut rapidement se séparer de tout ce que l'on a aimé et mis debout dans l'enthousiasme de la jeunesse[1]. »

Les premières semaines passées en Allemagne furent occupées par des démarches administratives délicates auprès du consulat parisien d'un pays neutre – la Suède – ainsi qu'auprès de la nonciature apostolique à Berlin. Il s'agissait d'assurer la sauvegarde des biens matériels abandonnés en France.

Ces revers ne devaient pas entamer sa volonté d'action. Il avait, par bonheur, pu emporter de la rue Lhomond le manuscrit de son travail sur *Les Imprimeurs allemands à Paris*. Un éditeur de Fribourg-en-Brisgau le publiera dès 1940. Au demeurant, sa curiosité intellectuelle restait en éveil. Par exemple, il prend des contacts avec des bibliothèques et avec l'université de Halle. Sur le plan pastoral, il aide occasionnellement sa paroisse de Neheim. Mais l'archevêque de Paderborn à qui il a, bien entendu, signalé son retour, l'affecte après trois mois de « vacances » à des fonctions paroissiales intérimaires :

1. E. Kock, *L'Abbé Franz Stock*, [Tournai, 1968], p. 88.

le 22 novembre 1939 à Dortmund-Bodelschwingh (on se rappelle qu'il avait déjà été vicaire de 1932 à 1934 dans la banlieue industrielle de Dortmund-Eving), le 12 janvier 1940, à Klein-Wanzleben près de Magdebourg et le 20 mai suivant à Pömbsen.

Entre la lumineuse métropole de l'Occident et les champs de betteraves de Klein-Wanzleben où il resta plus de quatre mois, la différence était éprouvante. Franz Stock ressentit cette affectation comme une parenthèse morose. « ~~Loin~~ du bruit de la grande ville et de son agitation », ainsi qu'il l'écrit à Schneider le 24 février 1940, sa situation aurait été propice au travail intellectuel, si les livres ne lui avaient fait défaut. À Paris, en revanche, c'était le temps qui lui avait manqué. Pour la première fois nous le découvrons un peu déprimé. C'est que l'expérience parisienne lui avait paru décisive. Elle s'était déroulée dans le droit fil de sa vocation de lanceur de ponts. L'appel perçu à Bierville ne s'était pas tu en lui, au contraire : la guerre rendait plus impératif qu'il se dépensât à des tâches de rapprochement. Rien d'étonnant donc à ce qu'il demandât dès 1939 de pouvoir exercer son ministère auprès des prisonniers de guerre français. Mais le petit nombre de ceux-ci ne justifiait pas encore la création d'une telle fonction. « Les hommes qui sont appelés [au ministère sacerdotal] n'appartiennent plus à eux-mêmes », lui avait rappelé, citant Claudel, un de ses anciens professeurs de Paderborn[1].

Au lieu de cela, l'archevêque de Cologne – c'est lui qui, au nom de l'épiscopat allemand, était responsable de la pastorale des Allemands à l'étranger – envisagea de le nommer responsable de la communauté allemande d'une des villes du Sud-Est européen. Mais la paroisse allemande d'Amsterdam réclamait un nouvel aumônier. Stock y fut nommé en mars 1940 ; cependant, il ne put jamais s'y rendre, l'invasion nazie de la Hollande en mai 1940 remettait en effet tout en question. La débâcle française devait renverser à nouveau la situation : Stock retrouva sa fonction de pasteur des Allemands de Paris. Selon les archives diocésaines de Paderborn, sa désignation date du 13 août 1940. Sa jeune sœur Resi affirme qu'il rejoignit dès ce même mois la capitale française. Il l'avait quittée un an plus tôt. Contrairement à ce qui est souvent affirmé, ce retour à Paris eut donc lieu dès l'été, comme le confirment la lettre du 16 décembre 1940 de Stock à Vorgrimler (Caritas-Fribourg) ainsi que le témoignage de Höfler dans la notice nécrologique qu'il écrivit en 1948, peu de temps après le décès de Stock.

En attendant qu'aboutissent les négociations avec le propriétaire des maisons de la rue Lhomond, il dut séjourner quelques mois à l'hôtel « Palais d'Orsay ».

---

1. *Ibidem*, p. 90.

D'emblée, il reprend possession de sa paroisse et croit retrouver le Paris qu'il avait connu. En tant qu'humaniste et historien, il renoue avec ses habitudes de visiteur assidu de la Bibliothèque Nationale et du Louvre. Mais plus rien n'est comme avant.

Un nouveau contexte : la France humiliée

Paris après juin 1940 était la capitale humiliée et meurtrie d'un pays en état de choc. Que la Belgique, une nouvelle fois, fût envahie, l'histoire y consentait mais que l'orgueilleuse capitale de la France, inviolée malgré le « nach Paris » de la Première Guerre mondiale, dût courber l'échine, voilà qui était inouï et insupportable. C'était la manifestation suprême d'une accablante défaite. Il en résulta chez beaucoup un sentiment d'anéantissement, une sorte de torpeur.

En 1914, l'État-Major allemand avait envisagé d'obtenir en six semaines une victoire décisive sur la France. Il retournerait ensuite ses troupes contre la Russie. On sait ce qu'il en advint. En fait, ce qu'on a appelé « Le Grand Plan de Schlieffen » ne se réaliserait paradoxalement, du moins en partie, qu'un quart de siècle plus tard, mais il le serait en moins de temps encore que le haut-commandement allemand ne l'avait escompté lors de la Première Guerre mondiale.

Comment l'armée française fut-elle alors mise hors de combat en trente-neuf jours ? Les soldats de 1940 n'étaient-ils pas les fils des vainqueurs de Verdun et de la Marne ? L'armée française, manifestement, n'était pas prête à affronter les divisions blindées allemandes, plus nombreuses, plus motivées et surtout mieux équipées. Faute d'avoir prévu les retombées stratégiques des progrès de la technologie, elle n'avait pas suffisamment développé l'usage intensif de l'aviation et des chars d'assaut.

Mais ce défaut d'adaptation n'était que l'expression visible d'une profonde lassitude. À la volonté allemande de restaurer sa puissance, à son dynamisme démographique, la France exsangue et la Grande-Bretagne axée encore sur son Empire n'avaient pas opposé de réplique commune. À une écrasante majorité, les Sarrois, par le plébiscite du 13 janvier 1935, avaient réintégré la patrie allemande. Certes, l'éventualité de ce retour dans le giron du IIIe Reich restait conforme aux clauses du Traité de Versailles, mais ce retour était le résultat d'un vaste mouvement d'opinion que mobilisait le redressement en cours. Les Allemands, en effet, jugeaient intolérable ce traité qui étouffait littéralement le pays sous des contraintes surtout financières.

Le Traité de Versailles a été victorieusement battu en brèche par les gouvernants allemands. Dès juillet 1932, la France renonçait aux « réparations » dues par l'Allemagne (accords de Lausanne). Hitler, chef du Reich depuis 1933, accélère le démantèlement du Traité de Versailles : le réarmement, déjà clandestinement amorcé, est rendu public en 1935 ; les troupes allemandes réoccupent dès le 7 mars 1936 la Rhénanie qui avait été démilitarisée : les gouvernements occidentaux se contentent de protester…

Le 13 mars 1938, sans coup férir, l'Allemagne annexe l'Autriche. Le 30 septembre, après une sommation qui ne tolérait qu'un délai de huit jours, elle arrache à la Tchécoslovaquie le territoire des Sudètes. Que la France se soit engagée en 1925 à garantir les frontières de la Tchécoslovaquie n'empêche nullement Édouard Daladier président du Conseil, de signer, avec son collègue anglais Neville Chamberlain, les accords de Munich avalisant, en la freinant à peine, la conquête de territoires que l'Allemagne nazie estime devoir lui revenir de plein droit. Les dirigeants français et anglais conscients de l'impréparation de leur pays à engager un conflit armé s'estiment contraints de transiger. Le Traité de Versailles a définitivement vécu. Ainsi constitué, le Grand Reich compte maintenant 80 millions d'habitants et a englouti des zones industrielles qui viennent à point nommé renforcer la production métallurgique si décisive pour l'armement.

Sûr désormais de son impunité, le gouvernement allemand exécute, le 15 mars 1939, le « coup de Prague » et décide d'instaurer un « protectorat allemand » sur la Bohême et la Moravie. Reste à Hitler de régler à sa convenance le litige germano-polonais. Il revendique la restitution de la ville libre de Dantzig ainsi que la construction à travers le corridor polonais de routes et de voies ferrées qui relieraient la Prusse orientale à l'Allemagne et jouiraient d'un statut d'extraterritorialité. La Pologne ne peut consentir à ces revendications. De son côté, l'URSS trop heureuse de l'occasion qui lui est offerte de récupérer les territoires perdus en 1918 et d'empêcher le Reich allemand d'occuper toute la Pologne, signe avec l'Allemagne nazie un protocole secret qui sera rendu public le 23 août ; ce document précisait la manière dont les États baltes, la Pologne et la Roumanie allaient être dépecés et partagés entre les deux pays. Face à la détermination nazie, pendant la décennie 1930-1940, la Société des Nations à Genève avait vainement élaboré vingt-sept plans de désarmement, tandis que la France connaissait successivement vingt-quatre crises gouvernementales…

À l'aube du 1er septembre, les troupes allemandes envahissent la Pologne. Cette fois, c'en est trop. La France et la Grande-Bretagne n'accepteront plus un « second Munich ». Elles déclarent la guerre à l'Allemagne le 3 septembre. Dans l'immédiat, la Grande-Bretagne ne serait d'aucun secours à la Pologne. Celle-ci pouvait du moins espérer que, conformément à un accord resté officieux, la France créerait la diversion en lançant dès le quinzième jour du conflit, 35 ou 38 divisions contre le glacis allemand. En fait, c'est l'inverse qui survint. Alors que les armées française et allemande restaient sur leurs positions de part et d'autre de leur frontière commune, ce sont les troupes soviétiques qui, le 17 septembre, prirent à revers les débris de la valeureuse armée polonaise, très inférieure en nombre et en équipement par rapport aux deux colosses qui l'avaient prise en tenaille. Restée militairement passive devant le drame polonais, consommé en vingt-sept jours, la France n'a pas réussi à ressouder l'« union sacrée » qui avait mobilisé les citoyens en 1914. Depuis que l'Union soviétique a conclu un pacte avec l'Allemagne pour se partager la Pologne martyre, les communistes français, qui représentent plus d'un septième de l'électorat, affichent leur indifférence ou même leur hostilité à l'égard du conflit engagé contre l'Allemagne. À droite, une fraction de l'électorat ne cache pas ses sympathies envers le fascisme. Entre ces deux tendances extrêmes qui ont en commun leur peu d'enthousiasme pour soutenir leur pays entré en guerre, des hommes politiques de diverses tendances expriment leurs réticences à déclencher l'offensive. Ils reflètent les sentiments d'une partie importante de l'opinion publique.

Plus profondément, la France n'a pas recouvré son dynamisme. Cet esprit de démission, aggravé par la stagnation des opérations militaires, se manifeste de multiples façons. Un certain désœuvrement couve au sein des unités qui eussent dû être soumises à un entraînement intensif. Ne vit-on pas, pendant la « drôle de guerre », des officiers de réserve manigancer pour obtenir leur affectation à des services de l'arrière, sans que l'opinion publique s'en émeuve ?

Dans ce contexte général, l'offensive du 10 mai 1940, qui déferla sur les Pays-Bas, la Belgique, le Luxembourg et le nord de la France emporta comme fétus de paille les obstacles rencontrés. L'occupation de Paris dès le 14 juin ne fut qu'un épisode de la débâcle. Mais restait l'Angleterre. Ferait-elle le poids devant l'ouragan déchaîné par les armées du IIIe Reich ? Le nombre de ses divisions et de ses chars était encore bien dérisoire devant la toute-puissante Wehrmacht. Le 26 mai, l'Italie fasciste avait poignardé sans gloire une France déjà vacillante. L'Espagne nationaliste, quant à elle, avait contracté envers les pays de l'Axe Rome-Berlin venus à sa rescousse au cours de la guerre civile, une dette de reconnaissance qui compromettait sa neutralité. Ne restaient donc en présence que l'Allemagne au faîte de sa puissance et l'Angleterre terriblement seule. Hitler allait-il réaliser son rêve de partager avec la Grande-Bretagne l'hégémonie mondiale ? Heureusement, l'attitude de Churchill ne laissera subsister aucun doute à cet égard : son pays continuera à se battre. La Grande-Bretagne pourra miser sur son aviation de chasse et surtout sur sa flotte, encore la première du monde. Mais qui, parmi les esprits éclairés et bien informés, pouvait estimer qu'elle résisterait longtemps ?

Dans la lutte engagée, le maréchal Pétain croit à la réussite de l'offensive que les Allemands – jusqu'au 17 septembre – envisagent de lancer contre l'Angleterre. En revanche, le jour même où Churchill proclame devant la Chambre des Communes sa volonté inébranlable de poursuivre le combat, un général français, Sous-Secrétaire d'État à la Guerre, du Cabinet Paul Reynaud, peu connu encore, lance le fameux appel du 18 juin. La veille, le gouvernement français avait signé l'armistice. Le général De Gaulle presse les Français de le refuser et de ne pas accepter l'asservissement. La voix qui venait de Londres fut comme un éclair dans la nuit. Elle était, coulée dans la force du verbe, la fière et indomptable expression d'une sorte de rage, qui survivait diffuse dans les cœurs. C'était, suprêmement, « un acte d'intelligence » (Frossard) et un acte de visionnaire. Le Mouvement de la France Libre était lancé. La France est « remise dans la guerre ». Pour celui qui lui rendit la voix, ce fut, d'emblée, l'entrée dans l'histoire, bien qu'au début il fût resté assez isolé et, aux yeux de certains, un simple mercenaire des Anglais.

À vrai dire, le discours du Général fut peu entendu en France. Seuls quelques journaux du Sud de la France, tels *Le Progrès de Lyon* et *Le Petit Provençal*, y firent écho. À Londres, De Gaulle travaille encore sur une table de cuisine. Il faudra attendre la bataille de Bir-Hakeim en 1942 pour que l'opinion mondiale prenne vraiment au sérieux la France Libre. Mais entre-temps, il fallait continuer à vivre. Un certain réalisme portait à considérer la défaite comme un fait inéluctable et, dès lors, à composer sans atermoiement avec le vainqueur pour ménager au pays une place honorable dans le nouvel ordre européen remodelé par la victoire probable de l'Allemagne.

C'était la position du maréchal Pétain. Jugeant que l'Angleterre, dont le potentiel militaire, pourtant, était loin d'être entièrement mobilisé, ne pourrait résister à la puissance allemande, il prônait une politique de collaboration. Les responsables politiques des pays vaincus étaient nombreux à partager le pronostic du maréchal Pétain, même s'ils ne faisaient pas étalage de leurs prévisions. Toujours est-il que Pétain, encore auréolé de la gloire de Verdun, était nanti de l'autorité de chef de l'État. À cela s'ajoutait l'attrait que pouvait exercer sa politique intérieure : la *Révolution Nationale* annoncée dès le 13 août 1940.

Elle tendait à créer un nouvel ordre moral axé sur le rejet de l'égoïsme individuel et de l'esprit de jouissance, l'exaltation des vertus traditionnelles et des valeurs de Travail, Famille, Patrie, la création des chantiers de Jeunesse, la promulgation honteuse du statut des Juifs. Hormis ce dernier point, cet idéal moral n'était pas pour déplaire à l'épiscopat français et à une part importante de l'opinion publique. « Une reconstruction en profondeur paraît indispensable après la défaite dont on rend responsable l'ancien régime, la Troisième République[1]. »

Une paroisse autre

C'est dans ce contexte général que l'abbé Stock retrouva un Paris qui ne se remettait pas de l'humiliation subie. Déjà, il est vrai, des petits noyaux de résistance à l'envahisseur étaient en voie de formation. Évidemment, on n'en percevait pas l'existence dans la vie quotidienne, simplement plus morne qu'à l'ordinaire. Quelle était dans tout cela la position de Stock ? Il semble qu'il eut rapidement le sentiment que la victoire militaire allemande n'était pas définitivement acquise. Il ne se laissa jamais griser par les foudroyants succès remportés. Dans la notice nécrologique qu'il écrivit en 1948, Höfler exprima son admiration pour la lucidité de Stock qui, dès l'automne de 1940, prévoyait « qu'un jour les étendards à croix gammée flottant sur l'Arc de Triomphe de l'Étoile et au quai d'Orsay seraient retirés ». Quoi qu'il en soit, il restera avant tout prêtre. La haine n'habitera pas son cœur : s'il aime son pays natal, il conserve intacte l'amitié qui le lie à de nombreux Français et il se gardera soigneusement de toute attitude blessante[2].

La texture du tissu paroissial est bien différente de ce qu'elle était en 1939. La colonie allemande d'avant la guerre a virtuellement disparu. Les ouailles actuelles sont les militaires de la Wehrmacht et les services auxiliaires de l'armée. Le pasteur peut distinguer, grosso modo, deux sortes de paroissiens : les soldats qui passent à Paris le temps d'une permission et les employés qui travaillent au sein des services administratifs de l'armée ; il faut y ajouter le personnel diplomatique ; en effet, l'Allemagne entretient à Paris une ambassade, qui la représente auprès de l'État français présidé par le maréchal Pétain. Franz Stock connaît bien l'ambassadeur Otto Abetz qui

---

1. G. CHOLVY et I.-M. HILAIRE, *Histoire religieuse de la France contemporaine,* t. III *(1930-1988),* Toulouse, 1988, p. 74.

2. À son retour à Paris en août 1940, on l'a vu, Stock ne put réintégrer immédiatement la rue Lhomond. Pendant son absence d'une année entière, du mobilier avait disparu. En outre, des réparations étaient à effectuer à la maison du 23. Bientôt, il put occuper la maison pendant le jour, mais il passait les nuits à l'hôtel Palais d'Orsay ; il en fut de même, lorsqu'elles le rejoignirent en octobre, pour sa sœur Franziska et Mlle Berlinghof. Ensuite, son courrier transita encore un temps par l'hôtel Palais d'Orsay parce qu'un service allemand y avait été établi. Dans une lettre du 4 décembre 1940 à Caritas-Fribourg, Stock signale que le foyer pour jeunes filles est désormais sans affectation. Il souhaiterait pouvoir disposer d'un niveau pour son usage personnel et réserver le reste aux hôtes et aux visiteurs.

lui manifestera toujours une certaine bienveillance et l'invitera régulièrement aux réceptions de l'ambassade[1].

Tout, dans la personnalité de Stock – sa foi, sa raison, son cœur – le conduit à porter sur les événements un nouveau regard et à « consacrer toutes ses forces à ce qui unit », selon l'exhortation contenue dans une lettre que lui avait envoyée l'écrivain Reinhold Schneider[2].

Dès son arrivée à Paris, Franz Stock reprend donc sa fonction de Recteur de la Mission allemande. Il s'agit d'abord d'assurer les offices en semaine et le dimanche dans la chapelle (*Heimkapelle*) de la rue Lhomond. Mais ce lieu de culte ne peut guère accueillir que quatre-vingts ou quatre-vingt-dix personnes. Il faut donc disposer d'un plus grand local.

Au début, célèbre-t-il encore la messe dominicale à l'église Saint-Ignace comme avant la guerre ? Il ne semble pas. En revanche, il est certain que dès son retour à Paris, le Recteur entreprend des démarches pour disposer de Saint-Joseph-des-Allemands, église enlevée à ses compatriotes en 1919[3].

Le *Journal* que tint Stock depuis 1942 nous signale qu'il célébrait habituellement la messe rue Lhomond et, souvent, une seconde fois à l'hôpital de La Pitié. Ce n'est que depuis 1942, selon la même source, qu'il put enfin disposer de l'église Saint-Joseph. Aux grandes fêtes, il allait parfois à la Madeleine. C'est là qu'il célébra, à Pâques 1942, le dixième anniversaire de son ordination presbytérale avec la participation d'une chorale récemment fondée à laquelle s'étaient joints des soldats allemands. Il lui arrivait aussi de remplacer un aumônier militaire à Saint-Germain-en-Laye. Depuis le 16 juillet 1944, quand le front se rapprocha de Paris, il dit la messe dans la crypte de N.-D. des Champs, eu égard, sans doute, au danger de bombardement.

Si cela arrive, le Recteur donne lecture des lettres pastorales de l'aumônier général de l'armée. Mais comme précédemment, il puise ses thèmes de prédication dans les textes liturgiques, étant entendu que l'anthropologie religieuse reste par ailleurs une source constante d'inspiration : l'interrogation de l'homme sur l'existence de Dieu, l'univers révélation de Dieu, la dimension

1. Dans les années 1920, Abetz avait participé à des échanges culturels franco-allemands, notamment ceux qu'avait organisés Romain Rolland.

2. Lettre du 24 février 1940 citée par E. KOCK, *L'Abbé Franz Stock,* [Tournai, 1968], p. 96-97.

3. Dans sa lettre du 27 novembre 1940 adressée à Heinrich Höfler de Caritas à Fribourg, Stock se félicite qu'un membre de cet organisme a entamé une procédure à cette fin. « Nous espérons, écrit-il, que l'injustice, qui dure depuis longtemps, sera réparée et que nous récupérerons enfin notre propre église. » À un autre membre de Caritas, il écrit le 10 mars 1941 qu'il est allé voir cet édifice en compagnie d'un inspecteur de police allemand : « Une splendide église, intégralement allemande comme l'attestent les rangées de bancs, grande, spacieuse. Il faut tout faire pour la récupérer. » Le cardinal de Cologne devra aussi s'y employer.

religieuse de l'être humain, l'homme à la recherche de Dieu, le besoin de salut, l'homme réplique de Dieu, l'Église sainte et apostolique, la personnalité du Christ chez Marc et Luc, l'angoisse du Christ devant la mort, Royaume de Dieu et intériorité, la prière, Marie, saint Michel, les saints Pierre et Paul, la Providence, persévérer... Le dernier sujet de prédication mentionné dans le *Journal* est le Sermon sur la Montagne. Le Recteur reprend aussi le cours de religion à l'école allemande rue de Passy.

Comme avant le conflit, Franz Stock fait des conférences, parfois accompagnées de projections, après l'office dominical du soir ou la réunion de prière du jeudi, dans la salle de la rue Lhomond. Il choisit ses sujets tantôt dans le monde des poètes comme Dante, Rainer Maria Rilke[1], Walter Flex, Reinhard Sorge, tantôt dans le domaine des arts comme les églises de Paris, l'image du Christ, le peintre Van Gogh, tantôt dans l'histoire : les pèlerinages allemands au Mont Saint-Michel ou encore les étudiants et les savants allemands à l'université de Paris au Moyen Âge. Parfois il traite de sujets plus généraux tels que la famille chrétienne ou la liturgie.

Selon le témoignage d'Irmgard Sarstadt, il ralliait autour de lui tous ceux dont le service était à Paris : des militaires de tous grades, des infirmières, des auxiliaires du service de renseignements, des civils. Les réunions avaient lieu le jeudi soir : elles consistaient en conférences, soirées de chant, heures joyeuses ou graves. On célébrait parfois l'Eucharistie[2]. « La force rayonnante qui émanait de l'abbé Stock, écrit Odilia Muehlenhemps devenue plus tard bénédictine, me faisait surmonter la peur de traverser le quartier peu sûr proche du Panthéon pour me rendre rue Lhomond. Et cependant, la brillante vie parisienne me plaisait bien davantage que la réflexion ou les profonds entretiens sur des sujets religieux[3]. »

À l'instar des visites guidées organisées par les Monuments historiques, il promène ses auditeurs dans le Quartier latin ou dans le centre historique de la Cité. Le dimanche, il propose aux soldats une activité qui était déjà appréciée par les jeunes paroissiens avant la guerre, à savoir des excursions dans les lieux d'Île-de-France où l'histoire et la nature attirent les visiteurs : Saint-Germain-en-Laye, Saint-Denis, Loisy, Meaux, Saint-Rémy-lès-Chevreuse et Port-Royal, Auvers et la tombe de Van Gogh, Chantilly, Versailles, Enghien et Montmorency... On y chante accompagné de guitare. C'était une nouvelle résurgence des mouvements de jeunesse qui avaient dilaté son adolescence. Qu'il

1. Stock prend parfois ses distances à l'égard de Rilke qui, selon lui, se perdait dans l'esthétisme et le naturalisme (Voir R. DREVET, Lettre du 7 février 1993 à l'auteur).
2. Irmgard SARSTADT, article dans *Neue Bildpost* (date inconnue, après 1978).
3. Sœur Odilia MUEHLENHEMPS, Lettre du 16 mars 1992 à l'auteur.

s'agisse de joyeuses escapades dans les sites enchanteurs de la région parisienne ou de soirées passées dans la discrète oasis de la rue Lhomond, les soldats, tenus à l'écart de leur famille, retrouvaient grâce à l'abbé Stock une ambiance revigorante et bénéficiaient de son rayonnement spirituel et culturel.

Mais c'était la guerre. Inexorablement. Le locataire de la rue Lhomond n'échapperait pas à sa cruelle emprise. Il allait se trouver confronté à un problème aussi nouveau que douloureux : la résistance clandestine française à l'occupant et l'interminable série des condamnations à mort. Comment cet homme, éduqué dans la discipline germanique, allait-il réagir lors de la rencontre qu'il allait faire de gens qui avaient combattu sa patrie, parfois en violant les lois de la guerre ?

Les débuts de la Résistance

En face des « réalistes » qui croyaient préserver un avenir à la France dans une Europe dominée par l'écrasante supériorité militaire de l'Allemagne, d'autres répugnaient à juger irréversible la victoire nazie. « Que je hais ce caractère définitif que les écrivains français de 1941 veulent donner aux événements de 1940. Il y a eu défaite militaire due à une supériorité d'organisation et d'armement, à une supériorité de talent militaire. Mais c'est tout. 1940 n'est qu'un épisode, non une fin[1]. » Ces lignes du commandant Honoré d'Estienne d'Orves expriment fort bien ce que nombre de Français, de Belges et de Hollandais ressentaient. C'est bien pour cette raison que l'appel du 18 juin lancé par le général De Gaulle devint sur-le-champ le point de cristallisation de certains sursauts de révolte. La « bataille de France », déclara De Gaulle ne fixe pas définitivement l'issue de la guerre. L'Allemagne l'a emporté grâce à sa tactique dans l'usage de la force mécanique et grâce à son aviation. La France et ses alliés l'emporteront en constituant une force mécanique supérieure. Dès le lendemain du 18 juin, des affiches sur les murs de Londres clamaient à la face du monde : « La France a perdu une bataille, mais elle n'a pas perdu la guerre. »

Parmi les hommes qu'un fier et infaillible instinct faisait honnir l'esprit de résignation, se trouvait Edmond Michelet. À ses yeux, la guerre apparemment perdue, n'était qu'un épisode tragique. Une des toutes premières manifestations – sans doute la première – de ce refus de la défaite exprimé en France lui est imputable. Dans un tract ronéotypé diffusé le 17 juin[2] – la veille de l'appel du général De Gaulle – cet homme, qui avait acquis une certaine

1. Rose et Ph. HONORÉ D'ESTIENNE D'ORVES, *Honoré d'Estienne d'Orves*, Paris [1985], p. 223.
2. Voir *Péguy contre Pétain*, de Jean Bastaire, Salvator, Paris, 2000.

notoriété en Corrèze et surtout à Brive où il résidait, en appelait à poursuivre la lutte. C'était un non absolu, une prise de position intuitive plus que raisonnée. Pour l'exprimer, Michelet avait utilisé les mots de Charles Péguy : « En temps de guerre, celui qui ne se rend pas est mon homme quel qu'il soit, d'où qu'il vienne et quel que soit son parti. » Et encore : « Demander la victoire et n'avoir pas envie de se battre, je trouve que c'est mal élevé. » Et plus loin : « Il ne fait aucun doute que la France a deux vocations dans le monde et que si elle semble parfois fatiguée au temporel et même au spirituel et diminuée et quelquefois pauvre de force c'est qu'elle a à pourvoir à deux tâches et à deux fidélités, à sa vocation de chrétienté et à sa vocation de liberté[1]. » C'était un cri, une profession de foi. Une poignée d'amis de Michelet avaient approuvé cette initiative. Parmi ceux-ci, quelques communistes qui réprouvaient l'accord germano-soviétique et n'avaient pas attendu l'invasion de l'URSS en juin 1941 pour lutter sans réticence contre le nazisme.

Le mois suivant, un second tract de Michelet était plus explicite et dénonçait la perversité radicale du nazisme. À aucun prix, on ne pactise avec une doctrine ou un système qui ne respecte pas les valeurs humaines et menace les fondements de notre civilisation.

Au fil des mois, cette attitude de refus se muera progressivement en résistance active. Germes issus du même terreau, spontanément et en maints endroits et dans les milieux les plus divers, les formes de résistance se multiplieront, inspirées par les besoins et les circonstances. Au cours du même mois de juillet, Honoré d'Estienne d'Orves, officier de marine, signe à Aden, sous un pseudonyme, un communiqué de presse. Avec lui, sept officiers et une cinquantaine de marins de l'escadre française d'Alexandrie ont répondu à l'appel du général De Gaulle. Ils quittent Aden pour rejoindre en Angleterre les forces de la France Libre. « Les hommes sont décidés à combattre et à mourir s'il le faut pour libérer le France du joug hitlérien[2]. » Plus tard, condamné à mort, le commandant d'Estienne d'Orves écrira à ses enfants : « Notre patrie, grande par son histoire, par son rayonnement à l'étranger, doit rester une nation de premier ordre, ne doit pas se laisser mutiler. Voilà ce que ma conscience m'a dit. Je crois que dans des circonstances semblables, *où tout n'était pas perdu,* nos ancêtres eussent fait de même… J'ai senti que là était mon devoir vis-à-vis de ma famille[3]. » Ses enfants, en effet auraient pu lui dire un jour : « Vous pouviez continuer à vous battre pour la France, pourquoi ne l'avez-vous pas fait[4] ? »

---

1. C. PÉGUY, *L'Argent suite.*
2. Rose et Ph. HONORÉ D'ESTIENNE D'ORVES, *Honoré d'Estienne d'Orves,* Paris [1985], p. 68.
3. *Ibid.*, p. 167.
4. *Ibid.*

L'abbé Stock rencontrera Michelet et d'Estienne d'Orves dans les geôles parisiennes. Il aura même avec eux – on le verra plus loin – des relations privilégiées qui le marqueront en profondeur.

Un embryon d'armée se forme en Angleterre. Il faut se rappeler que les débuts sont très modestes. De juin à décembre 1940, les adhésions aux Forces Françaises Libres ne se comptent que par centaines tandis qu'au contraire des milliers de marins et d'hommes de troupe français exigent d'être ramenés d'Angleterre en France. Le 14 juillet, les combattants de la France Libre passés en revue par De Gaulle dans le quartier de *Victoria Station* ne seront qu'environ sept cents. À cette époque, le professeur René Cassin travaille d'arrache-pied au fondement juridique du mouvement lancé par De Gaulle qui a la prétention de traiter d'égal à égal avec le Premier ministre Churchill.

Conjointement, il apparaît qu'un service de renseignements actif en France même sera d'une utilité évidente. En septembre 1940 déjà, des antennes sont mises en place sur le continent : il s'agit en particulier d'épier les préparatifs d'un éventuel débarquement allemand sur les côtes britanniques.

Au demeurant, les couches profondes de la population vivent dans une sorte d'hébétude, tiraillées entre des sentiments divers : d'une part, confiance envers le maréchal Pétain ; mais d'autre part, sourde animosité, voire haine et mépris irréductible à l'égard de l'ennemi héréditaire dont les troupes foulent le sol français de leurs pas martelés, secrète fierté et intime complicité avec la voix venue de Londres qui empêche que s'éteigne la petite flamme de l'espérance.

Le premier anniversaire de l'armistice du 11 novembre ne fut pas seulement marqué par la nostalgie des prestigieux défilés sur les Champs-Élysées. L'espièglerie et la fronde des étudiants imagineront un malicieux ersatz de ces cérémonies sur le lieu même où, aux grands jours de son histoire, le peuple de Paris vient presque d'instinct manifester ses sentiments. Mimant les soldats, des étudiants portant une gaule sur l'épaule, descendent la Voie triomphale. De temps en temps, ils brandissent leur bâton en criant : « Vive De... » Sur les trottoirs, la foule comprend aussitôt. Aux Allemands, il fallut un certain temps pour décrypter le sens de cette mascarade. Leurs connaissances lexicologiques les rendaient bien excusables. Toujours est-il que pour quatre-vingt-neuf jeunes plaisantins, la frasque se termina derrière les barreaux.

Il semble que l'abbé Stock saisit l'occasion d'un entretien qu'il eut le 13 novembre avec Otto Abetz, ambassadeur du Reich à Paris, pour plaider la cause de ces étudiants. Telle est du moins l'hypothèse souvent formulée, mais ainsi qu'on va le voir, Stock était déjà introduit alors dans l'univers carcéral.

5. La pastorale des prisons

Chose surprenante, alors que la réputation de Stock provient surtout de son ministère dans les prisons, il se fait qu'on ne sait avec certitude *comment* il en fut chargé.

Dans une lettre du 27 novembre 1940 envoyée à Heinrich Höfler, un des responsables de Caritas à Fribourg-en-Brisgau, Stock fournit des précisions importantes et sans doute décisives : « Comme je vous l'ai déjà communiqué, j'ai reçu la mission de m'occuper d'une grande prison à Fresnes. *À cela s'ajoute depuis deux semaines* la responsabilité de la grande prison de l'armée allemande de Paris où se trouvent toutes sortes de détenus français. Ma connaissance de la langue française me vient là bien à point et je puis dire que ce nouveau secteur d'activité m'apporte une fameuse expérience de vie. Pour le reste, l'aumônier général ne s'est pas démené... » *Qui* lui a conféré cette double mission ? Stock ne nous le révèle pas, mais sa dernière phrase – qui n'est pas dépourvue de malice – nous met sur la voie. Elle donne à penser, ce qui d'ailleurs est bien normal, que c'est l'aumônier général Gemeiner – il quittera Paris quelques jours plus tard – qui avait *demandé* (il ne pouvait lui imposer, Stock dépendant non de la Wehrmacht, mais de l'archevêque de Cologne) de s'occuper de la prison de Fresnes et, très peu de temps après, de la prison parisienne de la Wehrmacht (probablement le Cherche-Midi plutôt que la Santé). La lettre de Stock nous apprend donc que cette seconde mission lui fut confiée *vers* le 13 novembre et qu'il fut donc chargé de la première à une date antérieure.

Faut-il dire, comme l'affirma le Père Riquet le 27 octobre 1951 au cimetière de Thiais, que c'est « de sa propre initiative [que] Stock s'improvisa aumônier » des prisons ? Il est certain, en tout cas, que l'acceptation de cette fonction fut volontaire et qu'il aurait pu la refuser[1].

---

1. La date du 13 novembre suggère un rapprochement entre l'incident des Champs-Élysées survenu le 11 et l'entrevue qu'il obtint peu après avec Otto Abetz, l'ambassadeur d'Allemagne. Toutefois il faut se garder de conclure trop vite. Il est fort probable que l'entretien avec Abetz a concerné la frasque estudiantine du 11 novembre, puisque le Cherche-Midi où les étudiants furent incarcérés dut précisément échoir à Stock un ou deux jours après la manifestation. Quoi de plus plausible si l'on considère que l'aumônier frais émoulu dut souhaiter plaider les circonstances atténuantes et que certains aspects du passé d'Abetz et sa fonction même de diplomate devaient incliner l'ambassadeur à prôner la bienveillance ? Mlle Berlinghof affirme que l'entretien a porté *surtout* sur les problèmes de la Mission allemande. Laissons-lui la responsabilité de cette assertion. Le dosage des

Évidemment, les visites répétées d'un civil dans les prisons risquaient de soulever des objections de la part de la police secrète, la Gestapo. La situation des prisonniers politiques était complexe. La Gestapo intervenait à leur sujet par Wehrmacht interposée. Elle faisait endosser à celle-ci la responsabilité et les apparences d'une justice légale. Elle ne se découvrait pas mais, restant en retrait, elle menait le jeu. Le commandant du Grand-Paris devait pour sa part esquiver le reproche de violer les conventions internationales. À cet effet, il avait confié l'aumônerie des prisons à l'aumônier général des militaires allemands de Paris. Gemeiner, puis Hofer son successeur, estimèrent que Stock les remplacerait très bien dans cette fonction : la Gestapo n'aurait toléré à aucun prix l'intervention d'un prêtre français. Déjà la présence d'un prêtre allemand mais étranger à l'armée faisait problème. Le subterfuge fut de nommer ce prêtre aumônier de place en fonction accessoire.

La décision de principe dut être prise assez vite, mais la nomination requérait notamment un certificat de bonne conduite politique à délivrer par Berlin et donc une enquête préalable. C'est ce dont nous informent les lettres de Stock à Joerger (autre responsable de Fribourg) des 10 mars et 28 avril 1941. Mais on est surpris de lire dans cette dernière missive : « Je ne sais si je vous ai déjà informé que je suis officiellement nommé aumônier des trois

---

sujets abordés est secondaire. En revanche, nous la suivrons quand elle réfute l'affirmation selon laquelle l'ambassadeur aurait à cette occasion autorisé Stock à devenir visiteur des prisons. C'eût été, en effet, une ingérence dans une question relevant de la Wehrmacht. De toute façon, la lettre citée plus haut donne clairement à penser que la mission à Fresnes est antérieure à l'entretien avec Abetz.

A fortiori, nous ne pourrons abonder dans le sens de Mlle Berlinghof quand elle fait commencer le ministère dans les prisons en décembre. Auparavant, précise-t-elle, l'abbé Stock avait bien rendu visite de façon occasionnelle à quelques détenus, mais la permission lui avait été accordée au coup par coup. Le problème se serait posé avec plus d'acuité à l'approche de Noël, période où beaucoup de prisonniers français manifestèrent le désir de recevoir la visite d'un prêtre. Pas question d'introduire dans les prisons des prêtres français, a priori suspects. L'aumônier général Hofer, appelé à succéder à Gemeiner, aurait alors suggéré au commandant militaire de Paris de confier l'aumônerie à Stock qui parlait bien le français. Même si cette présentation des choses par la secrétaire de Stock peut contenir des éléments véridiques, elle ne peut prévaloir contre les affirmations écrites de Stock lui-même. Nous en trouverions confirmation, s'il le fallait, dans une lettre du 6 décembre 1940 de Vorgrimler (de Caritas-Fribourg) à Stock : « J'ai été informé, écrit-il, qu'un champ de travail fécond vous a été transféré. Il importe beaucoup que vous puissiez d'emblée, par ce biais, retrouver votre insertion à Paris. Avec le temps, vous pourrez reprendre aussi votre ancien ministère. » Il est donc bien clair que dès ce moment, les responsables de Caritas, qui sont en quelque sorte les bailleurs de fonds et les tuteurs de la Mission allemande sous la haute direction des évêques, estiment qu'une sorte d'inversion s'est produite dans les tâches du Recteur et que l'aumônerie des prisons est prépondérante, quitte à ce que le ministère auprès des Allemands reprenne progressivement de l'importance.

prisons de la Wehrmacht à Paris [Cherche-Midi, la Santé et Fresnes]. Il ne se passe pas un jour que je ne m'y rende. C'est un travail fructueux quoique parfois déprimant. » Suit l'annonce de l'envoi à Caritas d'un travail – qui n'a pas encore reçu sa forme définitive – sur Axinger, le lointain prédécesseur de Stock à la Mission allemande.

En avril 1941, la nomination d'aumônier des prisons est donc officielle avant que soit effective celle d'aumônier de place en fonction accessoire. Cette dernière, qui prenait effet le 28 mars 1941, ne fut signée par Stock et le commandant du Grand-Paris, représentant le commandant suprême pour la France, que le 10 juin. Les obligations qui en découlent ne concernent que la Wehrmacht (la convention cite les actes administratifs, les offices religieux et la pastorale des hôpitaux). Elle impose une discrétion absolue (*strengste Verschwiegenheit*) concernant toutes les affaires du service. Aucune mention n'est faite des prisons.

Autre surprise. Kock, un des biographes de Stock, signale l'existence d'un document daté du 9 septembre 1941 dans lequel les autorités militaires d'occupation *confirment* Stock et Loevenich (un aumônier militaire) dans leur fonction d'aumônier de prison.

Pourquoi cette double nomination dans les prisons ? Et pourquoi cette nomination d'aumônier de place en fonction accessoire qui ne mentionne pas les prisons ? Tout s'éclaire, pensons-nous, si on admet que la mission donnée à Stock à titre officieux ou provisoire en octobre/novembre 1940 et à titre officiel en avril 1941 fut une décision de l'aumônerie militaire. Certes, cela se faisait avec l'accord des autorités militaires qui s'en seraient bien contentées, n'était la Gestapo. Très vite, on projeta de le nommer aumônier de place, ce qui légitimait sa présence dans les prisons de la Wehrmacht tout en lui garantissant une certaine indemnisation sans pour autant l'astreindre à porter l'uniforme militaire. Certes, le port de l'uniforme aurait pu faciliter son ministère auprès de la troupe. Mais Stock n'hésita pas longtemps à y renoncer. Il sentait trop bien que c'eût été un geste de rupture avec les prêtres français et, de surcroît, un obstacle supplémentaire dans ses contacts avec les détenus. Entrant dans le système derrière lequel se dissimulait la Gestapo, il éludait ses préventions tout en contrecarrant, on le verra, certains de ses procédés inhumains. En septembre 1941, les autorités militaires estimèrent prudent de confirmer explicitement le mandat de Stock dans les prisons. C'était une sorte d'avenant à la nomination du 10 juin 1941.

Mon interprétation comporte une part d'hypothèse, mais elle fait droit aux écrits de Stock et aux documents officiels émanant de la Wehrmacht. L'aumônier des prisons considérait parfois avec une gravité facétieuse sa situation si difficile à circonscrire. Jouant à la fois sur les mots et sur les initiales de sa fonction, il se disait aumônier *im Nebel* (dans le brouillard) au lieu de *im Nebenamt* (en fonction accessoire). Aumônier entre deux fronts (les Allemands et la Résistance), il devait l'être même pour ses propres compatriotes (les officiers supérieurs de la Wehrmacht et la Gestapo entre lesquels les relations furent souvent tendues).

Un des tout premiers prisonniers à recevoir la visite de l'abbé Stock fut un Breton, Jacques Bonsergent, un ingénieur de vingt-huit ans, condamné à mort pour une vétille qui, de surcroît, ne lui était même pas imputable. Au point de départ, une bousculade à laquelle le jeune ingénieur avait été étranger, mais dont il assuma la responsabilité pour mettre hors cause le jeune foyer ami qui l'accompagnait et était directement impliqué. L'altercation dégénéra en échange de coups. Le jeune couple put s'esquiver, mais Jacques Bonsergent fut arrêté. Voulant faire un exemple, le tribunal militaire le condamna à mort. Bonsergent fit une dernière confession à l'abbé Stock et communia à sa messe qu'il servit. Le 23 décembre 1940, Stock l'accompagna jusqu'au lieu de l'exécution au bois de Vincennes. Il en fut bouleversé. C'était la première exécution dont il fut témoin. Le départ était donné d'un long chemin de croix.

L'univers carcéral

L'incarcération est sans doute aussi ancienne que l'humanité. Emprisonner son adversaire, c'est l'empêcher de se déplacer et d'agir à sa guise, tout en lui conservant la vie et, en principe, l'intégrité physique et intellectuelle. Mais précisément, les libres allées et venues, la libre communication avec autrui, les échanges affectifs, la dilatation de l'être au contact de la nature, la vie selon les habitudes les plus quotidiennes, l'insertion sociale par l'exercice d'un métier sont à ce point constitutives de la vie des hommes que la brusque interruption de cet ensemble de comportements les perturbe profondément.

Le prisonnier est arraché à son univers, condamné à l'inaction, livré à l'arbitraire d'un pouvoir hostile, confronté soit à la solitude, soit à la promiscuité, miné par l'incertitude concernant son propre sort, celui de ses comparses et celui de sa famille ; il doit déjouer des questions perfides, subir des interrogatoires interminables, éventuellement la torture physique et la non moins redoutable torture morale, celle en particulier qu'on lui inflige par un odieux chantage concernant les représailles exercées à l'encontre du conjoint, des enfants.

Même l'usage des sens est bouleversé. En prison, la vue, qui ne peut plus porter loin, sert surtout à la lecture et par là relie au monde de la pensée. L'ouïe, elle, devient souveraine. Elle est la meilleure antenne, prête à capter le moindre signe des voisins ou à interpréter les agissements du gardien. Le détenu est tout ouïe.

Toujours est-il que le prisonnier, dépouillé de tout ce qui ordinairement lui conférait une certaine contenance, sans fonction désormais, n'a plus d'autre rôle à jouer que le redoutable métier d'homme. Sa situation insolite devient ainsi un moment de plus grande vérité. Avant l'incarcération, il pouvait arriver que les forces vives de la personne s'étiolent au rythme endiablé de la vie quotidienne. Sollicitée par mille objectifs, l'attention se dispersait ou s'égarait dans des chemins de traverse et l'homme en venait parfois à vivre par cœur ou hors de soi-même. Spolié de tout, d'espace et de contacts humains, d'activité et de certitude, le prisonnier est ramené, tel un pèlerin, sur l'exigeant chemin d'humanité. Le dénuement peut libérer une énergie capable de découvrir des zones inexplorées de la condition humaine ; il peut unifier le cœur et laisser ainsi le présent renouer avec les racines de l'enfance ; il peut donner au regard l'acuité qui révèle ce qui était jusque-là invisible. Combien de prisonniers ont retrouvé dans la solitude de leur cellule la présence de l'Éternel et le réconfort de la prière ? « Quand la vie est amère et pesante, c'est alors le temps de méditer[1]. » « Une barrière immense s'est dressée entre hier et aujourd'hui. Alors recours à Dieu, à ce Dieu auquel hier je pensais si peu. Je me jette en Lui, je Lui demande son aide, je Lui confie tout[2]. »

R.P. qui allait être fusillé écrit dans la prison de Fresnes :

> « Seigneur Dieu, rendez-moi les nuits de mon enfance,
> Les nuits où je rêvais après avoir prié. [...]
> Et déjà je suis vieux. J'ai gaspillé mon âme [...]
> Mes jours se sont enfuis entre mes mains avides
> Comme le vin s'écoule aux fentes du pressoir. [...]
> Je suis sur le parvis, le publicain qui pleure,
> La très folle brebis qu'on appelait en vain[3]. »

Mais l'incarcération n'est pas nécessairement le lieu de telles élévations. Il est plus fréquent qu'elle produise ses effets perturbateurs et précipite le détenu dans une sorte de torpeur. Il est certain que le dispositif appliqué dans les prisons sous contrôle nazi était un système dont l'aboutissement logique était la dépersonnalisation et l'asservissement. Ainsi avili, l'individu est

---

1. *Imitation de Jésus-Christ,* V, 22.
2. Rose et Ph. HONORÉ D'ESTIENNE D'ORVES, *Honoré d'Estienne d'Orves,* Paris [1985], p. 224.
3. Cité par J. GUÉRIN, *Pour la Civilisation. Allocution prononcée en l'église Notre-Dame-des- Victoires au Sablon* à Bruxelles, le 4 novembre 1945, p. 10-11.

disposé à tous les aveux, à toutes les dénonciations, à toutes les compromissions. Le cas échéant, la torture la plus sadique y contribuera.

La vie quotidienne à Fresnes et au Cherche-Midi

Fresnes, en ce temps-là, était un village typique qui possédait encore des fermes aux vastes cours et sa petite église au haut de la colline. Des charrettes lourdement chargées de foin traversaient la localité au début de l'été. Le tableau aurait été idyllique si, dans le fond de la vallée une immense prison ne se dressait, telle une escadre immobile échouée alors qu'elle transportait toute une ville sur un rivage inhospitalier. Y régnaient l'humidité et une âcre odeur. Aux étages inférieurs, l'eau suintait des murs garnis de limaces. Les couloirs étaient interminables comme les heures de la journée.

La partie principale de la prison était constituée de trois longues constructions parallèles de plus de 200 mètres, correspondant aux « divisions ». Chaque bâtiment comptait quatre étages (et donc cinq niveaux) comportant chacun de longs balcons intérieurs sur lesquels donnaient les portes des cellules.

Construite à la fin du XIXe siècle, la prison de Fresnes devait « purifier la ville de Paris de ses rebuts (entendez les malfaiteurs) recyclés à l'air pur des champs ». L'isolement comme thérapie, telle était la conception qui avait « inspiré » les plans. C'était le système cellulaire absolu (un prisonnier par cellule). Ainsi le voulait la loi de 1875. Mais nécessité oblige. Pendant la guerre, les mille cinq cents cellules ne suffisant plus à contenir les prisonniers, ceux-ci étaient parfois cinq ou six à se partager les 11,40 mètres carrés d'une cellule. À certains moments, la population totale atteignit cinq mille détenus. Le nombre des visiteurs devint tel qu'au nom de Croix-de-Berny, on dut ajouter celui de Fresnes sur la ligne de banlieue qu'ils empruntaient ; il leur restait à franchir à pied les deux kilomètres qui les séparaient de la prison.

Fresnes faisait office de gare de triage. La plupart des résistants de la région parisienne y ont été détenus avant d'être expédiés dans l'un ou l'autre camp de concentration. On l'appelait « Filiale de l'enfer ». Cet univers était partagé entre prisonniers politiques et prisonniers de droit commun. Tous étaient astreints au respect des 192 articles du règlement allemand, mais les « droit commun », surveillés par des Français, réussissaient à transmettre aux « politiques » des informations très appréciées. Ces derniers étaient généralement gardés par des soldats allemands âgés ou par des jeunes soldats en convalescence, qui redoutaient d'être renvoyés dans les glaciales immensités russes.

La prison du Cherche-Midi, quant à elle, était un ancien couvent. Le capitaine Dreyfus y fut interné en 1894; elle sera détruite en 1964 pour faire place à l'actuelle École des Hautes Études en Sciences Sociales.

L'abbé Stock ne fut responsable de la prison de la Santé que pendant un an à peine, puisqu'au début d'octobre 1941 il présenta aux prisonniers son remplaçant, l'aumônier Loevenich de Cologne. L'uniforme militaire de ce prêtre, par ailleurs fringant officier, heurtait les détenus, du moins jusqu'à ce que sa cordiale jovialité vînt mitiger la pénible impression initiale. Quand, en juillet 1942, il sera envoyé sur le front de l'Est, Stock restera seul responsable de plusieurs milliers de prisonniers: tâche surhumaine. Tout au plus pourra-t-il faire appel de façon occasionnelle à l'aumônier Steiner ainsi qu'à Hofer, l'aumônier général.

Parfois, dans ces prisons, des gardiens faisaient preuve de cruauté comme ce sous-officier qui enleva à un détenu aveugle le livre de prière en braille que l'abbé Stock avait eu tant de joie à lui apporter quinze jours plus tôt. « Cruel! note l'aumônier dans son *Journal*. Combien il s'était réjoui lorsque je lui avais apporté ce livre. *Qui peut voir pleurer un aveugle* [1]? » Même cruauté à l'égard de cette Anglaise qui vient apporter un colis à son mari emprisonné à Fresnes. Un gardien rejette brutalement le paquet. Pourquoi? demande l'épouse. « Ivry, n. 41 », fut la réponse. C'était le numéro de la tombe au cimetière d'Ivry de son mari fusillé!

Pour beaucoup de prisonniers, les heures s'écoulent à un rythme désespérément lent. D'ailleurs on leur a pris leur montre. Le repère, c'est la progression dans la cellule de l'ombre d'un arbre ou le double tour de clé dans la serrure à l'heure des repas, anticipée comme dans les cliniques: le café matinal ou plutôt le « jus » servi à 7 heures, la soupe à 11 h 30, la gamelle du dîner vers 18 heures. Les pas dans les couloirs à l'aube suscitent des impressions sinistres. C'est l'heure où la mort vient quérir ses victimes. Personne n'est assuré qu'elle ne s'arrêtera pas devant sa cellule. Bientôt les cris de désespoir des condamnés s'éloignent. Mais la ronde lugubre repassera demain...

Les livres sont parmi les meilleurs compagnons de détresse. Leur long et discret discours occupe l'attention, ouvre à l'imagination, au cœur et à l'esprit les horizons refusés au regard. À défaut de livres, la mémoire peut jouer le même rôle; encore faut-il qu'on l'ait diligemment meublée. L'avoir omis peut faire expier la disgrâce dont elle a pu être victime au temps de la formation. De Fastenko Soljenitsyne écrit: « À l'aide de sa mémoire, il jaugeait

---

1. Les citations du *Journal* seront faites soit à partir de R. CLOSSET, *Franz Stock, aumônier de l'enfer*, soit à partir de E. KOCK, *L'Abbé F'ranz Stock*, traduction Jeanne ANCELET-HUSTACHE, (Tournai, 1968), soit par moi-même.

en quelque sorte tous les événements passés et présents » (*L'Archipel du Goulag*).

Les mesures les plus raffinées d'isolement restent vaines au regard des trésors d'ingéniosité déployés par l'homme, qui est par nature être de communication. Tout est mis à profit par les détenus pour communiquer. Cela va du morse aux mots chuchotés à la faveur de quelques secondes d'inattention du gardien.

Dans les cellules communes, la promiscuité est pénible ; les appartenances sociales, culturelles, politiques forment un bariolage disparate. Quatre détenues, dont deux communistes, partagent la même cellule du Cherche-Midi. On amène une cinquième pensionnaire : « À six heures du soir, pour compléter l'assortiment, une grosse mémère, blonde comme les blés, poussant des gémissements "Oh, là, là, je n'ai rien fait du tout, pourquoi donc qu'ils me mettent ici ?" est poussée dans notre piaule par deux Allemands qui ne pouvaient en venir à bout et pour un peu eussent cogné dessus. Cette espèce de parvenue mollasse était si grotesque que, malgré nous, nous nous tenions les côtes[1]… »

Le règlement de la prison tolère une lettre par mois. Il est difficile d'imaginer l'importance de ces missives pour les prisonniers. « Je n'ai vraiment besoin de rien, sauf de vos nouvelles », écrit Maurice Barlier[2]. Ici encore patience et ingéniosité se conjuguent pour tourner le règlement. Un des bons moyens consiste à glisser un fin message dans les ourlets du linge qu'on est autorisé à envoyer à sa famille.

Mais la mise au secret est plus redoutable : ni visite, ni lecture, ni colis de nourriture ; réclusion dans un espace de six mètres carrés. Avec un clou ou un crayon, les prisonniers confient les impressions qui les habitent :

– Dans le silence, je cherche l'oubli ; dans le silence, j'attends la mort.

– Enchaîné jour et nuit pendant deux mois.

– Je suis ici parce que j'avais de faux amis : ils m'ont trahi.

– Interrogatoires. Coups. Le soir, tous les quarts d'heure, frappé avec une cravache.

– Avec vous, Seigneur. *Ave Maria*.

D'autres, paradoxalement, disent éprouver une impression d'intense liberté : enfin le temps de penser et d'écrire, de lire et de prier, bref d'expérimenter les effets d'une certaine pause qui fait défaut dans la vie de trop d'hommes d'action.

Mais être privé de la joie très simple d'admirer un arbre ou une fleur devient à la longue une vraie souffrance. Aussi Estienne d'Orves éprouve-t-il un vif plaisir de découvrir au loin un champ de blé ; des larmes montent aux

1. R. CLOSSET, *Franz Stock, aumônier de l'enfer*, [Paris, 1992], p. 106-107.
2. Rose et Ph. HONORÉ D'ESTIENNE D'ORVES, *Honoré d'Estienne d'Orves*, Paris [1985], p. 266.

yeux d'Edmond Michelet quand il entrevoit, à travers les fentes du fourgon cellulaire, des arbres couverts de feuilles.

Le monde extérieur, pour le prisonnier, est une lointaine nébuleuse peuplée d'humains à l'âme habituée, inconscients de posséder l'insigne trésor de la liberté ; cependant les ténèbres où il vit sont constellés de quelques points lumineux qui préservent la solidarité et la connivence, car l'amour des êtres chers se joue de la distance et perce les brouillards.

La population des prisons est composée d'un amalgame bigarré d'hommes et de femmes en situations très diverses. Ceux qui avaient pris des risques majeurs voisinaient avec ceux qui, à juste titre, s'interrogeaient sur la raison de leur détention. Beaucoup de prisonniers avaient été arrêtés sur dénonciation par des voisins ou même par leur conjoint ! Parfois des policiers français cédaient avec trop de complaisance à leurs collègues nazis des Français coupables d'infractions mineures : X détenait dans son grenier un fusil de chasse, Y avait distribué des tracts...

Certains qui, dans leur vie de résistants, avaient été traqués pendant des semaines, des mois... connaissent – le fait est surprenant – un brusque soulagement au moment de leur arrestation. « Oserai-je le dire, écrit Pierre-Henri Teitgen, à peine installé sur la banquette arrière entre deux de ceux qui nous avaient arrêtés, je me suis soudain senti envahi d'un immense soulagement, d'une bienheureuse détente comme celle qu'on éprouve en déposant un trop lourd fardeau[1]. » Et Edmond Michelet : « Ouf ! Maintenant que s'est refermée sur moi la porte... je m'étonne moi-même de m'entendre prononcer ce mot. Mais depuis le temps que durait cette existence d'homme traqué, impossible de ne pas l'avouer : ma première réaction, si étrange que cela paraisse, est bien ce cri de soulagement[2]. » Les responsables de la Résistance sont sans cesse sur le qui-vive, l'angoisse les mine, la crainte des pièges, des filatures est quotidienne, la conscience des dangers courus par des camarades prive de toute sérénité. L'écrivain juif Tristan Bernard écrit : « Jusque-là nous vivions dans l'angoisse, désormais nous vivrons dans l'espérance[3]. »

Le 16 septembre 1941, Hitler prit une sinistre décision : toute personne emprisonnée serait un otage. Un détenu, fût-il innocent, pouvait donc être exécuté à tout moment, sans jugement préalable, sur simple décision de l'autorité militaire, par exemple en représailles d'un attentat. La mort, brusquement, imposait sa terrible présence et devenait une menace permanente.

---

1. P.H. Teigen, « *Faites entrer le témoin suivant* », 1940-1958, [Rennes], 1988, p. 127.
2. M.-J. Lory, *Sur les pas d'Edmond Michelet,* 1977, p. 23. 10. *Ibidem*.
3. *Ibidem*.

Tel était le sort des prisonniers. On estime leur nombre à onze mille dans les prisons parisiennes de 1941 à 1944. Franz Stock fut un des seuls à pénétrer dans leur univers et un des rares humains à faire des navettes entre « la maison des morts » et le monde des vivants.

Le contact de Stock avec les prisonniers

Au départ, une triste et brutale réalité : entre l'Allemagne nazie et la France, la guerre a dressé un mur de haine et d'incompréhension. Pendant des années, l'effort personnel de Franz Stock avait été de rapprocher Français et Allemands, mais la guerre le rangeait désormais parmi les ennemis de la France. Comment un résistant français, peut-être juif ou communiste, pouvait-il consentir à un échange avec un ressortissant ennemi, prêtre de surcroît ?

Or, c'est un homme doux et fraternel, encore jeune qui entre dans les cellules. Surprise : toute son attitude fait contraste avec le comportement brutal, parfois grossier des gardiens. Habituellement en redingote noire, parfois en soutane, reconnaissable au brassard à croix rouge et à bande verte, cet homme blond se présente : l'abbé Stock, l'aumônier catholique. Heureusement, il ne porte pas l'uniforme militaire honni. Voilà un premier obstacle franchi. Reste qu'il appartient à la nation ennemie. Mais les nouvelles, on l'a vu, circulent vite dans les prisons. Il se colporte notamment qu'on peut faire confiance à l'abbé Stock. C'est une deuxième difficulté surmontée. Pas de confiance prématurée cependant. D'odieuses rumeurs de faux prêtres se chuchotent aussi qui prescrivent une extrême prudence. Voici le témoignage de Lionel Le Vasseur : « J'avais été condamné à mort la veille. C'était je ne sais plus quel jour de fin mars 1943 ; un prêtre est venu me voir dans ma cellule en m'apportant un petit missel orange qui venait de ma mère et que ma sœur avait pu, je ne sais comment, lui transmettre. Il était aimable, compatissant, fraternel, mais il était allemand. Il m'a proposé de parler ensemble, bientôt me disant que si je voulais me confier je pouvais m'adresser à lui. Mais je connaissais trop la duplicité allemande et je ne savais si c'était un vrai prêtre ou un homme de la Gestapo déguisé pour me faire parler comme c'est arrivé souvent. J'ai connu une fille qui s'est confessée dans un confessionnal d'une église à un faux confesseur, un faux prêtre. Et elle fut fusillée. Après la guerre, j'ai parlé de lui [Stock] à quelques amis rescapés. Ceux qui le connaissaient m'ont dit que c'était un saint homme. J'ai du remords, mais je ne sais si, prudemment, je pouvais agir autrement. Du réseau que je dirigeais (le SR Air des F.F.L. pour la zone Nord), j'ai réussi à ne faire arrêter personne, à ne rien dévoiler, et ce malgré les coups et les supplices. Je n'ai pas, par prudence, osé me confier à un prêtre, car qui me disait qu'il était prêtre[1] ? »

Un autre détenu écrit : « Interné à Fresnes, du 24 septembre 1941 à juin 1942, j'y ai reçu la visite de l'abbé Stock dans le cadre de son ministère. Je dois reconnaître qu'à sa première visite, j'étais assez méfiant… Un Allemand… peut-être nazi… bien que prêtre. Mais j'ai été rapidement conquis par sa grande bonté et sa foi, d'autant plus qu'il me parla d'un prêtre de ma paroisse qu'il connaissait et qui, je l'ai appris plus tard, avait aussi séjourné à Fresnes à la même époque. Par la suite, l'abbé Stock est revenu régulièrement me visiter pendant toute la durée de mon séjour à Fresnes, m'apportant avec l'Eucharistie son réconfort et me prêtant des livres[2]. » Cet ancien détenu joint la photocopie d'une image portant de la main de l'aumônier des vœux de Noël et de Nouvel An : sans doute l'abbé Stock eut-il ce même geste délicat à l'égard d'autres prisonniers.

Généralement un climat de confiance s'installait rapidement. Par les services rendus, par les risques manifestes qu'il prenait en les rendant, Franz Stock fournissait la preuve qu'il ne jouait pas double jeu.

Roger Bertrand en témoigne : « J'eus quelques instants d'hésitation devant ce prêtre malgré tout allemand, mais j'ai senti rapidement dans son comportement toute la compassion qu'il portait au prisonnier que j'étais et, instinctivement, j'ai été poussé à lui faire confiance totalement surtout lorsque, lui ayant demandé de m'entendre en confession, il me précisa aussitôt que je ne devais pas parler des faits qui avaient provoqué mon arrestation[3]. » De son côté, Bernard Baudouin séquestré à Fresnes, écrit : « Je garde de lui un excellent souvenir, car il m'a rendu visite dans ma cellule, de nombreuses fois, en m'apportant le réconfort et l'espérance d'un vrai prêtre chrétien[4]. » J. Kruzynski l'a connu aussi à Fresnes : « Je l'ai vu, à trois reprises, je crois, dans une cellule où il n'y avait personne en temps normal et où j'ai pu me confesser et communier. J'en ai gardé un très vivant souvenir, celui d'un homme de cœur[5]… »

Âgé de dix-sept ans à peine, Camille Gay[6] venait d'être incarcéré à la Santé. C'était en mai 1941. Stock entra dans la cellule et déclara avoir eu contact avec la famille. Grand étonnement du prisonnier qui resta sur la réserve. « J'avais fait un chapelet avec des nœuds dans un lacet », raconte-t-il. L'aumônier allemand ouvrit sa serviette et lui donna un chapelet.

---

1. L. Le Vasseur, Lettre du 16 mars 1988 à l'auteur.
2. J. Rousseau, Lettre du 6 mars 1988 à l'auteur.
3. R. Closset, *Franz Stock, aumônier de l'enfer,* [Paris, 1992], p. 117.
4. B. Baudouin, Lettre du 9 mars 1988 à l'auteur.
5. J. Kruzynski, Lettre du 5 avril 1988 à l'auteur.
6. Cf. *Francisque Gay* par Jean-Michel Cadiot, Salvator, Paris, 2006.

Quelques instants plus tard il rouvrit sa serviette. « J'ai quelque chose à vous remettre. » Il en sortit un sandwich aux radis. Pour Camille Gay c'était pour ainsi dire la signature de sa mère qui tenait beaucoup à lui faire manger des crudités. Au cours des six semaines de détention, Stock transmit des nouvelles. Chaque semaine, il apportait des sandwiches aux radis, des lettres aussi. « Tout ce qu'il pouvait, il le faisait. » En ce temps-là, des militaires allemands n'assistaient pas encore aux entretiens[1].

L'aumônier des prisons se met au service des détenus sans jamais oublier qu'il est prêtre de Jésus-Christ. Il sait l'importance d'un verre d'eau pour qui a soif. « Je lui demande de menus services, comme d'aiguiser mon crayon, de me faire venir une chemise de nuit[2]. » Pas d'angélisme donc dans l'attitude de Franz Stock. Il est tout simplement le frère en humanité, proche de toute souffrance ; au service de toute personne. Sa visite est « rayon de soleil » dit un détenu[3]. « Enfin, un être fraternel », écrit un autre. Le général de Cossé-Brissac perçoit en lui un « être habité par la grâce… Je lui garde une reconnaissance infinie. À cause de lui j'ai oublié tous ceux qui m'ont persécuté. Je me suis bien des fois juré à cause de lui de tout faire pour contribuer à une franche réconciliation des deux peuples allemand et français, sous le signe du Christ[4] ». Il faut toutefois reconnaître que tous ne l'ont pas jugé si favorablement, soit que, incroyants, ils étaient heurtés par son offre très directe de secours spirituel, soit tout simplement que Franz était débordé par le nombre de prisonniers. À certains moments même, il fut amené à limiter ses visites aux seuls condamnés à mort et à ceux qui étaient en passe de l'être, ce qui fut ressenti péniblement par certains détenus désireux de conversations moins professionnelles qui auraient allégé le « lourd quotidien de la prison ». Stock « ne visait plus alors que l'essentiel »[5]. Le prêtre n'était pas à leurs yeux le représentant de Jésus-Christ, soit tout simplement que Franz Stock était débordé par le nombre de prisonniers.

Voici, entre tant d'autres, le récit que me fit Roger Bertrand : « Je fus arrêté le 22 janvier 1941. J'étais entré dans la Résistance en septembre 1940. Je fus trahi par un agent double. Tout le groupe fut arrêté et incarcéré d'abord au Cherche-Midi, ancienne prison militaire française. J'y connus Stock. J'étais au triple secret : sur la porte de ma cellule, une étiquette avec trois croix rouges interdisait visites, livres et colis de nourriture. Seul l'aumônier pouvait

1. Entretien du 3 avril 1992 avec Camille Gay.
2. J. DE PANGE, *Mes Prisons,* Paris, p. 93.
3. *Ibidem,* p. 70.
4. R. CLOSSET, *Franz Stock, aumônier de l'enfer,* [Paris, 1992], p. 83.
5. Voir J. ROVAN, Témoignage dans *Reims. 8 juillet 1995,* p. 25.

me rendre visite. » Roger Bertrand est d'abord réticent à son égard, mais les détenus des cellules voisines assurent qu'on peut lui faire confiance : il faisait du bien aux prisonniers. « Certains avaient été embarqués en pyjama. Stock leur trouvait des vêtements. Je l'envoyai à ma femme pour qu'il puisse fournir des vêtements aux nécessiteux. Il était extrêmement courageux : il avait peur mais il surmontait sa peur... Malgré l'interdiction, il m'apportait des livres et des vivres, par exemple du jambon sec, des dattes. Il venait me voir chaque semaine et chaque fois m'apportait un petit colis contenant sous un faible volume des choses nourrissantes. C'était très dangereux pour lui d'autant qu'il connaissait parfaitement le sens de l'étiquette aux trois croix rouges. Il me soutint aussi au plan spirituel. Il me servait de liaison avec mon épouse à qui il portait mes lettres, il me rapportait celles qu'elle m'écrivait, ce qui était en contradiction flagrante avec les règlements. Il me servait aussi de liaison avec les camarades d'autres cellules, comme par exemple d'Estienne d'Orves.

« Stock était la seule personne qui me rattachait à l'extérieur. En dehors des interrogatoires, je ne voyais jamais personne sauf les gardiens. Il était le seul lien avec ma femme et avec les autres membres du réseau qui se trouvaient au Cherche-Midi. »

Roger Bertrand fut ensuite transféré à Fresnes où les rencontres avec Stock furent moins nombreuses. Un samedi d'octobre, l'épouse de Roger Bertrand apprend que son mari sera fusillé le mercredi suivant. Elle intervient aussitôt auprès de l'abbé Stock qui la met en relation avec un colonel autrichien antinazi. L'officier lui indique la seule échappatoire : faire signer par son mari une demande de déportation en Allemagne ! Dès le lundi, Bertrand quitte Paris en compagnie des membres du réseau de d'Estienne d'Orves[1]...

« J'ai connu Franz, m'écrit un autre témoin, l'abbé Pihan, à la prison de Fresnes dont il était l'un des aumôniers. J'ai été incarcéré par la Gestapo de fin mars à fin juin 1943, sous l'inculpation de reconstitution de mouvement de jeunesse interdit par les occupants : mouvement des Cœurs Vaillants et Âmes Vaillantes, mouvements d'Église s'adressant à la masse des écoliers de six à quatorze ans. Il s'agit donc d'une incarcération pour "résistance spirituelle"...

« L'abbé Stock est donc arrivé un matin dans ma cellule que je partageais avec un autre détenu. Je suppose qu'il avait su qu'il y avait là un prêtre, par les soins du sous-officier chargé de notre étage. Ce geôlier, Fritz Ghiel – tué par la suite sur le front russe, à ce que je crois savoir[2] – était un chrétien exemplaire et courageux. Il m'avait mis en cellule en me disant : "Vous allez

1. Roger BERTRAND, Entretien du 30 décembre 1987.

2. Edmond Michelet écrit que Fr. Ghiel a été dénoncé et exécuté à cause de sa complaisance pour les prisonniers.

faire bonne retraite. *In te Domine speravi, non confundar in aeternum* (en toi, Seigneur, j'ai mis mon espérance, je ne serai jamais confondu)." De quoi laisser sidéré un homme qu'on vient de jeter en prison.

« J'avais entendu parler de Franz Stock, mais je ne l'avais jamais rencontré. Je me savais en sécurité avec lui. Il était en clergyman à l'allemande (redingote courte et col romain). Il m'apportait la sainte communion. Il revint pour cela à peu près chaque semaine. Je l'ai embrassé en lui disant "*Sie sind mein Bruder*" [Vous êtes mon frère]...

« Il m'a fait l'impression d'un prêtre bon et fraternel, cherchant à réconforter et à donner de l'espérance. Il n'avait pas le temps de parler beaucoup au cours de ses visites. Il avait l'air – comment dire ? – d'une âme limpide qui transparaissait dans son regard. C'est tout ce que je puis dire. Tout ce qu'il a fait par la suite, je ne l'ai appris qu'après la Libération.

« Il était courageux, bien qu'apparemment timide et presque effacé, car il a accepté de faire passer un billet à la famille de mon codétenu (qui n'était pas chrétien), tout en murmurant que c'était "strictement défendu". Et ce billet a bien été remis à qui de droit, je l'ai su en allant voir cette famille après ma sortie de prison.

« Je peux dire encore qu'un matin, Fritz Ghiel m'a conduit dans une cellule vide, ornée de branchages et de fleurs, pour une "première communion" d'un détenu, petite cérémonie organisée par Franz avec la complicité dudit geôlier catholique...

« Tout ce que j'ai appris au fil des années me donne la certitude que l'abbé Stock était un *saint* [1]. »

Le même témoin écrivait en 1989 dans un article : « Lorsqu'on me demande quand j'ai le plus senti la fraternité, l'universalité du catholicisme, je réponds : "Moi, en prison, avec l'abbé Stock et avec mon geôlier[2]."

« Des centaines d'entre nous, dira en 1951 le Père Riquet, gardent l'ineffaçable souvenir de son apparition fraternelle dans la cellule qui si souvent ne s'ouvrait que pour laisser passage à un déchaînement de cris et de brutalité. Enfin un prêtre, un vrai prêtre, un prêtre à qui confier ce remords, cette inquiétude, cette angoisse de l'homme séparé de tous les siens, enseveli vivant dans le silence et l'isolement, dans la perspective des plus sombres lendemains, interrogatoires, tortures, jugement, mise à mort ou déportation[3]. »

Et ce prêtre vraiment prêtre avait un cœur d'homme attentif à rassurer, à rétablir les communications essentielles entre le mari et l'épouse, le fils et la

1. Abbé PIHAN, Lettre du 30 août 1991 à l'auteur.
2. Abbé PIHAN, dans *Esprit et Vie*, 29 juin 1989, p. 378.
3. Allocution du 27 octobre 1951 au cimetière de Thiais.

mère, le religieux et sa communauté. De combien de messages ne s'était-il pas chargé, avec quelle courageuse audace, et quelle largeur d'esprit. La veuve d'un militant communiste peut en témoigner tout autant que celle de l'aristocratique lieutenant de vaisseau.

L'aumônier des prisons vient en aide aux prisonniers de mille et une façons. Mais avant de l'observer dispensant dans les cellules une aide qui revêt des formes si variées, il faudra tenter de répondre à une question préalable : quels étaient ses sentiments vis-à-vis des résistants ?

6. La résistance allemande au nazisme

Il y eut une Résistance allemande. Il faut le savoir. Bien sûr, quatre-vingt-huit pour cent des électeurs plébiscitèrent Hitler le 19 août 1934, après la mort du président von Hindenburg. Mais cela ne peut masquer le fait que les dernières élections avec partis multiples qui se déroulèrent le 5 mars 1933 dans des conditions relativement démocratiques ne donnèrent que 43,9 % des suffrages au N.S.D.A.P. (parti nazi). Cependant, les citoyens pouvaient-ils savoir quels crimes et quelles abjections souilleraient le nazisme ? Très peu d'électeurs avaient lu *Mein Kampf*. Et l'eussent-ils fait, auraient-ils prévu le cortège d'horreurs qui allaient déferler ? La crise économique avait fait des millions de chômeurs, le régime parlementaire de Weimar faisait étalage d'impuissance, et en toile de fond, le Traité de Versailles distillait une rancœur persistante. Il fallait rompre avec un tel passé, se ranger derrière un pouvoir fort, se mobiliser autour d'un grand idéal, d'une raison de vivre et d'un espoir de redressement national. Par ailleurs, la résurrection entrevue de la grandeur militaire et, plus prosaïquement, la possibilité d'avancement réveillèrent le vieux militarisme prussien : la grande majorité des généraux devinrent ainsi les alliés objectifs des nazis. La compétence des stratèges volait au secours de ce qui apparut progressivement comme la frénésie hystérique d'un dangereux illuminé et de sa cour.

Dès 1933, des opposants au régime d'Hitler fuient leur pays. Le Recteur des Allemands de Paris, on l'a vu plus haut, en compta parmi ses ouailles. En Allemagne même, la Résistance naîtra dans les syndicats ouvriers, sociaux-chrétiens aussi bien que socialistes. L'opposition religieuse s'exprime elle aussi. Dans une lettre pastorale, les évêques allemands se font les défenseurs des droits de l'homme. Le 21 mars 1937, l'encyclique *Mit brennender Sorge* de Pie XI, qui s'en prenait durement au national-socialisme, est lue dans les églises allemandes. On y trouve notamment ceci : « Quiconque prend la race, ou le peuple, ou l'État ou la forme de l'État, ou les dépositaires du pouvoir, ou toute autre valeur fondamentale de la communauté humaine – toutes choses qui tiennent dans l'ordre terrestre une place nécessaire et honorable – quiconque prend ces notions pour les retirer de cette échelle de valeurs, même religieuses, et les divinise par un culte idolâtrique, celui-là renverse et fausse l'ordre des choses créé et ordonné par Dieu... » Parmi les évêques, plusieurs s'expriment courageusement face au nazisme, notamment Faulhaber de Munich, l'admirable von Galen de Münster et, plus tard, Preysing de Berlin et Gröber de Fribourg. Les protestants aussi dressent la tête, tels l'évêque Wurm qui condamna les persécutions religieuses, tel aussi le pasteur Dietrich Bonhoeffer[1] qui osa écrire : « Ce n'est que par la défaite que nous expierons les crimes terribles que nous avons commis contre l'Europe et contre le monde. » Ce qui est dénoncé, c'est le culte rendu à un mortel, le néo-paganisme, la violation des droits élémentaires de la personne et en particulier des Juifs, la cruauté des camps de concentration – dont l'existence n'était pas entièrement ignorée –, l'asservissement des pays conquis, les persécutions religieuses et raciales, le mépris multiforme du caractère sacré de la vie humaine, comme par exemple l'exécution pure et simple, dénoncée par Mgr von Galen, des aliénés mentaux coupables d'être des citoyens improductifs.

Des Allemands issus des milieux conservateurs se groupent autour de Goerdeler, ancien bourgmestre de Leipzig. Ils collaboreront avec le cercle de Kreisky qu'anime la grande personnalité du chrétien Helmut von Moltke. Le colonel-général Ludwig Beck ose résister à Hitler lorsque celui-ci annonce son intention de s'en prendre à la Tchécoslovaquie. Plus tard apparaîtra la grande figure de Claus von Stauffenberg, âme de la conjuration du 20 juillet 1944 contre Hitler, dont l'échec se solde par l'exécution des cent-cinquante accusés.

Comment ne pas évoquer, enfin, l'héroïsme des deux étudiants Hans Scholl et sa sœur Sophie, appartenant à la Résistance catholique estudiantine de Munich, guillotinés le 22 février 1943 ? Avec d'autres amis, ils étaient rédacteurs du journal clandestin *La Rose blanche*. Un très haut idéal de souffrance rédemptrice et d'expiation les guidait. Leur dernier tract proclame : « La honte pèsera toujours sur l'Allemagne, si la jeunesse ne s'insurge pas… pour bâtir une nouvelle Europe spirituelle[2]. » Selon un témoin, Sophie marcha à la mort, « joyeuse, irradiée, comme si elle regardait le soleil ».

Hormis le complot du 20 juillet 1944, les manifestations de la Résistance allemande sont peu connues. Dans l'Allemagne nazie, s'opposer c'était presque s'immoler. Les circonstances furent telles que les opposants ne purent être nombreux et que leur action fut presque instantanément jugulée. En 1946, devant les Communes, Churchill reconnut dans la Résistance allemande « ce qu'il y a de plus noble et de plus grand dans l'histoire politique de tous les peuples[3] ».

---

1. Voir *Dietrich Bonhoeffer* par Ferdinand SCHLINGENSIEPEN, Salvator, Paris, 2005.
2. Inge SCHOLL, *La Rose blanche*, p. 155.
3. H. BERNARD, *Histoire de la Résistance européenne*, Verviers, 1968.

Stock et le nazisme

Quelle fut l'attitude de Franz Stock vis-à-vis du nazisme ? Il faut noter d'abord que sa Westphalie natale, profondément attachée au christianisme, se montra fort réservée à l'égard du national-socialisme. Paix et amitié entre nations étaient des objectifs fondamentaux du Quickborn qui avait profondément influencé la jeunesse de Franz Stock. Qu'on se rappelle sa participation aux manifestations de Bierville en 1926 et du Borberg en 1931 dont les idéaux, aux antipodes du nazisme, avaient marqué sa vie d'étudiant. On se souviendra de l'épisode du 1er mai 1933 où, juché sur un cheval pour être mieux vu, Stock tint un discours enflammé contre le régime de Hitler. Tout au long de son séjour parisien, il exprima ses sentiments hostiles au national-socialisme notamment dans des entretiens avec son ami Heinrich Höfler, directeur de Caritas à Fribourg-en-Brisgau ou avec l'abbé Guérin[1] ou avec tel médecin prisonnier à qui il n'hésite pas à dire son hostilité au nazisme. Qu'on se rappelle aussi les grands risques qu'il a pris à secourir financièrement avant la guerre les Juifs allemands réfugiés à Paris.

Pendant la guerre, il est vrai, le citoyen allemand antinazi se trouvait dans une situation très inconfortable : comment concilier son opposition au pouvoir politique et la solidarité bien naturelle qui le liait à son peuple ? Pour Franz Stock, la situation se compliquait encore : il avait noué avant la guerre, et même pendant, des relations amicales avec beaucoup de Français, mais il ne pouvait empêcher qu'à leurs yeux il appartînt au camp des envahisseurs. Ses « paroissiens » étaient les soldats de la Wehrmacht et le personnel des services allemands, mais il était simultanément aumônier de leurs pires ennemis : les résistants emprisonnés dans les geôles parisiennes. Situation inextricable où il ne lui restait que d'appliquer le conseil que donna le général De Gaulle à Louis Joxe : « Dans les circonstances difficiles, montez sur les sommets, il n'y a pas encombrement. » C'est bien ce que fit le prêtre qu'était Stock. Le représentant de Jésus-Christ essaya de porter sur les hommes le regard même de son Maître aux yeux de qui il n'y avait ni Français ni Allemands mais les enfants du même Père. Sa repartie au général de Cossé-Brissac qui lui avait malicieusement fait remarquer que c'est saint Boniface, un moine irlandais qui avait converti la

---

1. Pendant la guerre, au retour d'une exécution, Stock déjeunait chez l'abbé Guérin avec d'autres convives. Pour détendre l'atmosphère, l'abbé Guérin déclara prier tous les jours pour que Dieu mette Hitler le plus tôt possible dans son Paradis. Stock, rouge de colère, frappa du poing sur la table en disant : « Non, qu'Hitler et ses sbires aient le temps de reconnaître leurs erreurs et de travailler à les réparer, et après, longtemps après, nous verrons ce que nous en ferons » (rapporté par Jeanne ANCELET-HUSTACHE, dans E. KOCK, *L'Abbé Franz Stock,* [Tournai, 1968], p. 219). Il était « visiblement très antinazi », atteste Camille Gay (entretien du 3 avril 1992).

Germanie, fut : « Aux yeux de Dieu, il n'y a ni Anglais, ni Allemands, ni Français. Il n'y a que des chrétiens – ou tout simplement des hommes – et moi qui vous parle, je ne suis qu'un prêtre de l'évêque de Paris[1]. »

Parfois, cependant, l'attitude de Stock surprend. Une lettre qu'il adressa le 10 mars 1941 au directeur Joerger de Caritas-Fribourg signale la quasi-dissolution toute récente par la police allemande de la Mission luxembourgeoise de Paris. Les deux prêtres qui la dirigeaient sont arrêtés. Influencés par la France, ils avaient œuvré pour la francisation des Luxembourgeois sans égard pour la spécificité linguistique et culturelle de leurs compatriotes. « J'ai reçu la mission de m'occuper des Luxembourgeois et d'influer sur eux de façon conforme à leurs origines allemandes. » Tâche équivoque assumée sans objection. Qu'au nom du respect de la spécificité luxembourgeoise, on s'oppose à la francisation, c'est logique. Mais il y a parenté et non identité entre le letzeburgesch (langue des Luxembourgeois) et l'allemand. Dès lors, confier la communauté luxembourgeoise à un prêtre allemand qui ne connaît pas le parler local était une autre manière, plus subtile, de ne pas respecter la spécificité grand-ducale ; il s'agit d'une procédure de récupération d'un petit peuple par le grand Reich qui ne s'était, d'ailleurs, pas privé de l'annexer en fait.

Position analogue de Stock envers l'Alsace. Dans sa lettre déjà citée à Höfler du 27 novembre 1940, il écrit : « Nous sommes préoccupés aussi par les vrais et braves Alsaciens, nombreux à Paris. Qu'ils ne laissent pas passer le moment favorable, puissent-ils retrouver sans tarder le chemin de leur pays, de la mère patrie. » Son opinion sur ce sujet particulièrement brûlant ferait frémir les Français. Cède-t-il à un nationalisme conquérant ? Non, mais ses sentiments sont ceux d'un Allemand qui estime que toute terre qui parle un idiome germanique doit revenir dans le giron de la communauté germanique.

Qu'on se souvienne de l'enthousiasme avec lequel – avant la guerre – il avait salué la décision sans équivoque des Sarrois d'opter pour l'Allemagne et de son souci de cultiver la germanité (*Deutschtum*) chez les Allemands séjournant en France. Dans les questions conflictuelles où s'opposaient France et Allemagne, Stock adoptait la position allemande. Et dans les situations où la sensibilité des deux peuples divergeait, sa réaction instinctive était allemande. Mais ses prises de position et ses attitudes ne dégénéraient jamais en haine et animosité. Il acceptait la différence. Il aimait l'autre comme il était, comme il pensait, comme il sentait.

Stock aime la France ; il admire sa culture, est conquis par ses paysages, milite pour le rapprochement de la France et de l'Allemagne qu'il croit

1. R. CLOSSET, *Franz Stock, aumônier de l'enfer,* [Paris, 1992], p. 82.

complémentaires. Il a toujours rejeté catégoriquement le nazisme sans pour autant cesser d'être Allemand par toutes ses fibres, sans perdre son identité, imprégné d'une sensibilité marquée encore d'un brin de nationalisme qui émousse parfois sa perspicacité, un peu sans doute comme les Français, tant il est utopique pour un homme d'échapper entièrement à sa subjectivité et à la pensée ambiante.

Stock et la Résistance française

La qualité de résistant posait sans doute pour Stock des problèmes délicats. La morale classique qu'il avait apprise et qu'il professait s'accommodait assez aisément du comportement des militaires tant que ceux-ci respectaient les lois de la guerre. Mais la Résistance qui s'organisait progressivement et prendrait dans toute l'Europe soumise au joug hitlérien une importance croissante, posait au moraliste des questions inédites, imprévisibles, qui n'avaient pas ou guère été formulées au cours de la Première Guerre mondiale. Que penser des sabotages qui peuvent tuer de manière aveugle, de l'assassinat de militaires allemands par des commandos ou des francs-tireurs ? Il est vrai que la Résistance avait mille visages différents, ce qui d'ailleurs la rendait insaisissable et d'autant plus redoutable. Ceux mêmes qui détenaient le pouvoir politique et militaire dans le camp allié ne comprirent pas toujours l'importance stratégique et psychologique du rôle qu'elle pouvait jouer et jouait effectivement. C'était une situation neuve résultant de l'occupation pendant plusieurs années d'immenses territoires ennemis habités par cent millions d'hommes. Elle découlait aussi des possibilités ouvertes par les progrès techniques, en particulier dans le domaine des télécommunications. La Résistance c'était également l'accueil d'enfants juifs menacés d'extermination.

Les manuels de théologie morale ne traitaient pas de ces questions. S'ajoutait à tout cela le fait que Stock était Allemand. Mme de Staël, avec une finesse teintée d'ironie, avait observé que « les Allemands, qui ne peuvent souffrir le joug des règles en littérature, voudraient que tout leur fût tracé d'avance en fait de conduite… Ils ne savent pas traiter avec les hommes – et moins on leur donne à cet égard l'occasion de se décider par eux-mêmes, plus ils sont satisfaits. » Et encore : « C'est régularité chez eux que l'obéissance ; ils sont scrupuleux dans l'accomplissement des ordres qu'ils reçoivent, comme si tout ordre était un devoir[1]. »

1. *De l'Allemagne,* Première partie, ch. II.

Stock n'a pas laissé de traces de ses sentiments ni de ses problèmes de conscience. Certes, il comprenait mal ou difficilement, mais il s'abstenait de condamner : « Pas une seule fois, il n'a critiqué la Résistance », écrit l'aumônier Johner avec qui il aura de nombreuses conversations de 1945 à 1947[1]. La sincérité et l'héroïsme des résistants ont dû l'interpeller en profondeur et aussi la rencontre de prêtres français radicalement engagés dans les mouvements d'opposition à l'occupant. En tout état de cause, au-delà des antagonismes et des ambiguïtés, Stock voyait d'abord l'homme, un être à écouter et à aimer. Et de cela il a donné d'innombrables témoignages. Le fait est là : ainsi que le dira un grand résistant, le Père Riquet, nous sommes en présence d'un « Allemand se faisant en pleine guerre le serviteur et l'ami de ceux-là que son gouvernement considérait comme ses pires ennemis[2] ».

Il paraît opportun de présenter ici quelques personnalités particulièrement remarquables qui illustrent divers aspects de la Résistance.

Notre choix s'est porté sur Honoré d'Estienne d'Orves, Edmond Michelet, Gabriel Péri et Frédéric De Jongh, parce que nous sommes relativement bien documentés à leur sujet et surtout parce que Franz Stock a eu avec plusieurs d'entre eux des relations qui l'ont marqué profondément.

Oui à De Gaulle : Honoré d'Estienne d'Orves et ses compagnons

Honoré d'Estienne d'Orves et ses « complices » furent parmi les premiers militaires à reprendre le combat après la débâcle. Leur conduite et leur grandeur d'âme retiennent notre attention comme elles retinrent celle de leur aumônier et même celle de leurs juges. Nous avons l'heur de disposer à leur sujet de nombreux renseignements. Plusieurs livres nous racontent la vie du capitaine de frégate d'Estienne d'Orves. Son journal de famille, ses cahiers de captivité ainsi que plusieurs lettres et prières, écrites en prison, nous sont conservés.

Né en 1901 d'une ancienne famille provençale, Honoré d'Estienne d'Orves passa une jeunesse heureuse dans une famille aisée, ouverte à toutes les grandes causes. Adolescent, il découvrit la Bretagne, « le vrai pays des marins ». Ce fut peut-être le point de départ de sa vocation d'officier de marine. L'armistice 1940 le trouve à Alexandrie. Il décide, dès le mois de juillet, de répondre à l'appel du général De Gaulle et rejoint Londres avec

1. J. JOHNER, Lettre du 31 janvier 1992 à l'auteur.
2. Allocution du 27 octobre 1951 au cimetière de Thiais.

sept officiers et une cinquantaine de marins de l'escadre d'Alexandrie. Le mois de septembre touche à sa fin quand le groupe arrive en Angleterre. Après quelques semaines, d'Estienne d'Orves devient commandant du Service de Renseignements sous les ordres de André Dewavrin alias Passy. Il considère qu'il lui faut aller en France même, pour relever le courage, organiser et coordonner la Résistance et établir le contact avec Londres. Il lui faut d'abord vaincre les réticences du général De Gaulle qui hésite à confier à un père de cinq enfants une mission dont il perçoit le caractère périlleux.

En fait, deux officiers des Forces Françaises Libres l'ont déjà précédé en France : Maurice Barlier et le Hollandais Jan Doornik sont arrivés sur le continent respectivement en septembre et en octobre 1940 pour y créer un réseau d'espionnage baptisé *Nemrod.* Trois centres d'activité – Nantes, Paris, Vichy – fonctionnent au moment où, le 22 décembre, un chalutier de dix mètres, la *Marie-Louise*, vient déposer le chef du réseau à proximité de la Pointe du Raz. D'Estienne d'Orves n'arrive pas seul : le quartier-maître radio Marty – Alfred Gaessler de son vrai nom – l'accompagne. Ce technicien choisi de préférence à un autre pour sa connaissance de l'allemand devra établir la liaison radio avec Londres. Ce sera chose faite le jour de Noël 1940. Pendant près d'un mois, quatre ou cinq émissions par semaine transmettront en tout une soixantaine de messages. Le réseau s'étend et une belle moisson de renseignements est engrangée. Mais le 19 janvier, Marty se présente au service allemand de contre-espionnage. Il révèle les noms et adresses des trente-quatre membres du réseau. Il livre le poste de radio et les codes utilisés. Les circonstances précises et les mobiles poursuivis par le traître restent mystérieux. Le colonel Dernbach, commandant l'*Abwehr,* service de contre-espionnage à Angers, exploitant habilement la trahison de Gaessler, intime à ce dernier l'ordre de poursuivre, sous son contrôle, l'envoi de messages à Londres. Il vérifie par ailleurs l'exactitude des dénonciations des membres du réseau. D'Estienne d'Orves est arrêté près de Nantes. La même nuit, huit autres arrestations sont opérées. D'autres suivront en cascade. Mais l'affaire rebondit. Utilisant une fois de plus les services de Gaessler, le colonel Dernbach sollicite de Londres l'envoi d'un second radio et d'un second poste émetteur. La *Marie-Louise* amène le radio Jean-Jacques Leprince avec six hommes. Le chalutier est accueilli par une flottille de bâtiments allemands. Les hommes sont confinés sous le pont de la *Marie-Louise* prise en remorque et conduite dans le port de Brest. Ils ne perdent ni leur temps ni leur sang-froid. À l'aide de cisailles, ils découpent en petits morceaux le matériel de radio et les font disparaître dans la cuve à eau avec tout ce qu'ils avaient emporté de compromettant. Vers la fin de février 1941, ils sont transférés à la prison du Cherche-Midi à Paris où d'Estienne d'Orves et ses compagnons, arrêtés plus de trois semaines plus tôt, arriveront précisément le lendemain, revenant de Berlin. Le tribunal de cette ville avait confié l'affaire à la cour martiale de Paris. Gaessler, alias Marty, pouvait se targuer d'avoir fait arrêter vingt-six personnes.

C'est au cœur de Paris, à la prison du Cherche-Midi, que d'Estienne d'Orves et ses compagnons d'infortune rencontrèrent l'abbé Franz Stock qui exerçait depuis peu sa nouvelle fonction d'aumônier des prisons.

Il n'est pas fréquent que nous ayons reçu de prisonniers des témoignages écrits de quelque longueur. C'est le cas cependant pour d'Estienne d'Orves et pour deux de ses compagnons. Pendant six mois l'aumônier des prisons chemina avec eux. Au fil du temps, il devint leur ami.

Dès son retour de Berlin, d'Estienne d'Orves est enfermé dans le cachot sans lumière et presque sans air de l'étage des femmes. On l'a tenu à l'écart des hommes pour empêcher toute forme de communication avec ses complices. Quant au privilège d'occuper le cachot qui était aménagé à chaque étage, il le devait soit au fait d'avoir résisté lors de son arrestation, soit à son refus en tant qu'officier français de se mettre au garde-à-vous devant une sentinelle allemande. Le 1er avril mettra fin à sa vie d'aveugle : il sera mis dans une cellule d'où il pourra apercevoir le chevet de l'église Saint-Ignace de la rue de Sèvres. Voir le chevet de cette église et entendre parfois les orgues, entendre même les cloches de Saint-Sulpice : ce sera comme une réconciliation avec le monde des vivants, un précieux réconfort pour supporter la solitude.

Dans son cachot, Honoré d'Estienne d'Orves ne peut guère vivre que de souvenirs. Démuni de tout, même d'air, il ne peut subsister qu'en puisant dans sa mémoire. Ce qui affleure, ce sont les trésors qui font vivre : « Des poésies, des chansons et surtout des prières. » Le 10 avril 1941, il écrit dans sa nouvelle cellule : « Depuis deux mois et demi, je vis isolé, je n'ai rien d'autre à faire qu'à penser. Ma pensée va vers Dieu[1] » (p. 163). Déjà pendant le mois de mars, passé tout entier dans son cachot obscur, son attitude faite d'imperturbable gaieté, de dignité et d'attention à autrui en fait le boute-en-train de la prison. Les entrants, dont le moral doit être soutenu, sont l'objet de sa sollicitude particulière.

Un détail de construction facilitait en effet la communication : les cellules de cette prison, ancien couvent, avaient un plancher. Par ailleurs, le soir après 18 heures, la prison était « fermée » jusqu'au lendemain matin à 8 heures. On imagine le beau charivari qui se déclenchait alors. Il était possible de communiquer par le judas situé au-dessus de la porte. Le samedi et le dimanche,

---

1. Sauf mention contraire, les citations de ce chapitre sont extraites de Rose et Ph. HONORÉ D'ESTIENNE D'ORVES, *Honoré d'Estienne d'Orves,* Paris [1985]. Les pages seront indiquées dans le texte.

le relâchement de la surveillance commençait dès midi. Écoutons le récit d'un détenu, Gaston Rivy : « Nous organisions des concerts et des causeries toujours à travers les portes. Les nouveaux se présentaient, nous racontions nos souvenirs, notre plus beau voyage, le plus beau livre que nous ayons lu... Nous chantions aussi » (p. 182). Le dimanche matin, on discutait l'évangile du jour. Évidemment, il y avait les rondes de la sentinelle. *Le clair de la lune* sifflé par celui qui était le plus près de la porte devait signaler son approche. *Cadet Roussel* marquait la fin de l'alerte. C'est Rivy encore qui raconte la cérémonie quotidienne du salut au drapeau, un minuscule étendard formé par le rapprochement d'un brassard blanc et rouge et d'un morceau de tissu bleu disposé sur la table de sa cellule. D'Estienne d'Orves était reconnu par ses camarades comme leur chef. « Chaque jour, au signal donné par notre gardien mettant la clé sur la porte, nous faisions tous le salut aux couleurs ; à son commandement : "Notre France", nous répondions "vivra". On se mettait évidemment au garde-à-vous » (p. 182). Aux jours fastes de la vie carcérale, d'Estienne d'Orves organisait « Radio Cherche-Midi ». Sur la base des nouvelles qui avaient filtré, le commentateur improvisé tirait les conclusions des faits de la semaine. Ensuite, chants, récitations, souvenirs et conférences alternaient.

D'Estienne d'Orves a un tempérament de lutteur. Sa religion aussi lui vient en aide. De traditionnelle au départ, faisant partie du legs hérité et à transmettre au même titre que les traditions familiales et patriotiques, elle devient relation personnelle à Dieu. « Nos tristesses nous rapprochent de Dieu » (p. 216), lit-on à la date du 1er août 1941 dans son deuxième cahier de captivité. Déjà le 10 avril, dans une lettre à ses enfants, il avait écrit : « Mes enfants, pour avoir le Bon Dieu avec soi au jour du malheur, il faut Lui avoir fait une place dans votre vie lorsque vous êtes heureux » (p. 165). Le 27 avril, il écrit cette prière : « Mon Dieu, je vous demande surtout la grâce de conserver, une fois sorti de prison, cette ferveur que j'ai retrouvée dans mon épreuve et qui m'a fait me jeter à vos pieds, sentant que vous étiez mon unique secours » (p. 177).

Ce n'est cependant qu'en mai 1941 qu'il note en appendice à sa lettre à ses enfants citée plus haut : « Depuis que j'ai écrit ces lignes, au cours des six semaines qui viennent de s'écouler, Dieu est resté avec moi. L'abbé Franz Stock, Recteur de l'église allemande, est venu tous les huit jours m'apporter la sainte Communion. Il est bon et aime bien la France et surtout la Bretagne. Tâchez de le voir et de lui parler de moi. Par lui j'ai pu relire les Évangiles et m'initier à la vie admirable de sainte Thérèse de l'Enfant-Jésus. Quelle fraîcheur, mais aussi quelle profonde intelligence dans ces *Mémoires* (sic) *d'une âme* ! » (p. 166).

Le procès d'Honoré d'Estienne d'Orves et de tous ceux qui sont impliqués dans son affaire durera quatorze journées entières du 13 au 26 mai 1941. Dans sa cellule, il réussit à faire passer ses ordres : ne rien dire qui puisse faire arrêter d'autres camarades, trouver des alibis pour se disculper et, autant que possible, tout mettre sur le compte du chef du réseau. Le verdict tombe : neuf condamnations à mort. Pour les autres, il va de l'acquittement aux travaux forcés à perpétuité. Le président de la cour martiale avait voulu que l'éloge de la fermeté de caractère et du désintéressement des accusés précédât la lecture de la sentence. À l'annonce de la condamnation à mort de d'Estienne d'Orves, ses codétenus chantent la Marseillaise sans se laisser impressionner par la colère des gardiens.

Trois semaines environ après l'issue du procès, Honoré d'Estienne d'Orves est transféré à Fresnes. S'accrochant aux vasistas de leurs cellules, les détenues de son étage au Cherche-Midi chantent : « Ce n'est qu'un au revoir » pour saluer celui qu'elles considèrent comme un chef et un modèle (p. 190). Plus que jamais il réalise « qu'une barrière immense s'est dressée entre hier et aujourd'hui ». Quel abîme, en effet, entre la vie d'heureux père de famille, d'officier de marine, de chef de réseau d'espionnage et celle d'un condamné à mort confiné entre les quatre murs d'une cellule, habitacle dérisoire dans une gigantesque et macabre prison ! Et cependant, sans héroïsme cocardier ni forfanterie, cet homme promis à une mort imminente et pour qui le contexte de vie a radicalement changé, maintenant que la décision est tombée, va dans la même mouvance s'ouvrir à son Dieu et vivre intensément sa condition d'homme.

Pendant trois mois, les condamnés à mort vivent dans l'attente de la mort. Cette faucheuse impitoyable qui rôde toujours en quelque point de l'horizon de la condition humaine s'est mise du jour au lendemain à cheminer à leurs côtés, les gardant pour ainsi dire à portée de main. Depuis toujours ils la savaient aux aguets, accueillant le voyageur arrivé à l'étape. Ils comprennent maintenant que de médiate elle pouvait se faire immédiate, changer brusquement de livrée en quelque sorte. Les mois qui s'achevaient leur avaient appris à supprimer la distance entre les deux visages de la mort. Leur vie s'était alignée dans son axe. Ils avaient compris que vivre en feignant d'ignorer l'imminence de la mort était morbide, qu'il était sain, en revanche, de reconnaître enfin cette évidence première.

Témoins pendant le procès de tant de grandeur d'âme dans la personne d'Estienne d'Orves, plusieurs de ses adversaires entreprennent des démarches à Berlin pour obtenir sa grâce. C'est le fait d'abord du conseiller juridique Keyser qui sollicitera la grâce de tous les condamnés à mort et dont les démarches seront appuyées par l'oberleutnant Moerner, avocat d'Honoré pendant son procès. Le colonel Dernbach qui avait magistralement manœuvré pour démanteler le réseau était, de son côté, intervenu auprès de l'amiral Darlan ; ses services avaient agi à Paris tandis que la commission d'armistice tentait une démarche à Berlin.

« Il se peut que je sois gracié, écrit d'Orves en tête de son premier cahier de captivité. Je remercie du fond du cœur tous ceux qui font des démarches pour moi à ce sujet » (p. 192). L'abbé Stock qui ne cachait pas sa grande admiration pour lui le retrouve à Fresnes. Nous lisons dans le cahier de captivité : « Le lendemain – le samedi 21 juin -, Dieu est venu. L'aumônier m'a cherché, m'a trouvé, m'a apporté la communion. Il reviendra tous les samedis. Quelle joie ! J'ai là vraiment compris la nécessité des sacrements pour rester près de Dieu. À partir de ce jour je me suis senti plein de désir d'agir… » (p. 196). Rien donc de désincarné. « Je ne suis pas du tout détaché de la vie » (28 juin, p. 197) et dans une lettre à ses enfants : « Aimez la vie comme je l'aime » (p. 165). Effectivement, tous les samedis vers 10 ou 11 heures, l'aumônier lui apporte la sainte Communion qui « l'élève au-dessus de lui-même et le fait toucher Dieu ». À vrai dire, le prisonnier juge ces visites trop courtes (Lettre du 17 juillet à son épouse). Le samedi 23 août, cependant, la visite se prolonge : « Ce matin, visite de l'aumônier. J'en suis toujours heureux, car avec lui le Bon Dieu vient à moi. Mais pour la première fois, nous avons pu parler théologie pendant quelques minutes. Il m'a apporté *Les plus belles pages de saint Thomas d'Aquin* du Père Sertillanges » (p. 236). Le 12 juillet, entendant la psalmodie, d'Orves avait noté joliment : « Prière de mon voisin d'en dessous qui, pour monter vers le Ciel, doit traverser ma cellule » (p. 204). Homme d'action, il découvre l'importance d'une certaine paresse et la nécessité de sauvegarder le temps de la prière et de la réflexion. « Je peux manger, fumer, lire, écrire… prier, m'asseoir, m'étendre, marcher dans ma cellule. C'est beaucoup. Et tout cela dans une parfaite liberté… Deux heures me sont imposées par autrui (les repas). Hors cela, je suis libre. Je ne l'ai jamais tant été, même en vacances. J'espère garder un peu de ces habitudes de paresse et de pensée plus tard » (p. 212-213). Sous une autre forme, il exprime son souci de garder la vraie liberté. Il observe que les « restrictions nous privent de beaucoup de jouissances matérielles, autrefois réputées indispensables. Il ne faudra pas plus tard y revenir avec frénésie, comme on le fit en 1919 » (p. 216).

Inaugurant le 21 août son troisième *cahier*, il peut écrire : « Mon état est de plus en plus liberté dans la solitude… Mais avec des livres, un cahier, et Dieu, est-on jamais seul ? » (p. 230). « Il est tard, plus de 9 heures probablement, et mon étroite lucarne ne laisse passer que peu de jour. Mais je ne veux pas me coucher dans mon lit de planches et de paille sans écrire quelques mots de mon bonheur… » (p. 193). Action, bonheur, liberté, mots étonnants sous la plume d'un condamné à mort. S'il a pu les tracer c'est qu'ils lui étaient inspirés par la remarquable conjonction d'un tempérament dynamique, du don de Dieu en ses sacrements et d'une prière qui, partant des matériaux trouvés dans sa mémoire et dans le *Manuel du soldat chrétien* que Stock lui a donné, en vient à déboucher sur le dialogue de l'oraison.

Prière, lecture, rédaction des *Cahiers de captivité*, au total une vie bien remplie, aux antipodes du désœuvrement qu'on croirait inévitable. Le prisonnier en fait le constat paradoxal : « Je ne sais plus où donner de la tête. Je n'ai jamais eu tant à faire et je sens que tout à l'heure la nuit tombante me surprendra et me forcera, avec le même regret que tous les jours, à arrêter ma journée » (8 août, p. 222).

Le soir du 28 août, l'abbé Stock vient annoncer à trois condamnés à mort que la journée du lendemain sera interrompue définitivement : Honoré d'Estienne d'Orves, Maurice Barlier, Jan Doornik seront fusillés le matin à 7 heures. Hitler en personne a refusé le recours en grâce des trois officiers venus d'Angleterre. Les autres condamnés à mort verront leur peine commuée en quinze ans de travaux forcés.

Les trois condamnés obtiennent de passer ensemble leur dernière soirée. Ils écrivent à leurs plus proches. Honoré écrit à son épouse et à ses enfants un message d'adieu. Il en adresse un autre à l'abbé Stock. En voici le texte intégral (p. 244-245) :

> Cher Monsieur l'Abbé,
>
> Je vous remercie du fond du cœur de ce que vous avez fait pour moi. Au début de nos relations, j'ai vu en vous le prêtre qui pouvait m'apporter le Bon Dieu et ainsi le secours dont j'avais besoin. C'était le principal. Mais par la suite, j'ai appris à vous apprécier et aimer comme homme. Je vous remercie du *Saint Thomas d'Aquin*.
>
> Excusez les notes au crayon que j'aurais effacées si j'en avais eu le temps après les avoir exploitées. Les points d'interrogation n'indiquent pas des doutes de ma part, mais seulement des points que je promettais d'éclaircir à une seconde lecture.
>
> Voulez-vous rappeler mon respectueux souvenir au R.P. Hofer [l'aumônier général] ?
>
> Je prie le Bon Dieu de donner à la France et à l'Allemagne une paix dans la justice, comportant le rétablissement de la grandeur de mon pays. Et aussi que nos gouvernants fassent à Dieu la place qui lui revient.
>
> Je remets mon âme entre les mains de Dieu et un peu entre les vôtres qui l'avez ces derniers temps représenté auprès de moi. Je vous prie de

transmettre mon affectueux souvenir à tous mes codétenus du Cherche-Midi ou de Fresnes, dont le courage et la confiance ont augmenté et maintenu les miens.

Veuillez agréer ma respectueuse affection.

(S) D'ORVES

À sa sœur il écrit : « ... Je suis profondément calme. Mes deux camarades et moi passons la soirée à parler tranquillement, à blaguer même, et j'ai du mal à obtenir le silence pour pouvoir t'écrire... Que personne ne songe à me venger. Je ne désire que la paix dans la grandeur retrouvée de la France » (p. 246-247).

Et Jan Doornik, le troisième condamné, écrit de son côté : « ... Demain matin, à 7 heures, on nous fusille... Nous sommes maintenant réunis, mes deux camarades et moi, car on nous a permis de passer ensemble notre dernière nuit... Tout à l'heure, l'aumônier va venir... Dans un instant, nous allons réciter ensemble une prière pour demander à Dieu qu'Il nous donne le courage d'accepter chrétiennement Ses volontés » (p. 277).

Stock fut surpris du calme avec lequel les trois prisonniers accueillirent, la veille au soir, la nouvelle de leur exécution. Le 29 août à 4 h 30, il est de nouveau à la prison. Dans une lettre écrite le jour même à Mme Doornik, l'aumônier rapporte lui-même : « Aujourd'hui, Doornik, Estienne d'Orves et Barlier ont été fusillés au fort du Mont Valérien près de Paris. Depuis leur captivité au Cherche-Midi, je puis dire que je me suis occupé d'eux d'une manière toute particulière... Doornik m'aida à élever l'autel et servit la messe en répondant en latin comme le meilleur servant. Puis ils communièrent tous trois et dirent les prières des agonisants avec ferveur ! » (p. 251).

Avant la messe, Honoré, voyant le missel, observe que l'Église célèbre le 29 août le martyre de saint Jean-Baptiste et que c'est une grâce pour eux que la messe soit en rouge, la couleur des martyrs.

Après l'Eucharistie, les trois hommes, autorisés à prendre ensemble le petit déjeuner, y invitent leur aumônier. Les principaux complices du comte d'Orves, tirés brusquement de leur sommeil par un Feldwebel en armes et sommés de descendre immédiatement, voient les trois condamnés encadrés par les officiers allemands et le peloton d'exécution. Leur chef a obtenu la faveur de leur dire adieu et de leur annoncer qu'ils étaient graciés. Mais déjà un fourgon de la Wehrmacht attend les trois hommes. Leur cercueil leur sert de siège tandis que le conseiller Keyser, l'abbé Stock et les dix hommes du peloton d'exécution prennent place de part et d'autre sur des bancs. Pour décourager toute tentative d'évasion, un phare éclaire l'intérieur du véhicule.

Le trajet se prolonge : à la prière succèdent les chants. À l'occasion, Honoré présente à ses compagnons les monuments devant lesquels on passe. Enfin, le fourgon atteint le lieu d'exécution. « Différents auteurs ont évoqué le récit détaillé de l'exécution de mon père, écrit la fille d'Honoré d'Estienne d'Orves. Parmi ces souvenirs, il en est un de particulièrement fort dans la perspective et sous l'éclairage de (à l'époque) l'hypothétique réconciliation franco-allemande : c'est le fait qu'Honoré a dit au chef du peloton d'exécution : « Vous êtes officier allemand, je suis officier français. Pour vous montrer que nous mourons sans haine, permettez-moi de vous embrasser. » Ce fait tout à fait remarquable n'a évidemment pas pu être enregistré. Il a été repris par le R.P. Riquet, jeune séminariste à l'époque, et devenu l'éminent prédicateur que l'on sait, qui avait entendu ce récit de la bouche de l'abbé Stock lui-même. »[1] Aucun des trois condamnés n'accepte d'être attaché ni d'avoir les yeux bandés. L'abbé Stock donne à chacun sa bénédiction, chacun l'embrasse. Face au peloton Honoré s'écrie : « Vive la France ! », puis il s'écroule. Maurice Barlier aussi crie : « Vive la France ! » Quant à Doornik, il trace en silence le signe du pardon et tombe à son tour. Ainsi moururent les martyrs de la Saint-Jean-Baptiste.

Pour Franz Stock, homme de grande sensibilité, c'était un supplice d'autant plus pénible qu'il allait se répéter indéfiniment. Le jour même, son douloureux ministère continua à s'exercer. Il alla enterrer les corps au cimetière d'Ivry. Rue Lhomond, Mme Bertrand attendait son retour. Elle venait s'enquérir des nouvelles de son mari. L'aumônier rentra en fin de matinée. « Je fus bouleversée, rapporte-t-elle, à la vue de l'abbé Stock. Il pleurait comme jamais je n'ai vu un homme pleurer[2]. »

Maurice Barlier, fusillé en même temps que d'Estienne d'Orves, avait trente-cinq ans lorsqu'il s'engagea dans l'armée française quelques jours avant l'armistice de 1940. Dès le mois de juillet, il s'évade d'un camp de prisonniers. De septembre à décembre, il fera deux voyages en Angleterre et fonde un réseau à Nantes. Dès son arrivée en France, Honoré prend contact avec lui. Arrêté deux jours après son chef, il sera lui aussi transféré à Berlin puis renvoyé au Cherche-Midi. Comme pour d'Estienne d'Orves, son séjour en prison est le point de départ d'une belle ascension spirituelle. Il écrit : « Cette époque était pourrie de matérialisme ; nous surtout, les hommes… nous n'y avons pas échappé. » Et plus loin : « Quelles conditions meilleures (pour un

1. Rose de Beaufort, Lettre à Helga Walbaum, 18 septembre 2006. Voir aussi M. Riquet, article *Honoré d'Estienne d'Orves* dans *La Revue des Deux Mondes*, 1985, p. 126.
2. Voir R. Closset, *Franz Stock, aumônier de l'enfer*, (Paris, 1992), p. 101.

retour profond sur soi-même) que le silence d'une cellule, la menace proche de la mort ?... Alors le Christ apparaît dans un profond tête-à-tête avec l'âme. Il éclaire tout et montre le but de la vie qu'Il nous a donnée : aimer, servir. Et voilà comment, à trente-six ans, je m'aperçois que je n'ai encore rien fait... Les quelques contacts furtifs et difficiles que j'ai pu prendre, étant au secret, seul, en cellule, depuis sept mois, avec des camarades de captivité, m'ont montré que le même chemin est suivi par tous, croyants ou non » (p. 266).

Parlant de l'Évangile dans une lettre du 25 août, il signale que pendant des mois il n'a eu que ce livre en mains. « Là est la seule vérité » (p. 267). Quelques heures avant d'être fusillé, il écrit à ses parents : « Je voudrais que vous soyez consolés et remplis de la pensée si réelle que la mort n'interrompt pas la présence, au contraire » (p. 269).

Hollandais né à Paris, Jan Doornik se trouvait en Belgique pendant les événements de mai-juin 1940. Il parvient à gagner l'Angleterre et à se faire enrôler dans les Forces Françaises Libres où il est mis à la disposition du service d'Estienne d'Orves.

Lui aussi est amené sur le continent par la *Marie-Louise* dès le mois d'octobre. À Paris, il fait du recrutement et à Vichy il établit un sous-réseau chargé d'épier les milieux gouvernementaux. Doornik est arrêté à Plogoff le 5 février 1941 dans la chaumière des Normand cernée par cent Allemands.

Goût du risque et joie de vivre caractérisent Jan Doornik. Pour lui, « l'important n'était pas de se battre pour la Hollande ou pour la France, mais de se dresser contre l'inhumain... » (p. 273). Dans l'attente de la mort inéluctable, « il s'agit de meubler au mieux [l']entracte qui nous est accordé. Puisse le matérialisme général s'en trouver un peu diminué !... Des joies, il y en a même en prison ! La sainte Communion que je reçois tous les samedis, et qui est mon grand réconfort moral » (p. 276-277). Dans sa dernière lettre, il écrit : « Soyez sûrs qu'aucune angoisse, aucune faiblesse n'est en nous, car cette sorte de retraite que fut pour nous la prison nous avait, depuis longtemps, préparés à cet instant... Il est près de trois heures. Dans quatre heures je serai mort et je me sens si calme et serein que je m'en étonne moi-même... Et surtout pas de rancune dans nos cœurs...

Je vous demande de vous grouper tous les trois autour de mon âme qui ne vous quittera plus et qui vous protégera » (p. 277-278).

Le jour même de l'exécution, l'abbé Stock écrit à Mme Doornik. Sa lettre est un témoignage direct et précis concernant les dernières heures des trois condamnés. L'aumônier y rappelle qu'il eut avec Doornik de longs entretiens. « Ses progrès dans la foi et dans la spiritualité devinrent de plus en plus ardents. Il me frappa toujours par sa franchise et sa grande distinction...

Pendant le parcours (au Mont Valérien)... nous causâmes tout le temps. Doornik, très maître de lui, très sérieux et déjà illuminé du reflet de son éternité » (p. 251).

Non à Pétain : Edmond Michelet[1]

Parmi les détenus de Fresnes qui reçurent la visite de l'aumônier allemand, se trouvait un futur ministre de la République française. Le récit que fit ce dernier de leur première rencontre nous apprend que l'impression initiale fut mitigée.

Edmond Michelet, résistant de la première heure, homme profondément religieux, avait souhaité rencontrer un prêtre. C'est un Allemand qui vint le voir. La déconvenue, cependant, ne fut pas de longue durée. L'abbé Stock parla d'emblée de ses accointances avec Marc Sangnier, Joseph Folliet, les Compagnons de Saint-François, la Jeune République. S'ensuivit un épisode devenu presque une page d'anthologie. Après avoir remis une Bible de la part du père Maydieu, Stock feint de s'en aller, mais se ravise et baisse encore le ton, car le Feldwebel était resté dans l'entrebâillement de la porte. « Nous allons réciter ensemble un dernier *Ave Maria*, dit-il dans un souffle. Tournant le dos au Feldwebel, ils se remettent à genoux devant la petite tablette rugueuse qui avait servi d'autel. Le prêtre poursuit du même ton monocorde : "*Ave Maria, gratia plena*... votre femme est venue me voir hier. Elle se porte très bien, tous vos enfants aussi. *Dominus tecum*... Elle vous fait dire de ne pas vous inquiéter. Tout va bien à la maison... *benedicta tu in mulieribus*..."[2] » Le livre d'or de l'église de Rechèvres contient à la date du 10 mars 1989 le témoignage de Monique C. : Stock aurait utilisé le même pieux subterfuge pour annoncer sa libération à son père. L'abbé Stock raconta, un mois avant sa mort, à Anton Vogt qu'un membre de la Gestapo assistait très souvent aux visites qu'il faisait dans les cellules. Après un certain temps, il put repérer ceux des policiers qui comprenaient bien le français. À la suite de quoi il avait élaboré une tactique : quand il lui était impossible de parler librement, il insérait des nouvelles des familles au milieu d'une prière. Anton Vogt remarque avec humour que, dans ces cas, la prière s'allongeait sensiblement[3]...

1. Sur Michelet voir : Cl. MICHELET, *Mon père, Edmond Michelet*, Paris, 1981, notamment les p. 102, 104, 106, 114.
2. E. MICHELET, *Rue de la liberté*, Paris, [1955], p. 42.
3. Anton VOGT, Lettre à Dieter Lanz du 30 janvier 1988.

Michelet expérimente ainsi que l'aumônier allemand est avant tout un *prêtre* de l'Église catholique, c'est-à-dire universelle. Mais les nouvelles de son épouse transmises de façon si insolite ont pour lui une importance insoupçonnable. Non seulement elles atténuent sensiblement le redoutable système de la mise au secret, mais elles démasquent la feinte cruelle imaginée quelques jours plus tôt par l'instructeur nazi devant qui il avait comparu. Voulant jouer le grand jeu, celui-ci avait marmonné perfidement : « Fort bien ! Nous continuerons donc à garder en prison votre femme et votre fils. Vos deux plus grandes filles aussi. Tout ce monde-là y restera aussi longtemps qu'il le faudra. » Relatant ce terrible chantage, Michelet avoue : « J'avais beau essayer de me persuader que le S.S. avait bluffé ; au fond, je n'en étais pas tellement sûr. Pendant quelques jours et surtout pendant plusieurs nuits, je remâchai de sombres pensées. La solitude de ma cellule me parut encore plus accablante[1]. » L'*Ave Maria* de Stock, amplifié comme on le sait, avait donc démasqué l'odieuse manœuvre. Étienne Borne a affirmé par ailleurs que Michelet a été informé par Franz Stock que sa femme n'avait rien dit à la Gestapo, contrairement à ce que celle-ci avait prétendu. Ainsi n'a-t-il pas « avoué » et n'a-t-il été « que » déporté[2].

Dorénavant, l'éprouvante solitude de Michelet – elle durerait six mois – serait allégée, le samedi, par la visite de l'aumônier qui venait lui donner la communion. Souvent il apportait aussi un livre ou le message d'un camarade. Écoutons encore Michelet : « Quand on demandait à l'abbé Stock de porter quelque menu supplément de pitance à un voisin qui, moins favorisé que soi, ne « touchait » pas de colis de l'extérieur, il s'acquittait habituellement de la mission en protestant que c'était la dernière fois parce que c'était *streng verboten* et que ça finirait par lui attirer des ennuis, mais il recommençait la fois suivante[3]. »

Le prisonnier de Fresnes avait très bien perçu « l'invraisemblable difficulté » de la mission de l'aumônier et combien, sous des dehors doux et discrets, il incarnait amour et don de soi. Aussi, attendait-il impatiemment sa visite hebdomadaire parfois très abrégée eu égard au nombre de détenus à visiter. Il appréciait vivement le petit manuel édité par l'abbé Rodhain, que Stock distribuait à ses « paroissiens » de Fresnes : c'était un support pour la prière, particulièrement adapté à leur condition de prisonniers. Il reçut aussi deux petites brochures de Péguy.

---

1. E. Michelet, *Rue de la liberté,* Paris, [1955], p. 40-41.
2. Témoignage du philosophe Étienne Borne transmis à l'auteur par l'intermédiaire de Jean-Marie Daillet, Lettre du 20 septembre 1987.
3. E. Michelet, *Rue de la Liberté,* Paris [1955], p. 43.

La personnalité de Michelet vaut bien qu'on étende l'enquête à son sujet. À quarante-quatre ans, quand il connut Franz Stock, il allait aborder la période pivot de sa vie. De formation scolaire assez sommaire – il n'alla même pas jusqu'au baccalauréat – c'est dans des lectures personnelles – Péguy, Bergson, Maritain, Claudel, Mauriac, Bernanos, Giraudoux – et plus encore dans l'action qu'il puisa des connaissances et découvrit ce qui confère du sens à la vie : en tout premier lieu, le souci prépondérant des autres. Ce souci s'exprima dans l'Action Catholique et ensuite, dans les Équipes Sociales. Ce mouvement d'inspiration péguyste était né au lendemain de la guerre 1914-1918. Il se proposait de transposer dans la vie civile et dans l'univers professionnel la profonde solidarité humaine découverte et vécue dans les tranchées. La guerre, malgré ses horreurs, avait une face positive. Elle révélait aux hommes tapis dans les tranchées l'inanité d'autres conflits où ils s'entre-déchiraient. À tout le moins, elle leur suggérait un moyen de dépasser leurs antagonismes. La complémentarité mieux perçue des talents et des compétences n'était-elle pas la voie d'accès à une convivialité génératrice de meilleures relations sociales ? Parallèlement à la prise de conscience par l'Église des problèmes sociaux, les Équipes Sociales entendaient substituer à la lutte des classes un dialogue vrai débouchant sur la compréhension réciproque et sur une action solidaire. En fait – qu'on se rappelle Péguy – les Équipes rapprochaient des hommes de « chrétienté » et des hommes de « liberté ». Elles incarnaient la volonté de conserver une certaine « optique des rapports entre les hommes ». L'influence de Péguy et de Sangnier – ce dernier, définitivement préféré à Maurras – trouvait à se déployer dans l'action d'Edmond Michelet. C'est dans la vie, particulièrement au sein des Équipes, au contact et à l'écoute des réalités et des tendances diverses, qu'il acquit et aussitôt partagea le meilleur de sa formation.

Ces influences conjuguées expliquent son entrée dans la Résistance et, plus tard, son comportement au camp de concentration de Dachau. Dans l'immédiat, elles justifiaient, malgré de notables différences de tempérament, l'estime que Stock et Michelet eurent l'un pour l'autre.

Son métier de courtier en alimentation et ses démarches au service du « Secours National », mettaient Michelet en relation avec beaucoup de monde. En outre, ces activités de surface camouflaient fort bien celles du résistant. Il cachait, puis aidait à fuir le pays, ceux que traquait le régime de Vichy, en particulier des Juifs et des immigrés allemands antinazis[1] tels que Balduin Schwartz et le professeur Dietrich von Hildebrand. Il fut bientôt

1. Pour établir de faux passeports à leur usage, Michelet avait réussi à dérober un cachet chez le préfet de Corrèze.

choisi comme responsable de la cinquième région (la Zone « libre » en comptait six) du mouvement de Libération nationale créé par Henri Frenay, mouvement plus commodément désigné par le nom de son journal *Combat*. Peu enclin à dissimuler son jeu, Michelet déclina l'invitation qui lui était faite de quitter momentanément Brive-la-Gaillarde. Ce n'était guère possible à un chef de famille de sept enfants. Comment s'étonner, dans ces circonstances, que la police allemande – qui occupait déjà l'intégralité du territoire français – vînt le cueillir au petit jour rue Champanatié le 25 février 1943 ?

Suspecté à juste titre de jouer un rôle important dans la Résistance, Edmond Michelet, transféré à Fresnes, passa six longs mois au secret. Épreuve insurmontable pour cet homme qui était toute action ? Ce serait oublier qu'il était fondamentalement homme religieux. Fresnes, qui de prime abord devait être une démoniaque entreprise de dépersonnalisation, resta sans prise sur un homme qui, de son cachot, réussit à faire une cellule monastique et des six mois de secret une sorte de noviciat pour le reste de sa vie. « L'incarcération libérait son âme », écrit le bâtonnier Yves Périssé à qui Michelet, pensionnaire de Fresnes avait confié : « Que l'on est bien ici pour prier[1] ! »

Sa piété reposait sur deux piliers. Le premier était la prière à laquelle il consacra autant de temps qu'un trappiste, faisant de la Bible et de la prière liturgique la charpente de la journée, priant avec celle qui n'est que prière, Marie. Le second pilier de sa vie chrétienne était la communion eucharistique dont il avait faim et soif et que l'aumônier lui apportait tous les samedis.

Au camp de concentration de Dachau où il arriva au mois de septembre 1943, il eut une influence étonnante parmi les « sursitaires de la mort lente » (titre du livre de Louis Terrenoire). Au cœur de cette « maison des morts » (Dostoïevski), « là où finissait l'humanité » (Frossard), son regard et son agir furent les vecteurs d'une bonté héroïque. À des hommes prostrés il redonna courage de vivre et fierté patriotique. Avec discrétion, il narre son expérience de prisonnier dans un livre intitulé *Rue de la Liberté*, du nom dont les prisonniers avaient paradoxalement baptisé l'artère principale du camp de Dachau. Mais cette appellation ironique révélait une vérité majeure : on n'enchaîne pas la liberté et, moins encore, la charité. Tout cependant contribuait à opposer détenus contre détenus et à faire de ces êtres des choses (*Stücke*) plutôt que des humains. Ce milieu, où régnait le mystère du mal « que les nazis auront en quelque sorte rajeuni » (Mauriac), Michelet, tout simplement, l'évangélisa : à ses compatriotes, compagnons d'infortune, il restitua espoir et dignité.

1. (p. 89). Jusqu'à la fin de ce chapitre, les pages mentionnées entre parenthèses sans autre indication se réfèrent à *À la mémoire d'Edmond Michelet (1899-1970). Témoignages reçus ou publiés à l'occasion de sa mort.* [1972].

Vincent Bade, un codétenu de Dachau écrit : « Alors que tant d'entre nous avaient surtout la préoccupation de survivre, lui s'était donné la tâche de nous aider » (p. 61).

La diabolique entreprise nazie de déshumanisation devint avec le temps une fourmilière où grouilleraient plus de vingt-mille déportés. Le typhus ne tarda pas à se déclarer. Avec d'autres chrétiens, dont le jésuite Jacques Sommet, Edmond Michelet se porta volontaire pour être séquestré avec les malades. Une sorte de camp dans le camp. Sa joie – il l'exprima beaucoup plus tard au Congrès eucharistique qui se tint à Munich, non loin de Dachau ! – était d'allumer un sourire sur le visage des agonisants auxquels il allait glisser entre les lèvres l'hostie consacrée. Ce simple geste, il le savait, était passible de mort. Des hommes qui moururent entre ses bras il put dire : « Aucun de ceux que j'ai vu mourir ne m'a chargé de le venger[1]. »

Qui s'étonnera que les trois mille sept cents Français du camp de concentration de Dachau le désignèrent pour être le responsable du Comité national que chaque communauté avait à installer ? Il rendit cet ultime service à ses camarades, se condamnant ainsi à quitter l'enfer parmi les derniers, un mois après la libération du camp par l'armée américaine. S'attachant à définir le rôle de Michelet à Dachau, le Père Sommet écrit : son génie était « de créer une relation entre des gens qui sont habités par une attitude commune mais ne le savent pas[2] ».

Moins de six mois plus tard, Michelet fut bien ahuri de se voir désigné par De Gaulle comme ministre des Armées. Le général le tenait en particulière estime, comme l'attestent les mots qu'il écrivit sur une photo qu'il lui dédia le 30 août 1961 : « À Michelet, en témoignage pour tout ce qu'il a fait, en toute confiance pour ce qu'il fera, au service de la France. » En qualité de ministre des Armées, sa voie, nous le verrons plus tard, croisa une dernière fois celle de Stock. L'engagement politique, à ses yeux, était un terrain privilégié pour l'exercice d'une plus grande charité. Comme Léon Bloy, il réprouvait l'inconséquence qu'il y avait à dissocier chez l'homme d'État chrétien sa vie privée et sa vie publique. Garde des Sceaux en 1959, il observa cette ligne de conduite, quitte à n'être pas toujours compris. Comme le dira un jour à Strasbourg Mgr Pierre Bockel, il avait la réconciliation dans le sang. Ses prises de position en faveur de l'amnistie, sa condamnation sans équivoque des bavures dont certains Français furent coupables pendant la guerre d'Algérie, ne plurent pas à tout le monde. Il connaissait cette capacité de garder rancune et de haïr qui est dans l'homme et qui, sans atteindre toujours le paroxysme des

1. E. MICHELET, *Rue de la liberté,* Paris, [1955], p. 214.
2. J. SOMMET, *L'honneur de la liberté,* [Paris, 1987], p. 86-87.

camps de concentration, rôde partout où des humains vivent ensemble. En revanche, en pardonnant, Michelet faisait en sorte « que celui qui a été coupable puisse recommencer sa vie avec une nouvelle donne, supérieure à la précédente, car elle résulte de l'amour ».

À peu près contemporains – ils différaient de moins de cinq ans –, Michelet, laïc français et Stock, prêtre allemand n'avaient qu'une passion, rapprocher les hommes en et par Celui qui a révélé un Amour qui allait plus loin. Michelet s'y employa par la politique en laquelle il voyait le plus grand moyen de servir, Stock le fit en étant simplement et en toutes circonstances prêtre de Jésus-Christ.

Les points communs entre eux ne manquent pas : influence de Sangnier qui développa en eux l'amour de la liberté et de la démocratie. Tous deux furent protagonistes de la réconciliation et, pour reprendre les éloges prononcés lors de la mort de Michelet, « artisans de tous les œcuménismes » (p. 51). Volonté commune de « toujours communiquer à d'autres ce qu'ils venaient de découvrir » et « besoin de donner une forme concrète à tout projet dont la réalisation leur paraissait souhaitable » (p. 10-11). « Pour refuser de se ménager, ils avaient des raisons de vocation plus fortes que les raisons de sagesse » (p. 21).

Malraux, s'interrogeant sur le fil conducteur de la vie de Michelet, écrit : « Avec de gros souliers et la pèlerine imaginaire héritée de son maître Péguy, avec sa captivité et ses mandats, avec la cathédrale de Chartres qu'il portait dans son cœur, il a été toute sa vie l'aumônier de la France » (p. 39).

En lisant cet éloge de Malraux, on songe, en contrepoint, à Franz Stock pétri de la spiritualité de la Route, admirateur de Péguy, hôte volontaire des prisons, amoureux de la cathédrale de Chartres près de laquelle il repose pour toujours, loyal envers sa patrie, aumônier à Paris des soldats de la Wehrmacht et des résistants français.

La cause de béatification de l'un et de l'autre a été introduite.

Le communisme interdit : Gabriel Péri

Gabriel Péri était de peu l'aîné de Franz Stock. Les deux hommes avaient en commun un généreux idéal de fraternité humaine et militaient pour la paix. Mais ils poursuivaient ces objectifs par des voies divergentes. Curieusement, la vie tumultueuse de Gabriel Péri n'a pas encore trouvé son biographe. Emportée par une fidélité intransigeante et rigoureuse à des causes humanitaires, sa vie allait être brutalement interrompue en 1941.

Né à Toulon en 1902, issu de la petite bourgeoisie, il fut brillant élève au lycée de sa ville natale. Son père, chef de comptabilité à la Chambre de commerce devait mourir jeune. De sa mère très pieuse il devait recevoir une éducation religieuse mais qui, ne débouchant pas sur l'engagement social auquel il aspirait et prodiguée sans démarche critique, allait être balayée pendant son adolescence. Vers l'âge de seize ans, il adhéra aux jeunesses socialistes et peu après, en 1919, s'affilia au parti (S.F.I.O.). Comme beaucoup de jeunes de l'époque, il était fasciné par la révolution russe et l'Internationale socialiste. De cette évolution on ne peut trouver meilleure exégèse que dans l'*Autobiographie* de celui qui la vécut : « Je me suis éveillé à la vie pensante dans un monde encore en guerre. La guerre était le grand fait que l'on rencontrait à tous les tournants du chemin... Je cherchais une explication à la guerre... comme un bouleversement dont je voulais découvrir le sens. Les explications classiques ne me suffisaient plus. L'ambition, l'orgueil des hommes, leurs rivalités ne m'expliquaient rien... Le souci de découvrir le sens de la vie, l'explication des événements est devenu à cette époque le principal stimulant de mes études[1]. »

Il lut Marx. Le matérialisme historique et dialectique lui parut comme une clef de lecture de l'histoire. « Le monde m'était expliqué. Je découvrais qu'il avait forgé les instruments de sa ruine et groupé les hommes qui manieraient ces instruments. Le socialisme m'apparut alors non plus comme un groupement semblable à d'autres, mais comme le formidable rassemblement d'hommes commis à rénover l'humanité... La lutte pour le socialisme, pour la révolution ne pouvait être en "marge" d'une activité essentielle. Elle était l'essentiel ; elle devait être ma vie... Adhésion d'origine intellectuelle, cérébrale, peut-être, mais somme toute, l'expérience a démontré que des adhésions de ce genre ne sont pas de qualité inférieure et de fidélité moins sûre[2]. »

Admirable récit de vocation à laquelle, de fait, il fut fidèle.

Il est vraisemblable qu'à cette époque il subit l'influence d'un ancien prêtre Flavien Veyren passé de la Jeune République de Sangnier au socialisme. Entre-temps, en décembre 1920 s'était tenu à Tours le congrès qui décida de l'adhésion du parti socialiste à la IIIe Internationale : c'était la naissance du parti communiste français. Les jeunes socialistes qui passèrent à cette nouvelle formation politique furent légion. Gabriel Péri, qui était du nombre, devint bientôt secrétaire régional des jeunesses communistes.

---

1. *Les lendemains qui chantent. Autobiographie de Gabriel Péri* présentée par L. ARAGON, Éditions sociales, Paris, 1947, p. 25-26.
2. *Ibidem, passim,* p. 26-30.

Déjà au début de 1920, il avait été arrêté une première fois pour avoir distribué des tracts antimilitaristes aux abords d'un conseil de révision. Pour des raisons analogues, il sera dorénavant l'hôte assidu des geôles françaises.

Ce style de vie qui déplaisait fort à sa famille l'amena à rompre avec celle-ci à l'âge de vingt ans. Son départ pour Paris consomma la rupture. L'année suivante on le retrouve dans la Ruhr où il tente de gagner à ses idées révolutionnaires des soldats français des troupes d'occupation.

De retour à Paris, il dirige la rubrique internationale de *L'Humanité*. Évoquant un jour sa chronique, il dit : « J'ai tenu ma profession comme une manière de religion, dont la rédaction de mon article quotidien était chaque nuit le sacerdoce[1]. » Pendant tout ce temps il est maintes fois poursuivi pour incitation de militaires à la désobéissance. En 1927, il épouse Mathilde Taurynia, militante communiste. Deux ans plus tard, il devient membre du Comité Central du parti communiste. Son mandat fut toujours reconduit. Brillant orateur, il réussit à se faire élire député de Seine-et-Oise en 1932 et à nouveau en 1936, aux élections du Front Populaire. À cette époque il est un analyste reconnu et un commentateur remarquable de la politique étrangère. Cela l'entraîne en compagnie de Jean Chaintron dans un voyage en Indochine où il dénonce les méfaits du colonialisme et multiplie les contacts avec les communistes locaux. Son talent d'écrivain-orateur lui suggère des formules brillantes bien frappées dont il ne fut pas seul à faire usage : on les retrouve dans les discours de Maurice Thorez, secrétaire général du parti communiste…

Vie rectiligne dans la fidélité non à des appréciations personnelles, mais – du moins en public – aux prises de position du Parti, elles-mêmes dictées par Moscou. Certaines de ces orientations ne manquaient pas de l'embarrasser. Le 4 octobre 1938, à la Chambre des Députés, il avait stigmatisé la lâcheté et la faiblesse du gouvernement français qui, en signant les accords de Munich, avait « immolé une victime amie de la France » [la Tchécoslovaquie] sans que « ce sacrifice ait acheté la paix ». Hitler, soulignait-il, avait hésité chaque fois que les pays démocratiques avaient adopté une attitude ferme. « La guerre s'est rapprochée, écrivait-il cinq jours plus tôt à l'adresse des négociateurs français, chaque fois que nous avons cédé[2]. » Or, le lendemain de l'annonce de la signature du pacte germano-soviétique, le 23 août 1939, Péri, chef du département des affaires étrangères du journal *L'Humanité* publiera sans y apporter de commentaire la citation – vieille à vrai dire de trois ans – de Maurice Thorez, alors secrétaire général du Parti : « Il faut s'entendre avec quiconque offre une chance, si minime soit-elle, de sauvegarder la paix… Il

---

1. *Un grand Français, Gabriel Péri,* Paris, 1947, p. 114.
2. *L'Humanité,* 29 septembre 1938.

faut s'entendre, même avec l'Allemagne de Hitler[1]. » Des ordres venus de Moscou avaient dicté cette volte-face... Et le 1er octobre 1939, alors que la France était entrée en guerre depuis un mois, Péri approuva une lettre au ministre Héritât où les signataires conseillaient formellement que la France acceptât les propositions de paix que l'Allemagne lui feraient prochainement. Péri ne se démarquera pas davantage des attaques fréquentes du Parti contre De Gaulle qu'en janvier 1941 encore, *L'Humanité* qualifiera d'« allié du gouvernement réactionnaire anglais ».

Contradiction ? Nous mesurons ici la terrible force contraignante d'une idéologie qui considérait comme valeur première la fidélité aveugle à la ligne directrice de l'Internationale socialiste. Gabriel Péri se solidarisa en public avec son parti. Mais il semble bien qu'il ait, en privé, exprimé certains désaccords, ce qui n'eut pas l'heur de plaire en haut lieu. Il fut arrêté par la police française, probablement vers la mi-mai 1941. Fut-il « donné » par la direction du Parti (Duclos) comme on l'a prétendu ? C'est peu probable. Mais il se cachait dans un endroit vulnérable et les responsables du Parti ont négligé de le mettre en sécurité.

Les raisons de son arrestation restent obscures : elles sont liées à son appartenance au parti communiste dissous par le gouvernement français, et à son opposition au nazisme. Obscures sont aussi les raisons qui l'ont fait choisir parmi les nombreux internés pour être exécuté comme otage : Louis Aragon atteste que Pierre Pucheu, ministre de l'Intérieur du gouvernement de Vichy, a demandé sa tête alors qu'il n'était condamné qu'à six ans de prison. On tient ce renseignement de l'interprète, qui était un agent double au service de l'Angleterre.

Au cours des sept mois de sa détention à la Santé, Gabriel Péri écrivit pour ses juges un document autobiographique de trente-cinq pages qui constitue un chef-d'œuvre. Cet écrit fait l'admiration du poète Aragon : « On s'étonnera sans doute, écrit-il, de la perfection de ce document sans pair. Pas une phrase inutile, pas une complaisance, une digression. L'essentiel, la ligne droite[2]. »

Un mois avant sa mort, il fut interrogé et torturé. Deux fois, semble-t-il, on lui offrit sa libération en échange de la renonciation à ses idées soit par sa démission du parti communiste, soit plus probablement par une condamnation du recours au terrorisme. Il refusa. Il refusa aussi toute aide religieuse.

C'est en vain que Stock demanda sa grâce au commandant militaire de Paris ; celui-ci ne pouvait rien faire à l'encontre d'une décision de la Gestapo

---

1. *L'Humanité,* 23 août 1939.

2. Dans *Les lendemains qui chantent. Autobiographie de Gabriel Péri* présentée par L. ARAGON, Éditions sociales, Paris, 1947.

pour qui Péri était le candidat numéro un à la mort[1]. La veille de son exécution, transféré au Cherche-Midi, Gabriel Péri pria Franz Stock – qu'il avait déjà rencontré à la Santé[2] – de remettre son alliance à son épouse. Celle-ci avait été arrêtée dès 1940. Il écrivit ensuite un dernier message : « L'aumônier du Cherche-Midi vient de m'annoncer que je serai, tout à l'heure, fusillé comme otage... Que mes amis sachent que je suis resté fidèle à l'idéal de toute ma vie... J'irais dans la même voie si j'avais à recommencer ma vie.

« J'ai souvent pensé cette nuit, à ce que mon cher Paul Vaillant-Couturier disait avec tant de raison, que le communisme était la jeunesse du monde et qu'il préparait des lendemains qui chantent.

« Je vais préparer tout à l'heure des lendemains qui chantent[3]. »

Louis Aragon – les renseignements ne peuvent venir que de Franz Stock – témoigne qu'effectivement il mourut en chantant. « Péri a regardé en face ses bourreaux. Les fusils allemands l'ajustent et lui chante. *La Marseillaise* monte dans le petit matin. La première salve le fait tomber sur les genoux. Alors toute sa vie généreuse lui remonte aux lèvres, et lui qui chantait pour les Français veut chanter pour l'humanité entière : c'est *L'Internationale*... que la seconde rafale allemande devra éteindre en l'achevant. Ainsi se termine l'histoire de Gabriel Péri.

« Ainsi commence sa légende[4]. »

Plus tard, après la Libération, interrogé en présence du colonel Gourut par deux communistes qui voyaient en Stock un complice de l'exécution, l'ancien aumônier conclut par ces mots : « Si j'avais été à la place de Gabriel Péri, je ne suis pas sûr que je serais mort comme lui[5]. »

Une notice de Philippe Robrieux présente très bien cette personnalité engagée : « Élégant, raffiné, brillant... sceptique voire désabusé lors de la phase ultra-gauchiste ou après le “Pacte”, mais incapable de rompre avec un

---

1. S. KLEINE, *Mein Erleben mit Franz Stock*, texte manuscrit, p. 4.
2. Selon le témoignage de S. Kleine, Stock aurait déjà connu Péri beaucoup plus tôt dans le cadre des mouvements de jeunesse (S. KLEINE, *Ibidem*, p. 3-4).
3. Dans *Un grand Français, Gabriel Péri,* Paris, 1947, p. 125-126.
4. Dans *Les lendemains qui chantent. Autobiographie de Gabriel Péri* présentée par L. ARAGON, Éditions sociales, Paris, 1947.
5. R. CLOSSET, *Franz Stock, aumônier de l'enfer,* [Paris, 1992], p. 140. Franz Stock était alors prisonnier au camp du Coudray. Sigismund Kleine, qui lui parla à son retour de l'interrogatoire, rapporte que les enquêteurs voulurent en savoir plus long sur sa tentative de sauver le condamné. Comme le prêtre ne pouvait leur donner des indications supplémentaires, ils mirent en cause son activité sacerdotale, le traitèrent de « mouchard de la Gestapo » et de « cochon de nazi » et l'accusèrent de porter une part de responsabilité dans la mort de Gabriel Péri. Stock fut si ébranlé par cet interrogatoire qui avait duré deux heures qu'il revint à son baraquement en titubant (S. KLEINE, *Ibidem,* p. 4).

mouvement auquel il était bien trop attaché, brave jusqu'à la témérité, comme s'il était détaché de l'existence, Gabriel Péri attend encore l'écrivain qui saura évoquer en vraie grandeur sa personnalité si étonnante et si attachante[1]. »

Paul Eluard, dans un de ses poèmes, écrit à son sujet :

« Un homme est mort qui n'avait pour défense
Que ses bras ouverts à la vie[2]. »

Louis Aragon lui dédia la *Ballade de celui qui chanta dans les supplices* :

Et s'il était à refaire
Je referais ce chemin[3]
Une voix monte des fers
Et parle des lendemains

On dit que dans sa cellule
Deux hommes cette nuit-là
Lui murmuraient Capitule
De cette vie tu es las

Tu peux vivre tu peux vivre
Tu peux vivre comme nous
Dis le mot qui te délivre
Et tu peux vivre à genoux

Et s'il était à refaire
Je referais ce chemin
La voix qui monte des fers
Parle pour les lendemains

Rien qu'un mot la porte cède
S'ouvre et tu sors. Rien qu'un mot
Le bourreau se dépossède
Sésame. Finis les maux

---

1. Ph. Robrieux, article Péri dans *Histoire intérieure du Parti communiste*.
2. P. Eluard, *Au rendez-vous allemand*, p. 39.
3. Sophie Scholl aurait fait la même réponse à un juge militaire qui, peut-être pour la sauver, l'incitait à faire preuve de repentir.

Rien qu'un mot rien qu'un mensonge
Pour transformer ton destin
Songe songe songe songe
À la douceur des matins

Et si c'était à refaire
Je referais ce chemin
La voix qui monte des fers
Parle aux hommes de demain [...]

Je meurs et France demeure
Mon amour et mon refus
Ô mes amis si je meurs
Vous saurez pour quoi ce fut

Ils sont venus pour le prendre
Ils parlent en allemand
L'un traduit Veux-tu te rendre
Il répète calmement

Et si c'était à refaire
Je referais ce chemin
Sous vos coups chargés de fers
Que chantent les lendemains[1].

Et dans *La Rose et le Réséda*, le même poète célébra d'un seul jet d'Estienne d'Orves et Gabriel Péri :

Celui qui croyait au ciel
Celui qui n'y croyait pas[2].

Une ligne d'évasion : Andrée et Paul De Jongh

En date du 28 mars 1944, le *Journal* de l'abbé Stock signale plusieurs exécutions. Parmi les victimes, trois membres du réseau Comète : Robert Aylé,

1. L. ARAGON, dans Un grand Français. Gabriel Péri, Paris, 1947.
2. L. ARAGON, *La Diane Française*, Paris, 1945, p. 24-25.

Frédéric De Jongh et Aimable Fouquerel. Les activités de cette organisation clandestine méritent de retenir l'attention.

Andrée De Jongh qui la fonda en 1941 avec Arnold Deppé n'avait alors que vingt-trois ans. Des militaires anglais n'avaient pu réembarquer à Dunkerque en juin 1940. Ils se cachaient en Belgique, mais leur séjour prolongé posait tant pour eux-mêmes que pour ceux qui les hébergeaient des problèmes de plus en plus épineux. S'attachant à les résoudre, Andrée De Jongh eut l'idée de créer une filière à travers la France jusqu'en Espagne d'où un service anglais conduirait les rescapés à Gibraltar. L'itinéraire présentait deux difficultés majeures : le passage – très surveillé – de la Somme qui constituait une sorte de frontière (le nord de la France et la Belgique dépendaient du même commandement militaire allemand), et la traversée des Pyrénées, en particulier le passage à gué de la Bidassoa, aux crues redoutables, séparant la France de l'Espagne. En outre, les patrouilles espagnoles tiraient sans sommation. Les principaux relais de cette longue route étaient Valenciennes, Paris, Bayonne.

Le réseau mis en place comptera beaucoup de membres très jeunes : les guides qui conduisent les hommes de relais en relais, les logeurs qui les hébergent, les passeurs, les pourvoyeurs de nourriture, de vêtements, les faussaires virtuoses dans la confection de *Passierschein*, sortes de passeports.

Bien vite, la ligne Comète (ou Dédée, comme disent les Anglais, du nom d'Andrée De Jongh) prit aussi en charge des patriotes belges ou français qui risquaient d'être arrêtés par l'occupant. Mais sa raison d'être principale devint bientôt l'acheminement d'aviateurs anglais, puis américains, canadiens, australiens ou néo-zélandais qui avaient sauté de leur avion en perdition. Ils pouvaient être nombreux car l'équipage d'une forteresse volante comportait de huit à douze hommes.

Un remarquable système de ramassage sera mis sur pied. Dans les régions du Limbourg belge et hollandais ainsi que des Ardennes proches des grandes villes industrielles allemandes, objectifs privilégiés de l'aviation alliée, le réseau Comète entre, dans chaque village, en relation avec le curé, le médecin et l'instituteur. Si un aviateur vient à tomber dans la campagne environnante, il est presque impensable que l'un de ces trois notables locaux n'en soit informé par un paysan. Du village à la bourgade voisine puis à des villes telles que Liège, Hasselt, Namur, Gand, Anvers, partout Comète dispose d'agents qui recueillent les aviateurs alliés, les logent, leur fournissent des vêtements civils et finalement les acheminent à Bruxelles, point de départ de la filière pour l'Espagne. En France, les aviateurs sont conduits à Lille ou à Rouen avant de rejoindre la *Ligne* à Paris. Rien qu'en Belgique, près de quatre mille personnes sont dans le coup. Après la suppression du contrôle de la Somme, le relais de Valenciennes perd sa raison d'être et c'est Paris qui devient le

Quartier Général, modification d'autant plus justifiée que se crée après le réseau belge, un second réseau de ramassage qui conduira vers la capitale française les aviateurs tombés dans le nord de la France et en Normandie.

Dès la première expédition, Arnold Deppé, cofondateur de Comète, et le groupe qu'il convoyait furent arrêtés, sur dénonciation. Andrée De Jongh n'en poursuivit pas moins l'aventure, mais se sachant menacée, elle quitta Bruxelles et concentra principalement ses activités dans le Sud de la France. Partant de Bayonne, elle franchit trente-trois fois les Pyrénées, menant ainsi en Espagne cent dix-huit hommes, dont quatre-vingts aviateurs. Une dénonciation la fit arrêter le 15 janvier 1943 alors qu'elle avait entrepris la trente-quatrième expédition qui devait conduire en Espagne trois « enfants » (c'est ainsi qu'on désignait les militaires), deux Américains et un Anglais. De prison en prison – elle en connaîtra dix – cette indomptable jeune femme sera finalement expédiée au camp de concentration de Ravensbrück, puis à celui de Mauthausen. Son surnom, bien suggestif, était le Cyclone. Les Anglais, eux, la surnommaient la Postière à cause du havresac qu'elle portait allègrement sur le dos pendant les marches de huit heures que comportait l'étape des Pyrénées.

Quand Andrée fut contrainte de quitter Bruxelles, son père, Frédéric De Jongh – Paul de son nom de guerre – décida de la remplacer. Il dirigeait l'école communale n° 4 dans un faubourg nord-est de Bruxelles. Pour faire croire aux Allemands qu'elle avait gagné l'Angleterre, Andrée avait fait diffuser par la radio de Londres un faux message codé : « Dédée bien arrivée. » La police allemande n'en exerçait pas moins une surveillance discrète sur la maison De Jongh à tel point que Paul crut prudent de s'éclipser. Il se fit porter malade à son école et élut domicile dans un autre quartier de Bruxelles. Finalement, à la fin d'avril, sur les instances de sa fille, il émigra à Paris muni d'une simple adresse, celle du Père Riquet, un jésuite. Celui-ci le mit en relation avec Robert Aylé.

Paul – devenu pour la circonstance Monsieur Moreau – et Robert vont travailler maintenant de conserve. Ils habitent le même quartier dans le VIIe arrondissement. Le Belge loge rue Oudinot, au n° 10 dans le même immeuble qu'Aimable Fouquerel, un logeur ; Robertet Germaine, son épouse, occupent un appartement au 37, rue de Babylone.

Les services de Bruxelles, de Paris et de Bayonne fonctionnent à merveille. Michaël Creswell de l'ambassade d'Angleterre réceptionne les hommes en Espagne à Saint-Sébastien. À l'insu de son propre ambassadeur qui avait des sympathies pour le régime franquiste, il les conduit, muni de faux papiers, dans une Rolls de l'ambassade, à Madrid et de là à Gibraltar. Il est en admiration devant le travail réalisé par Andrée De Jongh : « C'est presque plus fort que l'Agence Cook ! » Londres est enthousiaste, d'autant que l'existence de lignes d'évasion – Comète était la plus importante, mais pas la seule (il y avait aussi Zéro, Marc, Val et d'autres) – offrait aux aviateurs alliés envoyés sur l'Allemagne une alternative autre que la mort ou la captivité en cas d'accident. Il n'était pas indifférent pour leur moral de savoir que, même si leur avion était abattu, ils avaient des chances d'être rapatriés.

Mais aux périodes d'euphorie succèdent les épreuves. Andrée De Jongh est arrêtée, on l'a vu, lors de son trente-quatrième passage des Pyrénées et, dans la capitale belge, la police allemande réussit un coup de filet tragique : la tête du réseau est décapitée. Il en sera de même à Paris. Paul estime prudent de quitter la rue Oudinot pour la rue Vaneau, dans le même quartier mais plus proche de l'appartement de Robert. Son épouse, ses deux filles, sa sœur ont été emprisonnées à Bruxelles. Quand le chagrin l'assaille, il va terminer la soirée au foyer de Robert. Une profonde amitié s'est tissée entre les deux hommes. Le centre d'hébergement de Paris, le réseau français de ramassage est leur œuvre commune. Plusieurs traits de caractère rapprochaient les deux amis : esprit de décision, noblesse de cœur, dévouement illimité et aussi espièglerie et douceur, qui s'accompagnaient chez Paul de combativité et d'un sens aigu de la justice. Cependant les deux hommes ne partageaient pas la même foi. Paul avait été élevé dans une famille flamande, mais l'éducation chrétienne reçue alors n'avait guère laissé de traces après son retour dans sa propre famille de tendance libérale et anticléricale. Un livre sur le Christ aperçu chez les Aylé lui avait fait dire peu avant son arrestation : « Dieu, oui ! mais votre Christ, non ! »

Robert Aylé, en revanche, était chrétien affirmé, un homme tranquille, de tendance mystique. Tertiaire dominicain, brancardier de Lourdes, il avait fondé un refuge pour les clochards. Il allait parfois passer la nuit avec eux. Il estimait que son engagement chrétien devait aussi s'exprimer dans la résistance active contre le nazisme. Pour promouvoir ses idées, il collaborait aux activités de la presse clandestine. C'est le Père Riquet, on l'a dit plus haut, qui avait été intermédiaire entre Robert et Paul. On disait de ce jésuite qu'il « tenait dans les plis de sa soutane tous les fils de la Résistance ». Robert entra donc dans le réseau Comète. L'esprit de ce mouvement lui plaisait. Andrée De Jongh, la fondatrice, l'expliquera plus tard : « Ne nous remerciez pas, nous qui avons eu la joie de combattre sans devoir frapper[1]. » Elle souligne que jamais les membres de Comète n'ont été armés. Cécile Jouan, auteur de l'histoire de Comète, en décrit ainsi l'esprit : « Il était fait d'amour de l'équipe, de don total de soi ; il était fait aussi d'indépendance… [La Ligne] se faisait un point d'honneur de ne recevoir ni ordres ni subsides. Elle

1. Cécile JOUAN, *Comète. Histoire d'une ligne d'évasion*, [Furnes, 1948], p. 3.

amenait les hommes. Londres remboursait le prix de leur voyage. C'était tout… Oui, notre guerre fut pure de haine… Ces garçons et ces filles – ils n'avaient pas vingt-cinq ans – combien leurs visages étaient lisses, tranquilles, et comme délivrés[1] ! » Un merveilleux climat d'amitié régnait entre les principaux responsables, généralement très jeunes.

Le 7 juin 1943, des « enfants » viennent de Bruxelles. Jean Masson, un nouveau venu dans le réseau, demande que tous les membres disponibles de Paris soient au rendez-vous sur le quai du métro gare du Nord. À 16 h 30 précises la rencontre a lieu : Paul, Robert, Germaine et une logeuse sont là. Sourires, poignées de mains. Mais soudain une douzaine d'Allemands mêlés à la foule les entourent. Jean Masson est un traître, agent de la Gestapo parisienne… Le Père Riquet, Aimable Fouquerel et d'autres tomberont dans les mailles du filet ; parmi ceux-ci, le 20 juin, le docteur Bohn sera arrêté en même temps que les deux aviateurs américains qu'il hébergeait ; auparavant, il en avait déjà accueilli sept.

L'abbé Stock fait la connaissance de Robert et de Paul à Fresnes ; il y rencontrera aussi – on le verra plus loin – le docteur Bohn. Il prête des livres à Paul, mis au régime du secret, des livres d'art surtout, car l'aumônier des prisons est très soucieux de ne pas exercer de pression indiscrète sur les prisonniers. Cependant, après neuf mois de détention, au cours du procès, Paul aura l'occasion de chuchoter à Mme Aylé : « J'ai une grande nouvelle à vous apprendre, qui vous fera plaisir : je crois ! L'abbé Stock m'a beaucoup aidé, il m'a prêté des livres[2]. »

Le verdict du tribunal est sans surprise : condamnation à mort pour Frédéric De Jongh, pour Robert Aylé et pour Aimable Fouquerel ; la déportation pour Germaine Aylé.

Pendant les quinze jours qu'il reste à vivre aux deux amis, Robert Aylé se fait catéchiste de son ami Paul. Celui-ci demande et obtient d'occuper la cellule voisine de celle de Robert. Franz Stock passera la dernière nuit avec eux. Le matin, ils participent ensemble à la messe. Les deux condamnés à mort communient côte à côte. Frédéric De Jongh réitère ainsi la première communion de son enfance. Il laisse une lettre à sa fille : « N'aie pas de remords. » « Homme profond et de grande valeur », écrira Stock dans son *Journal*. Quant à Robert Aylé, son nom est suivi de ces mots : « D'un calme et d'une piété exceptionnels, a très souvent communié… »

Dans l'immédiat, il incombait à Stock d'annoncer à Mme Aylé, détenue elle aussi à la troisième section de Fresnes, la mort de son mari. « Ce fut très

---

1. *Ibidem*, p. 2-3.
2. R. CLOSSET, *Franz Stock, aumônier de l'enfer,* [Paris, 1992], p. 177.

dur », note-t-il le 31 mars. Quand Mme Aylé reviendra de déportation et reprendra contact avec l'aumônier des prisons pour en savoir plus sur la mort de son mari, l'abbé Stock répondra : « Un vrai saint, modèle du catholique français, type de l'Action Catholique... Il pensera à nous qui restons, comme il m'a promis au dernier moment[1]. » De Robert Aylé et d'autres fusillés, il écrit plus loin : « Ce sont nos grands saints modernes... Si j'ai besoin d'un appui là-haut je leur rappelle ce qu'ils ont dit au dernier moment... et je suis tant de fois exaucé[2]. »

Vie éprouvante que celle de Stock ! Après avoir annoncé à Mme Aylé l'exécution de son mari, il eut encore à assister, le même jour, à l'exécution de Blaise Rigaud, vingt-deux ans, et d'Abel Plisson, vingt-trois ans. À propos de Blaise Rigaud, le *Journal* signale : « A prié longtemps, à genoux par terre dans sa cellule. Aucun signe de faiblesse, tout donné à Dieu... A chanté tout au long du parcours. »

Frédéric De Jongh et Robert Aylé furent du nombre des deux-cent-treize membres de Comète qui mourront fusillés ou des suites de leur incarcération[3]. Mais sept-cent quatre-vingt-dix-huit aviateurs alliés, grâce à la *Ligne*, ont rejoint l'Angleterre ou étaient en voie d'acheminement lors de la Libération. Le prix payé est lourd. Est-il disproportionné ? Il semble que non car l'effort de guerre, spécialement en raison de la durée de l'instruction, demandait qu'on perde le moins d'aviateurs possible. De surcroît, l'existence de la ligne d'évasion soutenait le moral des aviateurs envoyés sur l'Allemagne.

En décembre 1946 ou en janvier 1947, Andrée De Jongh rencontra l'abbé Stock à Chartres dans une demeure attenante à l'église Saint-André. Le curé de l'endroit lui avait bien recommandé de ne pas prolonger son entretien avec Stock, alors Supérieur du Séminaire des Barbelés, car il séjournait en ce lieu pour des raisons médicales. Il alla ensuite le chercher à l'église. Dès que l'abbé Stock vint à elle, Andrée De Jongh le vit *« entouré d'une multitude »*. Après plus de quarante ans, elle parle de cette expérience absolument inattendue avec émotion. Elle ne connaissait pas encore à cette époque le livre d'Isaïe décrivant le *Serviteur souffrant* « qui aura sa part parmi les multitudes » ni la « foule immense » de l'Apocalypse debout devant l'Agneau. Elle n'était d'ailleurs pas encore baptisée. Sans aucun doute, l'aumônier des prisons se présentait à elle, accompagné des condamnés qu'il avait assistés jusqu'au poteau d'exécution. « Je n'oublierai jamais, poursuit-elle, ses yeux sans

1. *Ibidem*, p. 176.
2. *Ibidem*.
3. L'émission « Petit Cyclone » passée sur la chaîne France 3 vers 1996 mentionne le nombre de cent-cinquante-cinq victimes.

âge, qui auraient pu être ceux d'un enfant ou d'un centenaire. C'était un regard clair, intérieur[1]. » L'abbé Stock lui parla de son père sans s'aider de notes. Il avait gardé de lui un souvenir net. Andrée De Jongh acquit la certitude que ce n'était pas par peur que son père s'était converti et elle sut que le sentiment qu'elle avait elle-même éprouvé en prison et qui lui avait fait envisager de devenir chrétienne n'était pas la peur. Cette rencontre qu'elle fit avec Stock fut déterminante pour sa propre conversion. Comme elle lui avait parlé de son inquiétude religieuse, il lui répondit, par une sorte de prémonition – il allait mourir un an plus tard – que lui-même ne pourrait pas l'aider, mais que d'autres pourraient le faire.

1. Entretien avec Mme Andrée De Jongh.

7. L'aide aux prisonniers

L'aide apportée aux prisonniers était très variée. On s'étonne un peu ou l'on sourit à en découvrir la liste : une cuiller, des cigarettes, une image, un peigne, des photos de famille, un miroir, du fard, une brosse à dents, des ciseaux de coiffeur... Les détenus n'avaient guère eu le loisir de préparer leur valise. Ils avaient été arrêtés dans la rue, à la sortie du cinéma ou cueillis au saut du lit. Le linge et les vêtements figurent évidemment parmi les objets demandés. Ainsi, par exemple, l'abbé Stock demande à sa sœur de préparer une chemise pour un prêtre arrêté depuis des semaines et qui n'a pu changer de linge. Il lui arriva d'acheter des vêtements au marché aux puces pour certains détenus. Qu'un ourlet contînt un message, l'aumônier n'était pas censé le savoir. Très prudent il rechignait habituellement à transmettre des écrits. Quand il le faisait, il les récupérait aussitôt pour les détruire. Il courait moins de risques à transmettre des messages oraux, dût-il les apprendre par cœur. J. Folliet rapporte qu'en prenant congé d'un détenu à qui il avait communiqué des nouvelles des siens, il lui avait dit avec un sourire mélancolique : « Naturellement, je ne vous ai rien dit[1]. » « Après s'être entretenu avec des dizaines de personnes, écrit Michelet, il était capable d'aller de cellule en cellule, au bout de plusieurs jours, donner aux prisonniers des nouvelles de leurs familles, et cela de la manière la plus précise, désignant les enfants par leur prénom et transmettant parfois les messages textuellement[2]. »

Du papier et des crayons figurent souvent parmi les objets que les prisonniers souhaitent recevoir. Cela représentait pour eux la possibilité de faire passer un message si l'occasion se présentait ou d'envoyer une lettre quand cela était permis ou, simplement, de tenir un journal, de fixer par écrit des choses essentielles, des choses dont l'importance prescrit qu'elles soient *fixées* pour soi ou pour d'autres et que l'écriture permet de mieux préciser.

Les photos aussi sont très prisées. Elles rendent présents des êtres aimés, surtout quand un message accompagne. Madame C. témoigne : « J'ai été visitée par un prêtre [l'abbé Stock]. Il m'a remis discrètement la photo de ma petite fille qui avait quelques mois et il m'a dit qu'elle allait bien, ce dont je

---

1. Témoignage chrétien, 2 avril 1948.
2. E. MICHELET, *Un livre : l'abbé Stock, l'aumônier de l'enfer,* dans *Fraternité,* septembre 1988.

lui ai été très reconnaissante, car la Gestapo m'avait menacée de la torturer devant moi si je refusais de parler[1]. »

Il faut bien voir que l'abbé Stock était le seul intermédiaire, la seule passerelle entre le prisonnier isolé dans sa nuit et le monde de la lumière ; aussi, il était souvent le seul humain avec qui un contact fût possible. Qui dira l'immense réconfort qu'apportait ce dialogue, ce flux vital rétabli par personne interposée, cette brèche ouverte dans le mur de la solitude ? La discrète intervention de l'aumônier entretenait la lueur d'espoir qui préservait des affres des ténèbres et du silence. Et la paix qu'il rayonnait calmait inquiétude et angoisse.

Les livres sont aussi du nombre des choses les plus désirées ou, si le désir n'en est pas exprimé, des compagnons qui atténuent la solitude. Bible, missel, livre de prière, vie de Jésus ou vie de saint, Racine, Claudel, Péguy, Rimbaud, *L'Oblat* de Huysmans, Sertillanges, voici pêle-mêle des auteurs ou des titres. Le Père Riquet écrit : « L'abbé Stock aidait les détenus à faire de leur séjour en prison une véritable retraite spirituelle. Grâce à lui des livres religieux fournis par l'abbé Rodhain étaient à la disposition de la plupart, notamment les conférences de carême à Notre-Dame du Père Panici. Il était aidé dans ce travail essentiellement pastoral par un sous-officier allemand que j'ai bien connu et apprécié, Ghiel[2]. » Effectivement, Stock bénéficiait parfois de la complicité de gardiens antinazis. Edmond Michelet aussi a connu le sergent Ghiel lors de son incarcération à Fresnes. « Un géant au visage taillé à coups de serpe, écrit-il, doué d'une voix de stentor et d'un cœur d'or, dévoué corps et âme à l'abbé Stock, ce Caliban, qui le dépassait d'une tête, n'avait pas de plus grande joie que d'assister à la messe de l'abbé Stock célébrée dans une des cellules. Plus tard, poursuit Michelet, à Dachau, j'appris, avec un profond chagrin, que Ghiel avait été "donné" par un "mouton" et exécuté[3]. »

À Jean Poutiers qui n'est pas autorisé à recevoir de livre, l'abbé Stock obtient cependant du tribunal la permission d'offrir une grammaire allemande. L'argument utilisé par l'aumônier est décisif : connaissant la langue allemande, ce prisonnier comprendra mieux l'Allemagne et ne cherchera plus à lui nuire ! De fait, Jean Poutiers fit assez de progrès en allemand pour comprendre les questions qui lui étaient posées pendant son procès avant que l'interprète les traduise. Il pouvait de la sorte préparer ses réponses et les formuler sans hésitation, sous les dehors d'une totale sincérité. Le geste de Stock lui a peut-être sauvé la vie[4].

1. Voir R. DREVET, Lettre du 10 juin 1993 à l'auteur.
2. M. RIQUET, Lettre du 10 mai 1989 à l'auteur.
3. E. MICHELET, *Une figure inoubliable,* article dans *Reader's Digest,* janvier 1966.
4. Voir E. KOCK, *L'abbé Franz Stock,* [Tournai, 1968], p. 111-112.

Un autre épisode montre, parmi tant d'autres, les attentions dont Stock faisait bénéficier les détenus. Chaque samedi, il rendait visite au Docteur Bohn, prisonnier à Fresnes et à cette occasion, très régulièrement lui apportait de la lecture. Il advint qu'un samedi, devant prendre un train à 8 heures, l'aumônier le réveilla à 6 heures du matin « ne voulant pas, disait-il, qu'un samedi puisse se passer sans qu'il reçoive son livre ». Cette visite à un moment insolite, effraya le prisonnier, car c'était l'heure où l'on venait chercher les condamnés à mort... Quand l'aumônier transmettait un livre demandé par le Dr Bohn, il insistait vivement pour qu'il ne contînt aucun message : « Promettez-moi de ne rien écrire dedans car ils (les sbires de la Gestapo) sont terribles[1] ! »

Les prisonniers souffrent souvent des carences du régime alimentaire. C'est dire combien les suppléments apportés par l'aumônier sont appréciés. Le chocolat remporte la palme : l'aumônier en distribue des dizaines de kilos. Tout comme la transmission de nouvelles concernant les proches parents, ces suppléments alimentaires contrecarraient l'action de la Gestapo qui, par l'isolement total, le chantage et la privation de nourriture, tentait d'extorquer des aveux ou des dénonciations.

Franz Stock parcourait souvent à vélo les quinze kilomètres qui séparaient la rue Lhomond de la prison de Fresnes, ce qui l'obligeait parfois à partir à quatre heures du matin. Chaque fois l'aumônier en soutane devait franchir le corps de garde, essuyer éventuellement les quolibets des S.S., mais surtout ne pas attirer l'attention sur la sacoche qu'il tenait sous le bras. Une fouille systématique y aurait décelé les objets les plus hétéroclites acquis – ironie ! – pour une part grâce aux collectes faites aux messes de la Wehrmacht, et qui allaient soutenir l'énergie de ces hommes et de ces femmes, parfois mis au secret, dans cet enfer où, de façon machiavélique, tout était conçu pour briser leur résistance et détruire leur personnalité. La contrebande s'effectuait parfois en sens inverse. Ainsi Stock sortit, feuillet par feuillet, le journal que le comte Jean de Pange écrivit dans sa cellule de la Santé. Pour ne pas attirer l'attention, le rendez-vous avec Mme de Pange avait lieu à la Bibliothèque Nationale où l'un et l'autre effectuaient des recherches. La comtesse accumulait précieusement ces pages qui allaient paraître après la tourmente sous le titre *Mes Prisons. Pages de Journal.*

---

1. Entretien de l'auteur avec Mme Bohn. Le Dr Bohn, comme il a été dit, avait été arrêté pour avoir hébergé des aviateurs américains. Il fut ensuite envoyé au camp de concentration de Dachau. Dans *Rue de la Liberté,* Edmond Michelet évoque le courage du Dr Bohn qui se porta volontaire pour s'occuper des malades du typhus et son abnégation quand, après la libération du camp, en dépit de sa faiblesse extrême, il se proposa pour soigner avec les médecins américains les déportés atteints de cette maladie mortelle, dût son retour en être différé (p. 202 et 241).

Évidemment, Stock accordait aussi aux prisonniers une aide morale et spirituelle. « Quelles formules, écrit un de ses amis, son français si nuancé ne lui a-t-il pas fournies pour expliquer à ses patients ce qui allait leur arriver[1] ? » Il ne s'imposait pas, évitant même de proposer la confession ou la communion. Il préférait que le détenu en exprimât spontanément le désir, sauf toutefois quand il se trouvait en présence d'un condamné à mort. Il était soucieux que les prisonniers ne reçoivent les sacrements qu'après avoir banni la haine de leur cœur. Comme on le devine, les réactions des condamnés différaient beaucoup d'un cas à l'autre. Le 29 avril 1943, Stock note dans son *Journal* : « Puisque aucun [des condamnés à mort] n'a voulu assister à la messe, je l'ai dite dans la cellule du général Delestraint qui s'en est beaucoup réjoui et en a été très surpris. » Le 4 avril 1944, en revanche, il écrit : « La cellule 508 aménagée en chapelle à Fresnes. Y ai célébré la messe, quinze condamnés à mort y assistaient. Tous ont communié. » Le 8 juin 1942, il note : « Je vais voir un condamné à mort enchaîné depuis quatre semaines. L'ai baptisé. Bien préparé. Avec piété. Vraie conversion. » Une détenue témoigne : « Ayant été arrêtée en juin 1943 à Paris, j'ai été incarcérée à la prison de Fresnes où j'ai fait pour mon bonheur la connaissance de M. l'abbé Stock. C'était un être plein d'humanité et grâce à lui, avant d'être envoyée en camp de concentration, j'ai eu ce grand privilège de pouvoir être baptisée en cachette dans une cellule[2]. » Un autre prisonnier (J.B.) écrit le 22 juin 1948 : « Dans ma triste cellule, j'ai eu un ami, qui est venu me réconforter en m'apportant la pensée du Christ et son corps eucharistique. C'est lui qui apporta aussi à ma famille un grand réconfort en lui envoyant de mes nouvelles... Je tiens aussi à apporter mon témoignage que, dans nos prisons, nous avions l'impression que c'était un saint qui entrait dans nos noires cellules[3]. »

Le 30 juin 1942, nous lisons dans le *Journal* : « Le matin, visite au Cherche-Midi. Y ai rencontré l'acteur de cinéma Harry Baur qui m'a demandé un chapelet et un livre de prières. » Cet artiste, Juif converti, mais arrêté comme juif, récitait, paraît-il, son chapelet à longueur de journée.

Un jeune religieux, Gilbert Thibeaut, qui allait être déporté à Buchenwald, raconte sa première rencontre avec l'aumônier de Fresnes. Au secret depuis deux mois dans une cellule de six mètres carrés, réduit à l'inaction absolue, il n'a comme point de repère que le double tour de clé dans la serrure trois fois par jour pour les repas. Un après-midi, la clé tourne dans la serrure. « Le type me sourit "Bonjour. Je suis un aumônier catholique. Je vous propose mon

1. L.-T. ACHILLE, Lettre du 24 août 1989 à l'auteur.
2. Mme Simone YAHIEL, Lettre du 8 mars 1988.
3. Lettre présentée à Neheim, Fresekenhof.

aide, si vous le voulez bien" (je pense : grosse astuce, ils essaient de me tirer les vers du nez par la douceur). Il poursuit : "Je sais que vous êtes séminariste missionnaire" (Gros malin, il y a longtemps que la Gestapo le sait). "J'ai eu contact avec votre Supérieur, le Père Tassel" (Ça, "ils" ne le savaient pas). Il m'a fait savoir que vous deviez renouveler vos vœux de religion ces jours-ci » (Exact). « Si vous le désirez, il me donnera une procuration pour les recevoir. » Il respirait la bonté et la sincérité. Je l'ai cru. Je le revis plusieurs fois. Il me remontait le moral, me parlant des grâces de force, de paix et même de joie que l'Esprit ne refuse jamais à qui veut l'écouter. Et voilà comment, le 4 février 1943, après avoir communié, j'ai renouvelé mes vœux religieux, en prison, devant un aumônier allemand dûment mandaté par mes supérieurs[1] ».

L'aumônier des prisons rendait service indifféremment à tous les détenus quelles que soient leurs opinions. « Jamais il ne se demanda, écrira plus tard le ministre Michelet, "Est-ce un Allemand ou un Français ? Est-il chrétien, juif ou incroyant ? Est-il innocent ou coupable ?" Une seule question se posait pour lui : "A-t-il besoin de moi ? Comment puis-je alléger ses souffrances ?" » Dans son édition du 27 mai 1948, le journal *Franc-Tireur* avait publié une allusion malveillante à l'égard de Stock dans le compte rendu des débats d'un procès. Le 31 mai, A. Jacob s'estime obligé de protester avec véhémence : « Ami de *Franc-Tireur* et spécialement quand il mange du curé, je me sens d'autant plus obligé de protester contre une telle allusion. Oui, les Français détenus à Fresnes ont gardé le souvenir de l'abbé Stock, et assez pour s'émouvoir lorsqu'il est mis en cause en termes équivoques. J'en sais quelque chose car c'est là que je l'ai connu. J'avoue même être resté en relation avec lui pendant toute la durée de l'Occupation et j'en suis fier. En effet, M. l'abbé Stock a toujours montré envers les détenus de Fresnes et du Cherche-Midi une bonté qui ne tenait aucun compte des confessions et s'exerçait particulièrement à l'endroit des internés juifs, n'hésitant pas à tourner les règlements pour leur venir en aide… Il s'est dépensé sans compter pour permettre à des familles de découvrir le lieu de détention de leurs membres emprisonnés ou le lieu de sépulture de leurs membres fusillés… Je puis vous dire enfin que les organisations de Résistance parisiennes avaient dès 1942 porté le nom de l'abbé Stock, de sa sœur et de sa secrétaire sur la liste des personnes à protéger, le moment venu, contre les violences éventuelles. » Jacob demande au journal l'insertion d'une rectification « car, internationalistes, nous n'avons pas le droit de salir ou de laisser salir même par mégarde un Allemand, même

---

1. G. Thibeaut, *Cet aumônier s'appelait l'abbé Stock,* article paru en 1983 dans un journal que je n'ai pu identifier.

prêtre, qui s'est montré l'ami des mauvais jours pour nos emprisonnés et nos morts et un antinazi efficace et courageux[1] ».

Les exécutions d'otages

Le 22 juin 1941, premier jour de l'invasion de l'URSS, fut une date capitale dans la guerre. Hitler lui-même sortait l'Angleterre de son isolement[2]. Après de grisantes victoires qui semblaient une répétition de la guerre-éclair de mai 1940, l'invincible armée du Reich allait se heurter à l'hiver dans les immensités russes. En France, ce changement de donne sera lourd de conséquences. Les communistes français – ils étaient nombreux – confrontés à des exercices de conciliation de l'antinazisme avec l'amitié de l'URSS, alliée aux nazis, accueilleront ce renversement de situation avec une sorte de soulagement. Ils basculeront en bloc dans la Résistance, la leur, qui ne fusionnera jamais totalement ni dans son esprit, ni dans ses méthodes, avec celle qui avait existé avant juin 1941. Aux réseaux d'espionnage au profit de l'Angleterre, aux petits journaux que l'on se passait sous cape et qui soutenaient le moral des populations et vilipendaient la résignation vichyssoise, la Résistance des communistes préférera les manifestations, puis les sabotages et bientôt les attentats, bref, l'action directe, au risque de provoquer des représailles.

C'est dans ce contexte qu'il faut interpréter la décision d'Hitler du 16 septembre 1941 : tout détenu dans les prisons françaises sera considéré comme otage et pourra donc être exécuté à tout instant. Les agressions contre des militaires allemands seront illico vengées par des exécutions, parfois massives, d'otages. Le principe même de telles exécutions posait de graves problèmes moraux qui tourmentèrent la conscience des commandants suprêmes en France, Otto von Stülpnagel puis son parent Karl-Heinrich von Stülpnagel. Il arriva que la gravité des décisions à prendre détermina le premier d'entre eux à convoquer l'aumônier général Hofer en pleine nuit. On vit même des directeurs de prison manœuvrer pour que les victimes ne soient pas choisies parmi leurs pensionnaires.

Le nombre de prisonniers augmenta progressivement. Les prisons françaises furent souvent des escales précédant la déportation. Stock fut débordé

1. Lettre présentée au Fresekenhof de Neheim.

2. C'est d'autant plus étonnant que Hitler, lui-même avait écrit dans *Mein Kampf* : « Ne tolérez jamais que l'Allemagne ait à se battre sur deux fronts » (signalé par R. DREVET, Lettre du 7 février 1993 à l'auteur).

surtout depuis les exécutions massives d'otages. L'aumônier Loevenich signale que souvent Stock et lui visitaient cinquante cellules en un jour.

L'assassinat à Nantes, en octobre 1940, du lieutenant-colonel Hotz entraîna dès le lendemain l'exécution de quarante-huit otages avec menace d'en fusiller cinquante autres vingt-quatre heures plus tard si le coupable ne se faisait pas connaître. Le maire de Nantes et huit autres volontaires, dont deux prêtres, se présentèrent pour prendre leur place. Les Allemands renoncèrent à leur projet. Le surlendemain de l'assassinat de Nantes, un autre officier allemand était abattu à Bordeaux, ce qui, à nouveau, déclencha l'exécution de cinquante otages. La population réprouva presque unanimement cet acte inutile qui, d'ailleurs, était contraire aux instructions données à la Résistance par le général De Gaulle. L'agression était d'autant plus malencontreuse que le Dr Hotz était francophile. Ingénieur, il avait travaillé à Nantes pour une société allemande, peu avant la guerre.

L'atmosphère s'alourdit encore dans les prisons où les détenus se savaient considérés comme otages. Les victimes étaient sélectionnées de préférence parmi les Juifs et les communistes. Le 14 décembre suivant, l'horreur dépasse toute mesure : cent personnes doivent être passées par les armes. La « fête sportive » – c'est ainsi que les Allemands annonçaient les exécutions aux personnes mobilisées pour l'événement – doit avoir lieu le lendemain. Appuyés par le cardinal Suhard qui intervient auprès du général Otto von Stülpnagel, Stock et Loevenich obtiennent que le nombre des victimes soit ramené à quatre-vingts. Les deux prêtres passent toute la nuit avec les otages dont certains demandent même le baptême. Depuis 15 h 30, on les fusille par groupes de cinq au Mont Valérien…

Stock put intervenir aussi dans quelques cas individuels. L'aumônier général Hofer, qui était en relation avec le général von Stülpnagel et beaucoup d'officiers supérieurs, l'aida efficacement. À plusieurs reprises, l'action conjuguée des deux prêtres obtint qu'une condamnation à mort fût commuée en déportation. Ce fut le cas, par exemple, comme on l'a dit plus haut, pour Roger Bertrand ; ce le fut aussi pour le Dr Bohn[1]. Au moment où ce dernier et ses compagnons, déportés *Nacht und Nebel (N.N.)* partirent pour le camp alsacien de Natzwiller-Struthof, l'aumônier vint les encourager une dernière fois.

Un jour, dans l'espoir d'obtenir la grâce d'un condamné particulièrement éprouvé par le désespoir, Stock multiplia les efforts tout au long de la journée pour obtenir la communication téléphonique avec Berlin. La réponse fut positive. Le prisonnier tomba dans ses bras en disant : « Dieu existe ![2] »

---

1. Entretien du 31 décembre 1987 avec Mme Bohn.
2. E. Kock, *L'Abbé Franz Stock,* [Tournai, 1968], p. 217.

Samedi 14 février. *Sauvé in extremis.* Lucien B. et son frère avaient été condamnés à mort antérieurement. Tandis que son frère avait été exécuté, Lucien avait vu sa peine commuée en dix ans de réclusion. On lui reprochait d'avoir distribué des tracts. Il exerçait le métier de cordonnier. Survient un attentat contre un poste de garde allemand. En guise de représailles, quatre prisonniers du Cherche-Midi, dont Lucien B., seront fusillés : Stock intervient par téléphone auprès du commandant du Grand-Paris, le major D. Il fait valoir que le frère de Lucien avait déjà été fusillé et qu'il ne restait à la maison que deux jeunes enfants. L'ordre de surseoir à l'exécution arriva alors que Lucien avait déjà les menottes et qu'il était sur le point d'être conduit au poteau d'exécution avec ses trois compagnons. « Quelle joie pour moi et pour lui », note l'aumônier dans son *Journal*.

Il fut amené aussi à intervenir en faveur d'un soldat allemand. Un prêtre qui avait accueilli un résistant, devait être exécuté en même temps que ce dernier. Sept soldats du peloton tirèrent en l'air, les cinq autres, ne tirèrent pas : un des soldats avait dit à ses camarades : « Je ne tirerai pas sur un prêtre. » L'officier abattit lui-même le prêtre avec son revolver. Ce refus d'obéissance pouvait coûter la vie aux coupables. Stock, qui connaissait le soldat, l'aida à rédiger son recours en grâce en alléguant le cas de conscience. La requête fut présentée à un officier supérieur que Stock avait vu souvent à la messe dominicale et l'affaire fut étouffée[1].

Un jour, rapporte Anton Albert, premier biographe de Stock, un condamné réussit à se glisser hors du camion qui conduisait des prisonniers de Fresnes au Mont Valérien. Les gardes ne s'étaient aperçus de rien, mais Stock avait observé la manœuvre : « Je ne suis pas là pour surveiller les prisonniers », pensa-t-il. La tentative d'évasion réussit[2].

Le Mont Valérien

L'accompagnement des prisonniers jusqu'au poteau d'exécution fut pour Stock une épreuve intolérable. Un jour, il dit à un des ses amis que, pour aider jusqu'au bout les condamnés, il avait dû assister à tous les autres genres d'exécution, dont les mises à mort à la hache et par pendaison.

Le Mont Valérien n'était pas le seul lieu où l'on exécutait les condamnés. On fusillait aussi au bois de Vincennes, à la caserne de la place Balard et même dans les prisons ; mais la plupart des exécutions avaient lieu dans cette

1. Jeanne ANCELET-HUSTACHE, dans E. KOCK, *L'Abbé Franz Stock*, (Tournai, 1968), p. 221.
2. *Ibidem*.

ancienne forteresse, située à Suresnes, à une dizaine de kilomètres à l'ouest du centre de Paris. Une plaque commémorative rappelle que plus de quatre mille cinq cents hommes consommèrent là leur sacrifice. Ce nombre est formellement contesté par Serge Klarsfeld[1] qui a établi, sur base des archives du ministère des Anciens Combattants, une liste précise des 1 007 fusillés au Mont Valérien entre le 1er janvier 1941 et le 15 juin 1944[2].

Aujourd'hui, devant le fort s'étend une vaste esplanade fermée d'un côté par un long mur adossé à une colline. Des hauts-reliefs en bronze sont accrochés au mur de part et d'autre d'une croix de Lorraine. Ils évoquent les différentes formes de combat des forces françaises contre l'Allemagne. Depuis le 15 septembre 1990, une partie de cette esplanade s'appelle « place de l'abbé Stock ». Que le nom d'un Allemand fût donné à ce lieu symbolique de la France combattante, seule la vie de charité pastorale de ce prêtre, combattant de la paix et de la réconciliation, frère de tout homme, le rendait possible.

Discrètes, deux portes de bronze donnent accès au royaume du silence. On traverse une crypte où seize cercueils sont disposés en demi-cercle ; y reposent les représentants de tous les groupes qui luttèrent pour la liberté de la France. Le seizième est réservé au dernier survivant des Compagnons de la Libération.

On rejoint ensuite le sentier en pente raide – aujourd'hui élargi et bétonné – que les condamnés, mains liées, empruntaient pour accéder à une chapelle désaffectée de six mètres sur huit mètres. On amenait parfois les prisonniers dans cette antichambre de la mort au cours de la nuit précédant l'exécution. Cinq poteaux d'exécution amincis par les balles et trois caisses-cercueils pour le transfert des corps y sont conservés. Dans le fond, sur les murs de gauche et de droite, protégés par des panneaux de verre, quelques graffiti gravés par des condamnés. Une lettre de Bernard Corto à ses parents est présentée : « Je vais être fusillé pour que vous retrouviez la liberté. » Stock a passé de longues heures dans cette chapelle. Il y dispensait les sacrements, notait les dernières pensées et les ultimes désirs, écrivait aux familles sous la dictée des illettrés.

De la chapelle, un chemin long d'environ cent cinquante mètres, plat d'abord, puis en pente descendait vers une clairière encaissée en contrebas, à l'abri des yeux et des oreilles. Dans un tunnel voisin, les fourgons et les cercueils étaient rangés pour le transport des corps.

Tout au long de leur calvaire, beaucoup de détenus ne trouvèrent de sourire que sur le visage de leur aumônier. En cellule, à l'heure de la condamnation et au moment de mourir, ils rencontraient une oreille attentive, un

1. Président de l'association des fils et des filles des déportés juifs de France.

2. Il faut se rappeler qu'il y eut des exécutions en bien d'autres endroits.

interlocuteur qui reliait à l'univers des êtres aimés, leur proposait les gestes de l'amour de Dieu ou simplement une présence amicale, la seule. Dans la clairière de la mort, à l'heure ultime, très souvent les suppliciés, même communistes, embrassaient cet homme resté ami au-delà de l'abîme séparant les nationalités.

Douze soldats font face aux cinq poteaux auxquels les victimes, les yeux bandés, sont attachés. Ils seront plus nombreux si le nombre des condamnés le justifie. Les condamnés récitent parfois une dernière prière, confient à l'aumônier un ultime message, lui remettent éventuellement un chapelet, une croix, un foulard. Si les condamnés n'ont pas les yeux bandés, le prêtre prend place derrière les soldats pour être bien visible. Et les victimes tombent côte à côte. Il arriva que Stock recommande aux membres du peloton de bien viser pour éviter des souffrances inutiles : « Ce n'est pas votre faute : vous êtes ici sur ordre ; la responsabilité est ailleurs. »

Restait le voyage aux cimetières des environs de Paris : Ivry (le plus souvent), Bagneux, Thiais, Nanterre, La Garenne, Courbevoie. Pour toute escorte, l'abbé Stock accompagnant les fusillés confiés à la terre plus accueillante que les hommes. Dans sa prière il invoquait ses fusillés et leur rappelait leur promesse faite au dernier moment de penser à nous. En octobre 1945, Franz écrit avec la simplicité d'un enfant : « Je reste fidèle, je crois, à ceux dont j'étais pendant quatre ans l'aumônier ; je leur avais promis de prier pour eux et ils sont toujours près de moi, de grands saints et martyrs de notre civilisation désaxée. Et si je veux une grâce spéciale, un éclaircissement spirituel ou une aide efficace, je m'adresse à ceux qui savaient mourir, qui sont allés directement à Dieu après tant de souffrances et une belle préparation intérieure, et que j'ai pu accompagner sur leur dernier chemin ; je m'adresse à eux et je suis convaincu que leur prière sera exaucée. Ces saints-là n'ont pas encore de grande clientèle comme par exemple saint Joseph, saint Antoine ou sainte Thérèse, etc., où la liste des demandeurs est très longue, tandis que chez ceux-là on a plus de chances ; cela a l'air infantile, mais je suis pour ce chemin direct. Et j'ai senti souvent l'efficacité de la prière pour les trépassés. Ils ne nous oublient pas[1]. »

Comme les Bretons pendant les « mois sombres » de novembre et de décembre gardent vivant le royaume des morts, ainsi Franz Stock ne pouvait évacuer de sa mémoire le souvenir des suppliciés qui avaient pris racine dans son cœur et l'avaient irrémédiablement fissuré. Un peu d'éternité se lisait dans son regard lointain, à vrai dire attentif au réel, comme les yeux des

1. Fr. STOCK, Lettre du 9 octobre 1945 à Mme L., grand-mère de Jean-Bernard LANTZ. Document transmis par R. Drevet.

condamnés qui, avant la salve fatale, avaient déjà rejoint leur demeure d'éternité. Souvent, au dire de ceux qui l'ont rencontré, la tristesse embrumait son regard, trace indélébile d'une trop grande souffrance si souvent éprouvée. Est-ce hasard que la dernière peinture de Stock – on se souviendra qu'il était aussi artiste – représente soit l'*Homme de douleur*, soit le visage d'un supplicié ou l'un et l'autre définitivement indissociables ?

Stock et les familles des prisonniers

L'accueil des familles constituait un aspect important, quoique fort discret, de l'action de l'aumônier. La maison de la rue Lhomond, assez en retrait pour ne pas attirer les regards de la Gestapo ni intriguer ses sbires, était le lieu habituel de rencontre avec l'homme qui pouvait pénétrer dans le ténébreux univers carcéral. On chuchotait sous cape le nom et l'adresse de l'aumônier. C'est chez lui qu'on allait grappiller les renseignements.

Une fois par semaine, semble-t-il, – le vendredi d'abord, ensuite le mardi – après de longues visites aux prisonniers ou au retour du Mont Valérien et des cimetières, l'éprouvant labeur de l'aumônier se prolongeait par l'accueil des familles ; des dizaines de personnes l'accaparaient, des femmes surtout. Son *Journal*, parfois, mentionne le nombre des visiteurs. Ainsi, le 26 mars 1942 : environ trente visites. Le 13 octobre 1942, il note qu'environ quarante-cinq personnes vers 17 h 30 guettaient son retour et que les visites se prolongèrent jusqu'à 21 h 30. Parfois la pièce où l'on faisait antichambre ne suffisait pas, la file d'attente des visiteurs se prolongeait jusqu'à la rue.

Évidemment, on ne se perdait pas en longs conciliabules. L'aumônier ne pouvait guère accorder que cinq minutes à chacun. Quelques nouvelles du détenu et, en sens inverse, un message, un petit paquet à transmettre. De quoi remplir la sacoche qu'il emportait habituellement. Sa prudence innée et sa réserve naturelle étaient parfois interprétées comme de la froideur. Il va de soi qu'il ne pouvait transmettre n'importe quoi et qu'il était lié par les obligations contractuelles découlant de son statut d'aumônier en fonction accessoire (article 6 : « Observer le silence le plus strict »). Un témoin nous raconte que son frère, Roger, arrêté le 19 août 1941, se trouvait depuis plus de cinq mois au secret : aucun échange de message n'avait donc été possible. Un des quatre avocats français qui avaient des contacts avec le tribunal militaire leur ayant appris l'existence d'un aumônier allemand, sa mère et elle ont fait des démarches au début de février 1942 pour le rencontrer. « Je me souviens d'une petite pièce très simplement meublée où nous avons attendu presque deux heures. Puis un abbé très jeune, très froid, nous a reçues quelques minutes dans son bureau... Il est resté *méfiant,* nous disant qu'il l'avait rencontré mais qu'il ne pouvait rien nous dire malgré notre insistance. La deuxième rencontre a eu lieu le lendemain de l'exécution de Roger. L'abbé Stock avec *une très grande bonté* a reçu mes parents le 30 juillet 1942 pour leur remettre tous les papiers personnels de Roger et leur raconter son exécution à midi le 29 juillet 1942 au Mont Valérien[1]. »

Un jeune homme de dix-huit ans avait été fusillé. Le matin de son exécution, il avait couvert les pages d'un cahier[2], suprême message à sa mère et à sa grand-mère. Lorsque Franz Stock remit le cahier à la mère du jeune homme « dans son bureau de la rue Lhomond, celle-ci le trouva froid et administratif, très peu bavard. Après un court entretien, Franz Stock se leva, alla ouvrir les deux portes de sa bibliothèque et invita la dame à l'y rejoindre. Là, à l'abri des micros dont il savait son bureau garni[3], il put lui parler plus librement, plus humainement et paternellement de ce jeune homme[4] ».

Poignants étaient les entretiens avec les familles des fusillés, plus éprouvants parfois que les exécutions elles-mêmes. En peu de mots l'aumônier disait comment l'être aimé était mort, quelles étaient ses dernières paroles ou ses dernières volontés. Éventuellement, il remettait à la famille un objet – une alliance, un vêtement, des lunettes, un testament... – qui avait appartenu au défunt. Après avoir accompagné jusqu'au bout le condamné à mort, c'était l'épouse ou les parents de la victime qu'il lui fallait conforter.

Voici comment la femme d'un détenu relate sa visite à l'abbé Stock en juin ou juillet 1943. « On était reçu par un vieux bonhomme barbu[5], qui ne parlait pas français, mais qui écrivait nos noms sur une ardoise. » Aussitôt elle fut conduite dans une salle remplie de femmes qui se racontaient leurs épreuves. Après une attente de trois ou quatre heures, « je fus appelée et introduite dans une petite pièce qui servait d'antichambre au bureau de l'abbé. La personne qui m'avait précédée sortit et j'entrai dans le bureau. L'abbé devait avoir entre trente et quarante ans. Il était blond, semblait fragile, aimable et compatissant. Il m'écouta sans rien dire, puis il me dit, après avoir vérifié dans son carnet, qu'il n'avait pas encore vu mon mari, mais qu'il irait le voir. Je lui

---

1. Mme Marie-Georgette VIOLLET-PIRONNEAU, Lettre du 19 septembre 1991 à l'auteur.
2. Des extraits seront cités plus loin.
3. Je n'ai pas trouvé ailleurs confirmation de ce fait.
4. L.-T. ACHILLE, Lettre du 24 août 1989 à l'auteur.
5. Je n'ai pu obtenir de renseignements sur ce personnage. Il s'agit peut-être de Julius Mayer qui, en juillet 1942, faisait fonction de concierge et s'acquittait de menues tâches. Je possède de lui une attestation par laquelle il reconnaissait avoir reçu de la comtesse de Pange cinquante livres destinés à l'abbé Stock. Par ailleurs, un frère de Franz m'a dit le 23 avril 1989 que Stock avait engagé un chômeur comme concierge et sacristain.

donnai les indications nécessaires, n° 42315, section 10. Il me dit que si je le désirais, je pourrais lui apporter le missel de mon mari, qu'il le lui remettrait. Il me recommanda, très fortement, de ne rien inscrire dans ce missel, ni message ni photo, rien que le nom et le prénom de mon mari. Il me dit – et il l'inscrivit sur son carnet – qu'il lui transmettrait le message que je lui donnais : que mes enfants, moi-même et sa mère nous nous portions bien, que nous pensions à lui, que nous désirions son retour, que nous priions pour lui. L'entrevue a pu durer de cinq à dix minutes. Nous étions si nombreuses à attendre…

« Je revins donc avec le missel. Il consulta son carnet, me dit que mon mari avait été heureux de sa visite, qu'il se portait bien, prenait son mal en patience, nous embrassait tous. Ce missel me fut retourné quand mon mari fut envoyé en déportation en Allemagne.

« Je revins voir l'abbé Stock trois ou quatre fois. Entre-temps, j'appris que, moyennant quelques cigarettes glissées dans la main de l'homme barbu, on pouvait obtenir de passer plus rapidement.

« Je me souviens qu'une fois, alors que j'attendais dans la petite antichambre, la personne qui m'avait précédée sortit en chancelant ; l'abbé la soutenait. Il venait de lui remettre quelques effets qui avaient appartenu à son mari, ce qui signifiait que celui-ci avait été fusillé comme otage. J'ai aidé le prêtre à asseoir cette femme qui sanglotait. Nous essayions de l'aider, nous ne pouvions rien faire. Les autres attendaient.

« Je n'ai pas besoin de vous dire combien… la compagnie de toutes ces femmes était pénible. Je pense que l'abbé Stock faisait preuve de beaucoup de courage, d'une grande pitié, de beaucoup d'amour[1]. »

« C'est tout naturellement, écrit la fille de Marc Sangnier que ma mère et moi nous allâmes trouver l'abbé Stock lorsque mon père fut arrêté par la Gestapo et interné à Fresnes au début de 1944. De son antichambre remplie de femmes et de mères de résistants… nous fûmes introduites dans le bureau de l'abbé Stock qui nous reçut avec son amabilité habituelle[2]. »

Les contacts avec l'aumônier des prisons avaient quelquefois lieu ailleurs que chez lui. Mme O., par exemple, assistait parfois à la messe dominicale que suivaient « des soldats armés qui devaient placer leur fusil contre le prie-Dieu… L'atmosphère était assez tendue et, à la fin de la messe, je me glissai, écrit-elle, dans la sacristie où nous parlions brièvement et prudemment. » Dans une autre lettre, elle signale que l'abbé Stock « a bien voulu se charger

1. Mme MAHO, Lettre du 30 mars 1988 à l'auteur.
2. Mme CHATELAT-SANGNIER, Lettre du 2 septembre 1988 à l'auteur.

de remettre à mon mari des livres de la Pléiade, lui donner de mes nouvelles et m'en donner des siennes ».

Un jour, Franz Stock reçut la visite d'un séminariste de Paris venu lui demander de transmettre un message à un prisonnier de Fresnes. Il devait être ordonné prêtre bientôt. Ses parents ne pouvaient lui offrir un calice, l'or étant introuvable. « De l'or ? Je puis vous en donner un peu si vous voulez », lui dit l'abbé Stock en ouvrant le tiroir de son bureau d'où il prit un linge enveloppant un râtelier en or. Au séminariste ébahi, il explique : « Hier, on conduisait un Français au Mont Valérien. Il avait les mains liées derrière le dos. La sentinelle le bouscula et il tomba la face contre terre. Il y avait même du ciment à cet endroit. J'étais à côté de lui. Le prisonnier avait la bouche en sang et son râtelier avait sauté. Il était en or. – « Monsieur l'Abbé, ramassez-le », me dit-il, il vous servira un jour[1]. »

Dans ses contacts avec les familles des victimes, Stock fut aidé par un groupe de Français qui, au-delà d'une aide momentanée, prirent en charge certaines familles durement éprouvées. Le Père Riquet – qui avait connu Stock avant la guerre – apporte un précieux témoignage sur l'origine de cette action d'entraide : « Pendant l'Occupation, j'ai retrouvé l'abbé Stock à un déjeuner où il rencontrait chaque semaine le chanoine Desgranges et Mgr Rodhain dans leur appartement de la rue Huysmans. C'est là que notre Supérieur, le Père du Passage, l'entendit raconter en détail la manière dont Estienne d'Orves et ses compagnons vécurent leur dernier matin, depuis la messe célébrée par l'abbé Stock dans leur cellule jusqu'à ses derniers mots au Mont Valérien. Le récit que nous fit notre Supérieur le lendemain m'a profondément marqué. C'est pourquoi avec quelques amis, nous avons décidé de créer le service social des fusillés. Chaque semaine, Mme Fontaine, veuve d'un médecin de la Conférence Laënnec, allait rue Lhomond recevoir de l'abbé Stock les dernières lettres et les derniers souvenirs des fusillés qu'elle allait ensuite porter à leurs familles dont par ailleurs nous prenions la charge morale, voire matérielle[2]. »

L'entraide était réciproque et les rencontres régulières entre Franz Stock et les abbés Rodhain, Guérin et Huet. Ceux-ci, ne pouvant avoir accès aux prisons, bénéficiaient de l'aide de Stock pour transmettre des messages. Quand, en 1943, le cardinal Suhard chargea l'abbé Rodhain de trouver les moyens de

1. Témoignage de l'abbé L'Hostis du 2 novembre 1966 communiqué par l'Association des Amis de l'abbé Stock. Le Père Martin Zepf (lettre du 22 août 1992 à l'auteur) rapporte un fait analogue qui est sans doute une variante du précédent. Le condamné aurait souhaité que l'or fût utilisé pour la dorure d'un calice et qu'un prêtre *allemand* l'utilisât. Ce serait un signe de réconciliation franco-allemande et une prière pour que celle-ci se réalise.

2. M. RIQUET, Lettre du 10 mai 1989 à l'auteur.

secourir la masse grandissante des déportés et des internés, Stock l'aida particulièrement, avec la discrétion qui le rendait si efficace.

Plus surprenant ce récit d'un franciscain allemand : « J'étais à Paris comme soldat S.S. J'entendis parler de l'abbé Stock. Sur ce, je me rendis chez lui chaque jeudi soir. Beaucoup de soldats allemands catholiques et de jeunes filles qui avaient des engagements dans l'armée s'y rencontraient. Il y avait parfois la messe, mais toujours des échanges, tout cela très prudemment parce qu'on ne savait pas s'il n'y avait pas d'espions parmi nous. L'abbé Stock parlait beaucoup de thèmes religieux, de la France, de la culture. Il avait un savoir énorme dans ces domaines. Il était extrêmement prudent. Très souvent, il était très très fatigué. Il pouvait à peine parler avec nous. Je n'en sus pas immédiatement la raison alors. Chaque semaine, je me confessais chez lui et ainsi il acquit la certitude que j'étais réellement franciscain et nullement un nazi. Il s'ensuivit que maintes fois il me pria, au moment où tous s'en allaient, de rester encore avec lui. Il m'amenait alors dans sa chambre et il arrivait qu'il pleurât. Je compris la raison de ces larmes lorsque j'appris à combien d'exécutions il avait encore dû assister. Je ne puis malheureusement plus me souvenir des détails ni de toutes les choses bouleversantes qu'il me rapporta à de multiples reprises. Plusieurs fois, quand j'eus sa totale confiance, il me demanda d'aller dans des familles dont l'homme avait été fusillé et de transmettre le dernier message ainsi que des nouvelles de celui qui avait été exécuté. Lui-même ne pouvait prendre ce risque car il était sous surveillance constante. Mais moi, comme soldat S.S. en uniforme, j'étais moins suspect. Souvent dans la nuit noire, j'ai porté ces dernières nouvelles et ces lettres… [Plus tard], je n'eus plus de longs contacts avec l'abbé Stock. Je me rappelle seulement qu'il était horriblement épuisé et prostré quand je le revis encore une fois brièvement avant notre départ vers Suippes et puis vers la Russie, ce dont je fus, à vrai dire, épargné parce que l'administration S.S. me rejeta comme indigne[1] ».

Un exercice de corde raide

Que Franz Stock ait été maintenu dans sa fonction d'aumônier des prisons est étonnant pour qui sait les risques qu'il prenait : la nourriture et les livres

1. G. GOLDMANN, Lettre du 24 janvier 1992 à l'auteur. Le Père Goldmann a raconté ses souvenirs de guerre dans : G. GOLDMANN, *Tödliche Schatten – Tröstendes Licht,* [Bergisch Gladbach, 1990]. Une biographie a été publiée à son sujet : J. SEITZ, *Gegen den Strom. Packende Erlebnisse des « Lumpensammlers von Tokio » P. Gereon Goldmann*, Vienne, Linz, Passau, [1974].

donnés aux prisonniers soumis à la rigueur du secret, les messages transmis dans les deux sens et surtout les nouvelles communiquées aux familles. Cette « longévité » est sans doute due aux appuis dont il bénéficia notamment de la part d'Otto Abetz, ambassadeur d'Allemagne à Paris, mais plus encore à sa grande discrétion et à son extrême prudence. Son jovial collègue Loevenich, plus expansif, sera envoyé au front de l'Est dès le 4 juillet 1942 pour expier sa complaisance jugée excessive à l'égard des prisonniers. Le Père Hofer lui-même, aumônier général des troupes d'occupation en France, Autrichien de naissance, fut expédié à Dantzig au début de 1944 par mesure disciplinaire.

La réserve de Stock fut parfois mal interprétée. Certains l'assimilèrent hâtivement à de la froideur ou même à du désintérêt. Ceux que son attitude déçut comprirent plus tard que cette prudence déconcertante lui était imposée par les circonstances et que l'apparente froideur et la brièveté du premier contact masquaient une bonté agissante. Michelet, dans le récit de sa captivité note que « certains n'ont pas toujours compris son laconisme, sa crainte révérencielle, celle de tous ses compatriotes devant ce qui était strictement interdit – *streng verboten* [1] ». Le témoignage de Mgr Letourneur va dans le même sens. L'abbé Rodhain qui s'était proclamé aumônier général des prisons pour être interlocuteur plus valable aux yeux des Allemands, réunissait tous les deux mois à la rue de Sèvres les aumôniers français des prisonniers de droit commun. Au cours d'une de ces rencontres de soutien mutuel à laquelle Rodhain avait convié Franz Stock, Mgr Letourneur fut vivement impressionné par le mutisme du prêtre allemand. Celui-ci était d'une extrême prudence : « Tant qu'il n'avait pas besoin de parler, il ne parlait pas[2] ». Imagine-t-on l'inconfort de sa situation ? Il se dépense sans compter au service des prisonniers et des familles, mais il lui faut éviter de prêter le flanc aux suspicions de la Gestapo et se souvenir qu'il s'est engagé par contrat le 10 juin 1941 à observer la plus grande discrétion sur tout ce qui concerne le service. Il doit assister aux exécutions de résistants, mais parfois aussi célébrer les obsèques de leurs victimes et y prendre la parole. C'est ce qui advint le 26 juin 1944 où il fut obligé de prononcer une allocution lors de l'enterrement d'un employé des services de sécurité abattu par des résistants. Stock fut contraint à exécuter à longueur d'année un périlleux exercice de corde raide. « Le miracle, écrit Folliet, c'est qu'il put rester en place jusqu'au bout. » Il avait urgent besoin de repos, mais il ne se souvenait de ce pressant conseil des médecins que lorsqu'il sentait se resserrer la surveillance de la Gestapo. Il s'éclipsait alors et

1. E. MICHELET, *Rue de la Liberté,* Paris, [1955], p. 42.
2. Entretien du 25 octobre 1992.

s'en allait pour quelque temps chez les siens en Allemagne ou en Bretagne, son lieu de séjour préféré.

Une trop grande souffrance

Pendant l'automne de 1941 et l'hiver qui suivit, le nombre des exécutions fut d'environ cinq cents. Les attentats contre les militaires allemands se multipliaient et la décision d'Hitler d'assimiler les prisonniers à des otages simplifiait les représailles. Il suffisait de puiser dans les prisons. La vie de Franz en est profondément modifiée. Le 11 octobre 1941, il écrit à Höfler (Caritas-Fribourg) : « Mes journées sont remplies à ras bord. C'est surtout la pastorale des détenus qui m'absorbe tout à fait : en une semaine j'ai assisté à dix-sept exécutions. »

Au mois de décembre où les préparatifs de Noël accaparent le Recteur, d'autres tâches contraignantes s'imposent à l'aumônier. Il y fait allusion dans sa lettre du 17 décembre à Auer (Caritas-Fribourg) : « S'ajoute à cela qu'à la suite des événements de Paris, mon activité d'aumônier de prison est si intense que je ne puis plus vaquer à du travail littéraire personnel[1]. » « Rien que cette semaine j'ai préparé soixante-douze hommes à la mort, les ai assistés au moment ultime et les ai enterrés. Je ne puis pas vous en dire plus long. La semaine précédente, ils étaient douze[2]. »

Ces douze exécutés semblent être les douze Bretons fusillés le 10 ou le 11 décembre. « Jean Poutiers, résistant incarcéré en 1941 et condamné à mort (mais qui ne fut pas exécuté), transmet le récit que Stock lui fit de cette tragédie : "Hier, douze hommes ont été fusillés les uns après les autres. Ils ont assisté au supplice de leurs camarades et celui qui fut le dernier, celui qui les a vus tous tomber, celui-là était le plus jeune. Il avait dix-sept ans...". » Avant de rapporter cet atroce épisode, Stock s'était assis, s'était pris la tête dans les mains et avait dit à Poutiers : « Mon Dieu, que les hommes sont horribles ! Que les hommes sont méchants ! Jusqu'où peut aller la cruauté ?[3] »

---

1. Déjà au mois de juillet, la comtesse de Pange, en compensation, si l'on peut dire, de tout le temps que Stock consacrait à son mari prisonnier, faisait des recherches sur Axinger à la Bibliothèque Nationale. Elle nous apprend au passage qu'il projetait aussi d'étudier la vie de Mgr de Quelen, archevêque de Paris de 1821 à 1839, qui fit appel à la charité publique pour venir en aide à la paroisse allemande lors de sa fondation en 1837. Ces renseignements se trouvent à la p. 16 de « *Quelques notes sur mes relations avec l'abbé Stock* », texte manuscrit non daté envoyé par la comtesse Jean de Pange au Père R. Closset. Copie communiquée le 2 novembre 1987 par la comtesse Victor de Pange.

2. Fr. Stock, Lettre à H. Auer du 17 décembre 1941.

3. Témoignage de J. Poutiers au P. Closset, cité par celui-ci dans *Franz Stock, aumônier de l'enfer,* [Paris, 1992], p. 127.

En ce qui concerne les soixante-douze hommes, ils doivent être du nombre des otages – parmi lesquels Gabriel Péri – auprès de qui, avec Loevenich, Stock passa la nuit du 14 au 15 décembre.

Ces nuits sans sommeil et, bien plus encore, la souffrance devant l'horreur minèrent sa santé. Du calvaire enduré il ne parlait qu'à de rares confidents. Le poète-écrivain Reinhold Schneider en fut, un soir de janvier 1943. Il évoque dans *Verhüllter Tag* (Jour sombre) cette visite que lui fit Franz Stock à Fribourg. « Une souffrance s'était accumulée sur lui, comparable à celle que Spee[1] avait dû supporter au sujet des coups du "marteau des sorcières"... Il était placé en face d'une souffrance qu'il ne pouvait supporter que fortifié par le sacrement[2]. » Schneider révèle ainsi ce qui permit à cet homme d'une grande sensibilité de tenir : la force puisée dans l'eucharistie. Il y rencontrait le Christ, supplicié jusqu'à la fin des temps par la méchanceté des hommes. « Je me demande parfois si je pourrai continuer, confia-t-il un jour à son ami l'abbé Allroggen. Si seulement je pouvais dormir[3]... »

Le 1er août, Stock assista à l'exécution d'un jeune résistant de 18 ans, arrière-petit neveu du peintre Henri Matisse. De 8 à 11 heures, le jeune condamné avait couvert des pages d'un cahier d'écolier. Voici des extraits du message qu'écrivit Éric à sa mère et à sa grand-mère :

> « *9 heures*. Maman chérie, adieu. C'est la fin. À midi, je serai vers Dieu. Priez bien tous pour moi. Pourquoi m'a-t-on fait attendre deux mois après ma grâce, et après mes camarades ? Je pense et penserai à vous jusqu'au dernier

---

1. Le poète Friedrich von Spee (1591-1635), jésuite, combattit la sorcellerie, mais ressentit péniblement les excès de l'Inquisition contre les sorcières. - Höfler assista à l'entretien de Stock avec Schneider. Il aborda encore ce sujet avec Franz Stock, à Paris, en 1946. Höfler observe que, dans les très rares circonstances où l'abbé Stock parla ouvertement des exécutions, il s'exprima avec véhémence, comme s'il se libérait ainsi de l'effroyable fardeau de la détresse humaine devant la mort (HÖFLER, *Bild priesterlicher Barmherzigkeit,* article dans *Zeitschrift fur Caritasarbeit und Caritaswissenschaft* 49 (1948), p. 70).

2. Cité dans l'introduction à F. STOCK, *Die ersten deutschen Buchdrucker...*, Paderborn, 1992, p. [23-24].

3. E. MICHELET, *Une figure inoubliable,* art. dans *Reader's Digest,* janvier 1966. Dans sa préface à A. ALBERT, *Das war Abbé Stock,* Fribourg, Bâle, Vienne, 1959, p. 11, L. Jaeger, archevêque de Paderborn, affirme que Stock lui tint ces propos lors d'une réunion rue Lhomond en août 1941, alors que lui-même était aumônier militaire. Sans doute, l'abbé Allroggen participait-il à cette réunion. Franz était assez proche de ces deux hommes pour avoir parlé si ouvertement en leur présence. Allroggen était l'ami de toujours. Quant à Jaeger, avant la guerre, il avait à deux reprises remplacé Stock pendant six semaines pour lui permettre de prendre des vacances. Quand il fut nommé archevêque – précisément en août 1941 – Stock l'accompagna au Bon Marché pour acheter du tissu violet (la couleur des soutanes épiscopales) introuvable en Allemagne ! (R. CLOSSET, *Er ging durch die Hölle. Franz Stock,* Paderborn, [1983], p. 64.)

moment. Je suis condamné À TORT. Il y a une erreur pour le dessin du camp d'aviation [il n'avait pas établi le plan, mais seulement agrandi un plan préexistant]. Je vous aimerai du ciel. J'aurai du courage.

« *10 heures.* Je ne sais plus quoi dire. Je tremble, mais je n'ai pas peur. Bientôt je vois le prêtre [il s'agit de Stock qui transmit le présent message à la maman]. Voyez-le après ma mort. Il vous parlera de moi, de mes derniers instants.

« *10 h et demie.* Maman ! Maman ! Dieu m'attend et tend ses bras. Ce sera pour moi la vie Éternelle et l'Amour Infini de Dieu. Pardonne aussi à tous ceux qui sont cause et responsables de ma mort. Pardonne de tout ton cœur. DIEU jugera.

« *11 heures.* Oui, pour moi c'est dur, dur d'attendre ainsi. J'ai froid.

« *11 h et demie.* Je pars d'ici. Je ne peux plus rien te dire. J'ai soif ! C'est bientôt l'heure. Oh ! je t'aime et je souffre. Merci à tous ceux qui ont essayé de me sauver. Je viens de communier. Adieu. Je vous embrasse toutes les deux de toutes mes dernières forces. Vive la France !

Éric, ton fils[1]. »

Le 4 août 1942, Stock envoie un rapport d'activités à Fribourg. Dans la lettre à Joerger qui accompagnait ce document, il écrit : « Comme j'aimerais accepter votre amicale invitation de passer encore quelques semaines là-haut en Forêt Noire au repos et loin de mon travail, mais pour l'instant c'est radicalement impossible et, comme vous pouvez le lire dans le rapport d'activités ci joint, il est déjà fort bien que je puisse rester sur place. » Allusion à l'éventualité d'une expulsion ou d'une arrestation par la Gestapo ? Il apprend, par ailleurs, à Joerger, que son frère Ernst Stock a été gravement blessé sur le front de l'Est.

Quelques instants avant l'évacuation sur Smolensk, l'avion sanitaire dans lequel on l'avait chargé avec quatorze autres blessés graves attachés à leur civière, essuya le feu des Russes et prit feu. Par bonheur, on put retirer des flammes tous les blessés[2].

L'aumônier des prisons disait de lui-même : « Je suis le seul prêtre en Europe qui ait dû assister à tant d'exécutions. » Edmond Michelet témoigne : « Nombre de ceux qui eurent affaire à lui en dehors de la prison m'ont dit qu'il lui arrivait de parler seul à voix basse et d'être pris de sueur ou de tremblements sous l'effet de la tension nerveuse. Quel contraste avec le prêtre qui irradiait la force et la confiance quand il venait nous voir dans nos cellules[3]. »

---

1. D'après la transcription effectuée par L.-T. ACHILLE.
2. Fr. STOCK, Lettre du 4 août 1942 à Joergen.
3. E. MICHELET, *Une figure inoubliable*, art. dans *Reader's Digest*, janvier 1966.

Combien d'hommes l'aumônier des prisons aida-t-il à mourir ? On ne le sait pas avec précision. Si on défalque des 863 exécutions relatées dans le *Journal* celles auxquelles il n'assista pas et si on considère que ce document est complet, Stock assista à 701 exécutions depuis janvier 1942. Pour 1941, on est réduit à des supputations (assez peu d'exécutions jusqu'en septembre, beaucoup plus ensuite). Limitons-nous aux indications émanant de Stock lui-même. À Raymond Winklhofer, séminariste de Chartres qui l'interrogeait, il répondit : « un nombre de quatre chiffres et non le moindre[1] ». À Höfler, il aurait dit : « entre 1500 et 1700[2] ». Le nombre serait donc compris entre 1 000 et 1 700. J'inclinerais à croire qu'il est plus proche de la limite inférieure. À ma connaissance, aucun argument sérieux n'autorise à affirmer, comme on le fait souvent, que l'abbé Stock assista à 2000 exécutions, voire davantage. Il en résulterait, en effet, soit que son *Journal* est très incomplet, soit que Stock accompagna au poteau d'exécution au moins 1 300 condamnés avant 1942. Or, aucune de ces deux assertions n'est défendable.

En novembre 1947, trois mois avant le décès de Stock, mourait Mgr Gramann, prêtre autrichien. Il avait voulu qu'un drapeau belge couvrît son cercueil. À Bruxelles, pendant la guerre, il avait assisté des milliers de prisonniers et en avait accompagné plus de quatre cents au poteau d'exécution. Lui aussi renseignait et réconfortait les familles. Une simple anecdote révèle son dévouement et sa grandeur d'âme. Il projetait de se rendre en Autriche pour fêter le centenaire de sa mère. Mais ce même jour, trois hommes devaient être fusillés et personne ne pouvait le remplacer. Il resta. Les trois condamnés le reçurent avec amertume. Avec douceur, l'aumônier les informa qu'il était resté pour eux ; émus, tous trois se convertirent.

Comme Stock, Gramann ignorait les frontières.

Glané dans le Journal *de Franz Stock*

Vendredi 6 février 1942, une terrible journée. La matinée se passe à Fresnes. Nombreuses visites aux prisonniers. Beaucoup se confessent et communient. Un télégramme annonce à Stock que son jeune frère Heinz, qui servait sur un destroyer de la marine de guerre, est porté disparu[3]. Mais

1. R. Closset, *Er ging durch die Holle. Franz Stock,* Paderborn [1983], p. 176.
2. E. Kock, *L'Abbé Franz Stock,* [Tournai, 1968], p. 124.
3. Le *Zerstörer Bruno Heinemann* coula dans la Manche, à proximité de Dunkerque le 25 janvier 1942.

l'aumônier n'a pas le temps de se replier sur sa peine. Un condamné à mort l'attend à l'hôpital de la Pitié. Il se confesse et communie. Il s'était fracturé une jambe en sautant de la fenêtre de sa cellule dont il avait réussi à scier les barreaux. Incapable de tenir debout, il sera fusillé, la jambe dans le plâtre. Après cette exécution au Mont Valérien, l'aumônier se rend à la prison du Cherche-Midi où le second condamné à mort de cette journée décline l'offre d'assistance religieuse. Cependant, deux minutes avant l'exécution, il demande la bénédiction. Stock lui donne l'absolution générale. Les deux exécutés sont enterrés à Ivry. Ensuite, retour rue Lhomond où l'attendent de nombreux visiteurs.

Vendredi 20 février. En début de matinée, l'abbé Stock va voir au Cherche-Midi un homme de vingt-huit ans, Roger L. qui doit être exécuté l'après-midi. Il passe le reste de la matinée à Fresnes. Retour en hâte rue Lhomond pour le repas de midi. Il repart au Cherche-Midi pour revoir Roger L. Il lui confère le baptême puis ils prient ensemble. Le condamné « avait perdu tout courage. Avec mon aide, il retrouve confiance. Après une confession générale, il fit sa première communion avec un sérieux émouvant... Là-haut, au Mont Valérien, nous avons récité ensemble la prière des agonisants... Sa dernière parole au moment de mourir : “Seigneur, ayez pitié de moi” ». Ensuite, enterrement à Ivry. La dernière lettre de Roger L. à sa femme lui annonce sa conversion. Il la prie de faire baptiser dès que possible leur enfant et de lui assurer une éducation chrétienne. Beaucoup de visites attendent Stock à son retour du cimetière. Il apprend à ce moment que le lendemain matin quatorze otages seront fusillés.

Le lendemain, dès huit heures, une voiture conduit l'aumônier au Cherche-Midi. Les otages seront fusillés à onze heures : treize Juifs d'origine germano-polonaise et un communiste français qui refuse de revenir à la foi de son enfance. Cependant, dans le camion qui les emmène au Mont Valérien, le Français dit sa foi en Dieu et en Jésus « premier communiste », mais il refuse l'Église. Dans la salle d'arrêt, Stock aide ces hommes à écrire des lettres. Il distribue des cigarettes. Les exécutions se font par groupe de cinq. *Jämmerliches Bild,* vision épouvantable, note l'aumônier qui poursuit : « J'accompagnai le Français jusqu'au lieu d'exécution en lui donnant le bras. Dans le crépitement des balles, il cria : “Vive l'Union soviétique, vive le Parti communiste !” Sa femme chante sous un pseudonyme dans une boîte de nuit fréquentée par des officiers allemands... »

Le 21 février 1942 : « Un jeune Juif me dit : “Ils peuvent nous tuer, mais d'autres se lèveront. La race juive ne sera pas exterminée.” » Stock ne pouvait ignorer le racisme exacerbé des nazis ; il ne pouvait avoir perdu le souvenir du déchaînement de la « nuit de cristal » les 8 et 9 novembre 1938. Le tort primordial des Juifs est de n'être pas aryens. « Ils ne sont pas de notre sang. Et seul le sang lie. C'est la grande idée de notre siècle, née dans les tranchées. L'homme n'est pas égal à l'homme », lit-on dans le roman d'Ernst Glaeser, *Le Dernier Civil*. De tout cela, l'aumônier des prisons était informé, mais autre chose est d'en faire l'expérience : le 7 mars 1942, un détenu lui dit : « Je suis fusillé seulement parce que je suis Juif[1]. » Parfois, des condamnés juifs manifestaient leur piété : ils récitaient des psaumes. L'un d'entre eux mit son châle de prière en soie : il voulait être enterré ainsi. Il posa la question : « Un rabbin ne vient-il pas ? »

Ce même samedi 21 février après-midi, on informe Stock que sept exécutions auront lieu le surlendemain. Le soir encore, la maîtresse d'un de ces hommes, elle-même ancienne détenue, tente auprès de l'aumônier une suprême démarche en faveur de son amant. L'abbé Stock note dans son *Journal* : « amour sincère d'une jeune fille pour un garçon qui a mérité la peine de mort ». Le cycle infernal. À propos de l'un des sept fusillés, Stock écrit : « A., invalide de guerre à 100 % demanda qu'on ne lui bandât pas les yeux. Ce lui fut accordé… Dites à ma femme et à mes enfants que j'ai regardé la mort droit dans les yeux. » Le 25 février 1944, Stock notera chez Alain D. une attitude semblable. Sur le point d'être fusillé, Alain arrache le bandeau et sourit. Il prie avec l'aumônier et l'embrasse. « Souriant, il a regardé la mort dans les yeux. »

Des exécutions ont lieu encore le 26 février 1942 ; de même le lendemain, trois hommes sont passés par les armes. Parmi eux, Jacques T. qui voulait être prêtre et mourut le chapelet à la main et Pierre V. qui, pendant le transport, priait à haute voix pour sa mère et « pensa à elle jusque dans la mort ».

Albert P. doit être fusillé le 16 mars 1942. Il avait perdu un fils âgé de 20 ans et portait sur lui son image mortuaire. Athée, il repousse l'offre que lui faisait Stock de lui conférer les sacrements, mais souhaite toutefois qu'il l'accompagne au poteau. Chemin faisant, l'aumônier prie ardemment le fils défunt d'aider son père et invite celui-ci à penser à sa destinée éternelle. Nouveau refus. Mais attaché au poteau, le supplicié appelle l'aumônier et demande un crucifix. Les deux hommes prient ensemble. « Il récite avec moi l'acte de contrition avec une grande expression de repentir. Je lui donnai

---

1. L'antisémitisme nazi s'exerça en France comme dans tous les territoires occupés. Mais Vichy n'attendit pas les impositions de l'occupant pour prendre des mesures antisémites dès 1940 qui ne suscitèrent pas la désapprobation de la population, encline à imputer, pour une part, aux Juifs la défaite française. Voir, par exemple, l'ouvrage de l'historien américain R. PAXTON, *La France de Vichy*, J. DUQUESNE, *Les Catholiques français sous l'Occupation* ainsi que l'article de Philippe JULIEN, *Blessures de mémoire. La transmission d'une identité*, dans *Études*, t. 382, mai 1995, p. 609-616. Vichy imposera, le 2 juin 1941, le recensement des Juifs et la police française déportera 4 000 Juifs en août 1942 au départ des camps de zone libre.

l'absolution générale. Il me réclama encore une fois l'image de son fils qu'il embrassa. »

Journée hallucinante aussi que celle du 31 mars 1942 qui vit l'aumônier multiplier les va-et-vient entre le Mont Valérien et trois cimetières.

Parmi les vingt et une exécutions du 17 avril 1942, tous ont refusé l'assistance d'un prêtre. Un seul chrétien : Maurice, âgé de 21 ans. Sa tentative d'évasion de la Santé avait échoué. Dans sa chute, il s'était cassé une jambe et des vertèbres – une situation analogue s'était présentée le 6 février précédent. Malgré de terribles souffrances, Maurice souriait toujours. On l'amena au lieu d'exécution en ambulance, couché dans un plâtre. Avant d'être fusillé, il serra la main de son gardien allemand qui, chaque jour, le conduisait sur sa civière à la salle du Tribunal. Il lui dit : « Merci, Ernest, au revoir. » Cela lui valut les quolibets des autres condamnés. L'un d'entre eux traita l'abbé Stock de « mannequin ». « Un autre tenait le poing tendu pendant la lecture du jugement et le garda ainsi après être tombé. Un autre cria : "Vive la liberté ! Vive l'URSS ! Vive la France libre et forte ! À bas le fascisme !" » Le 21 septembre 1942, jour anniversaire de ses trente-huit ans, on vient chercher l'aumônier à 7 heures. Quarante-six otages doivent être exécutés au Mont Valérien.

Poignant aussi le cri de ce jeune de dix-sept ans attaché au poteau et appelant son père qui allait être fusillé avec lui. Le père, communiste d'origine bretonne, a commis un attentat. Il a entraîné son fils dans l'affaire. En prison, l'un et l'autre, après hésitation, se sont confessés et ont communié.

Si un condamné est Breton, Stock ne manque jamais de le signaler dans son *Journal*. Nul doute que cette circonstance augmente sa souffrance. Il en est ainsi, par exemple, le 24 juillet 1942. À cette époque, Franz Stock achève son livre sur la Bretagne. Joseph Le B., écrit-il, un Breton, va être exécuté. Il témoigne d'un courage hors du commun. Aux soldats qui vont le fusiller, il dit : « Je prie Dieu que vous puissiez revenir bientôt chez vous en bonne santé auprès de vos enfants et de vos femmes. » Après avoir de façon si concrète mis en pratique le précepte d'amour des ennemis, il refuse de se laisser bander les yeux et, avant de tomber, prend encore congé du sous-officier qui avait assuré sa garde.

Le dimanche 27 septembre 1942, le commandement allemand interdit à quiconque de circuler dans Paris. C'est la riposte de l'occupant aux attentats qui avaient été commis les jours précédents. Un calme tout à fait insolite règne dans la ville. L'abbé Stock note dans son *Journal* : « J'ai enfin un après-midi à moi. J'ai peint des fleurs. Aucune visite, tout est silencieux. »

Du 14 au 17 octobre 1942, Stock sert de guide au ministre Dorpmüller et lui fait découvrir la Bretagne du sud.

Le jour même de sa fête, le 30 novembre 1942, André B. est exécuté avec huit autres condamnés. Dans sa cellule, il chantait continuellement des chants religieux. Il souhaitait mourir en chantant. « Au poteau, il chantait d'une voix claire et mélodieuse l'*Ave Maria* quand vint le commandement : "feu". »

Le 17 mars 1943, exécution au Fort Balard de Henri J., un idéaliste s'intéressant fort à Pascal. « Il récita avec moi l'acte de contrition et le Notre Père... Je suis catholique mais un peu laïque. » Il n'alla pas jusqu'aux sacrements. Il invita l'aumônier à « l'embrasser au nom de sa mère à qui il pensait beaucoup... Il n'eut pas peur de la mort ».

D'un autre condamné, il avait écrit le 1er octobre 1942 : « Au poteau, il me serra dans ses bras devant tous les soldats, mourut en priant. » D'un autre encore : « Lorsque je lui donnai la dernière bénédiction, il me dit, après m'avoir embrassé : "Placez-vous derrière les soldats, devant moi, pour que je vous voie". »

Tout se passe comme si Stock vivait simultanément plusieurs vies et si chacune d'entre elles occupait à tour de rôle le devant de la scène. Certes, l'aumônier des prisons et le Recteur des Allemands de Paris jouent les grands rôles, mais l'artiste et l'amateur d'art, l'écrivain et le professeur de religion, l'ami et l'homme attentif aux siens restent toujours à l'affût et surviennent à l'improviste. Nous avons quelque peine à imaginer que le même homme puisse s'acquitter de tâches si disparates, qu'il trouve le temps et qu'il ait la résistance nerveuse de les mener de front. Il est vrai qu'en lui l'homme et le prêtre boivent à la même source : le Centre d'où Beauté et Amour inspirent et animent.

Ainsi nous sommes surpris par la note du 2 juin 1943 qui signale une visite à l'exposition des Nabis : « J'ai vu là une peinture de Verkade, la première que j'aie jamais vue[1]. » Depuis le temps de sa formation, l'œuvre autobiographique de Verkade – *Le Tourment de Dieu* – avait fasciné Stock. Quelques jours plus tard, le 15 juin, il conduit sa sœur Franziska et Fräulein Berlinghof à Auxerre et Vézelay ; l'escapade dure deux jours.

Un jeudi soir, Franz tarde à rentrer. Les jeunes Allemands qui l'attendent, se rendant compte du poids de sa tâche, disent à Franziska leur regret de voir *Rektor* Stock leur consacrer tellement de temps. « Ne dites pas cela à mon frère, répond Franziska ; vous ne vous doutez pas à quel point il a besoin de passer ces heures avec vous pour compenser son écrasant labeur dans les prisons[2]. »

Nous sommes moins étonnés de lire à la date du 10 août 1943 que l'électrocardiogramme subi à Suresnes par cet homme qui se ménage si peu et qui a une telle sensibilité révèle un cœur « détraqué ». Il n'a même pas trente-neuf ans. Le médecin qu'il revoit après quelques jours lui prescrit un repos

---

1. La direction du musée d'Orsay m'informe qu'une exposition : « L'École de Pont-Aven et les Nabis » s'est tenue à cette époque à la galerie de Parvilles. La toile de Verkade est intitulée *Pommes rouges* (1891).
2. Irmgard SARSTADT, article dans *Neue Bildpost* (date inconnue après 1978).

complet. Mais il ne s'y conformera que plus tard : vers la mi-septembre, il partira pour quatre semaines dans la Forêt Noire. En attendant, il ne peut décliner, sans plus, les invitations aux « fêtes sportives » qui continuent d'affluer.

Le récit qu'il fait de certaines morts laisse deviner l'admiration et, en quelque sorte, le réconfort éprouvés. On lit, par exemple, le 13 juillet 1943, la relation des derniers moments de Graham H., capitaine anglais condamné à la peine capitale pour espionnage. L'exécution aura lieu l'après-midi place Balard. « Il affectait un calme admirable. Après que le jugement lui fut notifié dans sa cellule, il fit venir le coiffeur, se lava entièrement, se fit propre, allant jusqu'à se curer les ongles des orteils. Il fit don de ses vêtements à ses camarades, ne gardant qu'une montre-bracelet qu'il destinait à ses parents via la Croix-Rouge. Il pensait beaucoup à ses parents. La mort le laissait indifférent : "On ne peut éprouver d'angoisse devant une réalité supérieure à soi-même", fut sa réponse lorsque je lui demandai s'il craignait la mort. Conservait dans sa poche supérieure gauche le Nouveau Testament (en anglais) avec lequel il mourut. »

Le 22 novembre 1943, voyage à Neheim pour assister au mariage de son frère Ernst et au 40e anniversaire du mariage de ses parents.

Le 7 février 1944, cinq exécutions. Parmi les condamnés, A.H., Parisien, dont la foi et la piété profonde impressionnent l'aumônier. « Pria à genoux avec moi dans la voiture. Me remit une photo de sa femme qui attendait un enfant. » Il y avait écrit entre autres ces mots : « Ton sourire, ma chérie, je l'emporterai dans ma tombe. » Son ami S. D. d'Étampes et lui moururent les derniers. Ils terminèrent leur prière commune par « À bientôt ». « Pria jusque dans la mort. »

L'offre d'assistance religieuse que l'aumônier ne manque pas de faire à tous les condamnés à mort suscite les réponses les plus diverses. Kock estime que refus et acceptations sont en nombre sensiblement égal. Dans la prédication faite en 1945 dans une église de Bruxelles, Mgr Guérin contredit cette estimation. Se référant à des déclarations que Stock lui aurait faites, il affirme que 92 % des condamnés auraient recouru au ministère sacerdotal[1]. Force nous est de constater que le *Journal* ne confirme que partiellement les paroles de Mgr Guérin.

Parfois le refus est catégorique. Ainsi, le 15 mars 1942 : « Tous me refusent, ne croient plus à rien. » Le 13 avril 1942, il note : « Personne ne voulait un secours spirituel. Tous sont morts sans la foi. » Dans d'autres cas, le refus est tout aussi ferme, mais plus déférent : « Je regrette, Monsieur l'aumônier,

---

1. J. Guérin, *Pour la Civilisation*. Allocution prononcée en l'église Notre-Dame-des-Victoires au Sablon (Bruxelles) le 4 novembre 1945.

de vous donner cette peine, je suis incroyant et n'ai pas besoin de vous. » Cela n'empêchait pas beaucoup de ces incroyants de souhaiter la présence de Franz Stock et de lui en être reconnaissant : « Je les ai tous deux accompagnés jusqu'à la fin ; ils étaient très reconnaissants pour ce geste. » Stock souhaitait, certes, que tous mourussent chrétiens. À défaut, il multipliait les efforts pour bannir la haine du cœur des condamnés. Il relève toujours les dernières paroles qui étaient profession de foi en un idéal. Sans doute, à ses yeux, cet engagement ultime des condamnés était-il assentiment confus à une facette de ce Dieu qui porte à leur accomplissement les aspirations fondamentales des hommes[1].

Dans une prédication prononcée à Dortmund-Brakel le 28 juin 1987, l'abbé Allroggen, ami de Stock depuis les années de jeunesse disait à ce propos : « Souvent, il ne parvenait à allumer que des étincelles de foi mais qui, chez beaucoup, au milieu du feu de cet enfer, deviendraient foi vivante ; foi et ultime décision : par amour aller jusqu'à donner sa vie pour les survivants aimés, pour la France, pour la liberté, pour la paix ! Il est bouleversant de constater, à la lecture de son *Journal*, comment Franz Stock, en peu de mots, par quelques mots-clés, désigne ces combats de ses paroissiens dans les prisons et comment, chancelant presque sous le poids de la détresse partagée, il remplit cependant sa mission : être l'instrument du Grand-Prêtre qui vient à bout de la faute par l'amour et fait de son sacrifice, mêlé au sacrifice de tant de souffrants, la source de la réconciliation et de la paix, sacrifice qui rend dérisoire, une fois pour toutes, la puissance des coupables[2]. »

Le Journal et les Livres des Cellules

Le *Journal* de Franz Stock est avant tout le récit de son travail pastoral et de sa présence auprès des condamnés à mort. C'est un modeste cahier d'étudiant de format 22 × 16. Le texte couvre quatre-vingt-deux pages. L'original est déposé aux Archives du Vicariat du diocèse de Paderborn. Mais avant

1. L'« aumônier de l'enfer » invoquait souvent saint Michel pour obtenir la conversion des condamnés à mort. Non seulement parce que l'archange était patron à la fois de la France et de l'Allemagne, mais – plus profondément – parce qu'il était à la pointe du combat du bien contre le mal. Stock se sentait dans une situation analogue lorsqu'il tentait de chasser la haine, mal suprême, du cœur des condamnés. Saint Michel, déjà représenté à l'initiative de Stock dans la chapelle allemande de l'Exposition de 1937, le sera aussi plus tard à la chapelle du camp du Coudray-Morancez.

2. Prédication dans l'église Saint-Clément. Texte communiqué par l'abbé Allroggen.

d'arriver en ce lieu sûr, le *Journal* connut des vicissitudes que l'abbé Christoph Allroggen, l'ami de Stock depuis 1924, s'appliqua à démêler en 1987[1].

Au moment de quitter la rue Lhomond en août 1944, quelques jours avant la libération de Paris, Stock dissimule ce cahier dans le dossier d'un fauteuil, non de son bureau du 21 mais, selon sa secrétaire, dans la maison du 23. L'abbé Allroggen rapporte qu'au cours de l'hiver qui suivit, de passage à Paris avec un aumônier américain pendant sa captivité à Cherbourg, Stock l'emporte et le glisse dans la valise-chapelle dont il dispose au camp[2]. Il ne voulait point que ce document tombât dans les mains des autorités françaises : dans un contexte de chasse aux sorcières, il entendait éviter que la divulgation de certains renseignements puisse nuire à des Français ou à des Allemands[3]. En juin 1947, il ramène la valise-chapelle à la rue Lhomond. Après sa mort survenue en février 1948, le Père Brass, un de ses amis de l'Aumônerie générale, la confie à la famille Haderer qui en fait cadeau à un parent franciscain, le Père Auweiler. Celui-ci y découvre le *Journal* sans en reconnaître toute l'importance. Un de ses confrères, Dietrich Esser, se rend compte de l'intérêt exceptionnel de ce texte ; rencontrant la mère de Stock en 1951, à l'occasion du transfert du corps de l'aumônier dans une tombe plus digne au cimetière de Thiais, il lui fait part de son intention de lui envoyer ce *Journal* et lui suggère de le confier à l'archevêque de Cologne, responsable de la pastorale des Allemands à l'étranger. En fait, Dietrich Esser le remit plutôt au Père Brockhoff qui promit de l'envoyer à Cologne, mais il entendait en réaliser préalablement des copies notamment pour en envoyer une au cardinal Roncalli, ancien nonce à Paris qui avait bien connu Stock. Brockhoff jugea bon de confier ce travail de copie à Mlle Berlinghof, secrétaire de Stock. Cette dernière n'en fit rien et ne donna aucune suite aux multiples demandes de restitution. Bien plus, en quittant définitivement Paris, elle l'emporta à Rastatt.

Entre-temps, le Jésuite Anton Albert conçut le projet d'écrire la biographie de Stock dont il avait été l'ami. Apprenant l'existence du *Journal*, le Jésuite multiplia en vain les recherches pour savoir où se trouvait le manuscrit ; il se

1. Notice dactylographiée de quatre pages intitulée *Von Paris nach Paderborn. Ueber den Weg des « Tagebuches » des Gefangenenseelsorgers Franz Stock.*

2. Signalons toutefois que ce passage à la rue Lhomond eut lieu le 6 octobre et non pendant l'hiver ; d'autre part, Stock écrit, dans un autre journal qu'il tint à Cherbourg, que le 20 décembre, l'abbé Huet lui apporta de Paris divers documents dont des *Notes sur les exécutions* : s'agit-il du *Journal* ?

3. Plus tard, prisonnier à Chartres, l'abbé Stock, averti par le secrétaire du cardinal Suhard d'un prochain interrogatoire, chargea Sigismund Kleine, son ordonnance, de cacher le *Journal* des exécutions. Kleine alla le dissimuler dans son lit (S. KLEINE, *Mein Erleben mit Franz Stock,* texte manuscrit, p. 6).

résigna toutefois à publier son livre. Il réussit plus tard à établir que Luise Berlinghof était en possession du *Journal* « et ne l'avait pas brûlé comme elle le prétendit pendant un certain temps ou pensait bien l'avoir fait "conformément à la dernière volonté de Franz Stock"[1] ». Le Père Albert obtint finalement le *Journal* en avril 1961. Il fut bouleversé. Sa mort cinq mois plus tard l'empêcha d'écrire une nouvelle biographie qui aurait tenu compte du précieux document.

Le *Journal* faillit bien connaître une troisième éclipse avant de revenir à la famille de Stock qui le transmit à l'archevêque de Paderborn. En 1968-1969, Mlle Berlinghof revendiqua par voie judiciaire la propriété du manuscrit, faisant valoir que Franz Stock le lui aurait légué avant sa mort ; elle portait plainte également parce que des extraits du *Journal* avaient été diffusés par les télévisions allemande et française et partiellement publiés dans deux biographies. La plaignante fut déboutée, le tribunal estimant que les publications étaient tout à l'honneur de Franz Stock, qu'elles contribuaient à la compréhension entre Allemands et Français et répondaient ainsi au désir profond de l'auteur. À ce jour, le *Journal* reste confiné dans les archives secrètes du diocèse de Paderborn. Il en existe cinq exemplaires d'une transcription dactylographiée, elle aussi tenue secrète.

Pourquoi l'aumônier des prisons décida-t-il d'écrire un journal ? Depuis un an, il accompagnait au supplice les condamnés à mort. Ceux qui avaient perdu un être cher désiraient recevoir des informations. Stock était seul à pouvoir répondre à leur souhait. Il lui fallait un aide-mémoire. Ses notes servirent souvent, parfois des mois et même des années après les exécutions. Avait-il le sentiment que son journal serait un témoin privilégié pour l'histoire de la Résistance ? On ne possède aucun document analogue concernant les exécutions. Existe-t-il même un équivalent dans toute l'histoire ? Connaît-on un cri plus poignant lancé à la face de l'humanité qui tue les meilleurs des siens ? Si l'on ne devait garder de la Deuxième Guerre mondiale qu'un nombre restreint de documents, ce *Journa*l mériterait d'en être.

Au total, huit cent soixante-trois exécutions y sont mentionnées. Ce nombre comprend cent soixante-deux exécutions auxquelles Stock n'assista pas, mais au sujet desquelles il s'informa minutieusement auprès de ses confrères qui le remplacèrent. Une marge est ménagée à la droite de chaque page pour l'indication des dates et du nombre des exécutions.

Le *Journal* couvre la période du 29 décembre 1941 (en fait, du 28 janvier 1942, parce qu'il s'ouvre par un voyage en Allemagne) au 13 août 1944, soit exactement neuf cent vingt-neuf jours. Pendant ces deux ans et demi, près de

1. Voir R. CLOSSET, *Er ging durch die Hölle. Franz Stock,* Paderborn, [1983], p. 292.

six cent cinquante journées de Stock se sont terminées par la rédaction de ces notes. Hormis quelques semaines de vacances et quelques absences plus brèves, cela correspond en moyenne à vingt-trois inscriptions par mois, d'une longueur qui va d'une ligne à une page. Il fallait bien du courage pour rédiger ce douloureux rapport au soir de journées harassantes. Les indications de l'année 1942 couvrent à elles seules quarante-neuf pages. En fait, le nombre des inscriptions demeura remarquablement constant, mais leur concision ira croissant : cinq par page en moyenne en 1942, une douzaine par page en 1943 et 1944.

Les exécutions sont rapportées selon un certain schéma : date, heure et endroit de l'exécution, nom, prénom, lieu et date de naissance de la victime, nombre d'enfants, adresse des parents les plus proches, lieu d'origine, motif et date du jugement, attitude du condamné avant l'exécution, appartenance religieuse, dernières paroles, localisation de l'inhumation (cimetière, section, allée, n° de la tombe).

Autant le *Journal* est précis dans les indications concernant les morts, autant il est prudent et discret sur tout ce qui concerne les vivants. L'auteur pouvait redouter à tout moment une descente de la Gestapo. Il fallait donc que celle-ci ne pût tirer de ce cahier aucun parti. À l'exception de mentions très générales, il passe sous silence tout ce qui concerne les détenus et ses contacts avec les familles. Si les réunions avec des prêtres allemands sont mentionnées, aucune indication ne signale ses contacts, cependant fréquents, avec des prêtres français.

Franz Stock a dû écrire aussi pour lui-même. Les morts étaient ses « paroissiens ». Il rejoignait dans la prière ses chers et poignants martyrs. Il lui importait sans doute de garder dans leur netteté ces douloureux souvenirs. Son *Journal* restituait aux victimes anonymes le droit d'être une personne unique. Le mort reprenait un visage.

Un examen attentif du *Journa*l fait apparaître une certaine régularité dans l'organisation de la semaine. Trois journées sont consacrées aux visites aux prisonniers : le mardi au Cherche Midi, le vendredi et le samedi à Fresnes. Le lundi matin, il fait cours de religion avant d'assister à la réunion des aumôniers militaires autour de l'aumônier général Hofer. Un jour par semaine, en soirée, il reçoit les parents des détenus. Son ministère auprès des Allemands s'exerce le dimanche : messe de 9 heures à Saint-Joseph depuis 1942 et souvent une seconde célébration avec prédication ; chaque jeudi soir, un office religieux rue Lhomond, associé, on l'a dit, à des activités diverses ; le dimanche est aussi jour d'excursion en groupe ; parfois il peint. Si son ministère des prisons ne le mobilise pas, il essaie de réserver le mercredi à une activité de détente.

Si le cahier ne nous parlait pas explicitement des activités auprès des prisonniers, ce qu'il nous apprend par ailleurs des activités du Recteur de la Mission allemande nous donnerait à penser que ces tâches suffisaient amplement à remplir la vie d'un homme : prédication, réunions de prière, conférences théologiques et artistiques, recherches à la Bibliothèque nationale, rédaction de *La Bretagne,* randonnées de détente en compagnie de quarante à cent participants, sorties culturelles, cours à la *Deutsche Schule,* célébrations en divers lieux de culte, réunions hebdomadaires avec les aumôniers militaires allemands, séjours en Allemagne... Le *Journal* nous fait de temps en temps sortir du monde de l'horreur. Le second monde – le nôtre – refait parfois surface. Le lecteur en avait oublié l'existence, mais l'aumônier des prisons reste Recteur de la Mission allemande ; il reste aussi l'humaniste et un homme de grande sensibilité. Celui qui accompagne les condamnés « à la porte du ciel » se rend au concert, prêche sur l'homme image de Dieu, apprécie la musique de Mozart, s'arrête devant les toiles des Nabis, célèbre l'anniversaire de sa sœur Franziska, accompagne en excursion une quarantaine de soldats, commente des diapositives d'œuvres de van Gogh. Telle est la vie de l'« Aumônier de l'Enfer », tel est son *Journal*[1].

Franz pensait-il publier ce cahier ? Sa secrétaire l'affirme et son premier biographe Anton Albert opine dans le même sens. Bien sûr, il ne l'aurait pas diffusé tel quel pour des raisons évidentes de discrétion, mais il aurait projeté de s'en servir dans le cadre d'un ouvrage plus général sur son ministère dans les prisons. Quoi qu'il en soit, le *Journal* existe, source indispensable pour les futurs historiens de la Résistance.

Il nous est d'ores et déjà possible de souligner l'intérêt simplement humain de ces pages et de ce qu'elles nous apprennent du prêtre Franz Stock. Car dans ces notes jetées sur le papier comme pour soulager quelque peu un cœur trop ulcéré, il s'efface et se révèle tout à la fois. Le ton neutre et le style télégraphique du reportage, au-delà des indications permettant de situer et d'identifier, laissent deviner le point de vue choisi : l'attitude de *l'homme* dans le brutal déchaînement de la violence, dans ce combat éternel au sein duquel l'être humain doit prendre sa libre et ultime décision. C'est pourquoi l'auteur du *Journal* donne de plus en plus l'impression d'être du côté des condamnés.

Enfin, ce document extraordinaire a valeur universelle. Toute vie d'homme est la montée au Mont Valérien d'un condamné à mort qui, souvent, s'évertue à gravir la pente sans porter le regard vers le sommet. Ici, le processus s'emballe

1. La lettre du 9 décembre 1942 à Auer énumère les événements des dix derniers jours. C'est la vie normale d'un pasteur. Il est saisissant de découvrir la partie immergée de l'iceberg en lisant dans le *Journal* le récit de la période correspondante.

et la mort s'en prend à des êtres pleins de vie, parfois même à de grands adolescents, en pleine santé physique et en totale lucidité d'esprit. L'horreur et le sentiment d'injustice habitaient sans doute victimes et soldats du peloton, tous finalement acteurs héroïques ou fortuits, libres ou manipulés, interprètes malgré eux du gigantesque jeu de la Folie et de la Cruauté.

Les archives du diocèse de Paderborn possèdent aussi deux *Livres des Cellules* : ce sont des sortes de répertoires à usage pratique. À côté des noms, groupés selon l'ordre alphabétique, sont mentionnés des numéros de cellules, des dates de visite et, parfois, les objets désirés par les prisonniers. Les sinistres lettres z. *To.* (*zum Tode verurteilt*, condamné à mort) accompagnent certains noms, biffés si la sentence a été exécutée. L'aumônier des prisons les utilisa très tôt, en tout cas avant la tenue du *Journal.*

La libération de Paris. Stock prisonnier

Le 9 août 1944 sont mentionnées les exécutions d'un garçon de dix-huit ans et d'un commerçant allemand, les dernières que relate le *Journal.* Beaucoup de prisonniers ont déjà pris le chemin des camps de concentration nazis lorsque Stock se rend une dernière fois à Fresnes le 11 août. Le 13 août, sa sœur Franziska et sa secrétaire se voient intimer l'ordre de quitter Paris d'où elles partiront le lendemain. Elles accompagneront un train de blessés. Ce même jour, Franz Stock occupe une chambre à l'hôtel Palais d'Orsay où il avait déjà séjourné en août 1940. C'est ce que nous apprend la dernière annotation du *Journal.* Elle précise que Stock eut, ce 13 août encore, une entrevue avec le gouverneur allemand de Paris ; peut-être ne fut-elle pas étrangère à sa décision de rester à Paris et de se mettre au service des blessés allemands intransportables regroupés à la Pitié. Rien d'étonnant à cela : le contrat passé le 10 juin 1941 avec le commandant militaire pour la France lui confiait explicitement l'aumônerie des hôpitaux.

La Résistance ne tarde pas à se soulever : Paris, fièrement, – comme le fera Varsovie – amorce lui-même sa libération. Des barricades obstruent certaines rues. Stock se dépense au service des blessés et des mourants et se joint au personnel médical allemand qui ne suffit pas à la tâche à l'hôpital de la Pitié. Il travaille jour et nuit au chevet des six cents blessés. Le mercredi 23 août, il quitte définitivement la rue Lhomond. À la Pitié, sa présence évite le pire. Dans la fièvre des combats, des résistants se présentent à l'hôpital. En guise de représailles, ils veulent fusiller les blessés considérés comme otages. Stock rencontre leur chef qui, à sa grande surprise, reconnaît dans le prêtre son ancien aumônier de Fresnes. Là s'arrête la bavure. Les résistants prennent aussitôt l'hôpital sous leur protection. Le 24 août, les troupes du général Leclerc atteignent la Porte d'Italie. Le lendemain, le général von Choltitz, sans tenir compte de l'ordre d'Hitler de détruire la ville, signe la capitulation. Stock est fait prisonnier des Américains en même temps que les blessés allemands. Trois semaines plus tard, il sera envoyé par avion dans un camp proche de Cherbourg.

Stock est prisonnier. Plus jamais il ne retrouvera le statut d'homme libre. À la mi-décembre, il sera immatriculé sous le numéro VS/PWIB 31 G/820274.

Une page est tournée dans sa vie. Une page aussi est tournée pour le peuple français. « Ah, c'est la mer, écrit de Gaulle, une foule immense est de part et d'autre de la chaussée, peut-être deux millions d'âmes… Dans cette communauté qui n'est qu'une seule pensée, un seul élan, un seul cri, les différences s'effacent, les individus disparaissent et moi, au centre de ce déchaînement, je me sens remplir une fonction qui dépasse de très haut ma personne, servir d'instrument au destin. »

TROISIÈME PARTIE

RECONSTRUIRE
(1944-1948)

8. Cherbourg

Stock prisonnier à Cherbourg

Le *Journal* de Franz Stock s'est arrêté au 13 août 1944. Un second journal lui fait suite. Le prêtre qui entrait dans l'univers carcéral et en sortait à sa guise, a perdu sa liberté d'aller et venir mais il reste frère des hommes, subissant comme eux l'incarcération à laquelle il aurait pu échapper en quittant Paris avec les troupes allemandes en retraite. En trente-six pages manuscrites contenant soixante-sept annotations datées, il relate ce que fut son ministère auprès des militaires allemands prisonniers. Ce second *Journal* commence le 20 septembre 1944 et s'arrête le 17 janvier 1945. Je ne lui connais pas de suite. Peut-être est-elle perdue ? Il nous permet de suivre pas à pas la vie concrète d'un aumônier allemand d'un camp de prisonniers et de percevoir l'impact psychologique des nouvelles en provenance du front. C'est que la guerre fait rage encore. La libération de la France étant achevée ou presque, le territoire de la mère-patrie devient le théâtre des opérations sur le front occidental tandis que le haut-commandement tente une contre-offensive désespérée dans les Ardennes belges.

Nous possédons de Stock un troisième récit qui couvre les mêmes événements et en outre les débuts du Séminaire dont il sera chargé en 1945 et qui regroupera les prisonniers de guerre allemands, candidats au presbytérat. Il commença de l'écrire – le manuscrit est daté de sa main – le 1er décembre 1947. Ce document, qui aurait dû devenir l'histoire du Séminaire, contient une sorte de prologue couvrant la période du 23 août 1944 à son entrée effective en fonction à Orléans. L'auteur y condense en dix pages manuscrites, dans une langue plus châtiée – ce récit était destiné à la publication – l'essentiel des notes rédigées à la hâte durant la captivité de Cherbourg[1].

Qu'il ait fait commencer l'histoire du Séminaire à la date du 23 août marque, me semble-t-il, l'intention de donner une suite au *Journal* des exécutions. Les vicissitudes du Séminaire des Barbelés seraient ainsi en continuité avec le *Journal des Fusillés* dont Stock jugeait inopportune la diffusion immédiate, mais qu'il se réservait d'utiliser ultérieurement dans un cadre élargi.

---

1. Les citations du *Journal* de Cherbourg ainsi que de l'*Histoire du Séminaire* sont traduites par l'auteur.

Décidément, la fibre historique était toujours active en lui : elle l'avait déjà mis en branle quand il évoquait, avant la guerre, maints aspects de la présence allemande à Paris, en particulier l'histoire de la Paroisse elle-même.

« Le mardi 23 août, écrit-il, je quitte pour de bon la Mission allemande de Paris. J'avais au préalable tout verrouillé et mis en poche les clefs des deux maisons. L'hôpital de La Pitié est maintenant mon ermitage. Qu'apporteront les jours qui viennent ? Qu'adviendra-t-il des deux maisons de la Mission de Saint-Boniface ? Je m'en remets aux promesses des autorités civiles et ecclésiastiques qui sont disposées à en assurer la protection. Paris sera-t-il défendu jusqu'au dernier homme comme le veut le commandement suprême, ce qui revient à se demander si la ville sera réduite en ruines ? Qui sait ?

« La veille, il avait été décidé que je resterais à l'hôpital de La Pitié avec les grands blessés, – six cents environ, intransportables – ; je prendrais en charge les victimes qu'on amènerait. Je m'occuperais aussi de la section des prisonniers anglais et américains blessés qui comptait plusieurs centaines d'hommes. J'arrivai ainsi de grand matin à mon nouveau lieu de travail, que d'ailleurs je connaissais pour y avoir maintes fois célébré les offices dominicaux. Un seul médecin y était resté, le docteur Kunze. Les jours suivants, il travailla inlassablement jour et nuit à la salle d'opération et fit tout ce qu'il pouvait pour sauver ce qui pouvait l'être. Beaucoup de blessés doivent de survivre à sa ténacité et à son inlassable dévouement. C'est avec un profond respect que je repense au temps de notre labeur commun à La Pitié. Suivirent huit journées d'un service épuisant. Il s'agissait de sauver les victimes des combats de rue et de les hospitaliser, d'enregistrer les morts et de les enterrer. Colonnes sur colonnes de la Croix-Rouge française transportaient les blessés à l'hôpital. Les couloirs étaient remplis. Deux infirmières allemandes et quelques membres allemands du service sanitaire faisaient de leur mieux pour mettre les blessés à l'abri. Du dehors parvenait encore le bruit des explosions, signe que des tireurs isolés poursuivaient le combat. L'angoisse et la peur étreignaient souvent les cœurs.

« Tout changea lorsque les Américains s'emparèrent de l'hôpital. Ils prirent tout en charge. Aucun auxiliaire allemand, aucun médecin ne pouvait plus intervenir : ils étaient considérés comme prisonniers. J'étais seul à pouvoir encore me rendre auprès des blessés, mais je n'étais plus autorisé à quitter le bâtiment comme précédemment. Toutes mes tentatives pour obtenir une autorisation de sortir librement se heurtèrent à un refus. J'étais prisonnier. »

Les blessés continuèrent d'affluer. Le 20 septembre, cent vingt blessés graves arrivèrent de Saint-Quentin ; parmi eux, un soldat de la ville de Franz Stock, âgé de dix-sept ans et demi. Il n'avait connu que six semaines de vie militaire. Le régime hitlérien aux abois mobilisait des adolescents.

Le lendemain, Stock fête, seul, ses quarante ans dans sa chambre qu'il ne peut plus quitter. Dans le *Journal* de captivité qu'il avait commencé de tenir la veille, il écrit le 21 septembre, jour de son anniversaire : « Qui aurait pu imaginer cela ? »

Brusquement, le 23 septembre, ordre est donné de se préparer au départ. Destination annoncée : Angleterre ! Des tentes hâtivement dressées accueillent les prisonniers au Bourget. De celle que Franz occupait, la vue portait sur Le Blanc-Mesnil où, étudiant en théologie en 1928, il s'occupait du Patronage. Il a l'occasion de dire aux civils du champ d'aviation habitant la localité qu'il connaissait beaucoup de jeunes de la commune et qu'il leur avait donné des cours de catéchisme dans un wagon de chemin de fer désaffecté. Le surlendemain en fin de matinée, l'avion décolle et prend la direction de la Normandie. À bord, outre le prêtre, douze blessés légers allemands et trois infirmières américaines. L'équipée s'achèvera non en Angleterre mais à La Haye-du-Puits (à 40 kilomètres au sud de Cherbourg) d'où un train, puis des camions les conduisent dans un immense hôpital de campagne américain implanté au milieu d'un verger dans la région de Saint-Lô. Les blessés du front y sont accueillis. Deux cents blessés allemands se trouvent mêlés aux alliés. Stock en a connu beaucoup à la Pitié.

Pour l'aumônier américain de l'hôpital de campagne, l'arrivée de Stock est une aubaine. Il entame sur-le-champ des démarches auprès de son supérieur de Cherbourg en vue de conserver ce collaborateur providentiel. Il est responsable, en effet, de deux autres camps situés à proximité. Stock, de son côté, aurait souhaité assumer l'aumônerie au service de ses compatriotes. Mais le médecin en chef américain entend réserver cet hôpital de campagne aux grands blessés et à des malades graves. L'examen médical approfondi que subit Stock fait apparaître qu'il ne doit pas être considéré comme gravement malade. Il est apte à la vie de camp (*lagerfähig*). Et d'ailleurs, ajoute l'officier-médecin, Cherbourg réclame des prêtres allemands pour ses trois grands camps.

De fait, le dimanche 1er octobre, quatre jours seulement après l'arrivée à l'hôpital de campagne, l'ordre de départ est donné. Franz Stock dispose de cinq minutes pour s'y préparer…

Un brouillard poudreux noie l'immense ville de tentes juchée sur la falaise proche de Cherbourg. Franz Stock est le premier civil à y être admis. La tente qui lui est assignée abrite déjà trois prêtres catholiques et quatre pasteurs protestants. Petrus, le Franciscain, l'accueille comme l'eût fait le fondateur de l'Ordre. D'emblée, le nouveau venu se sent chez lui. Une bonne entente œcuménique règne entre ces hommes. Mais ce n'est qu'un côté des choses. « Maintenant me voici prisonnier, note Franz ; la liberté, c'est fini. » Chaque secteur du camp est ceinturé de barbelés. Le passage d'un secteur à l'autre dépend du bon vouloir des policiers militaires casqués de blanc.

Franz cependant ne tarde pas à renouer avec le monde extérieur. Dès le 4 octobre, en effet, il accompagne à Paris le Père Necker, aumônier américain qui, d'origine allemande, parle couramment cette langue. De grand matin, par temps gris et froid, le chauffeur Joe emmène ses deux passagers dans une Jeep ouverte avec remorque à travers la Normandie dévastée. Les traces des combats récents sont bien visibles : villages détruits, églises en ruines. On s'arrête dans un petit restaurant ; un calvados est bien nécessaire pour réchauffer les trois hommes. Paris ne sera atteint qu'au terme d'un voyage de dix heures. Tout au long du chemin, le trafic des poids lourds qui, au départ de Cherbourg, ravitaillent les troupes alliées est vraiment hallucinant. L'hôtel Palais d'Orsay, familier à Stock, est entièrement occupé par les Américains et ne peut donc accueillir les trois voyageurs. Qu'à cela ne tienne : ils iront dîner chez l'abbé Guérin qui – le patron au fourneau – leur mitonne d'excellentes crêpes et leur procure le logement chez des amis. Après la messe à Saint-Germain-des-Prés, la matinée du lendemain est consacrée à des emplettes et à des visites. Stock note avec humour que les bâtiments et les hôtels naguère occupés par l'armée allemande le sont maintenant par des Américains, mais que le pouvoir effectif, dans les deux cas, est resté aux mains de la bureaucratie.

L'après-midi, Stock se rend à l'Aumônerie générale en quête de valises-chapelles. En cette période préconciliaire, les prescriptions liturgiques sont minutieuses. Il est inconcevable qu'un prêtre célèbre la messe sans disposer du matériel adéquat. D'où le souci constant de Stock d'acquérir ces valises-chapelles. Il espère rencontrer l'aumônier général Rodhain, mais celui-ci est en mission au Vatican. C'est son adjoint Le Meur qui le reçoit, heureux de retrouver son aumônier de Fresnes. Les situations depuis se sont inversées. Au cours de cette visite, Stock apprend que le cardinal Suhard et l'abbé Rodhain ont demandé aux autorités américaines son retour à Paris. Cette démarche n'aboutira pas.

L'entretien avec Le Meur concerne principalement les besoins pastoraux dans les camps de prisonniers allemands. Dans son *Journal,* Stock note avec satisfaction : « Des liens étaient créés. »

Le lendemain matin, le cardinal Suhard reçoit en même temps le Père Necker et l'abbé Stock. « Le cardinal me remercia pour tout le travail auprès des prisonniers français. Il fut très amical. » En fin de journée, passant rue Lhomond, Franz Stock s'étonne de voir une fenêtre du 23 éclairée. La maison est occupée par des militaires français ; elle a été partiellement pillée ; l'officier promet de mettre les livres en sécurité dans un local de l'étage supérieur. Le lendemain, Stock réussit à se faire ouvrir le 21 ; il emporte quelques livres. La remorque de la Jeep contient quatorze valises-chapelles reçues de l'Aumônerie générale, des livres, des missels et des livres de prière allemands. Au retour, Necker et lui célébreront la messe de part et d'autre de la tombe de sainte Thérèse au carmel de Lisieux. La parenthèse parisienne aura duré quatre jours.

La vie des camps se prolongera près de trois ans pour l'abbé Stock.

L'aumônerie des prisonniers

Dans la tente qui leur est commune, prêtres et pasteurs, assis sur leurs couchettes, préparent leurs exposés sur une table de fortune, à la lueur de chandelles fabriquées avec de la cire récupérée. L'automne impose ses intempéries. Cherbourg revendique, après Brest, le record des précipitations. Vent, pluie et brouillard pénètrent dans les tentes par les fentes des bâches. Fréquemment il faut retendre les cordes et enfoncer à nouveau les piquets. « Le sol de la cabine n'est jamais sec, écrit Stock dans son *Journal*. Par temps pluvieux, quand le vent vient du côté des terres, des paquets d'eau s'abattent jusqu'au milieu de la tente. » À l'extérieur, c'est un océan de boue.

Dans les tentes, pour s'isoler du sol détrempé, les soldats se fabriquent des lits avec des planches de récupération. Ils bricolent des poêles avec des boîtes en fer-blanc, ils réalisent des petits toits pour recueillir l'eau de pluie à l'entrée de leurs tentes. Leur ingéniosité et leur sens de l'organisation font l'admiration des Américains. Un combat opiniâtre est engagé contre la boue : on creuse des tranchées et on empierre les chemins ; toutefois la victoire sur les intempéries ne devra rien aux Américains, rapporte Stock manifestement déçu. Mais il écrit : « Dans cette habitation de Far-West où il n'y avait initialement ni lumière ni chauffage, s'échangeaient cependant des conversations intéressantes. » Emmitouflés jusqu'aux oreilles dans des couvertures, les aumôniers catholiques et protestants conversaient amicalement sur l'urgence du travail dans le camp auprès des dizaines de milliers de leurs camarades[1]. Chaque jour, de nouvelles fournées de prisonniers arrivaient, alors que d'autres étaient conduits au port tout proche pour être expédiés en Angleterre ou en Amérique. Des plans étaient établis, des heures fixées pour les offices religieux bien qu'il n'y eût pas encore de chapelle. « Nous visitions quotidiennement les dix secteurs. Une chape de tristesse pesait sur nos camarades recrus de fatigue et affamés. En eux, toute espérance était éteinte. »

1. En Allemagne, traditionnellement, les relations entre catholiques et protestants étaient meilleures que dans les pays d'Europe méridionale. Pendant la guerre, les circonstances, notamment dans les camps de prisonniers, multiplièrent les occasions de vivre un œcuménisme pratique.

La nationalité des prisonniers qui continuaient d'affluer permettait de suivre l'avance alliée ; parmi les nouveaux venus, des civils enrôlés dans la Wehrmacht, provenant surtout des régions traditionnellement disputées entre l'Allemagne et ses voisins : des habitants des cantons rédimés de Belgique, des Luxembourgeois, des Lorrains, des Alsaciens. Certains de ceux-ci portaient un brassard bleu blanc rouge ; ils ne cachaient pas leur déception d'être traités en prisonniers de guerre. Bientôt, les nouveaux arrivants vinrent du sol même de la patrie ; d'Aix-la-Chapelle et de l'Eifel. Ils apportaient des nouvelles : la machine de guerre laminait le sol de la patrie ; en peu de minutes des villes entières étaient réduites en ruines. « Beaucoup de soldats étaient proches du désespoir. »

Dès que l'aumônerie catholique disposa de sa propre tente, elle en réserva la moitié au culte. Stock prit contact avec la Trappe de Bricquebec située à une vingtaine de kilomètres de Cherbourg. Sans tarder deux moines en coule blanche se présentèrent au corps de garde du camp. Ébahis, les soldats de faction oublièrent de réclamer le laissez-passer dont les visiteurs étaient d'ailleurs dépourvus. Les deux trappistes n'arrivaient pas les mains vides : ils apportaient de merveilleux ornements liturgiques pour les cérémonies solennelles, sans parler des cierges, du vin de messe et des hosties en quantité impressionnante. Les deux moines et les aumôniers devisèrent agréablement dans la pénombre du « presbytère » et échafaudèrent des projets. À titre de réciprocité, l'aumônier américain chargea les bons Samaritains de choses dont la guerre les avait privés depuis belle lurette. Ces visites se répétèrent. Inversement, Stock et ses confrères purent faire deux séjours à la Trappe. Un moine de Bricquebec nous signale que, lors de ces visites, Franz Stock fut introduit au chœur et placé à la droite du Père Abbé, Dom Marie-Joseph Marquis : « Il semblait tout à fait détendu, heureux de participer à nos offices monastiques », écrit-il[1].

Dès lors, la pastorale du camp revêtit des formes plus concrètes d'autant qu'une grande tente put être dressée pour servir de lieu de culte. Les habitants du camp avaient travaillé avec acharnement pour aménager cette chapelle. Des civils de l'Eifel s'étaient proposés pour confectionner des bancs, un menuisier a sculpté un tabernacle, une croix et des chandeliers. « Travail merveilleux », écrit Stock, réalisé avec un simple couteau. Un grand lustre en forme de couronne portait huit boîtes remplies de pétrole. Des plaques de fer suspendues servaient de cloches… Le premier dimanche, le 5 novembre, beaucoup restèrent sur place après la messe : « Enfin nous avons une église comme dans notre pays ! », dirent-ils à Stock. Le 11, veille de l'inauguration officielle, des haut-parleurs avaient diffusé dans tout le camp l'ordonnance de

1. L.M. NIVARD, Lettre du 8 avril 1989 à l'auteur.

la cérémonie. Stock souligna dans son homélie que ce lieu où le Christ était offert faisait participer à la grande communauté de l'Église. À la messe du soir, il traita le thème : l'homme d'aujourd'hui et l'Église.

La tente-chapelle sera cependant trop petite : le 19 novembre, Stock note qu'aux trois messes de l'avant-midi, la moitié des gens n'a pu entrer dans l'église. Même le soir en semaine, l'église est pleine[1].

Le ministère sacerdotal mobilisait les aumôniers du petit matin jusqu'à la nuit avancée. Depuis quelque temps, en effet, au prix de mille efforts, une ligne électrique avait été tirée dans la tente des aumôniers. Le soir, des prisonniers nombreux se réunissaient autour d'un foyer construit avec des tuiles. « Ce furent bien les plus belles heures, écrit Stock, et aussi les plus fécondes. » Progressivement, des milliers d'officiers étaient arrivés dans le camp. Parmi eux, des officiers catholiques étaient spirituellement très réceptifs. Les heures passaient vite au point que personne, malgré l'heure tardive, ne pensait à interrompre. Maintes fois en semaine, l'aumônier Stock fit dans une des tentes d'officiers, des exposés sur l'art religieux, sur Pascal, Maître Eckhart, etc. « Ces hommes, quelques semaines plus tôt, avaient regardé la guerre dans les yeux » ; aujourd'hui, en coude à coude, à la lueur de deux chandelles, ils absorbaient avec avidité une nourriture spirituelle. Spectacle impressionnant que les visages de ces officiers attentifs dans la pénombre… « Notre tente, écrit Stock, a une signification pour le ministère pastoral. Même le poêle est ministère : maintes personnes viennent et se chauffent… »

« Les messes communautaires dans le secteur des officiers, rapporte Stock, étaient les plus belles, les plus intimes, les plus recueillies que j'aie vécues pendant tout mon temps de captivité. Tard dans la nuit, les sentinelles me laissaient sortir et je revenais auprès de mes confrères dans notre tente. Là, tout un groupe était assis et le jeu des questions-réponses se prolongeait… »

À chaque dimanche correspondait un thème exprimé par un verset caractéristique de l'Écriture. En écho, on proposait une pensée ou une consigne pour la semaine. Les textes étaient affichés en plusieurs endroits du camp. Ainsi, pour le troisième dimanche du Carême : « Vous étiez autrefois ténèbres, maintenant vous êtes lumière. Comportez-vous comme des enfants de lumière. Le fruit de la lumière c'est la bonté, la justice, la vérité. » Résolution pour la semaine : « Heureux ceux qui entendent la Parole de Dieu et la mettent en pratique. Chaque jour, offrir sa condition de prisonnier pour ceux qui, eu égard à leur engagement au front ou dans la Patrie, ne peuvent entendre la Parole de Dieu. »

---

1. À partir du 17 décembre, on ne célébrera plus la messe le matin pour éviter que des resquilleurs en profitent pour se dérober au travail dans le camp !

L'abbé Georges Cadel, du diocèse de Coutances, avec l'appui de son évêque, Mgr Louvard, aida efficacement les prêtres allemands des camps de Cherbourg. À la demande de Stock, il fit éditer près de vingt mille livrets de prière que celui-ci avait composés avec la collaboration de son confrère le Père Petrus Pavlicek, franciscain de Prague, souvent cité dans le *Journal*[1]. Ces carnets furent diffusés dans les immenses camps américains de la Manche (Cherbourg, Tourlaville, Foucarville, Nacqueville, Valognes...) bien avant qu'une initiative semblable fût prise par l'Aumônerie générale de Paris. Stock déplore que les catholiques américains n'aient rien fait pour les aider. Plus tard, mobilisé lui-même comme aumônier militaire, l'abbé Cadel porta outre-Rhin des lettres de Stock et remit de sa part à Mgr Gröber, évêque de Fribourg, une liste de soixante et onze prêtres et deux cent quarante-trois séminaristes allemands détenus dans les camps normands : pour la première fois, des renseignements concernant le clergé prisonnier parvenaient en Allemagne où on était sans nouvelles des captifs depuis de longs mois. Les prêtres allemands ont l'habitude de distribuer des images comme souvenir des communions pascales. À Pâques 1945, l'abbé Cadel fit imprimer de telles images à Cherbourg à l'aide d'une gravure sur linoléum sculptée par Stock peu avant son départ du camp. Autrefois déjà, au lycée de Neheim, il excellait dans la gravure sur bois.

Le dimanche, la grande tente servant d'église ne suffisait plus à accueillir les soldats. Des prisonniers de treize à soixante ans se côtoyaient. Certaines cérémonies s'adressaient plus particulièrement aux étrangers : on chantait et priait en français, en italien, en polonais, nouvelle occasion pour Stock de mettre à profit sa connaissance de la langue polonaise. « Les Polonais ont entonné un chant à la Vierge, écrit-il le 22 octobre ; on les entendait dans tout le camp : depuis cinq ans, les Allemands ne toléraient plus qu'ils chantent en polonais dans leur église... La chapelle n'était jamais vide pendant la journée. Comme il était émouvant, conclut Stock, de voir des hommes vivant dans un total dénuement, les joues creusées, les vêtements déchirés et portant aux pieds de mauvaises godasses, se glisser près de l'autel et là joindre les mains dans une prière suppliante pour les leurs, vivant dans la patrie lointaine... »

Les prêtres allemands, toujours très organisés, tenaient une comptabilité méticuleuse de la pratique sacramentelle. En décembre, mois record, les

1. Déjà en 1940, Stock avait adapté, à l'usage des prisonniers français, un livre de prières composé par un missionnaire, le Père Joseph, pour les soldats français de 1870. Ce *Manuel du soldat chrétien* servit aussi pendant la guerre de 1914-1918. Il connut douze éditions au cours de sa longue histoire. Les six dernières sont de l'abbé Stock.

statistiques affichent 96 messes, 14 702 présences aux offices religieux, 946 confessions, 2 766 communions[1]...

Tout était mis en œuvre pour que la vie dans le camp soit aussi agréable que possible : c'était indispensable à un certain équilibre psychologique, car les conditions matérielles étaient plus que médiocres. Les mentions de la pluie, de la boue, du froid, des tempêtes ponctuent comme un refrain le journal de Stock. Il signale un jour l'arrivée de prisonniers littéralement affamés et trempés jusqu'aux os. L'hygiène était inqualifiable et la nourriture à peine passable. Un soir, dans la tente des aumôniers, il y eut une véritable explosion de rage chez les officiers qu'on eut bien de la peine à calmer avec des cigares et... une tasse de lait.

Souvent, quand il n'était pas occupé par son ministère, Stock bricolait : il construisit une cheminée avec des boîtes de conserves récupérées à la cuisine ; avec des planches de caisse, il réalisa un lit pour un de ses confrères ainsi que des armoires, une petite table, un plateau à fruits... Parfois il s'isolait derrière ses caisses : c'est ainsi qu'il appelait son coin personnel ; il lut le livre de Prat, *La Théologie de saint Paul, L'Introduction à la vie dévote* de saint François de Sales, d'Henri Bremond *Prière et Poésie,* et *Le Pape du ghetto* de Gertrud von le Fort. Souvent il dessinait et il peignait les sujets qu'il avait à sa portée, si prosaïques fussent-ils : la tente (à plusieurs reprises), le poêle... Il revint tout joyeux d'une soirée passée à chanter avec l'aumônier américain et son assistant polonais. Les discussions étaient nombreuses. On traitait de thèmes philosophiques et théologiques. La peinture était un sujet privilégié. Ainsi, son confrère Petrus lui parla de son passé de peintre ; ils échangèrent sur l'essence de cet art, sur les devoirs professionnels de l'artiste, sur le travail d'aquarelle. Stock évoqua Verkade, l'expérience des Nabis en Bretagne.

Il rencontra plusieurs fois le peintre Ezard qui avait été mis sur la liste des « artistes dégénérés » par son camarade le peintre Ziegler. Ezard habitait Paris depuis quinze ans ; il était sans nouvelles de sa famille que les nazis avaient dispersée. Stock lui offrit des couleurs et des pinceaux. Ezard en fut si heureux qu'il peignit toute une nuit...

Une rencontre impressionna beaucoup Stock : celle d'un jeune lieutenant de Munich nommé Maes. Il était sculpteur. Il décida de réaliser un crucifix. Ce travail fut pour lui un combat acharné. À travers cette expérience, Maes retrouva la foi. Le jour de la bénédiction de la croix, Stock évoqua dans sa prédication le combat de Jacob avec l'Ange : toute la vie et spécialement la prière, souligna-t-il, est une lutte avec Dieu.

---

1. Faut-il s'étonner d'une telle enquête ? C'était dans les mœurs : ainsi, l'Administration de Benrath (près de Düsseldorf) avait-elle tenu scrupuleusement jour par jour la statistique des bombes tombées sur le territoire de la localité, des victimes et des dégâts matériels.

On relève dans le *Journal* à la date du 27 novembre 1944 : « Écrit à Rodhain, au cardinal Suhard : viendrez-vous ? » Et le 12 janvier 1945, préparation de la première réunion du cercle de travail liturgique dans la ligne de R. Guardini. Stock se propose notamment d'apprendre à mettre la prière de l'Église au centre de la prière personnelle.

Une inscription du 20 décembre 1944 retient particulièrement l'attention. « Visite de l'abbé Huet et de Madame X du Ministère, venus dans une grosse voiture. Ils apportent des lettres de prisonniers libérés de Fresnes que j'avais cachées, des *Notes sur les exécutions*. Tout cela pêle-mêle, et aussi quelques livres, même un livre de cuisine avec des recettes manuscrites de ma sœur »... Les *Notes* ne seraient-elles pas le précieux *Journal* des exécutions ? On peut sérieusement se le demander. À moins que Stock l'ait récupéré le 5 octobre précédent lors de son passage au 23 de la rue Lhomond. En tout cas, on ne connaît pas d'autre document sur les exécutions si ce n'est les *Livres des cellules.*

Huet lui transmet la proposition d'un général de le nommer à Paris aumônier de tous les prisonniers de guerre allemands dont les Français ont la responsabilité. Stock refuse net : « Mon champ de travail est ici, écrit-il dans son *Journal.* À Paris, qui sait ce qui m'attend ? Trop d'agitation. Horrible propagande. Découverte de cadavres mutilés. Environ sept mille auraient été assassinés à Paris. Je ne puis ni ne veux rien dire à ce sujet. Secret. Je ne veux pas qu'il puisse être mésusé de mes devoirs à des fins politiques. » Le nombre de sept mille exécutés ne semble pas fondé. Cette estimation, il est vrai, est proche de celle que cite Tchakarian dans *Les Fusillés du Mont Valérien*. Mais précisément l'auteur n'en apporte aucune preuve. Dans les deux cas, il s'agit de rumeurs colportées. Quelques lignes plus loin, évoquant une célébration liturgique, Stock ajoute : « Ça c'est le vrai, le religieux, le ministère. Tout le reste n'est rien pour nous. Guérin et Huet déçoivent un peu. »

Le lendemain, Stock est confronté dans le bureau de l'aumônier américain du camp avec un colonel de l'armée Leclerc et trois autres personnes qui le harcèlent de questions sur les déportés des prisons de Paris, sur les tortures, sur le nombre des exécutions et l'identité des fusillés. De telles indications devraient être publiées dans l'intérêt de l'humanité. Pour toute réponse, Stock les renvoie aux inscriptions des cimetières. « On s'efforçait de me gagner, écrit-il. Beaucoup de familles, prétendaient ses visiteurs, cherchent des parents et souvent ne savent pas s'ils sont morts ou non. » « Avais-je encore des renseignements ? J'en avais quelques-uns, dit-il à ses interlocuteurs, mais les F.F.I. (Forces françaises de l'intérieur) ont tout pillé dans ma maison. Et ainsi même les livres qui appartiennent à des parents de fusillés ou encore de courtes recommandations aux familles ont été détruites par la populace ou dispersées. De ce fait, je n'ai plus rien et c'est la faute à vos gens. Je ne puis vous aider. »

Stock a toujours voulu être prêtre et rien que prêtre. Servi par sa réserve, il n'a jamais parlé qu'aux familles. Son *Journal* des exécutions, il l'a caché pour qu'on ne puisse pas s'en servir à d'autres fins. Son expérience antérieure lui avait appris à ne pas se laisser piéger.

L'hiver 1944-1945 fut d'une rigueur exceptionnelle. « Souvent, le matin, une épaisse couche de givre recouvrait les couvertures. » C'est la fin abrupte des réflexions de Stock sur les premiers mois à Cherbourg.

La captivité : l'homme révélé à lui-même

Des parties les plus hautes du camp, on voyait le port de Cherbourg et la mer. Parfois les nuages se dissipaient et le soleil perçait. Le monde gris se dégageait alors de sa mélancolie, le cœur bondissait. Le ciel et la mer scintillaient de toutes les couleurs. Quand les soirées n'étaient pas trop fraîches, « nos camarades s'asseyaient devant leurs tentes, perdus dans leurs rêves. Les regards scrutaient l'horizon ». Un prisonnier qui rejoindrait un jour le Séminaire des Barbelés écrit – non sans romantisme – ce qui suit à propos du temps passé à Cherbourg

« [...] Alors vint le temps de Cherbourg avec ses merveilleuses soirées qui me restituaient la paix du cœur ; ces soirées avec leurs couleurs que l'on aurait cru tirées d'un conte de fées, leurs contrastes bizarres ; elles m'arrachaient à la foule de ces hommes à la solitude infinie, au milieu des jurons et des paroles crues qui fusaient ; elles me plongeaient dans une réflexion profonde comme il advient aux hommes au coucher de soleil lorsqu'ils se sentent solitaires, loin de tout ce qu'ils aiment et qui leur est cher. Le soleil luisait à l'horizon comme une boule de feu toute rouge, l'ombre des arbres s'allongeait et le chant vespéral des oiseaux éveillait des souvenirs. La mémoire est comme une fleur solitaire. On ne la trouve pas n'importe où. Il lui faut la solitude, une solitude intérieure. Je pensais à ceux que j'avais connus autrefois, je pensais aux soirées du temps de paix, à la maison, au feu qui pétillait dans l'âtre, aux voyages, au camp. Et je pensais à moi-même, à mon existence[1].

Dans cette immense cité des tentes, d'une affligeante monotonie, les hommes condamnés à l'inactivité faisaient l'expérience de la pauvreté. Personne ne pouvait appeler sien un quelconque objet. Rien – ni le travail productif, ni le sentiment de posséder, ni la possibilité d'aller et venir – ne pouvait nourrir la conscience d'une vie personnelle. Au-dehors, c'était l'effondrement d'un rêve, la déroute d'une grande armée, la patrie en ruines. Le 26 octobre 1944, on lit

1. Cité par Fr. STOCK dans *Ein Seminar hinter Stacheldraht,* texte manuscrit, p. 6.

dans le *Journal* : « attaques aériennes massives sur les villes rhénanes et sur Essen » et, au cours de l'hiver, le 15 janvier 1945, « déclenchement de la grande offensive russe ». Enfin, le même jour, ces mots lourds d'angoissante incertitude : « toujours pas de courrier ». Mais, écrit Stock, « au plus intime de soi, une joie s'était allumée qui restituait de l'espace à notre existence. Et beaucoup qui possédaient cette joie jaillissant de la confiance en Dieu et qui vivaient ce dénuement franciscain, avaient fait la découverte de grandes richesses. Le monde qui exerce une influence dissolvante était devenu inconsistant. Nous l'avions perdu. Mais au cœur de cette solitude, dans un dialogue avec Dieu et les réalités supraterrestres, c'est nous-mêmes que nous retrouvions. C'était une redécouverte de notre moi, des couches profondes de l'incommensurable plénitude de l'homme en qui la grâce, en ces heures, affleurait doucement. Un potentiel neuf de forces psychiques se frayait un chemin au grand jour. Une sainte gravité, qui faisait accéder à un surcroît de maturité, survenait en nous ». Pour en arriver là, pour beaucoup, c'est la condition de prisonnier qui fut l'indispensable chemin et non leur propre effort spirituel. Sans ce temps de séquestration, peut-être l'Esprit chez certains ne se serait pas éveillé, mais serait resté engoncé dans le charnel. Derrière les joues émaciées et les visages ridés, une autre réalité émergeait, l'homme réel, tel que voulu par Dieu, dont tous étaient prégnants. Un feu brûlait dans les cœurs autorisant à nouveau l'espoir chez tous ces hommes qui avaient connu le froid et la dureté des semaines et des mois écoulés, chargés d'un lourd destin.

« Au cours de ces longues et silencieuses soirées d'hiver, la bonté de Dieu instillait goutte à goutte l'amour et la confiance. »

Le temps liturgique de l'Avent prit son sens plénier chez les prisonniers. Où pouvait-on davantage vivre l'anxiété et l'impatience de l'attente ? Par la force des choses, les assemblées religieuses n'étaient composées que d'hommes qui tous « étaient passés à travers l'horreur de la guerre et avaient porté leur regard dans les yeux cupides de la bête humaine. Ils se pressaient les uns contre les autres, en coude à coude, au point qu'il n'était pas possible de tenir un livre de prière ouvert devant soi ».

« Noël approchait ! Ce n'était pas sans crainte que les aumôniers voyaient venir la grande fête. La nostalgie, les soucis ne dégénéreraient-ils pas pendant la sainte nuit en cri d'amère solitude et de séparation ? »

En Allemagne, Noël est plus que Pâques la fête des fêtes[1]. « Pouvons-nous mettre dans les cœurs abattus, écrasés, la joie de la venue du Sauveur

1. Du moins dans la mentalité populaire et le battage publicitaire. L'affirmation ne vaut pas pour les croyants éclairés.

et faire en sorte que le premier Noël de captivité soit un jour de joie, un jour de grâce et de foi profondément vécue ? Question inquiétante pour nous[1]. »

Le jour venu, la chapelle était brillamment décorée. Des haut-parleurs permettaient à ceux qui ne pouvaient pas entrer de participer à la célébration. La nuit était exceptionnellement claire. Des sapins illuminés égayaient tous les secteurs du camp. Un sculpteur de Prague avait construit une merveilleuse petite crèche en argile. Les aumôniers avaient tout fait pour que la liturgie de Noël fasse coïncider en quelque sorte la célébration du vécu de Jésus-Christ avec le vécu des prisonniers. Leur douloureuse expérience en terre étrangère trouvait un précédent, mais aussi son sens dans l'entrée de Jésus dans la terre inhospitalière des hommes. Les paroles d'introduction dites par les officiants (les tâches étaient alors réparties entre le prêtre célébrant, le diacre et le sous-diacre) rendaient plus perceptible le parallèle entre le mystère célébré et l'expérience des prisonniers. L'Évangile quelque peu amplifié et commenté a été lu en alternance avec des chants interprétés par la chorale et avec quelques strophes de *Stille Nacht*[2].

On est frappé à la lecture du *Journal* d'y trouver un accent de profonde solidarité avec les prisonniers : Stock en parle toujours en homme qui éprouve un sentiment de communion intense avec ceux qui souffrent, qui désespèrent, qui sont privés de tout. La tâche d'aumônier de Cherbourg convenait à merveille à Franz Stock.

---

1. *Ibidem, passim.*
2. Les paroles de ce chant universellement connu, créé en 1818, sont de Josef Mohr, la mélodie est de Franz Xavier Gruber.

9. Orléans

Un grand projet français

Depuis les mois de juillet et d'août 1944, les événements militaires se précipitent. Les prisonniers allemands affluent dans les camps. De 90 000 en novembre 1944, ils passeront à 661 000 un an plus tard, dont 440 000 livrés à la France par les Américains.

Le général Boisseau, après avoir servi en Algérie, avait été nommé responsable de tous les centres de détention de France. En 1943, il appuya le souhait de l'aumônier militaire français Walzer de rassembler les séminaristes allemands prisonniers de guerre dans le bâtiment de Notre-Dame-du-Mont, construit en 1935 par les Pères Blancs à Rivet, localités située à 30 kilomètres au sud-est d'Alger. Walzer était l'ancien abbé du monastère bénédictin de Beuron en Allemagne· Il avait eu des démêlés avec le pouvoir nazi. Émigré en France, il avait acquis en 1939 la nationalité française et devint aumônier militaire. Pendant l'été 1943, peu après la capitulation des troupes allemandes en Tunisie, il visita les camps de prisonniers allemands. Il estima alors le moment venu de préparer la jeunesse allemande à ses futurs devoirs dans une Europe pacifiée. Les jeunes clercs lui paraissaient particulièrement appelés à cette mission. L'idée fut agréée par les autorités françaises. Le séminaire s'ouvrit au cours de l'automne 1943. Il fut dirigé, pour ainsi dire, comme un monastère bénédictin : prière et travail se succédant régulièrement…

L'expérience réunit en moyenne soixante séminaristes. « Le Père Walzer, écrit l'un d'entre eux, donnait quotidiennement de façon remarquable des cours d'Écriture Sainte, de dogmatique et de patrologie. En outre, trois ou quatre prêtres prisonniers déjà expérimentés donnaient de bonnes leçons de morale et de liturgie. C'était donc une faculté de théologie sérieuse, qui dispensait par ailleurs une solide initiation à la prière et à la liturgie selon le modèle bénédictin, exactement comme à Beuron[1]. » Le général Boisseau

1. G. GOLDMANN, Lettre du 4 février 1992 à l'auteur. Chaque jour, dom Walzer faisait après les cours une allocution spirituelle ; il abordait les grandes questions du temps et les perspectives d'avenir d'une Allemagne détruite par la guerre. Le séminaire de Rivet fut officiellement dissous le 18 mai 1946, mais ses occupants n'arrivèrent au camp de Chartres que le 8 septembre. Ces précisions sur Rivet se trouvent dans une notice de Wilhelm WOLTERS, *Die Kriegsgefangenen-Priesterseminare im Zweiten Weltkrieg*, dans K. BÖHME, *Zur Geschichte der deutschen Kriegsgefangenen des*

projetait maintenant de réitérer en France métropolitaine l'expérience de Rivet, mais à bien plus grande échelle. Sur sa lancée, il décida de créer une faculté de théologie protestante à Montpellier et des écoles dans les différents camps d'officiers. De la sorte, environ cent quatre-vingts étudiants protestants purent suivre les cours au dépôt 165 de Montpellier. Cette faculté de théologie fut dissoute en juin 1947.

En novembre 1944, l'abbé Rodhain avait été placé à la tête de l'Aumônerie militaire. Son adjoint, l'abbé Le Meur, était devenu en janvier 1945 responsable de l'aumônerie des prisonniers de l'Axe, qui constituait une des deux branches de l'Aumônerie militaire.

L'abbé Stock avait rencontré ces deux prêtres pendant l'Occupation, mais dans des contextes bien différents. Il voyait presque chaque semaine l'abbé Rodhain ainsi que le chanoine Desgranges dans leur appartement de la rue Huysmans. Georges Le Meur, quant à lui, avait fait deux séjours en prison : à la Santé puis à Fresnes. À cette époque, les relations ne furent pas particulièrement cordiales entre le détenu et l'aumônier : Le Meur n'était pas disposé à échanger avec un ressortissant de la nation ennemie.

Mais qui était ce prêtre dont le rôle allait devenir primordial dans la destinée de Stock ? Depuis 1933, année de son ordination, Le Meur est vicaire à Sainte-Agnès d'Alfort, dans la banlieue sud-est de Paris. Lors de la défaite de juin 1940, il passe en Suisse où il est interné jusqu'en février 1941. Dès le mois de juin de la même année, un séjour de six semaines à la Santé lui fait connaître l'abbé Stock, aumônier du lieu. Il était impliqué dans la confection de faux papiers, qui permettaient à de jeunes Français d'échapper au S.T.O. (service du travail obligatoire) ; il réalisait aussi des faux documents destinés à régulariser la situation de militaires évadés des camps de prisonniers en Allemagne. Faute de preuve, il est renvoyé à sa paroisse. Impénitent, Georges Le Meur reprend de front son ministère et ses activités dans la Résistance. Dénoncé par son propre sacristain, il est incarcéré le 17 mars 1944 à Fresnes. Après deux mois d'internement au cours desquels il retrouve Stock, il est transféré à Compiègne, mais il est hanté par l'idée de fausser compagnie à ses gardiens. Ses camarades de détention le désignent comme chef d'un complot d'évasion. Il aura deux assistants, le garagiste Martin pour la partie technique et le juriste Biaggi, particulièrement doué pour l'élaboration de plans de fugue. Leur projet sera mis à exécution dans le train qui, partant de Compiègne le 4 juin à huit heures, emporte sous bonne garde deux mille

---

zweiten Weltkrieges, vol. XIII, Bielefeld. Sur Joseph (en religion Raphaël) Walzer (1888-1966), voir Élisabeth ENDRES, *Erzabt Walzer*, Baindt, 1988, ainsi qu'une plaquette de vingt pages dans *Totenchronik aus Beuron*, Beuron, 1966.

cinq cent cinquante-deux détenus vers le camp de la mort de Bergen-Belsen. Du moins, c'est la destination prévue par les S.S. qui n'ont pas imaginé la folle entreprise de quelques dizaines de voyageurs. En gare de Lagny, pour apaiser le conflit mettant aux prises opposants et partisans de l'évasion, les « terroristes » – à l'initiative de l'un des leurs – récitent une dizaine d'Ave : ce pieux murmure rassure les S.S. et provoque quelque étonnement chez les voyageurs de la gare. Enfin, entre Châlons-sur-Marne et Bar-le-Duc, au prix d'un effort fébrile, un des détenus, utilisant une scie bien dissimulée jusque-là, parvient à enlever une planche de la paroi latérale du wagon puis s'attaque au verrou. La vitesse du convoi se situe entre 60 et 70 km à l'heure. Quarante-cinq hommes sur les soixante volontaires sautent sur le ballast selon une technique moult fois exposée, tandis que le train, impassible, poursuit sa course dans la nuit. Conformément au plan, les fugitifs se regroupent par petites unités de trois ou quatre hommes.

L'abbé Le Meur fait partie du premier groupe. La ferme où ils ont frappé fait la sourde oreille. Plus loin, un maire les éconduit. Heureusement, le jeune curé de Coole accueille royalement les évadés, qui ont parcouru vingt kilomètres en forêt, et les héberge. Le lendemain, 6 juin, éclate la nouvelle du débarquement en Normandie. Les fuyards gagnent Châlons où le préfet et un vicaire général leur fournissent asile, argent, vêtements et cartes d'identité. Le fils du préfet leur apprend que les Allemands ont lancé un ordre de recherche des quarante-cinq Français évadés ; la Gestapo porte même les noms de quelques-uns d'entre eux sur une liste de « dangereux auteurs d'évasion à abattre ». Bien sûr, Le Meur en est. Perdu dans la foule anonyme, il rejoint en train Paris où il vivra caché dans un presbytère. Un seul des quarante-cinq évadés sera repris. Après la Libération, Le Meur devient l'adjoint de Rodhain.

Au cours des mois suivants, les deux prêtres dispenseront des secours spirituels et matériels aux Français revenant d'Allemagne : militaires, prisonniers politiques, travailleurs déportés. Mais leur attention se tournera aussi vers les prisonniers allemands.

Cette bienveillance de la part de Le Meur à l'égard d'Allemands a de prime abord de quoi surprendre. C'était un retournement pour cet ex-prisonnier espiègle et indocile. On a vu qu'il avait été particulièrement actif dans la Résistance et en prison ; son esprit frondeur l'avait amené plusieurs fois à se colleter avec ses geôliers. Alléguant qu'il était officier français, il avait refusé de saluer un soldat allemand. Et lors d'un interrogatoire, il avait dit à un officier allemand que le Reich avait déjà perdu la guerre...

Dans l'exercice de ses nouvelles fonctions de responsable des prisonniers de l'Axe, Le Meur surmontant un certain chauvinisme et prenant de la hauteur, agit en chrétien. L'entretien qu'il eut avec le cardinal Suhard le conforta dans ses dispositions qui impliquaient une étonnante volte-face. Grandeur d'âme, lucidité, détermination, parfois même impétuosité caractérisent son action. Il faut mettre aussi à son actif la mise au point avec le général Boisseau du statut des prêtres allemands tous habilités à assumer le rôle d'aumônier et jouissant à ce titre de la liberté d'action souhaitable pour l'exercice de leurs fonctions. Mais le fleuron de ses réalisations fut certes la création d'un séminaire regroupant les séminaristes allemands prisonniers.

Ce rêve avait été entrevu lors d'une des visites que fit Rodhain à Stock au camp de Cherbourg. C'était à l'aube du printemps 1945. Il devenait clair pour les deux hommes que la captivité n'en était qu'à ses débuts, qu'il fallait en conséquence élaborer des plans d'action pastorale et caritative pour une longue durée. Se posait en particulier la question de l'interruption démesurément prolongée des études pour les soldats étudiants en théologie. Non seulement l'appel sous les drapeaux les avait arrachés à leurs études, mais à l'issue du cycle secondaire, ils avaient été astreints à du travail obligatoire. Entrés ensuite au séminaire, beaucoup d'entre eux avaient été mobilisés[1]. Un plan s'ébauchait dans l'imagination de Rodhain et de Stock. Mais ce n'était qu'une éventualité à mûrir. Stock ignorait encore que cette maturation serait diablement accélérée, presque bousculée par l'action torrentielle de Le Meur. L'idée conçue conjointement par le général Boisseau et par l'Aumônerie générale trouvait en lui un réalisateur décidé. Véritable fondateur du Séminaire, il interviendra chaque fois qu'une pièce maîtresse de l'édifice devra être posée ou qu'il faudra procéder à une correction de trajectoire.

Le respect de la vérité historique impose ici un aveu : en définitive, on ne sait avec certitude *qui* prit l'initiative des toutes premières démarches pour que le *projet* du Séminaire devînt *réalité*. La palme revient sans doute à Le Meur. Il affirme lui-même avoir pris contact successivement avec le cardinal Suhard, le général Boisseau et le nonce Roncalli. Ce dernier lui promit de prendre le séminaire sous sa protection. On verra que cette promesse fut tenue.

Il fallait d'abord un lieu et un chef. Orléans fut choisi eu égard à sa relative proximité de Paris et à la personnalité du commandant Gourut, chef du camp de prisonniers local, revenu lui-même d'une longue captivité en Allemagne. En fait, il quitta Orléans avant l'ouverture du Séminaire pour prendre le commandement d'un très grand camp proche de Chartres.

1. Conformément au Concordat signé avec le Vatican en 1933, seuls les étudiants des deux dernières années ne pouvaient être rappelés sous les drapeaux ; s'il est vrai que les séminaires sont restés ouverts pendant la guerre, ils n'étaient plus fréquentés que par les candidats dispensés du service militaire.

Mais à qui confier la direction de ce séminaire très particulier ? L'autorité militaire pensait tout naturellement à l'aumônier Walzer qui, on l'a vu, dirigeait le séminaire de Rivet, près d'Alger, appelé à être transféré en France métropolitaine. Le Supérieur avait réussi, il était théologien, savait les deux langues, semblait acceptable aux Français et aux Allemands. Mais Le Meur, et bien que le courant n'ait pas passé entre eux jusqu'alors, avait jeté son dévolu sur Franz Stock.

De bonnes raisons justifiaient ce choix. Il fallait un homme qui soit *persona grata* pour la France comme pour l'Allemagne. Le Supérieur du Séminaire devait jouir de la confiance de l'épiscopat allemand, avoir une expérience pastorale suffisamment large. Pour être vraiment reçu par les séminaristes, il convenait qu'il fût Allemand, qu'il fût capable de sentir et de vibrer avec ceux qu'il devrait guider. L'abbé Franz Stock répondait à ces conditions. Par ailleurs, n'était-il pas ami de la France dont il connaissait très bien la langue, la sensibilité, l'art, la littérature et même les paysages ? N'avait-il pas accompagné jusqu'au poteau d'exécution les plus valeureux de ses fils ? Assuré d'avoir fait le meilleur choix, Le Meur jeta dans la balance l'éventualité de sa démission si son idée était rejetée. L'autorité militaire s'inclina. Restait cependant à obtenir l'accord de l'armée américaine. La demande de transfert fut adressée à Mgr Tierman, aumônier général américain.

Le « oui » de Stock

Pour découvrir les vicissitudes de l'histoire du Séminaire naissant, nous disposons de notes rédigées par le Supérieur même (en allemand *Regens*) de l'institution. Laissant une fois de plus vibrer la fibre historique, Franz Stock avait entrepris en décembre 1947 la rédaction d'une chronique. Il s'appuyait sur ses notes personnelles et sur les documents que l'abbé Brass, prêtre rhénan, collaborateur de Le Meur, avait mis à sa disposition. Son récit, on l'a vu plus haut, commençait par la chute de Paris et la captivité de Cherbourg (période relatée aussi dans le *Journal* que Stock tint à cette époque). La mort l'empêcha de dépasser le transfert du séminaire à Chartres.

Le 16 mars 1945, Stock reçut, via l'abbé Cadel et l'aumônier Necker, une lettre de Le Meur dont voici le texte presque intégral :

« Vous auriez à jouer un rôle majeur dans un projet que nous avons échafaudé ici concernant les prisonniers de guerre allemands.

« Le général français chargé du commandement des prisonniers en France a décidé d'ouvrir un séminaire pour tous les étudiants en théologie allemands en captivité. Je suis en train d'en préparer la création et de regrouper à Orléans tous les étudiants en théologie.

« Je dispose de trois prêtres, prisonniers de guerre, porteurs d'un diplôme de théologie ; ils constitueront le noyau des cadres du séminaire. À leur tête – c'est l'opinion de l'abbé Rodhain et c'est la mienne – c'est vous qui devez vous trouver.

« C'est pourquoi, je vous adresse aujourd'hui une demande officielle : dans les dures conditions matérielles actuelles, voulez-vous assumer la formation ecclésiastique de ces étudiants en théologie ? Nous voulons leur insuffler cet amour spirituel qui les rapprocherait du sacerdoce et leur offrir l'occasion, après une longue interruption, de devenir sous peu un élément du renouveau catholique de leur pays.

« S'agissant de former un clergé pour l'Allemagne, notre souhait est que cette formation soit assurée par des prêtres allemands, et non par des prêtres français qui ne sont pas particulièrement habilités à cet effet.

« Votre nationalité, votre connaissance de la langue française et des usages français vous permettront d'être un lien entre les responsables français, au demeurant très bienveillants, et le jeune clergé allemand dont vous aurez la direction.

« Je me permets de vous prier instamment d'accepter cette tâche – ou peut-être ce sacrifice ; car parmi les prêtres allemands séjournant actuellement en France, je n'en vois aucun en dehors de vous qui soit apte à mener à bien cette noble mission. »

La surprise de Stock fut grande. Bien sûr, au cours de sa visite récente au camp de Cherbourg, Rodhain avait évoqué le rêve de créer un séminaire. « Je ne me doutais pas, écrit Stock, que ce projet deviendrait en quelques semaines réalité. » Comment va-t-il réagir à cette requête flatteuse mais redoutable ? « J'ai souvent relu cette lettre et j'ai beaucoup réfléchi à la réponse. » L'hésitation dura plusieurs jours. « J'en délibérai avec mes confrères et priai Dieu de me donner lumière et discernement. J'étais bien conscient du poids de la tâche et je savais que je n'avais pas la compétence requise pour diriger un séminaire. » Sa réponse, datée du 20 mars, sera affirmative, sans réserve, « malgré ses faiblesses et ses déficiences ». La perspective de quitter le camp de Cherbourg, qui lui était devenu cher, l'attristait.

Le Meur exprime sa joie dans sa réponse du 27 mars ; il est convaincu que l'œuvre entreprise aura une influence considérable et durable sur la compréhension réciproque de leurs deux pays ainsi que sur le rayonnement de l'Église. Ce jour même, il prendra un second contact avec les responsables d'Orléans et examinera le statut du Séminaire avec le général des prisonniers. Il ajoute qu'il a demandé aux autorités américaines (en fait à l'aumônier général des forces américaines en Europe) la « cession » de l'abbé Stock.

Les jours passent. Plus de nouvelles de Le Meur. Sur place, le service à l'extérieur du camp s'amplifie. Stock et ses collègues visitent les hôpitaux et les camps des environs privés d'aumônier. Le 15 avril, tard dans la soirée, l'ordre est intimé à Stock d'avoir à se tenir prêt à quitter le camp le lendemain matin. Aucune précision ne lui est donnée. Il suppose qu'il sera envoyé dans un des camps de Normandie sans aumônier. Dans son esprit, l'hypothèse du Séminaire est écartée puisqu'elle suppose un transfert préalable aux autorités françaises. Le matin, après les adieux à l'aumônier américain et aux deux confrères allemands, une Jeep emmène Stock au C.I.C. américain de Cherbourg. Il y sera gardé jusqu'à 16 heures sans autre explication. Il se hasarde alors à exhiber les deux lettres de l'Aumônerie des prisonniers de guerre. Les Américains en établissent une copie et le téléphone fonctionne. Il s'ensuit que Stock est transféré avec son baluchon au commissariat de police français. Aucun des policiers du local de garde où il campera pendant quarante-huit heures ne peut lui dire la raison de son séjour en ce lieu. La seule chose qu'il réussit à apprendre c'est qu'il est dorénavant prisonnier de la France et qu'il lui faut attendre. Détail pittoresque, le local de garde abrite, outre les policiers, des petits délinquants et des prévenus (la prison municipale est endommagée !). Le troisième jour après-midi, Le Meur apparaît soudain dans l'embrasure de la porte du local de garde. Joie sur les visages. Le Meur explique qui est Stock. Le Commissaire se confond en excuses. Les deux prêtres partent pour Paris. Tel est le récit courtelinesque du transfert sous juridiction française de l'abbé Stock promu supérieur de séminaire.

Vu l'heure tardive, on passera la nuit à la Trappe de Bricquebec. Franz Stock tient à participer à l'office nocturne et mêle son action de grâce à la prière des moines ; il y célèbre la messe revêtu d'une chasuble ayant appartenu à Charles de Foucaud. L'arrivée à Paris n'a lieu qu'en fin d'après-midi. Ivresse de goûter à la liberté. « J'étais libre et pouvais sillonner sans gardien ni escorte les quartiers de la ville qui m'étaient familiers. » Il séjourna rue de Sèvres, dans la maison-mère des Lazaristes qui célébraient ce jour-là le retour des restes de saint Vincent de Paul mis en lieu sûr pendant la tourmente. Cette coïncidence impressionne Stock qui passe ces jours de méditation sous l'égide de l'apôtre des pauvres. Il écrit ces mots saisissants : « La Providence divine me saisit d'un bras puissant et je suivis la Voix[1]. » En compagnie de Le Meur, il est reçu le 20 avril par le général Boisseau dont il dépendra dorénavant. Celui-ci fait observer à Stock que sa nouvelle fonction ne peut être exercée par un civil. Il lui faut prendre le titre d'Aumônier-Commandant, chose

1. Dieter Lanz, sur la base d'une expérience personnelle qui le marqua pour la vie, interprète cette « Voix » dans un sens fort (Lettre du 14 février 1992 à l'auteur).

que facilitait son activité d'aumônier de place à titre accessoire et de curé des services de la Wehrmacht pendant l'Occupation[1]. Mais il fallait du même coup et pour la seconde fois assumer la condition de prisonnier ! Il s'y déclara volontiers prêt[2].

Le Meur informa Stock des démarches effectuées les semaines précédentes. Ce dernier apprécia le sérieux du travail de préparation réalisé par son confrère français sans en percevoir encore toute l'ampleur. Les premiers « pensionnaires » étaient arrivés à Orléans, le 3 avril, à la caserne Dunois, lieu d'implantation du Séminaire. Parmi eux, l'aumônier Josef Schäfer, supérieur provisoire du Séminaire, et six séminaristes dont le très jeune Emil Stehle, futur évêque, le « gamin » comme l'appellera affectueusement le chanoine André.

L'arrivée à Orléans

C'est par une belle matinée que Stock et Le Meur prennent la route d'Orléans le 22 avril 1945. Le prisonnier en sursis regarde intensément les paysages qui défilent. L'ombre de grands arbres qui raie la route évoque pour lui les toiles de Corot. « Les champs de part et d'autre de la route sont tantôt d'une incandescence violette comme les peignit Rousseau de façon si éclatante, tantôt du vert tendre des jeunes pousses de blé que la palette de tous les impressionnistes s'évertuait à saisir[3]. »

La ville d'Orléans n'était pas inconnue de Stock. Étudiant à Paris, il l'avait visitée le 8 mai 1929 : le même jour, cinq cents ans plus tôt, à l'intervention de Jeanne d'Arc, les Anglais avaient dû lever le siège de la cité. Au Moyen Âge, des étudiants allemands venaient étudier le droit civil et canonique à l'université d'Orléans comme d'autres allaient étudier à Paris la théologie ou la philosophie. Les séminaristes prisonniers allaient donc faire renaître une vieille tradition, mais quel contraste entre l'exubérance de la vie estudiantine médiévale et ce groupe de jeunes gens déprimés par la défaite qui s'annonçait, accablés de chagrin et de privations...

---

1. La lettre de nomination, datée du 20 avril 1945, précise : « au rang et à la solde de Commandant (personnel sanitaire) ».

2. Il faut observer que Stock mentionne pour son départ de Cherbourg, sa rencontre avec le général Boisseau et son départ pour Orléans d'autres dates que ses biographes et qu'il n'est pas question dans son récit de visite au cardinal Suhard et au nonce apostolique pendant son séjour à Paris

3. Fr. STOCK, *Notes pour l'histoire du Séminaire de Chartres,* dans K.-H. KLOIDT, *Chartres 1945. Seminar hinter Stacheldraht,* Fribourg, Bâle, Vienne, [1988], p. 87. Cette première mouture de l'histoire du Séminaire de Chartres (K.-H. KLOIDT, *ibid.*, p. 79-105) sera souvent citée.

La première visite des deux prêtres arrivés à Orléans fut pour l'évêque de la ville. Son accueil fut amical, mais sa bienveillance ne s'exprima guère les mois suivants. Il redoutait de se compromettre alors qu'on avait beaucoup parlé en octobre 1944 de l'« épuration épiscopale ». Stock fut ensuite présenté aux autorités militaires de la place. « C'est avec émotion, poursuit Stock, que je voyais maintenant approcher le moment d'entrer dans la caserne qui abriterait notre Séminaire... Un sentiment étrange s'empara de moi quand, franchissant l'entrée surveillée, nous passâmes entre des barbelés rouillés et nous engageâmes dans la vaste cour de la caserne où étaient séquestrés des prisonniers allemands. L'évidence s'imposait à moi que là finissait la liberté que j'avais retrouvée pendant moins d'une semaine. Je revoyais des postes de garde, des enclos grillagés, des camarades en tenue de prisonnier. La captivité reprenait pour un temps indéterminé, mais cette fois avec un objectif bien précis et un programme de travail ! » Dans les notes d'un séminariste nouvellement arrivé, que ses anciens camarades avaient vu avec une certaine envie partir pour Orléans, le même désenchantement est perceptible : « Les images de rêve s'évanouissent ; une sourdine, hélas, est mise à ma joie. »

La caserne Dunois est là dans sa banalité : deux grands bâtiments identiques, à quatre niveaux ; séparés par une grande cour éventrée par l'entonnoir d'un trou d'obus, comme s'il fallait que la guerre se rappelât au souvenir des prisonniers. À toutes les fenêtres du « Séminaire », les regards curieux des théologiens guettaient l'arrivée, annoncée pour ce dimanche, des deux prêtres. Patience, Messieurs. Le nouveau Supérieur est salué d'abord par ses confrères allemands. Ensuite, visite de la chapelle, proche de l'entrée, où il rencontre l'aumônier du camp. Enfin, par l'escalier éreinté, on conduit les nouveaux arrivés au troisième étage. Dans une grande pièce qui est à la fois salle de séjour, salle de cours et d'étude, une vingtaine de séminaristes prennent le repas de midi. On ne pouvait mieux informer Stock des graves insuffisances alimentaires. On reparlera de ce lancinant problème. Pour achever le tour du Séminaire, il suffit de passer dans le dortoir dont la principale vertu est de se trouver à l'extrémité de la caserne, à l'abri du vacarme qui montait de la cage d'escalier ou venait des autres chambrées. Il présentait en outre une belle vue sur le long côté de la cathédrale surplombant les toits de la ville. Stock recevrait une des chambres de sous-officier, destinées aux professeurs.

Tous se rendent compte que les espaces dont disposait le Séminaire ne convenaient pas à l'usage qu'on en faisait. C'est pourquoi, les deux hommes reprennent la route en quête d'une autre solution. À une soixantaine de kilomètres, en lisière d'un village, des baraques pourraient peut-être convenir. Après examen, il s'avère qu'elles suffiraient à peine pour cent cinquante hommes. Or ce chiffre, selon les premières supputations, sera dépassé dans un court délai.

L'Aumônerie générale de Paris avait déjà tenté de multiples démarches à la recherche d'un habitat adéquat pour le Séminaire. L'idée d'occuper un château inhabité avait été bien vite repoussée : l'opinion publique récemment informée des cruautés des camps de concentration n'aurait jamais admis ce traitement de faveur. Il y avait unanimité pour penser que le Séminaire ne pouvait être séparé d'un camp de prisonniers.

Il faudra donc, constate Stock, se rabattre sur la caserne d'Orléans. « Ce soir-là, à 17 heures, je pris congé de l'abbé Le Meur, j'entrai dans les rangs des prisonniers du Dépôt 51. » Le prisonnier immatriculé US/PWIB 31 G/820 374 à Cherbourg devenait à Orléans le n° 7300402.

Des conditions de vie impossibles

Le *Regens* se trouva d'emblée confronté à de multiples difficultés. Les sous-officiers français affichaient une mesquinerie qui ne le cédait en rien à celle des adjupètes allemands. Sourcilleux en matière de discipline militaire, ils ne tenaient compte en rien des conditions de la vie estudiantine. Un jour, un adjudant avait pénétré dans la salle d'étude et les séminaristes ne s'étaient pas plantés au garde-à-vous. C'est en vain que le Supérieur du Séminaire fit observer que la concentration sur un livre de Logique ou de Dogmatique pouvait mobiliser toute l'attention. En guise de représailles, il y eut appel prématuré le lendemain matin. En quelques minutes, tous les prisonniers durent se rassembler dans la grande cour. Même les malades de l'infirmerie furent contraints d'y participer.

« L'ambiance du monde des sous-officiers était très pénible à la caserne d'Orléans, nous rapporte un témoin : on battait parfois les Allemands, on se vengeait[1]. » Les appels n'avaient pas lieu à heure fixe. Il y en eut jusqu'à trois par jour. Ils pouvaient avoir lieu la nuit, interrompre la messe, se prolonger pendant plusieurs heures, exposer les hommes à la pluie ou à un soleil de plomb. Un dimanche, un appel eut lieu à 7 h 30 du matin ; il se prolongea jusqu'à 9 heures ; celui qui disposait d'une couverture et d'un manteau fut obligé de remettre un de ces deux objets. Et la direction allemande du camp était aussi chicanière que les sous-officiers français.

Pour avoir accès au « Séminaire », les visiteurs éventuels devaient traverser des locaux occupés par d'autres soldats. Les suppléments de nourriture, furtivement introduits, tombaient sous les regards jaloux. La promiscuité était aggravée par l'augmentation du nombre tant des prisonniers que des séminaristes

1. Abbé RATIER, Entretien du 16 juillet 1990.

eux-mêmes. Certains furent contraints de séjourner dans la cour, à ciel ouvert. Quand il pleuvait, ils occupaient les couloirs et les cages d'escaliers. Les séminaristes, déjà à l'étroit, mettaient la salle d'étude à leur disposition. Il fallait du courage aux étudiants exténués pour prendre leur détente dans la cour de la caserne et réintégrer ensuite le troisième étage. Beaucoup passaient le temps de récréation dans la salle de séjour.

La faim les tenaillait. Les regards des séminaristes se portaient vers la cuisine en fin d'après-midi, surtout quand le déjeuner avait été pris dès 11 heures. L'alimentation était notoirement insuffisante en quantité comme en qualité. « Deux fois par jour, la betterave à sucre cuite sans sel », note un séminariste. Le problème était général dans les camps. Sa véritable ampleur reste controversée. Dans son livre *Autres pertes*, l'Américain James Bacque va jusqu'à prétendre qu'un million de soldats allemands sont morts dans les « camps de la revanche », chiffre certainement très exagéré. Mais l'installation hâtive des camps dans un pays ruiné, les redditions massives à la fin de la guerre rendent compte pour une part des conditions effroyables de détention d'autant que les Alliés avaient alors des soucis plus urgents que le confort des vaincus. En France, c'est par centaines que se comptent les victimes de la faim dans les camps de prisonniers. Rodhain et Le Meur dénoncent courageusement cette situation dans *Les Messages de l'aumônerie générale*. Dans le numéro du 11 septembre 1945, l'abbé Rodhain s'indigne à juste titre que dans tel camp situé en France, chaque jour cinq ou six prisonniers sont trouvés morts de faim.

Le Supérieur du Séminaire affronte la situation dans toute la mesure de ses moyens et malgré le climat tendu, il reste pacifiant pour son entourage. Il a – et lui seul – la permission de circuler dans Orléans en soutane sous la garde d'un militaire. Un jour, son gardien, qui n'est autre que l'abbé Ratier, fut contraint, à sa grande confusion, de l'escorter armé d'un fusil. Livres, cahiers, papier font gravement défaut aux professeurs comme aux étudiants. Le Grand Séminaire d'Orléans accorde une aide de première urgence. Stock va frapper à la porte des communautés religieuses de la ville. En dépit de la rigueur du rationnement alimentaire, les Franciscains donnent des haricots, des pois, du pain ; les Sœurs de Béthanie, des bas et du linge, des gâteaux et des douceurs. Pour introduire tout cela dans la caserne, le Supérieur s'est fait confectionner dans sa soutane deux énormes poches. Par bonheur, pas plus qu'autrefois à la prison de Fresnes, il n'est en fait contrôlé au corps de garde. Du troisième étage, les visages affamés guettent son retour. Marche-t-il courbé ou porte-t-il une valise ? c'est l'indice indubitable que la « tournée de mendicité » a été couronnée de succès. Un jour, il projette d'emprunter chez les Sœurs de Béthanie l'argent nécessaire à l'achat d'un réchaud dont l'infirmerie a grand besoin. Avant qu'il puisse exposer sa requête, la Supérieure lui remet une enveloppe contenant cinq cents francs : le Père Riquet – Stock l'avait connu alors qu'il était incarcéré à Fresnes – lui transmet, avec ses souhaits, tout le contenu de son portefeuille. La somme permet d'acquérir, outre le réchaud convoité, des brosses à dents, des miroirs, des boutons, des aiguilles à coudre.

Le 30 avril, huitième jour depuis l'arrivée de Stock à Orléans, début des cours. Le Supérieur propose comme devise : « *recte et immobiliter* », aller droit au but dans l'immobilité forcée ! Au programme, la Logique et plusieurs disciplines théologiques. Des cours importants font défaut, en particulier l'exégèse. Mais c'est un début. Le Supérieur enseignera la liturgie, l'histoire de l'Église et l'histoire de l'art. En outre, il donnera à des volontaires des leçons de latin et de grec.

L'autorité militaire souhaitait que l'action des professeurs s'étendît aux autres camps sous forme de lettres-circulaires aux aumôniers, de cours de Bible, de cercles d'études. Quelques pas furent faits en ce sens. Mais la préparation des cours absorbait tout le temps des professeurs. On dut renoncer à faire davantage.

En dépit de conditions si défavorables, pour les trente-cinq séminaristes présents ce jour-là, la reprise des études a été un événement impressionnant. Stock note qu'en une fois l'ambiance a monté d'un cran : brusquement règne une tout autre atmosphère. Après une si longue attente on peut enfin à nouveau se consacrer à l'étude ; certains le font avec une telle intensité qu'il faut les mettre en garde contre l'excès de zèle. La nécessité d'une vie spirituelle et intellectuelle est bien perçue par tous. Malgré la maigreur inquiétante, qui fait même souvent l'objet de plaisanteries entre séminaristes, une force intérieure se lit sur les visages. En semaine, la messe est célébrée dans la salle de cours. Le dimanche, les séminaristes participent à la messe du camp ; leur chorale rehausse la cérémonie. Chaque samedi, une soirée dans la salle de séjour (*Heimabend*) resserre les liens : on joue de la guitare, les séminaristes dans une joyeuse émulation entre régions d'origine, exécutent des chants populaires du terroir. Les discussions portent sur le travail de la semaine suivante et sur l'évaluation de la semaine écoulée. Parfois, la liesse attire les prisonniers d'autres chambrées. « Le Séminaire avait pris racine, écrit Stock. Il pouvait s'étendre. Les nouveaux venus trouvaient un terrain favorable. »

Cependant, la situation est loin d'être idyllique. Les difficultés dénoncées plus haut subsistent, aggravées par l'augmentation des effectifs. Tant le Séminaire que la caserne tout entière où croupissent trois mille hommes, sont proches du point de saturation.

Le soir du 8 mai, jour de la capitulation de l'Allemagne, les échos de la fête de la victoire parviennent dans le morne dortoir des séminaristes. « De quelle lumière se dore le jour qui va finir ? », disait gravement le général de Gaulle dans son discours, ajoutant cependant : « Voici que déjà tout s'abaisse et se relâche. »

La perspective d'une longue captivité et les tracasseries alourdissent parfois l'atmosphère. Stock décrit la condition du prisonnier et les profondes modifications qu'elle entraîne dans sa façon d'agir, de penser, de sentir. « Le moi est mis en question, un sentiment d'étrangeté s'empare du prisonnier quand il ne comprend pas qu'il doit se cramponner à des valeurs supérieures, quand il se prive inconsidérément de la grâce de la filiation divine et cherche son salut dans ce qui est matériel… La captivité est une phase douloureuse dans une vie d'homme. Mais, aux prises avec la souffrance, l'homme reconnaît sa vraie destination quand, arrivé à la limite de ses forces physiques… il lève les mains et les yeux vers le ciel. Cela le libère. Et tel est bien le sens profond de la liberté humaine : se libérer du terrestre et éprouver le sentiment de s'en remettre à Celui qui est toute grandeur. » Mais combien ont réussi à vivre cette confiance à travers un dénuement aussi total ?

« Nos jeunes sont des blessés, de grands blessés de cette affreuse bataille, dit Guardini au retour d'un de ses cours à Tübingen. Il faut leur parler doucement, comme on parle à quelqu'un qui revient de loin. Pendant douze ans, ils ont été livrés sans défense à des maîtres dont la seule ambition était de les empêcher de penser. Il faut tâcher maintenant de rendre à notre jeunesse l'inquiétude de l'esprit… Mais il ne faut pas brûler les étapes[1]. »

Un jour, une délégation de théologiens se présente à la chambre du Supérieur du Séminaire : impossible, disent-ils, à quiconque d'étudier dans ces circonstances ! Il serait préférable d'abandonner l'expérience ; il faudrait expliquer tout cela aux autorités françaises. Le Supérieur n'en fait rien, mais envoie un rapport sur la question à Le Meur avec l'assurance qu'il essaiera de continuer, dussent quelques théologiens quitter le Séminaire. La réaction ne se fait pas attendre : l'abbé Le Meur élabore un plan d'aide auquel il réussit à rallier le cardinal Suhard. Toutes les communautés chrétiennes sont, par un système d'adoption, invitées à aider le Séminaire. Cette aide se concrétise par l'envoi de paquets de nourriture soit à l'Aumônerie générale, soit à une institution religieuse qui les transmettra. En fait, les dominicaines d'Orléans accepteront ce rôle d'intermédiaire. Stock les avait connues autrefois quand elles venaient en aide aux familles des déportés et des détenus. Le Meur insiste sur le caractère confidentiel de l'entreprise, l'opinion publique ne pouvant alors en comprendre le bien-fondé et certaines réactions pourraient même

1. Cité par H. ENGELMANN dans H. ENGELMANN et Fr. FERRIER, *Romano Guardini*, Paris, [1966], p. 19-20.

compromettre l'existence du Séminaire. Il précise que le nombre des séminaristes dépassera trois cents. L'« œuvre du paquet », comme l'appelait Stock, était lancée. Cette forme d'assistance connaîtra son plein développement après le transfert du Séminaire à Chartres. Les séminaires français qui répondirent le mieux à l'appel furent ceux de Lille, Coutances, Lisieux, Limoges et Tulle. Plusieurs organismes étrangers collaborèrent, en particulier la Caritas suisse, le Verbe divin du Portugal, la Young Men's Christian Association (YMCA), ainsi que la Croix-Rouge internationale. Deux cent dix séminaristes furent adoptés, mais pour favoriser l'esprit de partage, les denrées non périssables étaient mises en réserve et distribuées à tous les prisonniers lors des grandes fêtes. Au total, le Séminaire recevra trois mille vingt colis. Tout se passa comme si chaque séminariste avait reçu sept paquets pendant son séjour.

Les responsables, en particulier le commandant du camp d'Orléans et l'abbé Le Meur, comprennent très vite qu'il est indispensable qu'un officier français, délégué de l'Aumônier, représente les intérêts moraux et matériels du Séminaire. Il faut, selon Le Meur, que cet officier soit prêtre, parle couramment l'allemand, qu'il soit tenace, désintéressé et surtout qu'il soit capable d'agir avec diplomatie. Avec sa détermination habituelle, Le Meur déniche un jeune prêtre alsacien qu'il n'avait jamais rencontré auparavant : c'est l'abbé Joseph Johner. Celui-ci arrive le 11 juin au Séminaire d'Orléans. Effectivement, avec la modestie et l'efficacité d'une fourmi, il fera merveille.

D'Orléans à Chartres

Dès avant l'arrivée de Stock à Orléans, l'Aumônerie générale de Paris s'était adressée à tous les camps de prisonniers, les priant de repérer les étudiants en théologie ou ceux qui désiraient le devenir. Les candidats étaient invités à se faire connaître par l'intermédiaire des aumôniers. Les réponses parvinrent assez rapidement des camps placés sous autorité française, d'autant que l'abbé Le Meur alla parfois quérir personnellement les listes. Mais la plupart des candidats étaient encore détenus par les Américains et ceux-ci se montrèrent moins empressés à voir s'ouvrir un séminaire. Effectivement, les étudiants de ces camps ne vinrent que plus tard.

Malgré ces atermoiements, le nombre de séminaristes avait grandi. La centaine fut atteinte en juillet. Il fallait à tout prix émigrer. La caserne était comble ; la canicule renforçait encore cette sensation de satiété. Paradoxe ! Ce total inconfort laisse de grands souvenirs. « Inoubliables, écrit Stock, ces heures vespérales d'échanges alors qu'une chaleur excessive régnait dans un espace trop étriqué et que les punaises ne nous accordaient pas de repos. On s'asseyait par groupes et on racontait des expériences vécues, ou encore nous cherchions des solutions aux problèmes qui se posaient à nous. Souvent nous parlions du pays où nous nous trouvions, des bons et de mauvais moments que nous avions passés, nous comparions les conditions de vie en France et en Allemagne. Plus d'une fois des têtes brûlées durent revoir des jugements trop partiaux. La littérature française, l'art, la science étaient objet de nos échanges. Qu'assez souvent notre discussion portât sur la ville d'Orléans – nous ne pouvions hélas la regarder qu'à travers la fenêtre – c'était bien compréhensible. Les opinions divergeaient beaucoup sur l'histoire de Jeanne d'Arc... »

La solution au problème de l'exiguïté des lieux vint de la concertation entre le commandant Gourut et l'abbé Le Meur – toujours lui ! Précisément, le commandant Gourut venait de prendre en charge le commandement du Dépôt 501 au Coudray-Morancez à quelques kilomètres au sud de Chartres. Ce camp, situé en pleine campagne, comportait douze blocs. Il apparut assez vite que le bloc 1 pourrait convenir. Le 18 juillet, Stock alla visiter l'endroit en compagnie du nouveau chef de camp d'Orléans. Il eut la surprise de découvrir qu'au bloc 11, une expérience d'école technique pour prisonniers de quinze à dix-huit ans avait été réalisée. Idée généreuse, mais il manquait du matériel et surtout des meneurs d'hommes ; elle resterait sans lendemain.

Le Coudray-Morancez est encore un camp de prisonniers. Mais les séminaristes disposeront de plus d'espace et, les blocs étant autonomes, ils pourront y vivre entre eux. Bientôt, ils auront leur propre administration. Stock entrevoit ces avantages, sans se faire d'illusions cependant. Il se rend compte que l'immense hall en béton ne peut guère être chauffé...

Le 17 août, tout le Séminaire d'Orléans, soit cent six séminaristes, six prêtres et sept frères convers, s'embarque discrètement dans des wagons à charbon à destination de Chartres. Les wagons déchargent leur cargaison humaine à la gare du Coudray. Un camion les attend. Il emporte les éclopés et les bagages – délicate attention de l'abbé Johner. C'est l'humble épilogue du temps des semailles...

©Dieter Lanz

La prison de Fresnes pendant la guerre 1939 -1945.

©Dieter Lanz

« L'Abbé Stock et le prisonnier » sculpture en terre cuite (65 cm) de Roswitha Nasshan-Weber, Blieskastel, 1985.

BEKANNTMACHUNG

1. Der Kapitänleutnant **Henri Louis Honoré COMTE D'ESTIENNES D'ORVES**, französischer Staatsangehöriger, geb. am 5. Juni 1901 in Verrières,

2. der Handelsvertreter **Maurice Charles Émile BARLIER**, französischer Staatsangehöriger, geb. am 9. September 1905 in St. Dié,

3. der Kaufmann **Jan Louis-Guilleaume DOORNIK**, holländischer Staatsangehöriger, geb. am 26 Juni 1905 in Paris,

sind wegen Spionage zum Tode verurteilt und heute erschossen worden.

Paris, den 29. August 1941.

Der Militärbefehlshaber in Frankreich.

AVIS

1. Le lieutenant de vaisseau **Henri Louis Honoré COMTE D'ESTIENNES D'ORVES**, Français, né le 5 juin 1901 à Verrières,

2. l'agent commercial **Maurice Charles Émile BARLIER**, Français, né le 9 septembre 1905 à St-Dié,

3. le commerçant **Jan Louis-Guilleaume DOORNIK**, Hollandais, né le 26 juin 1905 à Paris,

ont été condamnés à mort à cause d'espionnage. Ils ont été fusillés aujourd'hui.

Paris, le 29 Août 1941.

Der Militärbefehlshaber in Frankreich.

©Dieter Lanz

Avis d'exécution (fautes d'orthographe comprises) placardé dans Paris, l'été 1941.

Camp de prisonniers de Cherbourg,
toile de Franz Stock, automne 1944.

Colonel Gourut,
commandant du Dépôt 501
avec l'abbé Delbeck,
adjoint du Supérieur
du Séminaire des Barbelés.

Mgr d'Harscouët
évêque de Chartres
en 1945/47.

©Dieter Lanz

Séminaire
des Barbelés :
dortoir.

©Association chartraine Franz Stock

Séminaire
des Barbelés :
salle d'étude
et réfectoire.

©Association chartraine Franz Stock

Séminaire
des Barbelés :
salle d'étude
et réfectoire.

©Dieter Lanz

Visite du Nonce apostolique Angelo Roncalli, futur Pape Jean XXIII au Séminaire des Barbelés.

©Dieter Lanz

Chapelle du séminaire, fresque peinte par Franz Stock.

Tombe de Franz Stock en l'église Saint-Jean-Baptiste de Rechèvres (Chartres).

©Dieter Lanz

Mémorial de la France combattante au Mont-Valérien (près de Paris) dont l'esplanade porte le nom de Franz Stock depuis le 15 septembre 1990.

©Dieter Lanz

Plaque du nom de l'esplanade du Mémorial de la France combattante au Mont-Valérien.

ABBÉ FRANZ STOCK
1940 - Aumônier des prisons

Vente anticipée le 28 février 1998
à Paris et Chartres (Eure-et-Loir)

Vente générale dans tous les bureaux de poste
le 2 mars 1998

10. Chartres

L'installation

Le commandant Gourut lit l'expression d'un bonheur discret sur le visage des séminaristes qui défilent devant lui et dans le camp. Il fait le salut militaire. Les nouveaux venus savent déjà que le geste de cet officier n'est pas formaliste comme chez beaucoup, mais authentique respect pour les personnes. La suite le confirmera. Les séminaristes sont disposés sur le grand terre-plein en face de leur « hall ». La cérémonie prend une allure martiale. Un professeur met les soldats-séminaristes au garde-à-vous et d'un regard les présente au Supérieur Stock arrivé quelques heures plus tôt. Celui-ci à son tour les présente au commandant Gourut qui, de suite, adresse des paroles amicales aux hommes et conclut son bref laïus par cette phrase assez inattendue : « Je vous confie tous à la protection maternelle de Notre-Dame de Chartres, qui nous aidera à mener à bien notre tâche. » Le ton était donné. La bienveillance de l'autorité militaire ne se démentira jamais. Un accueil analogue sera d'ailleurs réservé à chaque nouvelle fournée de séminaristes. « Au loin, dans cet après-midi inondé de soleil, l'image étincelante des deux tours de la cathédrale de Chartres s'offrait à nous. » C'est par cette phrase lumineuse que se termine l'*Histoire du Séminaire d'Orléans-Chartres* que la mort empêcha Franz Stock d'achever.

Bien qu'il ait vu le jour à Orléans, le Séminaire des Barbelés restera lié à la ville de Chartres. Il y trouvera identité et pleine stature. Neuf cent quarante-neuf prisonniers y passeront. Les anciens s'appelleront « Les Chartrains ». L'immense majorité d'entre eux n'ont pas connu la dure étape d'Orléans. Une dizaine seulement parmi les théologiens qui assistèrent au cours de clôture le 15 mars 1947 au camp de Chartres avaient été présents à la première leçon donnée le 30 avril 1945 à Orléans.

Il fallait insister sur la péripétie orléanaise puisque nous possédons pour cette période un récit rédigé par Stock lui-même. Pour notre information ultérieure, nous aurons l'aubaine de disposer de deux excellents relais, œuvres l'un et l'autre de témoins oculaires des événements : la *Chronique* du camp de Chartres rédigée par les séminaristes et les rapports que l'abbé-lieutenant Joseph Johner était tenu d'envoyer tous les trois mois à la Direction Générale des Prisonniers de Guerre. Vient s'y ajouter un rapport final. La synthèse de ces comptes rendus ainsi que la *Chronique* et quelques autres textes ont été réunis dans un ouvrage documentaire publié en 1988 par Karl Heinz Kloidt, lui-même ancien Chartrain[1].

Le camp, qui s'étendait sur un kilomètre carré, était occupé par environ quatorze mille hommes ; mais quelques semaines plus tôt, sous l'autorité américaine, il avait servi de camp de transit : près de quarante mille prisonniers s'y entassaient alors. Les conditions de détention avaient été épouvantables ; parfois la nourriture, des betteraves, était déversée par des bennes au-dessus des barbelés.

L'entrée principale est située à Morancez à quelques kilomètres au sud de Chartres ; mais le secteur occupé par les séminaristes se trouve sur la commune du Coudray. Le bloc 1 attribué au Séminaire consiste essentiellement en un immense hall en béton de 70 mètres sur 20 dont les fenêtres sont dépourvues de vitres. Pour le reste, quelques baraques qui deviendront ultérieurement bureau de compagnie, infirmerie, bibliothèque. Existent déjà une cuisine équipée, une salle de douches, quelques ateliers. L'espace réservé au Séminaire mesure 160 mètres sur 129, soit approximativement deux hectares. À une extrémité du gigantesque hall, des lits à trois étages étaient destinés aux séminaristes : ils offraient exactement quatre cent quatre-vingt-neuf places ; de l'autre côté, un énorme tas de planches provenant du démontage des lits à quatre étages. Le local ressemblait davantage à un chantier qu'à un dortoir. Mais la déception causée par l'état des lieux était largement compensée par le sentiment de pouvoir enfin respirer, d'être entre soi, de disposer de sa petite place. Malgré la présence des barbelés, la liberté avait marqué des points. La volonté se manifesta immédiatement de faire du bloc 1 un séminaire habitable. Des plans furent établis. On discutait ferme. Déjà on avait l'impression d'être une communauté de théologiens.

Cette conscience se renforça le surlendemain quand l'évêque de Chartres, Mgr Harscouët vint visiter ce nouveau séminaire dont la responsabilité lui incombait. Une telle institution, en effet, ne pouvait s'implanter sans être prise en charge par l'évêque du lieu. Cela n'était pas acquis d'office : l'évêque d'Orléans avait exprimé le souhait de ne pas accueillir le séminaire sur le territoire de son diocèse. Quand il fut question de s'installer près de Chartres, le commandant Gourut estima prudent de tâter préalablement le terrain auprès des curés du Coudray et de Morancez. Ceux-ci lui conseillèrent de gagner au projet le secrétaire de l'évêque, l'abbé André : ce serait le plus sûr moyen d'obtenir le consentement de Mgr Harscouët. Le secrétaire reçut le chef du

1. K.-H. Kloidt, *Chartres 1945. Seminar hinter Slacheldraht,* Fribourg, Bâle, Vienne, [1988]. Ce document sera la source privilégiée pour la période de Chartres.

camp. Témérairement, de son propre aveu, il se porta presque garant de l'accord de l'évêque, qui était absent à ce moment-là. Par bonheur, Mgr Harscouët donna son assentiment, mais – c'était de bonne guerre – il s'empressa de confier à son audacieux secrétaire la charge de le représenter habituellement auprès de la direction du Séminaire. Voilà pourquoi on vit presque chaque semaine l'abbé Pierre André déambuler dans les allées du camp du Coudray-Morancez. Nous aurons à y revenir.

Mgr Harscouët serra la main de chaque séminariste. Tous furent vivement impressionnés de cette sollicitude. Un évêque français assumait la responsabilité de séminaristes allemands. À travers lui, l'amour de l'Église les rejoignait, au-delà de la guerre qui s'était achevée trois mois auparavant. « Ce que cela signifiait, note le Chroniqueur, seul peut le mesurer celui qui a connu la dureté de l'époque d'Orléans. » L'attitude de l'évêque de Chartres, comme celle du chef de camp, faisait bien voir que la charité est capable de transgresser toutes les frontières. En assumant la charge du Séminaire au nom des évêques allemands, Mgr Harscouët adopta une attitude courageuse. Il bravait en quelque sorte l'opinion publique et même la réprobation de certains de ses collègues[1].

On partait de rien. Avant d'étudier, il fallait construire et aménager ; il fallait surtout refaire les santés vacillantes. C'est ici qu'on appréciera le labeur de l'abbé Johner. Il se débrouillait pour trouver les matériaux indispensables aux travaux d'aménagement. En quête de suppléments de nourriture, il se mit à sillonner la Beauce à vélo. Pour engranger les vivres récoltés, il utilisait fréquemment une porte dérobée de la baraque de l'abbé Stock communiquant directement avec l'extérieur du camp ; cela le dispensait d'avoir à se soumettre aux contrôles du poste de garde. C'était « la porte étroite » ou encore « le chas de l'aiguille ».

L'abbé Johner réunissait toutes les conditions pour réussir sa tâche : la générosité du cœur, le sens de l'organisation et des contacts humains, le grade d'officier et la bienveillance du commandant Gourut. Pour les séminaristes, il était le chef français du bloc 1 à l'exclusion, bien sûr, de ce qui concernait le fonctionnement interne du Séminaire. Pour l'autorité militaire française, il

---

1. Mgr Raoul Harscouët (1874-1954) est connu surtout comme pionnier, dès 1911, du mouvement liturgique. Directeur du Grand-Séminaire de Saint-Brieuc en 1901, il devint vicaire général de l'évêque d'Annecy en 1920 avant d'être nommé six ans plus tard évêque de Chartres. En contact avec les abbayes bénédictines belges de Maredsous et du Mont-César (Louvain), il entretenait des relations très amicales avec Dom Vanier et particulièrement avec l'initiateur du mouvement (1909), Dom Lambert Beaudouin qu'il soutint lorsque celui-ci fut victime des dicastères romains. Dès 1911, il prit une part active aux Semaines liturgiques de l'abbaye du Mont-César. Trois décennies plus tard, il patronna le Centre de Pastorale Liturgique de Paris et en fut un des collaborateurs.

représentait l'Aumônerie générale et il était le protecteur du Séminaire. Le général Boisseau lui avait confié aussi la censure des lettres. De ce qui était intrusion dans la vie personnelle et restriction de la liberté, Johner fut un instrument de rapprochement en favorisant les contacts épistolaires avec des Français et en facilitant l'acheminement du courrier avec les familles de prisonniers. « Que serait le Séminaire sans Johner ? demande l'annonceur dans la revue du mardi gras. Ce serait une ville sans bureau de poste. » L'abbé Johner fait observer dans un de ses rapports que cet échange épistolaire augmentait la conscience de soi chez les prisonniers jusqu'alors peu traités en personnes responsables. Par ces contacts aussi, ils recevaient des livres et du papier dont ils étaient très démunis. Johner veillait en tout cela au respect des mesures de sécurité et il informait dûment ses supérieurs militaires. Il s'interdisait d'intervenir dans les affaires intérieures du Séminaire, se limitant à ce que lui prescrivait sa fonction d'officier français. Son tact et sa diplomatie étaient bien nécessaires pour sortir de situations délicates. Une fois par semaine, il célébrait la messe pour la communauté du Séminaire, manifestant ainsi qu'il était prêtre. À tous égards, il était donc un « bâtisseur de ponts » comme le salua un jour le directeur du cours préparatoire.

Chaque semaine, Johner conduisait Stock à Paris. Ils s'y rendaient en train. Le port de la soutane évitait d'attirer l'attention sur ces allers et retours. Stock allait rue Lhomond pour liquider des affaires en suspens ; au témoignage de Johner qui l'y accompagna la première fois, les occupants successifs depuis la libération de Paris avaient fait de ces maisons un vrai capharnaüm. Il profitait aussi de ces passages dans la capitale pour faire des visites. Les deux prêtres se retrouvaient le soir entre 18 et 19 heures à la gare Montparnasse. Les relations entre eux étaient très amicales. Pendant le voyage, Stock parlait parfois de la grande souffrance éprouvée pendant son ministère dans les prisons. Il rappelait en particulier le souvenir d'Honoré d'Estienne d'Orves et aussi du comte de Pange, de Michelet. Il évoquait également Joseph Folliet, fondateur des Compagnons de Saint-François, qui avait exercé sur lui une forte influence.

Sous la direction de l'abbé Johner, tout le monde se mit au travail avec ardeur pour aménager les locaux. Mais la bonne volonté ne pallie pas l'incompétence. Les matériaux faisaient défaut, les séminaristes manquaient de métier et leur état de santé délabré rendait leur maladresse plus manifeste. Heureusement, l'abondance de la main-d'œuvre et la ténacité de Johner – dussent ses nuits en être parfois écourtées – venaient à bout des obstacles. Sa fonction première était alors celle de chef de chantier et... d'arbitre des conflits entre le Séminaire et quelques ouvriers allemands qui continuaient d'habiter au bloc 1.

Visite du nonce apostolique

Un événement hors du commun vint briser la monotonie des travaux de construction. Le nonce apostolique, Mgr Roncalli – le futur Jean XXIII – se présenta au Séminaire le 18 septembre à 11 h 30. Mgr Harscouët, l'abbé Rodhain et des officiers supérieurs l'accompagnaient. Un repas que l'évêque de Chartres pria l'abbé Stock de partager est servi au mess des officiers. Le Supérieur est encore pâle. Il vient de passer quelques jours de repos au « Château », comme diront les séminaristes, dans la belle propriété du Thieulin appartenant à la comtesse de Malherbes et située à trente kilomètres à l'ouest de Chartres. Très habilement pendant les agapes, l'abbé Stock obtient du commandant Gourut qu'à l'avenir, les séminaristes en mauvaise santé puissent faire des séjours dans ce paradis.

Emil Stehle décrit le premier contact du nonce avec cet étrange Séminaire qu'il lui avait été interdit de visiter à Orléans et dont il ne connaissait jusqu'ici que le Supérieur. Le reporter nous dit sans ménagement que le nonce eut le souffle coupé quand, après le déjeuner, il pénétra dans le « Séminaire ». Lorsque ses yeux se furent adaptés à la mi-obscurité ambiante, il découvrit un enchevêtrement de poutres et de planches, des tas de sable et de briques, les lits à étages mi-effondrés, les murs de béton froids et hostiles, les effluves de moisissure et, dans ce triste contexte, le groupe des séminaristes prisonniers revêtus de frusques militaires usées, rapiécées, difformes. Les deux évêques et leur suite élégamment habillée, passèrent au milieu des prisonniers qui avaient entonné « *Ecce sacerdos magnus* » composé en toute hâte par Alfred Schürkens, un des leurs. Le professeur Paul Wenzel lut au nonce un discours que l'écho répétait fidèlement dans le vaste hall. Ensuite, le Supérieur, encore malade, salua le nonce en français d'une voix éteinte. Se levant de son fauteuil à trois pieds (le quatrième était une latte fixée à la dernière minute), le représentant du pape dit en français qu'il comprenait fort bien la nostalgie du pays que les séminaristes éprouvaient et qu'il connaissait lui-même, étant depuis cinq ans séparé des siens ; il se préparait à aller les retrouver dans quelques semaines. Après avoir jeté un regard sur les plans pour la transformation du hall où il était reçu, il alla saluer les séminaristes malades. Mais la visite du nonce ne se limita pas au Séminaire. Il se rendit dans d'autres secteurs du camp, en particulier au bloc 8 où étaient réunis les plus jeunes prisonniers ainsi qu'à l'infirmerie centrale. Il fut bouleversé par ce que les médecins lui apprirent de la vraie situation des détenus. Avant de partir, le nonce embrassa l'abbé Stock. À l'occasion de sa visite, le commandant du camp amnistia tous les prisonniers mis au cachot, au pain et à l'eau.

Un havre de paix

Trois jours après cet événement, le Supérieur alla achever sa convalescence au château du Thieulin. Mettant à profit l'autorisation tout récemment obtenue du commandant du camp, il fit bénéficier sept séminaristes de cette faveur. En hébergeant des prisonniers, la comtesse de Malherbes rendait un service insigne. Pendant les premières semaines, trente-cinq séminaristes avaient dû séjourner à l'infirmerie. Quotidiennement, une quinzaine étaient dispensés de tout travail pour raison de faiblesse générale. La comtesse proposa d'accueillir les moins bien portants à tour de rôle par groupes d'une dizaine. Ils devaient, bien sûr, porter la soutane. Des critiques malveillantes colportées dans le village interrompirent momentanément l'expérience. Mais elle reprit plus tard avec davantage de discrétion. Ultérieurement, pendant les grandes vacances, des groupes de quarante séminaristes se succéderaient au Thieulin. Le Supérieur lui-même y fit au moins quatre séjours, notamment pendant les « vacances » précédant chacun des trois semestres d'études du Séminaire. Souffrant d'une maladie cardiaque, d'asthme et de bronchite, il y trouvait le calme et le grand air. « Depuis quelques jours, écrit-il en septembre, je suis à la campagne pour retrouver mon équilibre physique ; j'étais assez gravement touché par une maladie de cœur. Je vais mieux maintenant, la liberté, le plein air, la bonne nourriture, les braves gens autour de moi, tout cela m'aide beaucoup… » Et il note au passage qu'après un an d'attente, il vient enfin de recevoir des nouvelles de sa famille[1]. C'est encore au Thieulin qu'il écrira plus tard : « [Me] voici dans la campagne ! J'ai quitté Le Coudray samedi dernier après la fin des examens avec un autre prêtre pour chercher la tranquillité, la paix. Et je l'ai trouvée ici, dans un petit château charmant en plein bois, parmi des gens excellents. Il y a plusieurs séminaristes ici en même temps qui se reposent et sont heureux comme tout[2]. » Certes, la Bretagne comblerait encore davantage ses vœux : « La Bretagne c'est mon rêve ! [Le] Finistère ou les Côtes-du-Nord, en face de l'océan pour voir l'infini après ces perspectives derrière les barbelés[3]. » Ce rêve ne se réalisera plus jamais.

---

1. Fr. Stock, Lettre du 30 septembre 1945 à la grand-mère de Jean-Bernard Lantz.
2. Lettre du 4 août 1946 citée par Jeanne Ancelet-Hustache, dans E. Kock, *L'Abbé Franz Stock*, (Tournai, 1968), p. 227.
3. Lettre du 18 juin 1946, citée *ibidem*, p. 225.

« Peut-on imaginer, se demande le séminariste Rudolf Jonazyk, plus grand contraste qu'entre le hall en béton du Séminaire et ce château au milieu d'un parc idyllique de chênes et de sapins où les geais cageolent, les pics martèlent les troncs de leur bec, les ramiers échangent en roucoulant leurs pensées à notre sujet ?... Mais il est une différence qui nous fait sentir le sens profond de ces heures : là-bas des chaînes et des barbelés, ici une liberté inondée de soleil, mais qui, cependant, n'a pas sa pleine valeur : les barbelés du camp, même si celui-ci est à quarante kilomètres, sont toujours notre lot ; cette liberté, toutefois est si grande pour nous que, dans un premier temps, il nous est difficile de prendre conscience qu'ici pour trois semaines nous pouvons nous sentir des hommes. » Bruno Neuwinger lui fait écho : « En traversant la forêt silencieuse, le seul mot de liberté, comme une pulsation, battait dans nos sensibilités. »

Non seulement le château accueillait les étudiants, mais il expédia aussi au Séminaire plus de vingt camions de bois et de nourriture. La comtesse fit don d'arbres énormes – de quatre-vingt-dix centimètres de diamètre – pour l'aménagement de la chapelle. Les séminaristes eux-mêmes les abattirent, les transportèrent, les scièrent, les rabotèrent. Quand la chapelle fut achevée, c'est encore du château que vint un harmonium. En contrepartie, les frères et les séminaristes accomplissaient gracieusement d'importants travaux au jardin, à la cuisine, à la ferme. On doit à l'accueil reçu au château du Thieulin d'authentiques sauvetages. À noter que jamais à l'occasion de ces séjours ni en aucune autre circonstance d'ailleurs il n'y eut d'évasion[1].

Les grands travaux et la reprise des cours

En plus des candidats au presbytérat, le Séminaire avait l'avantage d'abriter aussi des frères convers de diverses congrégations. Ils furent en moyenne une quarantaine. Ne recevant pas de formation théologique poussée, ils formaient une communauté séparée qui prenait ses repas à la cuisine. Ils assistaient même séparément à la messe. Cette différence de régime peut surprendre. Elle est un héritage du passé auquel le concile Vatican II mit fin. Le Séminaire disposait d'une cuisine autonome ; les frères eurent à cœur de tirer meilleur parti de la nourriture qu'on leur fournissait et la situation alimentaire

---

1. C'est également au Thieulin qu'eut lieu, du 16 au 22 septembre 1946 sous la présidence de Mgr Harscouët, un congrès du Centre de Pastorale liturgique sur la formation à la liturgie et à la pastorale dans les séminaires (Voir P. DUPLOYÉ, *Les origines du Centre de Pastorale Liturgique, 1943-1949,* Mulhouse, Paris, Tournai, 1968, p. 309-315).

s'améliora. Ils s'acquittaient aussi d'autres tâches et en vinrent peu à peu à remplacer presque entièrement les ouvriers ; par ce travail, ils permettaient à leurs camarades de se consacrer à l'étude. Les séminaristes étaient bien conscients de ce qu'ils devaient aux frères. Un fait divers en témoigne : « Au soir, petite fête à la cuisine. Fête de la reconnaissance envers les frères qui travaillent pour le Séminaire à la cuisine, au jardin, au bureau, à l'atelier ou ailleurs. Un petit orchestre composé de séminaristes donne un concert. De telles soirées sont très belles[1]. »

Grâce précisément aux frères et à la rapide croissance du nombre des séminaristes, les travaux progressaient[2]. Le grand hall fut divisé en trois : la partie ouest fut occupée par une grande chambrée longue de quarante mètres et s'étendant sur toute la largeur du bâtiment. Le reste fut partagé en deux longues salles. On y installa la chapelle et un auditoire qui, comme à Orléans, servit aussi de réfectoire et de salle de séjour. La chapelle fut l'objet de soins particuliers : on suréleva le chœur et on construisit un jubé. Le Supérieur lui-même peignit derrière l'autel des fresques représentant la Vierge et saint Jean. L'évêque de Chartres permit que l'on puisât dans les ornements sacerdotaux de la cathédrale. Ainsi, les fastes liturgiques du Séminaire compenseraient un peu la misère matérielle d'un camp de prisonniers.

Compte tenu de la modicité des moyens et des habitudes antéconciliaires, la chapelle était une bonne réalisation. La forme de long rectangle est encore bien éloignée d'une architecture enveloppante qui favorise une participation plus active aux célébrations. Un autre aménagement du grand hall aurait permis de la réaliser. Le mouvement liturgique avait déjà révélé aux fidèles la richesse des textes liturgiques et même la messe « dialoguée », mais Vatican II ne leur avait pas encore restitué le rôle actif qui leur revient.

Parallèlement à ce travail qui avait duré un peu plus de deux mois, on s'affairait à la mise en état d'une nouvelle infirmerie capable d'accueillir plus de monde ; on réalisa des chambres de professeurs, des bureaux, des ateliers et une bibliothèque. On traça un chemin qui faisait le tour du Séminaire. Il fallait aussi équiper de meubles les espaces aménagés : construire un autel pour la chapelle, des tables et des chaises pour tous les locaux. Les jours de congé étaient consacrés principalement à ces travaux.

L'importance des aménagements ainsi que la lenteur du transfert des séminaristes des camps de prisonniers à celui du Coudray ont entraîné un

---

1. Lettre de S. Kleine à son Provincial, 22 avril 1946, citée dans *In memoriam Br. Sigismund Kleine,* p. 307.
2. S. Kleine écrit : « Les Allemands ont le travail dans le sang. Sans travailler ils ne sont pas heureux » (*Ibidem,* p. 306).

retard dans la reprise des cours. Cette prolongation des vacances, même très occupées par de gros travaux manuels, avait provoqué un certain laisser-aller et l'absence du Supérieur – en repos au Thieulin[1] – n'avait pas amélioré la situation. À ce titre, la date du 18 octobre 1945 fut déterminante dans l'histoire du Séminaire. La rentrée mobilisa d'emblée les énergies. Le vrai départ était pris. L'existence du Séminaire – un temps compromise à Orléans – était maintenant assurée. Mgr Harscouët inaugura solennellement le semestre d'hiver 1945-1946 par la célébration de la messe du Saint-Esprit. Franz Stock donna la leçon inaugurale consacrée à la Renaissance catholique dans la littérature française (Péguy, Verlaine, Huysmans, Claudel). Le coup d'envoi était donné. Hans Brem, un des collaborateurs de la *Chronique* dira plus tard : « On étudia avec beaucoup de zèle. Après le désert intellectuel de six années de guerre, tous éprouvaient une authentique faim de savoir et d'activité intellectuelle. » Le Père Goldmann qui arrivera un an et demi plus tard au Séminaire donnera un témoignage semblable : « On étudiait très très fort parce que tous voulaient rattraper les années de guerre perdues[2]. » Cela n'empêchait pas de vaquer à des travaux manuels qui constituaient par ailleurs un bon dérivatif. L'expérience commune de la guerre et de la condition de prisonnier rapprochait professeurs et étudiants.

La date du 2 décembre 1945 est à mettre en parallèle avec celle du 18 octobre. Ce jour-là, l'évêque de Chartres, dont c'était déjà la quatrième visite, vint inaugurer la chapelle que les séminaristes avaient mis tout leur cœur à construire et à embellir. Elle recueillait les suffrages de tous. Elle sera dorénavant le foyer des événements majeurs de la vie du Séminaire. Ainsi, les étudiants disposeront d'un *lieu* pour fêter Noël. Pour la sensibilité allemande, cela importait suprêmement et *a fortiori*, pour des hommes durement éprouvés et éloignés de leur pays.

Les structures du Séminaire

Une partie des séminaristes avait été appelée sous les drapeaux avant d'avoir achevé les études secondaires. Ils purent suivre au Coudray des cours de langues anciennes auxquels s'ajoutèrent, au second semestre, la plupart des branches du programme classique. Cette section préparatoire s'appelait le « Collège » *(Vorkurs)*. Ces élèves ont représenté à certains moments près de

1. Le séjour de Stock au Thieulin dut commencer le 21 septembre. Il était encore en cours le 9 octobre.
2. G. GOLDMANN, Lettre du 4 février 1992 à l'auteur.

la moitié des effectifs de l'ensemble. Les autres séminaristes furent répartis en trois cours. Les niveaux 1 et 2 se caractérisaient par des cours de philosophie, d'hébreu et d'introduction à la théologie. Le Supérieur y enseignait lui-même la liturgie et l'histoire de l'Église, comme déjà à Orléans. Après quelques mois, il sera remplacé par le Père Ottokar Bonmann pour l'histoire de l'Église. Au niveau 3 ne s'enseignaient que des disciplines proprement théologiques. On y pratiquait l'intéressante formule des cercles d'études consacrés à l'exégèse du Nouveau Testament, à la pensée de Romano Guardini et aux preuves de l'existence de Dieu.

En mai 1947, l'âge moyen des étudiants en philosophie et en théologie était respectivement de vingt-quatre et de vingt-huit ans. L'éventail des âges des séminaristes s'étalait de dix-huit à trente-trois ans.

Le Senior était un personnage important au Séminaire de Chartres. En effet, il est de coutume dans les séminaires allemands de choisir par année de cours ainsi que pour l'ensemble de l'institution un porte-parole qui représente les étudiants devant la direction. Le Séminaire des Barbelés s'est conformé à cet usage. Les seniors de cours et, au-dessus d'eux, le Senior du camp entretenaient des relations confiantes avec le Supérieur et le corps professoral. Le Senior exerçait même une suppléance en l'absence du Supérieur. En cette circonstance, il veillait à l'observance de l'ordre et de la discipline. C'est Hans Brem qui exerça cette fonction depuis avril 1946. Il n'était pas le plus âgé, mais il avait connu les péripéties du Séminaire depuis sa création à Orléans. L'abbé Stock l'avait d'ailleurs associé à son projet, demeuré inachevé, d'écrire l'histoire du Séminaire : il aurait ainsi le point de vue des séminaristes. Une grande partie du service militaire de Hans Brem s'était passée dans les batteries côtières proches de Calais, un des chaînons du mur Atlantique, qui s'étirait de la Norvège aux Pyrénées. Il devait surveiller la mer. Cette tâche, que lui imposaient ses obligations militaires, devenait spontanément pour lui prière de louange et de contemplation. Mais ce soldat qui vivait dans l'amitié divine, n'était pas un rêveur ; il avait un don particulier de contact avec les gens. Il accueillait chacun avec une cordialité si vraie et si simple, qu'en sa présence, on se sentait à l'aise et qu'on avait l'impression de le connaître depuis des années. Il devait quitter ce monde à l'âge de trente-deux ans, trois ans après son ordination. Au cours de sa dernière maladie, il reçut la visite de l'évêque de Chartres en voyage en Allemagne. Au temps de son adolescence, malgré les pressions exercées, il avait été le seul de sa classe à n'être pas inscrit dans la jeunesse hitlérienne. À Chartres, il avait tellement impressionné ses condisciples et servi le bien commun que, plus tard, on graverait son nom avec celui de Stock et de quelques autres sur la paroi latérale de l'autel de l'église Saint-Jean-Baptiste de Rechèvres dans la banlieue chartraine.

Franz Stock s'absentait souvent du Séminaire. Parfois, ses absences se prolongeaient : en plus des séjours au Thieulin pour raison de santé, il put se rendre plusieurs fois en Allemagne pour rencontrer des évêques et des responsables de Caritas à Fribourg. Cela n'allait pas sans poser des problèmes. D'autre part, il manquait un directeur spirituel, fonction toujours assurée dans un séminaire allemand. Une note du frère Sigismund Kleine[1] révèle que « le Supérieur savait qu'au Séminaire il était objet de critiques – en grande partie injustifiées. Il n'en tint rigueur à personne. Bien plus, lorsqu'il remarqua qu'un grand nombre d'étudiants s'adressaient plus volontiers à Delbeck, l'aumônier du camp, qu'à lui-même, il le prit au Séminaire comme *Subregens* et reconnut pleinement son action ». On devine ce qu'il fallut d'abnégation à Stock pour accepter cette situation. Or, leur collaboration fut sans faille. Le 15 janvier 1946, Wilhelm Delbeck fut donc nommé vice-président et directeur spirituel au Séminaire, en outre, il fut chargé du cours de théologie morale. C'était une personnalité de premier plan. De stature herculéenne, il était un homme très énergique, fait pour commander. Ses interventions pouvaient être autoritaires, mais c'était aussi un homme intérieur, influencé par la spiritualité de saint Jean de la Croix. Il fascinait par son éloquence. Ses conférences spirituelles et sa prédication exerçaient une profonde influence. Il montrait aux étudiants que leur captivité avec son cortège de privations constituait un tremplin pour leur vie spirituelle. Sa large expérience humaine l'habilitait à préparer les séminaristes prisonniers à affronter le monde malgré la présence des barbelés qui les en séparaient radicalement. Le *Regens* et le *Subregens* étaient deux personnalités fort différentes, mais leur complémentarité fut bénéfique. En somme, Wilhelm Delbeck avait davantage l'étoffe d'un supérieur de type traditionnel, autoritaire ; Franz Stock était plutôt un grand

---

1. S. KLEINE, *Mein Erleben mit Franz Stock,* note manuscrite, p. 8. Sigismund (prénom civil : Johann) Kleine était frère rédemptoriste, plombier-zingueur de formation. Arrivé au Coudray le 8 octobre 1945, il devint sacristain et secrétaire du Supérieur. La faible différence d'âge contribua à en faire de plus en plus son confident. Dans ses fonctions, il succéda à Emil Stehle que la reprise des cours allait accaparer. Le frère Sigismund passait une grande partie de ses journées dans la baraque de Stock, « façon idéale de bien se connaître », observe-t-il (*Ibidem*, p. 1). Ce partage de vie le marqua durablement. C'est surtout la piété ouverte et l'extrême sensibilité du Supérieur qui l'impressionnèrent (voir *In Memoriam Br. Sigismund Kleine, 1906-1988,* dans *Gedenkblätter der Kölner Ordensprovinz der Redemptoristen, Ergänzungsreihe zu den Informationen herausgegeben von P. Heinrich Tritz,* Band 4, Heft 40, novembre 1990, p. 282-344, ici p. 304-305). À l'occasion de l'introduction du procès de béatification de l'abbé Stock, Sigismund rédigea une notice de huit pages, probablement à la demande des anciens de Chartres. Le manuscrit original est conservé dans les archives du Provincialat rédemptoriste de Cologne. À la fin de sa vie, Sigismund tint à retourner à Chartres et à Aix-la-Chapelle, les deux endroits qui avaient laissé en lui une empreinte profonde.

frère. La différence entre les deux hommes se lisait déjà sur leur visage. Delbeck était impressionnant et redoutable, Stock avait quelque chose d'attirant[1].

Les séminaristes d'un même diocèse ou d'un même Land se regroupaient spontanément et rencontraient davantage les professeurs ecclésiastiques originaires de leur région. Cela explique les rapports privilégiés que Stock entretenait avec les séminaristes du diocèse de Paderborn, qu'il invitait quelquefois dans son baraquement. Un soir il leur dit : « Que ne peut-on devenir en temps de guerre et de captivité ! Normalement, je ne serais jamais devenu supérieur de séminaire[2]… » Mais il aimait aussi se retrouver au milieu des frères : « Souvent, à la soirée, le *Regens* s'assied au milieu de nous, rapporte Sigismund, il raconte les souvenirs des voyages qu'il faisait comme étudiant, des expériences vécues en France. Il nous parle de la Bretagne, de la mer, de ce qu'il a vécu comme Recteur des Allemands à Paris et comme aumônier des prisons[3]. » Parfois les groupes s'invitaient mutuellement : les Bavarois, par exemple, conviaient leurs condisciples à fêter avec eux la patronne de la Bavière.

La population du Séminaire

Le 6 août 1945, cent dix-neuf prisonniers étaient venus d'Orléans. Le 30 septembre, ils étaient plus de cent quarante[4]. Pendant les premiers mois, le nombre des séminaristes ne s'accrut guère que de l'apport de prisonniers se trouvant déjà dans un autre bloc du camp de Coudray-Morancez ainsi que de ceux appartenant à un convoi provenant de Norvège. En effet, une liste de trois cent cinquante candidats avait été égarée à la Direction Générale des Prisonniers de Guerre ! Ce n'est qu'en novembre que les effectifs gonflèrent sensiblement. Le 7 janvier 1946, le nombre des séminaristes atteignait quatre cent vingt-neuf dont une quarantaine de frères. Au long de l'existence du Séminaire, le nombre total ne connut pas de grosses fluctuations. Mais cette régularité apparente dissimule les importants mouvements de population dont les effets se neutralisaient dans une certaine mesure. Déjà le 24 novembre 1945, un premier groupe de dix-huit hommes déclarés inaptes au service

1. G. SCHOBER, Entretien du 24 octobre 1992. Le Père Schober raconte qu'ayant reçu une lettre d'une jeune fille chez les parents de qui il avait séjourné pendant la guerre, il fut convoqué par le *Subregens*. La comparution lui sembla « plus redoutable que l'affrontement avec les soldats russes ».

2. K.-H. KLOIDT, Lettre de novembre 1991 à l'auteur.

3. Lettre du 22 avril 1946 de S. Kleine à son Provincial, citée dans *In Memoriam Br. Sigismund Kleine*, p. 307-308.

4. Fr. STOCK, Lettre du 30 septembre 1945 à la grand-mère de Jean-Bernard Lantz.

(*DU, dienstunfähig*) regagnaient l'Allemagne. Depuis janvier 1946, des fournées plus importantes, pouvant parfois dépasser cent hommes seront reconduites dans leur patrie. L'état de santé de beaucoup justifiait cette mesure ; d'autres qui n'étaient atteints que d'un petit bobo devaient leur rapatriement à la complaisance conjuguée des médecins allemands et français. L'intervention de certains évêques, notamment celui de Salzbourg, ou de certaines abbayes s'est avérée efficace. Les Autrichiens furent libérés en priorité. Ce que voyant, des prisonniers allemands se trouvèrent des liens de parenté en Autriche. La France n'y mettait aucun frein parce que le nombre de places disponibles au Coudray était limité. On ne pouvait héberger au bloc 1 plus de cinq cents personnes[1].

Malgré ces départs massifs, le camp ne désemplissait pas grâce aux arrivées. Les entrées furent très étalées : outre les lenteurs administratives, une certaine méfiance de la part des aumôniers retardait le recrutement, car ce séminaire très particulier avait à faire ses preuves. Normalement, le repérage des prisonniers qui se destinaient au presbytérat était assuré par les aumôniers des dépôts. Ils étaient invités à signaler les noms à l'aumônerie de Paris qui, périodiquement, présentait des listes de mutation à la Direction générale des Prisonniers de Guerre. Celle-ci les accepta toujours. Une fois établie la bonne réputation du Séminaire, on vit des aumôniers enfin acquis à l'expérience, envoyer à Chartres, en les déclarant candidats au sacerdoce, leur sacristain ou leur servant de messe...

Les séminaristes qui sont passés à Chartres appartiennent à trente-cinq diocèses et à vingt-cinq congrégations religieuses ; parmi les religieux, les franciscains et les bénédictins sont les plus nombreux. Toutes les régions de l'Allemagne – aux sensibilités si différentes – s'y côtoient, encore que l'Ouest et le Sud soient prépondérants.

Parmi les tard venus à Chartres figurent les trente-cinq séminaristes du séminaire algérien de Rivet arrivés le 8 septembre 1946. À ce moment, les deux séminaires voulus l'un et l'autre par le général Boisseau fusionneront.

1. Ce nombre ne fut dépassé, mais pour peu de temps, que le 16 mars 1946 (cinq cent six présences). De décembre 1945 à février 1947, le nombre des séminaristes – départs et arrivées s'équilibrant à peu près – resta supérieur à quatre cents (Voir K.-H. KLOIDT, *Chartres 1945. Seminar hinter Stacheldraht,* Fribourg, Bâle, Vienne, [1988], p. 61).

Les fêtes

Dans la vie des hommes, la fête est rupture, trêve, bouffée d'air frais, évasion (on hésite à employer ici ce dernier mot !). Les fêtes ont été pour beaucoup dans la réussite de Chartres. Fêtes religieuses, folkloriques, célébration d'anniversaires, toutes arrachaient le prisonnier à la grisaille, au repli sur soi, à son sentiment d'infériorité.

Parcourons la chronique du mois de décembre 1945. Le 2 décembre, on l'a déjà signalé, Mgr Harscouët consacre la chapelle. Pendant le temps de l'Avent, à tour de rôle, les trois cours du Séminaire ainsi que le Collège organisent le dimanche une soirée de fête.

Le 6 décembre, fête de saint Nicolas. Pour la première fois, quelques douceurs sont distribuées aux séminaristes.

Le 23, Mgr Harscouët vient ordonner prêtre le franciscain Ingbert Janocha. Beaucoup de séminaristes n'avaient jamais assisté à une ordination. « Qui avait encore remarqué, note le rapporteur, que c'est un évêque français qui se trouvait au milieu de séminaristes allemands prisonniers ? » Le lendemain, le nouveau prêtre, assisté par l'abbé Johner, célèbre la messe à la crypte de la cathédrale.

Le 24, longue veillée de Noël. À 23 heures, des séminaristes interprètent *Noël sur la Place* de Henri Ghéon qu'un professeur avait traduit en allemand. La messe de minuit est célébrée par le nouveau prêtre.

Le 28 décembre, jour des Innocents, conformément à une tradition allemande, les fonctions sont inversées : le plus jeune séminariste est nommé pour un jour Supérieur du Séminaire.

Certes, tous les mois ne sont pas aussi riches en festivités. Mais le Supérieur est à l'affût des événements susceptibles de faire sortir de la monotonie quotidienne. Les fêtes liturgiques viennent évidemment en tête. Noël et Pâques ont laissé des souvenirs durables à ceux qui les ont vécus. À Noël, tout contribuait à créer un climat de joie et de partage que l'on désirait étendre à l'ensemble du camp. Ainsi, en 1946, un gâteau de Noël a été offert aux cent vingt nouveaux des blocs 2 et 3. La chorale a chanté à l'infirmerie centrale ainsi que pour les prisonniers qui étaient au cachot.

La *Chronique* informe sur le déroulement du triduum pascal 1946. Un silence permanent règne depuis le mercredi saint au soir. Exposés impressionnants du sous-régent Delbeck. Adoration nocturne par groupes de dix le jeudi saint jusqu'au vendredi matin. Grand recueillement spontané le samedi saint où cependant la règle du silence n'est plus de rigueur. Les vigiles nocturnes n'étant pas encore autorisées, c'est le jour de Pâques à 4 h 30 du matin que les séminaristes se rassemblent pour célébrer la Résurrection. Il fait nuit encore lorsque jaillit la flamme du feu nouveau et que retentit la joyeuse mélodie de l'*Exultet*. À la messe de dix heures, le Supérieur choisit comme thème : « Déployez les bannières de la joie. » Cela se prolongera le lendemain, lundi de Pâques, quand des drapeaux jaune et blanc seront hissés comme le veut la coutume pour saluer une visite épiscopale, en l'occurrence celle de l'évêque de Chartres venant confirmer douze séminaristes ou autres prisonniers du camp.

Les visites

Les visites étaient aussi des éclairs dans la nuit. La *Chronique* relève treize visites de Mgr Harscouët et quatre visites du nonce Roncalli. On se transmettait les bons mots de ce dernier. « Quand il venait, tout était lumière et joie », écrit S. Kleine[1]. Citant l'adage d'Horace « *Carpe diem* », il l'interprétait ainsi : « manger, dormir – dormir, manger » ! Il ne venait jamais les mains vides. C'était déjà la bonté incarnée et le bon sens lucide qu'on retrouverait chez Jean XXIII. Franz Stock, de son côté, rencontra plusieurs fois le nonce à Paris. « Souvent même, écrit Sigismund, il y retournait le lendemain pour terminer l'examen d'un problème. Il revenait alors par le train du soir. Il était généralement de bonne humeur à son retour. Un jour, c'était en été, je m'en souviens avec précision, il dit entre autres choses : "Au fond, un concile devrait se tenir à présent, maintenant qu'après la guerre les raidissements s'atténuent." C'était tout à fait l'opinion du nonce, mais Rome voit encore des difficultés[2]. » Le nonce revint le 5 avril 1947 pour ordonner deux diacres. C'était le samedi saint. Le général Buisson, qui avait succédé au général Boisseau, l'accompagnait.

Six autres évêques français et allemands vinrent aussi saluer les séminaristes. Parmi eux, le 26 octobre 1946, Mgr Kaller, le premier évêque venu d'Allemagne ; c'était un des treize millions de réfugiés allemands venus de l'Est pour fuir le régime communiste. La veille au soir, l'annonce de sa visite avait soulevé l'enthousiasme. C'était un immense bonheur venant se greffer sur l'ambiance de joie qui précédait les ordinations. L'arrivée de Mgr Kaller coïncidait en effet avec la dixième visite de Mgr Harscouët. L'évêque allemand assista dans le chœur de la chapelle à la collation du sous-diaconat et des ordres

1. S. KLEINE, *Mein Erleben mit Franz Stock*, note manuscrite, p. 5.
2. *Ibidem*. Par recoupement, il s'avère que cette allusion à un concile a été exprimée par le futur Jean XXIII en été 1946, soit près de treize ans avant l'annonce officielle de Vatican II. Ne serait-ce pas la toute première allusion de Roncalli à la convocation d'un concile œcuménique ?

mineurs par l'évêque de Chartres. L'émotion fut grande quand les deux évêques échangèrent le baiser de paix. Pouvait-on imaginer plus belle expression de la fraternité – au-delà des nationalismes – si peu de temps après la guerre? Mgr Kaller resta déjeuner. L'enthousiasme se déchaîna à nouveau lorsqu'il fit son entrée au réfectoire. Pendant le repas, l'orchestre interpréta le premier concert pour flûte de Mozart. Les mots que l'évêque allemand prononça ensuite restèrent gravés dans les mémoires. Le pape l'avait nommé, lui, l'évêque expulsé de son diocèse, évêque de tous les réfugiés allemands. Il parla longuement de leur douloureuse situation. Seule une renaissance spirituelle pourrait conduire à une reconstruction de l'Allemagne. Interpellant directement les séminaristes, il leur montra le rôle décisif qu'ils auraient à jouer: « La patrie vous regarde… Vous portez la bannière de l'avenir. » L'évêque leur avait déclaré auparavant: « Je puis vous le dire. L'esprit qui règne ici, il ne pourrait s'en trouver de meilleur dans aucun séminaire allemand. »

Le 9 avril 1947, visite de plusieurs amis du Séminaire: parmi eux, Mgr Oddi, secrétaire de la nonciature, l'abbé Le Meur, le Père Brass et dom Walzer, ancien supérieur du Séminaire des prisonniers à Rivet en Algérie.

Franz Stock reçut, à titre personnel, la visite d'anciens prisonniers politiques. Edmond Michelet, ministre des Armées, se trouvait à Chartres pour des raisons de service. Ayant appris l'existence de ce séminaire insolite, il voulut aller voir sur place. Un séminariste le conduisit chez le Supérieur. Quelle ne fut pas sa surprise de se trouver en présence de Stock! Le 14 juillet 1946, avant le défilé des Champs-Élysées, il revint saluer son ancien aumônier de prison: « Vous êtes venu me voir quand j'étais à Fresnes; je viens vous rendre votre visite. » Il se rendit une troisième fois au Coudray avec son épouse et ses enfants.

Des familles de fusillés venaient parfois interroger l'ancien aumônier. C'est ainsi qu'il reçut, comme on l'a lu plus haut, la visite de Mlle De Jongh venant le questionner sur les derniers moments de son père, fusillé le 28 mars 1944 en même temps que Robert Aylé. De même, à son retour de sa déportation en Allemagne, Mme Aylé s'était empressée de retrouver la trace du prêtre qui lui avait annoncé le 31 mars 1944, alors qu'elle était elle-même prisonnière à Fresnes, l'exécution de son mari survenue trois jours plus tôt. Comme d'autres conjoints ou parents de fusillés, elle avait pu, en se rendant à Chartres, en apprendre plus long sur la fin tragique de son mari.

Beaucoup de monde venait lui demander renseignements ou conseils. « Si les visiteurs n'obtenaient pas la permission de pénétrer dans le camp, [le *Regens*] s'entretenait avec eux à la porte du camp ou au corps de garde. Parmi les visiteurs, des Allemands des autres secteurs du camp venaient vider leur cœur. Mais des membres de la direction du camp venaient aussi, tard dans la soirée comme Nicodème de l'Évangile… Des conversations s'engageaient sur des sujets religieux[1]. »

« Au nombre des visiteurs de l'extérieur, figure le secrétaire du cardinal Suhard. Il vint plusieurs fois. Quand il arrivait – mais aussi à l'occasion d'autres visites – le *Regens* me priait de rester dans l'antichambre et de n'admettre aucun autre visiteur[2]. "

Activités artistiques et de loisir

La prière et le travail faisaient vivre. Les fêtes étaient partage et évasion, les visites reconnaissance, les activités esthétiques une expression du meilleur de soi-même. Progressivement, les séminaristes des Barbelés disposèrent des moyens de s'y consacrer.

Dès l'époque d'Orléans, des chœurs solennisaient les offices religieux. À Chartres, les séminaristes trouvèrent dans leurs rangs des chefs de chorale très compétents : un bénédictin pour le grégorien, un professeur de chant pour la polyphonie. La chorale se produisait aussi à l'occasion des visites et des cérémonies, exécutant parfois des œuvres composées par certains de ses membres.

Le Séminaire eut son propre orchestre, distinct de l'orchestre du camp. Cet ensemble, bien sûr réduit, était composé de six instruments à cordes, d'une flûte et, pendant la dernière année, d'un piano. Les jours de fête ou de visite, il se faisait entendre lors des offices religieux et aux repas.

Dans le domaine des arts plastiques, le Supérieur donnait l'exemple. Les fresques qu'il avait exécutées dans la chapelle étaient sous les yeux de tous. Le soir, dans le calme, il fumait sa pipe et peignait pour se détendre. Un séminariste, Lothar Zanetti[3] a réalisé un chemin de croix pour la chapelle. Ceux qui le désiraient eurent même la chance de recevoir des cours de peinture donnés par un artiste-peintre de métier collaborateur de la revue *Licht ins Dunkel* (Lumière dans les Ténèbres), revue des prisonniers de guerre allemands. Leurs œuvres furent présentées dans le cadre d'une exposition artistique de tout le camp en septembre 1945 et d'une seconde exposition, propre au Séminaire, en avril 1947, à l'occasion du deuxième anniversaire de sa fondation à Orléans. Le nom de Franz Stock figure parmi ceux d'une quinzaine

1. S. KLEINE, *Mein Erleben mit Franz Stock,* note manuscrite, p. 4-5
2. *Ibidem,* p. 2.
3. Il composera aussi des chants chrétiens modernes (Voir R. SCHOUPP, Lettre du 29 juin 1993 à l'auteur).

d'exposants. La sculpture et le modelage furent aussi en vogue. Les crèches réalisées en vue de la Noël 1945 et 1946 étaient superbes.

Le théâtre mérite une mention spéciale, surtout depuis qu'en 1946, la troupe du Séminaire remplaça celle du camp dont beaucoup de membres avaient été libérés. À l'affiche, *Noël sur la Place* de Henri Ghéon, déjà mentionné, *La vie est un rêve (Traum ein Leben)* de Grillparzer, et *Monsieur tout le monde (Jedermann)* de Hofmannsthal. Les mélodies qui accompagnent cette pièce sont l'œuvre d'un séminariste. La même troupe propose un spectacle de marionnettes, *Die Zaubergeige (Le violon enchanté)*, comédie musicale de Pocci. Ce dernier spectacle sera exécuté – en raison de l'exiguïté de la salle – quatre fois pour le Séminaire et cinq fois pour le reste du camp.

La bibliothèque, constituée initialement de livres de l'abbé Stock et d'ouvrages prêtés par le Séminaire d'Orléans, comptait à la fin six mille livres allemands ou français – surtout de théologie – provenant principalement des diocèses de Fribourg et de Rothenburg, de séminaires français ainsi que de diocèses suisses.

Le sport était pratiqué, du moins quand les santés le permettaient. Les séminaristes aménagèrent un terrain de volley-ball et un terrain omnisports. Des compétitions sportives opposèrent les occupants du bloc 1 aux prisonniers des autres blocs. Le Séminaire fut champion en ping-pong.

Ces activités artistiques et sportives eurent comme effet bénéfique complémentaire de multiplier les contacts avec les autres prisonniers et par là même d'atténuer le sentiment de jalousie que ceux-ci éprouvaient parfois envers les séminaristes.

Les grandes vacances

Les grandes vacances pour le Séminaire à effectifs complets ne se déroulèrent qu'une seule fois – en 1946.

Si Chartres constituait à tous égards un progrès sur Orléans, il n'en restait pas moins que passer dix semaines à plus de quatre cents sur deux hectares faisait problème. Il aurait fallu plus d'espace et moins de monde. Un petit progrès avait été réalisé depuis le printemps précédent. Deux fois par semaine, l'adjudant-chef Direz, adjoint de Johner, organisait une promenade dans la campagne environnante pour une quarantaine de séminaristes sous la surveillance de deux soldats marocains. On obtint que pendant les vacances, chaque jour – et pas seulement deux fois par semaine – un groupe puisse sortir ainsi des barbelés. Pour ceux qui n'avaient pas vécu au Thieulin, c'était l'éblouissante redécouverte du parfum des fleurs, de la verdure, des ruisseaux qui serpentent.

L'autorité militaire avait accordé une autre faveur : la possibilité de visiter la cathédrale de Chartres. Quotidiennement, deux groupes de quatre pouvaient s'y rendre, par un itinéraire imposé, vêtus de la soutane ou d'habits civils. Un séminariste décrit ainsi cette expérience de vie : « Alors, pour la première fois après un très très long temps, je marchais à nouveau libre, à travers la nature en fleurs, mêlé à la foule mouvante et à l'animation de la cité, absolument étranger, certes, à la vie des hommes, pour trouver en fin de compte devant la maison de Dieu, puis dans l'invincible plénitude de son espace, ce qui était ma vraie patrie. L'architecture, la sculpture, oui, les personnages en pierre et les vitraux parlent une langue qui vous prend tout entier, la langue maternelle des chrétiens qui s'exprime si simple et si claire dans la cathédrale de Chartres »[1]. Mais il fallait trouver autre chose pour mobiliser les énergies. La première solution envisagée au problème des vacances avait été de constituer un commando de deux cents hommes qui serait mis à la disposition de l'administration des eaux et forêts, d'ailleurs très favorable à ce projet, pour travailler dans la forêt de Senonches. Mais les responsables du Séminaire craignaient qu'au terme des vacances, les séminaristes ne fussent pas « restitués » : la main-d'œuvre des prisonniers de guerre était en effet très recherchée.

L'abbé-lieutenant Johner proposa au chef du camp une autre solution : du 1er août au 20 septembre, une trentaine d'équipes de quatre à huit hommes seraient réparties dans vingt villages d'Eure-et-Loir pour aider à la moisson. Des lettres furent envoyées aux curés pour les informer. Cent soixante-cinq séminaristes, groupés par Land d'origine, participèrent à ce travail. Ce fut dur au début, faute d'entraînement. Mais la bonne nourriture aidant, les travailleurs devinrent plus efficaces. Généralement les familles réservèrent un accueil amical si bien que l'expérience fut bénéfique à tous égards.

Deux groupes de vingt à trente – en mauvaise santé – furent autorisés à passer à tour de rôle trois semaines au Thieulin. Enfin quelques professeurs obtinrent la faveur de vivre à Paris pour disposer de bibliothèques mieux équipées pour la préparation de leurs cours.

Les autres séminaristes restés au camp, partageaient leur temps entre les activités sportives, les jeux d'intérieur, la poésie, les soirées théâtrales, le jardinage, l'amélioration et la réfection des locaux, le travail dans une meunerie voisine, la lecture (Guardini, Haecker, Schneider, Bergengruen, Kirschweng,

1. Stock se rendit maintes fois à ce haut-lieu distant d'environ quatre kilomètres. « Je fais souvent avec Péguy ce pèlerinage à Notre-Dame de Chartres. Je vois de notre camp les flèches et la longue nef de la cathédrale embrasée sous le soleil d'automne, comme le maître Corot l'a mise sur la toile » (Fr. STOCK, Lettre du 9 octobre 1945 à la grand-mère de Jean-Bernard Lantz).

sont les plus lus), un cercle d'études sur Hölderlin, le chant populaire, la musique instrumentale, le dessin ou la peinture, l'astronomie… et la théologie « que personne ne néglige car chacun veut rattraper le temps perdu pendant des années », écrit un séminariste.

Les grandes étapes de la vie du Séminaire

Après la période d'installation et de grands travaux (août-décembre 1945), la seconde partie du premier semestre (janvier-avril 1946) fut le temps de la normalisation. La nourriture n'était plus le souci prioritaire ; il n'empêche que la famine avait sévi. À titre d'exemple, peu de temps après l'arrivée à Chartres, la ration quotidienne pour deux cents hommes avait été onze kilos de pommes de terre et trois kilos de pois. Un peu plus tard, le menu du déjeuner comportait essentiellement la soupe de vesces avec de la farine de soja ; deux tranches de pain constituaient le petit déjeuner ainsi que le dîner. Heureusement, l'aide alimentaire s'était bien organisée et ne faiblissait pas. Cette assistance était d'origines diverses. On a déjà mentionné l'action de la comtesse de Malherbes et l'« œuvre du Paquet ». Plusieurs séminaires français furent spécialement généreux. De nouveau, les nationalismes et les animosités cédaient du terrain devant une vraie solidarité.

Le bon abbé Pierre André, secrétaire de l'évêque de Chartres, enfourchait son vélo pour aller de ferme en ferme mendier des pommes de terre. Ses visites au Séminaire étaient presque hebdomadaires. Comme l'abbé Johner, il multiplia les démarches pour améliorer l'alimentation des séminaristes. Son père, fait prisonnier pendant la Première Guerre mondiale, était mort en captivité et reposait en terre allemande, à Meschede, non loin de Neheim. Cette circonstance le rapprochait de l'abbé Stock. Il était l'intermédiaire habituel entre le Séminaire et l'évêché. Ses visites soudaines et ses départs précipités l'avaient fait surnommer « le lévrier ». Après avoir salué le Supérieur du Séminaire, il ne manquait jamais d'aller à l'infirmerie et d'apporter aux malades quelques gâteries. Accompagnant son évêque, il avait un jour, à l'insu de celui-ci, embarqué un demi-porc sous le siège arrière de la voiture. Informé en cours de route, l'évêque trouva la situation passablement étrange…

Le camp lui-même fournissait une nourriture plus solide. Cependant, la situation restera toujours précaire : à quelques semaines du rapatriement des derniers séminaristes en 1947, le Vatican fit encore parvenir au Séminaire cinquante-quatre sacs de farine et douze sacs de riz.

C'est encore l'abbé André qui, à trois reprises, était allé chercher en Suisse, à Fribourg, les lettres que les familles envoyaient aux séminaristes : la poste, en effet, n'était pas rétablie pour les prisonniers de guerre. Ainsi, dans sa lettre du 22 avril 1946 à son Provincial, S. Kleine déplore de n'avoir reçu aucune réponse à ses nombreuses lettres (la correspondance s'est perdue)[1]. Cependant Johner faisait transiter du courrier dans les deux sens par l'aumônerie militaire française de la zone d'occupation.

L'hiver 1945-1946 fut très dur car les lieux de séjour n'étaient pas chauffés ou l'étaient très mal, mais le froid ne parvint pas à empêcher le Séminaire de fonctionner. Ce seul fait constituait une prouesse et une victoire. La revue du mardi gras fut un baromètre de la bonne santé morale du Séminaire. On commençait à songer pour le printemps à des travaux d'embellissement.

Pendant le deuxième semestre (mai-juillet) 1946, le Séminaire fonctionna comme une Faculté de théologie normale, à ceci près que le corps professoral – très jeune – présentait des déficiences dans certains secteurs. Une lettre de Stock adressée le 3 janvier 1946 à son vieil ami Heinrich Höfler de Caritas à Fribourg déplore que « parmi les prêtres prisonniers de guerre en France, il n'y a pas un seul professeur d'Université ou d'Académie ». Il énumère ensuite les branches qui font problème.

Quels que soient les points faibles dans le corps professoral des théologiens, un problème plus urgent requérait une solution : au Collège, de nombreuses matières n'étaient pas enseignées faute de professeur. Or, parmi les nouveaux prisonniers arrivant au Coudray, un nombre croissant n'avaient pas l'*Abitur* (le baccalauréat). En les aidant à obtenir ce diplôme, non seulement on leur rendrait un service majeur, mais on les « désintoxiquerait » de l'idéologie national-socialiste – en particulier du racisme – qui, depuis l'avènement du nazisme, contaminait le programme de presque toutes les disciplines scolaires. À titre d'exemple, voici quelques directives officielles de l'époque nazie : « Au cours de latin, montrer comment le peuple romain a progressé tant que la race resta pure ; au cours de français, montrer par la langue et par l'histoire l'opposition de l'homme allemand et de l'homme français, en histoire, le fondement de toute considération historique est la question raciale ; au cours de langue anglaise, préparer la compréhension des devoirs majeurs des peuples nordiques, en particulier du peuple allemand et du peuple anglais, à l'intérieur de la communauté des peuples[2] » (Adolf Hitler, *Mein Kampf*). Cet endoctrinement par les programmes était renforcé par un embrigadement presque inévitable dans la *Hitlerjugend*. Un professeur chevronné

1. *In Memoriam Br. Sigismund Kleine,* p. 305.
2. Lehrpläne des Schloss-Gymnasium Benrath, dans la banlieue de Düsseldorf en 1935-1936.

de Rastatt, Dr Wilhelm Kölble, devint directeur du Collège et reçut comme collaborateurs une douzaine de professeurs dûment diplômés que Stock avait réussi tout récemment à faire venir pour la plupart du camp d'officiers de Mulsanne (Sarthe). « Je ne connais pas ce camp, écrit-il, mais j'ai pu faire muter quelques [officiers] comme professeurs... Ils préparent les examens de nos bacheliers[1]. » Grâce à cet apport, le 27 mai 1946, un véritable *gymnasium* (lycée) a pu être fondé. Ce même jour, le Supérieur inaugurait le semestre par une conférence sur Pascal. Le 16 mai précédent, le Séminaire comptait, professeurs et frères compris, cinq cent six occupants. Ce fut le plus haut chiffre jamais atteint. Trois jours plus tard, l'abbé Stock écrit : « Notre Séminaire devient gigantesque... Vous vous rendez compte du travail. Mais ça fait plaisir et ça marche. Pour une bonne cause on ne fait jamais trop[2]. »

Les nouvelles sont bonnes aussi pour les théologiens. Les cours d'exégèse sont renforcés et surtout l'université de Fribourg reconnaît officiellement les études faites à Chartres et accepte de corriger les travaux des étudiants en théologie.

Pendant les vacances d'été, l'appel lancé à Caritas au mois de janvier précédent porte du fruit. Trois professeurs viennent d'Allemagne renforcer le corps professoral : l'abbé Josef Hall, spécialiste de la Bible et les franciscains Ottokar Bonmann, historien et Sebastian Krebs, qui enseignera la théologie pastorale. Tous trois vivront en tous points la vie de prisonnier qu'ils avaient choisie volontairement.

À la fin des vacances, le Supérieur effectue, du 18 septembre au 2 octobre, un voyage en Allemagne pour informer les évêques. Il s'agissait d'obtenir la reconnaissance de Chartres en tant que séminaire. Grâce au retour anticipé de certains séminaristes, les évêques avaient déjà pu apprécier eux-mêmes la qualité du travail réalisé. La confiance accordée par le nonce du pape et par l'université de Fribourg les confirmait dans leur appréciation positive.

Au cours de ce voyage, Franz Stock espère pouvoir embrasser les siens qu'il n'avait plus rencontrés depuis plusieurs années. Il apprend à son arrivée la mort de son père survenue la veille. Malgré ce deuil, le médecin estime devoir avertir sa mère du très mauvais état de santé de son fils prêtre.

Le 4 octobre à 6 heures du matin, le chant de la chorale éveille le Séminaire : c'est la Saint-François et donc la fête du Supérieur revenu d'Allemagne l'avant-veille. Après la messe, toute la communauté de Chartres présente au *Regens* vœux et cadeaux. Bien entendu, musique et chants contribuent à la

1. Fr. Stock, Lettre du 19 juillet 1946 au comte de Pange.
2. Cité dans E. Kock, *L'Abbé Franz Stock*, [Tournai, 1968], p. 224.

liesse générale. Le Supérieur – c'est manifeste – a l'estime de tous. Son allocution est fébrilement attendue : il va livrer ses impressions de son premier séjour en Allemagne dévastée. Mais le Supérieur prend d'emblée de la hauteur. Le pays attend une génération de jeunes prêtres qui, formés par la dure expérience, vivra en référence à Dieu et trouvera sa joie dans cette référence. Libérés de la recherche de soi, ils parleront une langue adaptée à la plus grande des détresses de la population : le vide intérieur résultant de l'absence de relation à Dieu. Il faut rendre Dieu aux hommes, en vérité, sans multiplier les détours et les approches de l'époque révolue, à présent démantelée. On attend de Chartres une sorte de printemps franciscain qui se traduira par la pauvreté dans la vie et dans la façon de travailler[1]. Ces paroles, qui ne sont pas les « nouvelles » attendues, font d'autant plus forte impression. Le Supérieur transmet ensuite le salut de l'écrivain Reinhold Schneider. Mais le couronnement de sa communication est l'annonce de la reconnaissance du Séminaire par l'archevêque de Fribourg et la transmission au Supérieur du droit de décider des ordinations pour les étudiants de ce diocèse. Mgr Gröber exprimait même le souhait que l'on y procédât le plus tôt possible. Après la validation académique des *études* théologiques par l'université de Fribourg, c'était donc l'autorité ecclésiastique elle-même qui reconnaissait la valeur de la *formation* dispensée par le séminaire du Coudray-Morancez. La journée se clôture par la représentation d'une pièce de théâtre *Traum ein Leben* (La vie est un rêve) de Franz Grillparzer. À deux reprises, elle sera jouée pour tous les prisonniers du camp dans la salle de théâtre.

Le Séminaire bénéficie d'un régime spécial. Il est dispensé de certaines corvées. De ce fait, il est le point de mire de tout le camp. Tout ce qui s'y passe est soumis à une critique serrée. Les répétitions de la chorale, les sonneries à heure fixe, les prières communautaires, les fêtes, les visites : tout s'entend dans le camp. Ces événements provoquent des vagues dont le clapotis est perceptible jusque dans la dernière baraque. Un tel considère le Séminaire comme une forteresse spirituelle ; un autre l'appelle ironiquement : « le chœur des patenôtres » ; un troisième le compare à une société secrète accessible seulement aux initiés. Plus justifiée est cette interrogation : « Pourquoi ne voit-on et n'entend-on rien dire de votre Séminaire ? Vous vivez au milieu de nous dans le camp et vous vous retranchez comme des escargots dans leurs coquilles. »

---

1. Voir K.-H. Kloidt, *Chartres 1945. Seminar hinter Stacheldraht,* Fribourg, Bâle, Vienne, [1988], p. 201.

Les représentations théâtrales brisèrent la glace. Les séminaristes y apparaissaient comme de vrais jeunes « de chair et de sang ». D'autres activités achevèrent – ou presque – d'abattre les barrières, par exemple : les matches amicaux, la Saint-Nicolas, les soirées musicales de Noël.

« L'image de l'Église reste encore enfouie sous les ruines, conclut le chroniqueur. Nous avons essayé de réduire un peu l'amoncellement des décombres et de restituer à l'Église son vrai visage. » Et d'ajouter que l'on peut choquer en versant dans un surnaturalisme qui abuse de mots comme « grâce », « mystère ».

La rentrée du troisième semestre de captivité est presque de la routine. Les programmes des différents niveaux d'étude sont cependant remaniés : le cours I correspondra plus exactement à la philosophie des séminaires français, le cours II au cycle classique de théologie, le cours III sera réservé à des cours spéciaux plus axés sur la pastorale et la sociologie ; il comportera des cours à option. Pendant ce troisième semestre, des conférenciers français viendront présenter des sujets contemporains de théologie et de pastorale. De la sorte, les séminaristes seront informés de quelques préoccupations majeures de l'Église de France. De décembre 1946 à avril 1947, les orateurs se succèdent : le chanoine Viollet traite de la préparation au mariage, de la spiritualité conjugale et de l'éducation des enfants ; le Père Congar parle – en langue allemande – de l'œcuménisme et de l'apostolat des laïcs ; le comte de Pange des relations entre l'Église et l'État en France ; le chanoine Stourm consacre son exposé à l'Action catholique et le Père Gray à la Mission de France, le franciscain Mohammed Abd-El-Jalil initie son auditoire à l'Islam. Bien sûr, se pose le problème de la langue. Toutefois, un tiers des séminaristes comprennent bien le français, plus de la moitié de l'ensemble peuvent saisir les grandes lignes d'un exposé. Les professeurs du Séminaire ne sont pas de reste : leurs exposés portent soit sur des points plus spécialisés soit sur la philosophie allemande contemporaine, soit précisément sur les tendances actuelles de la théologie française.

Du 2 au 16 février 1947, le Supérieur effectue un nouveau périple en Allemagne : les étapes sont Fribourg, Mayence, Francfort, Baden-Baden[1]. L'objectif principal est la prise de contacts personnels avec les évêques, au-delà des échanges épistolaires. Stock leur parle des besoins, des soucis et des

1. Voir *ibidem*, p. 244-245. On remarquera qu'au cours de ce voyage, Stock ne se rend ni à Neheim ni à Paderborn. Sa sœur Resi se souvient d'être allée avec Franziska voir son frère à Rastatt (à vingt kilomètres au sud-ouest de Karlsruhe). Franz n'a pas poussé jusqu'à Neheim en raison de son état de santé (D. LANZ, Lettre du 23 janvier 1992 à l'auteur).

joies du Séminaire. A Fribourg, il rencontre une nouvelle fois l'archevêque, Mgr Gröber, qui fut son meilleur soutien en Allemagne. Ce prélat avait attiré inlassablement l'attention de ses compatriotes sur le problème des prisonniers de guerre. Son influence avait été décisive pour la reconnaissance par l'université de Fribourg des études faites au Séminaire des Barbelés. L'université de Mayence, à son tour, accorde l'équivalence. Au séminaire de Mayence, qui compte une soixantaine de séminaristes, dix sont d'anciens Chartrains. Profitant du passage de leur ancien Supérieur, ils soumettent celui-ci à un feu nourri de questions sur la vie au Séminaire.

Au cours de son passage à Fribourg, Franz Stock remporte un second succès de taille : le ministère de l'Enseignement de l'État de Bade accepte de reconnaître le « *Vorkurs* » (Collège) du Séminaire comme année propédeutique. Cela implique, bien sûr, l'envoi d'une commission d'examens.

Le Supérieur : son œuvre, son influence

Assumer la présidence d'un séminaire dans les circonstances que l'on sait était une tâche redoutable, surtout eu égard à l'état de santé du Supérieur. La difficulté n'était pas moindre que celle du ministère dans les prisons pendant la guerre. L'abbé Le Meur estimait que Stock était sans doute le seul homme qui puisse être accepté sans réticence tant par l'autorité militaire française que par les séminaristes allemands. Pour réussir cette œuvre sans précédent et ne froisser aucune susceptibilité, il fallait au Supérieur beaucoup de tact et surtout un amour vrai des deux pays. Il fallait l'envergure humaine, spirituelle et morale. Il fallait un concours de circonstances et une pléiade de collaborateurs de grande classe.

On doit à Stock d'avoir obtenu de l'université de Fribourg la reconnaissance des études de théologie et du ministère de l'Enseignement de l'État de Bade que le Collège (*Vorkurs*) fût reconnu comme cours propédeutique. Ce dernier résultat eût été impensable si Stock n'avait pas réussi à recruter un corps professoral muni des diplômes requis.

Les bonnes relations que Stock entretenait depuis une douzaine d'années avec les dirigeants de Caritas de Fribourg contribuèrent à l'octroi d'un généreux appui matériel ; il est vrai, par ailleurs, que le diocèse de Fribourg compta toujours le plus grand nombre de séminaristes à Chartres : une cinquantaine en moyenne.

C'est à Franz Stock aussi que revient le mérite d'avoir donné aux évêques allemands une image positive de ce séminaire en exil, pourvoyeur des séminaires de la mère patrie. C'était un des objectifs principaux de ses deux voyages en Allemagne. D'autre part, le témoignage vivant des trois cent cinquante séminaristes qui étaient rentrés au pays acheva de dissiper chez les évêques les dernières appréhensions.

Franz Stock lisait beaucoup. Les étudiants bénéficièrent de son ouverture intellectuelle qui se manifesta notamment dans ses conférences inaugurales des semestres académiques où il parla de Blaise Pascal et des écrivains catholiques français de la première moitié du XXe siècle. Très bien préparées, ces conférences étaient appréciées du public[1]. C'est la même ouverture qui apparaît dans l'accueil des conférenciers français et dans l'organisation d'exposés par des membres du corps professoral. Il est à peine besoin d'évoquer les multiples manifestations de la vie artistique qui trouvaient chez le Supérieur du Séminaire une grande bienveillance renforcée encore par le témoignage de l'exemple.

Cette ouverture intellectuelle le rendait proche des milieux littéraires. Ainsi sa sœur Theresia pense qu'il a dû connaître personnellement la grande romancière allemande Gertrud von Le Fort. Il a pu la rencontrer dans le cercle d'amis qui se réunissait à Fribourg autour de Reinhold Schneider. Toujours est-il qu'elle lui dédia un beau poème intitulé « La cathédrale après le combat ». Schneider, de son côté, dédia aux séminaristes un sonnet « Adieu à Chartres ». On trouve dans la bibliothèque de Stock à côté d'ouvrages d'apologétique, de théologie et d'histoire de l'Église, des œuvres de Bernanos, Claudel, Rilke – il lisait souvent ce poète –, Schneider, Francis Jammes, Gertrud von Le Fort, de nombreux livres sur la Bretagne.

Pendant toute l'existence du Séminaire, Stock enseigna la liturgie aux étudiants des deux premiers cours. Il fut aussi, comme on l'a vu, professeur d'histoire de l'Église pendant deux semestres. Il ne fut pas un érudit bardé de diplômes. Dans les disciplines enseignées, il n'avait pas la compétence d'un spécialiste. Mais il était proche des étudiants. Entre eux, ils l'appelaient familièrement « papa Stock », ce qui ne les empêchait pas de le respecter[2]. Quoi qu'il en soit, un ancien de Chartres, Raimund Winklhofer, reconnaît, plus de quarante ans après avoir quitté le Séminaire, que ses connaissances de base en liturgie trouvent leur origine dans le cours donné par Stock. Celui-ci s'était attaché particulièrement à la présentation des différents rites liturgiques répandus en Europe occidentale avant l'unification imposée successivement par Charlemagne, Grégoire VII et le Concile de Trente : les liturgies gallicane, ambrosienne et mozarabe ainsi que l'histoire de la liturgie romaine qui évinça progressivement les autres. C'était une façon d'élargir les perspectives. À n'en pas douter, il fut marqué par le mouvement liturgique allemand. En cette

1. K.-H. KLOIDT, Lettre de novembre 1991 à l'auteur.
2. G. SCHOBER, Entretien du 24 octobre 1992.

matière, avec la Belgique où œuvraient l'admirable personnalité de dom Lambert Beaudouin ainsi que ses disciples, le monde germanique joua le premier rôle entre les deux guerres, en particulier grâce à l'action de certaines abbayes : celle de Beuron au XIXe siècle, de Maria Laach ensuite, qui marqua surtout les milieux cultivés et universitaires, et bientôt de Klosterneuburg (près de Vienne). Des personnalités d'envergure exercèrent une grande influence : tout d'abord, comme on l'a vu, Romano Guardini, un des auteurs que Stock lisait assidûment ; Pius Parsch, génial vulgarisateur de la science biblique et propagateur de la piété liturgique, Odo Casel, avec sa théologie « mystérique », André Jungmann, historien de la messe. Stock a dû connaître leurs écrits et s'inspirer de leur pensée.

Au Séminaire – déjà à Orléans – un soin particulier est apporté aux messes solennelles (*Hochamt*) avec le concours soit de la schola grégorienne, soit, selon une vieille tradition allemande, de la chorale interprétant en alternance avec la foule des chants en langue allemande. La *Chronique* mentionne aussi la *Betsingmesse*, messe « dialoguée » avec le prêtre, rehaussée par des chants allemands, intermédiaire entre la grand-messe solennelle (où le célébrant est assisté par un diacre et un sous-diacre) et la « messe basse »[1]. C'était un progrès marquant par rapport à la façon de faire habituelle de l'époque. À ce moment, en effet, la célébration se déroulait intégralement en latin ; le prêtre lisait en silence la plupart des textes ; de temps en temps, il élevait la voix. Même l'évangile n'était pas traduit. L'assistance n'intervenait que pour s'associer à une prière qui avait lieu après la messe. L'eucharistie n'était pas une célébration par toute l'assemblée : c'était une dévotion personnelle parmi d'autres.

Au demeurant, l'action de l'abbé Stock se situe principalement au niveau de l'esprit : il était un homme de communion plus que de commandement, l'âme du Séminaire plutôt que son chef ; pour tous, il était « celui qui montre la voie[2] ». Il était l'inspirateur du climat de prière qui régnait à Chartres, fortement aidé en cela par le sous-régent[3]. Il s'entendait aussi à parler de l'« autre France » qu'il aimait et faisait aimer[4].

---

1. La *Betsingmesse,* créée par Pius Parsch en 1933 devant deux cent mille fidèles au *Katholikentag* de Vienne, est la systématisation de la coutume allemande de chanter en langue allemande pendant la messe lue (Voir Mgr B. FISCHER, *Dom Lambert Beauduin et le mouvement liturgique,* dans J.-J. VON ALLMEN *et alii, Veilleur avant l'aurore,* Chevetogne, 1978, p. 79-93, ici p. 88).
2. L'expression est de Gerhard SCHOBER, Entretien du 24 octobre 1992.
3. Visitant le camp avec l'abbé Gaston Courtois, l'abbé (futur chanoine) Pierre Blondel témoigne : « Je fus saisi par l'atmosphère de fraternité qui régnait » (P. BLONDEL, *Anecdotes et souvenirs du passé,* Chartres, [1988], p. 88).
4. Martin ZEPF, Lettre du 22 août 1992 à l'auteur.

L'influence profonde de cet homme silencieux découlait de sa valeur humaine. L'abbé Johner témoigne : « À Orléans, les rapports entre le Supérieur et les séminaristes étaient communion dans la souffrance et, comme très souvent, l'épreuve réunit les cœurs et les volontés. Cela a continué à Chartres. Il était le Supérieur reconnu et estimé par tous, et on peut dire aimé ! Il était là comme partout pour servir et était très disponible[1]. » De sa personne émanait un rayonnement qui se manifestait par sa simple présence. « Lorsque un désaccord survenait, sans qu'il dise rien, sa seule apparition rétablissait l'harmonie[2]. »

Les séminaristes ignoraient dans une large mesure ce qu'avait été son ministère dans les prisons parisiennes. Il n'en parlait que devant de petits groupes et avec discrétion. À vrai dire, les contacts que la plupart avaient avec leur Supérieur étaient forcément très limités. Cela résultait du grand nombre. Mais ils le savaient très accueillant. Et cette disponibilité palliait les inconvénients du nombre. On le voyait souvent marcher dans le camp avec un séminariste. Le chanoine André raconte que lorsqu'on allait lui demander conseil, il observait un long silence avant de proposer une solution.

Dieter Lanz, qui vécut au camp du Coudray, souligne cet autre aspect de la personnalité du Supérieur ; il écrit : « Vêtu d'une longue soutane, la tête un peu penchée, l'abbé Stock donnait l'impression d'être un homme isolé. Sa maladie de cœur, qui le retenait assez souvent dans sa baraque et qui avait déjà été diagnostiquée à l'hôpital américain des prisonniers comme "insuffisance cardiaque" et "faiblesse du cœur", le maintenait dans sa solitude. Souvent un voile de tristesse couvrait son visage. On ne pouvait que supposer ce qui le préoccupait. Celui qui voyait fréquemment Stock bénir le pain et les plats en fer-blanc lors des repas généralement maigres, découvrait un homme souffrant[3]. »

Voici le portrait qu'en fait un autre prisonnier, Johannes Dörr : « Alors – c'était le soir du 25 novembre 1945 – je vis pour la première fois l'"Abbé Stock" comme tous l'appelaient : tranquille, impassible, très sérieux, renfermé, il se rendait à table, traversant nos rangs d'un pas mesuré, dans sa soutane noire, avec son béret basque et son écharpe. Il m'influençait à distance. Pendant les sept mois que je passai dans le camp, je n'eus jamais de contact personnel avec lui. Un petit cercle de familiers se groupait autour de lui. C'est seulement après mon retour au pays, quand j'appris son action dans les prisons parisiennes et son action pastorale au service des mille ou deux mille

---

1. J. Johner, Témoignage enregistré, première semaine de novembre 1987.
2. W. Wolters, Lettre du 8 septembre 1992 à l'auteur.
3. D. Lanz, *Abbé Stock, Die Herausforderung annehmen,* [1985], p. 38.

condamnés à mort, que je compris mieux tout ceci. Au Séminaire, je n'entendis souffler mot à ce propos. La piété avec laquelle il célébrait la messe, son talent de peintre dans la décoration de notre chapelle (un gigantesque hangar en béton) et ses cours d'histoire de l'Église, voilà ce qui m'a frappé chez lui. »

Un troisième témoin, Erich Kock, un de ses biographes, note que « la maladie l'isolait, mais il se renfermait aussi en lui-même ou ne fréquentait manifestement que des professeurs et des séminaristes qui avaient sa sympathie ». Il va jusqu'à écrire que « ses rapports avec la plupart des professeurs étaient tendus », ce que conteste un témoin oculaire aussi autorisé que l'abbé Johner qui souligne que l'équipe des professeurs était très unie autour du Supérieur. « Le fond de sa nature était secret, ajoute Kock... mais la communauté aimait en lui maints indices de cordialité et de grandeur d'âme. Bien des détails permettaient de penser que ses fonctions étaient trop lourdes pour lui, et non seulement physiquement[1]. » Nul doute que sa santé était un handicap. Présentait-il d'autres déficiences pour diriger un séminaire de cette taille ? L'érudition théologique, sans doute, qui aurait dû être sanctionnée par un doctorat en théologie ; toutefois Kock lui-même reconnaît la conscience et la pénétration dont il témoignait dans ses cours. Mais quel prestige moral, quelle générosité, quelle piété, quelle perspicacité surtout dans ses options majeures !

Le Père Goldmann qui a séjourné à Chartres de février 1947 à la dissolution du camp écrit : « Il était mort-fatigué et totalement épuisé... Tous l'écoutaient très volontiers et le considéraient comme un saint. Il était tout différent des autres prêtres : il était vraiment un homme qui rayonnait l'intériorité[2]. »

Que l'on n'aille pas croire, cependant, que ce regard intérieur amenuisait son sens des réalités ou que son attitude conciliante excluait la fermeté de caractère. Des officiers russes se présentèrent un jour au Séminaire des Barbelés pour inviter les prisonniers originaires de la zone soviétique à retourner dans leur contrée natale. Stock venait d'être informé par Mgr Kaller des atrocités perpétrées par les armées russes. Il refusa de serrer la main que lui tendaient les officiers[3].

Et voici le tableau à la fois lucide et émouvant que le rédemptoriste Martin Zepf brosse de son ancien Supérieur : « C'était un homme généreux. Il n'avait pas du tout le profil d'un président [d'alors]. Mais il entraînait sur des voies neuves et fécondes une jeunesse leurrée et désillusionnée. Il nous engageait à transformer nos expériences de guerre et de captivité en une

---

1. E. Kock, *L'Abbé Franz Stock*, [Tournai, 1964], p. 38.
2. G. Goldmann, Lettre du 24 janvier 1992 à l'auteur.
3. G. Schober, Entretien du 24 octobre 1992.

expérience neuve et radicalement autre de vie communautaire au Séminaire des Barbelés. Cette expérience porterait des fruits au bénéfice des diocèses et des communautés religieuses. Aujourd'hui encore, je reste convaincu que, sur le chemin du sacerdoce, rien ne m'a autant marqué que l'année de Chartres. Quand je considère le chemin parcouru, c'est sur le *Regens* Stock que ma pensée se fixe le plus volontiers. Comme professeur, il m'a insufflé l'amour de la liturgie, de la prière des heures, de l'Eucharistie, de l'Adoration et aussi de l'art sacré. Il était l'homme le moins prétentieux qui soit[1]. »

Mgr Kuhnle, évêque auxiliaire de Rothenburg, complète ces propos. Les souvenirs gravés dans sa mémoire lui dictent ce témoignage : « Les offices religieux que l'abbé Stock présidait portaient l'empreinte de son impressionnante piété personnelle. Il avait le sens de la célébration liturgique. De plus, il suscitait beaucoup notre participation, notamment dans le domaine musical. Nous considérions l'abbé Stock comme un prêtre d'une profonde piété, qui avait mûri dans la souffrance, mais aussi comme un homme d'une timidité presque farouche. La force de rayonnement de sa personnalité, de sa modestie, le caractère volontaire de sa captivité marquaient de façon perceptible pour chacun de nous l'atmosphère de notre communauté[2]. »

Un autre évêque, lui aussi ancien de Chartres, Mgr Emil Stehle, enchaîne : « Au camp, nous tenions l'abbé Stock en haute estime, moi, son *famulus* (ordonnance), tout particulièrement. [...] Influencé par sa personne et par ce qu'il disait de la pastorale des Allemands à Paris, je me suis porté volontaire en 1957 pour remplir une mission semblable auprès de mes compatriotes en Amérique latine[3]. »

Et voici le témoignage humble et précis de frère Sigismund Kleine, successeur d'Emil Stehle dans sa tâche au service du Supérieur : « La plupart des frères se levaient dès cinq heures du matin. À cinq heures et demie, j'éveillais le *Regens*... Après sa prière et sa méditation, il se rendait à la chapelle non sans avoir au préalable jeté un coup d'œil sur l'*Imitation de Jésus-Christ* ouverte au hasard. Il me confiait pour la journée le chapitre qui lui était tombé sous les yeux. Il célébrait ensuite la messe. Je me suis souvent efforcé de la lui servir, mais la plupart du temps, un autre me précédait. C'était un grand honneur de lui servir la messe. [...]

---

1. M. ZEPF, Lettre du 22 août 1992 à l'auteur.
2. Mgr KUHNLE, Lettre du 13 janvier 1988 à l'auteur.
3. Mgr E. STEHLE, Lettre du 20 avril 1992 à l'auteur. Au Salvador pendant la guerre civile, Mgr Stehle a amené maintes fois à la table des négociations les factions opposées. Au péril de sa vie, il a rendu possible l'échange de deux cents prisonniers et blessés (W. WOLTERS, Lettre du 8 septembre 1992 à l'auteur).

« Quand son horaire n'était pas déterminé par les obligations envers le Séminaire, il restait dans sa chambre, il étudiait, il écrivait ou travaillait à la biographie du chanoine Axinger. Il était maintes fois interrompu par des professeurs, des séminaristes, des frères ou par un membre de la direction du camp. [...]

« Les années de l'aumônerie des prisons pesaient lourdement. Alors il ne supportait plus la vue des barbelés devant sa fenêtre. Avec la permission du commandant du camp, je les ai arrachés et j'ai construit de ce côté-là un clapier pour qu'il ait sous les yeux quelque chose de vivant. (C'est la comtesse de Malherbes qui nous fit cadeau des lapins.) Quand il était triste et déprimé, j'essayais d'engager la conversation avec lui. »

Parfois les deux hommes chantaient des chants de leur jeunesse. Stock regrettait alors de ne pas disposer d'un luth. S'il était assailli par de sombres pensées, le moyen le plus efficace de l'en arracher était de l'induire en tentation de peindre. « Lorsqu'il peignait, il oubliait le monde extérieur. Selon ses indications, poursuit Sigismund, je fis confectionner des cadres dans la menuiserie du camp, les entoilai avec des bâches de tente américaines. [...] Je les lui disposais dans sa chambre de telle sorte qu'il les ait toujours dans son champ visuel[1]. » Dans le même sens, le Père Gerhard Schober, un autre Chartrain, disait que pour Stock peindre était plus qu'une diversion, c'était un moyen de trouver le calme de l'âme[2].

Une anecdote révèle le sentiment d'isolement qu'éprouvait Stock à cette époque. Il avait peint, rapporte Sigismund, une toile représentant « la mer au coucher du soleil, des bruyères en fleurs ; à l'horizon, à peine reconnaissable, un village de pêcheurs, puis un menhir tout à fait isolé, rongé par le vent et la pluie, regardé et apprécié par un petit nombre de personnes. Lorsque je lui dis : "Là, vous vous êtes peint vous-même", il se détourna et regarda par la fenêtre. Après un certain temps, il me fit don de cette peinture... Plus tard, je l'ai donnée à la famille Stock[3] ». L'abbé Stock, cependant, ne se laissait pas envahir par la mélancolie : sur un mur de sa cabane, la peinture d'un grand héliotrope symbolisait le soleil et la lumière.

Franz Stock n'était pas replié sur lui-même : le frère Sigismund note qu'il était attentif à éveiller et à encourager les talents et les capacités des autres[4]. Il conclut ainsi son témoignage : « Franz Stock est un saint. Il vivait entièrement

1. Le Père Martin Zepf dit explicitement : « Son amour de la peinture l'aidait à chasser la tristesse des heures sombres » (Lettre du 22 août 1992 à l'auteur).

2. Entretien du 24 octobre 1992.

3. *In memoriam Br. Sigismund Kleine*, p. 306.

4. Lettre du 22 avril 1946 de S. Kleine à son Provincial.

selon la volonté de Dieu. Il suivait la route où Dieu le conduisait avec une confiance pleine de foi jusqu'à sa fin amère et solitaire. Il m'est souvent proche et alors je vois à nouveau plus clair. » Paroles impressionnantes venant d'un homme bon et simple[1].

Selon le chanoine André, vice-postulateur de la cause de béatification de Franz Stock, ce frère a fait sous la foi du serment la déposition suivante : « Il était toujours très recueilli. Il préparait sa messe avec beaucoup de calme et de silence... Quelquefois après la consécration et surtout après le *per ipsum* [doxologie clôturant la prière eucharistique] avant le Notre Père, il adoptait un rythme assez lent, il s'arrêtait et certains jours il avait l'air de parler, il contemplait longuement l'hostie et ses lèvres remuaient ; il balançait la tête comme s'il donnait son assentiment. Il lui arrivait de rester ainsi en contemplation pendant cinq ou dix minutes avant de poursuivre la messe. "Oui, il est encore venu aujourd'hui", lui est-il arrivé de dire après la célébration, ou bien "il n'est pas venu". Je peux témoigner sur l'Évangile que ce que j'ai dit est vrai. Plusieurs fois j'ai été témoin... » Le chanoine André rapportait ce témoignage avec très grande émotion : il était convaincu que Stock voyait le Christ[2]. On a toute raison de penser qu'il s'agit là d'une expérience religieuse profonde, de caractère mystique.

---

1. Les souvenirs de S. Kleine évoqués ici sont tirés de *Mein Erleben mit Franz Stock,* note manuscrite, p. 2, 5, 6 et 8.

2. Entretiens enregistrés du 11 juin 1987 et du 7 avril 1989. Ce témoignage, cité de mémoire par le chanoine André, l'a été en termes presque identiques à deux ans d'intervalle. L'auteur du témoignage ne peut être que le frère rédemptoriste Sigismund Kleine, décédé en 1988. C'est l'avis aussi de Mgr Emil Stehle (lettre du 20 avril 1992 à l'auteur) dont l'opinion en l'occurrence revêt une importance particulière. Quant au contenu du témoignage, Mgr Stehle m'écrit *(Ibidem)* : « Vous pouvez reprendre tel quel le récit du chanoine André » ; de son côté, le P. Joseph Pfab, ancien Chartrain et ancien général des Rédemptoristes, l'estime tout à fait digne de foi *(völlig glaubwürdig)* : « Frère Sigismund m'a aussi rapporté ce fait » (Lettre du 17 juin 1992 à l'auteur). Un autre rédemptoriste, Martin Zepf, ancien Chartrain lui aussi, atteste que « plus tard, après Chartres, Sigismund lui parla d'observations semblables » (Lettre du 22 août 1992 à l'auteur). Subsiste le problème du silence sur ce point de la note manuscrite de Sigismund Kleine *(Mein Erleben mit Franz Stock)*. Le P. Pfab attribue cette omission à la discrétion du Frère quand il avait à s'exprimer par écrit. Ce religieux, à la vie intérieure très profonde, « était plus explicite oralement, surtout quand on le pressait de questions » (Lettre du 7 juillet 1992 à l'auteur).

Il ne fait pas de doute que les tragédies auxquelles il avait été mêlé revenaient à la mémoire de l'abbé Stock pendant qu'il célébrait la messe. Il marquait parfois un arrêt prolongé au *memento* des défunts (S. KLEINE, *Mein Erleben mit Franz Stock*, p. 7 et B. HANLEY, *And more than a Prophet,* art. paru dans *Studies in Formative Spirituality,* vol. XIV, n. 2 (mai 1993), p. 161, sv). « Souvent, au cours de la messe qu'il célébrait, on l'a vu pleurer », rapporte de son côté le P. Closset (*Franz Stock, aumônier de l'enfer,* [Paris, 1992], p. 180). Attestation analogue de Dieter Lanz (Lettre du 14 février 1992 à l'auteur).

La Chronique

Précieux document que la *Chronique* du Séminaire des Barbelés. Qui a eu l'initiative de tenir ce journal et d'en confier la rédaction à des séminaristes ? Nous l'ignorons. Mais on peut soupçonner le Supérieur de l'avoir suggéré quelques semaines après l'arrivée à Chartres. On connaît assez le goût de l'abbé Stock pour l'histoire et son habitude de fixer ses souvenirs par écrit.

La vie d'un camp de prisonniers se dévoile dans ces lignes au ras du quotidien, où voisinent le tragique, le comique et le banal ; elle se découvre dans les détails insolites et les anecdotes pittoresques. Les faits saillants de l'histoire des hommes – la fin de la guerre en Occident, les deux bombes atomiques sur le Japon – semblent, aux yeux des prisonniers, se passer dans un autre monde. Ici l'histoire est observée par l'autre bout de la lorgnette.

La *Chronique* commence par le cahier numéro 3 avec le transfert d'Orléans à Chartres. Les deux premiers cahiers, réservés à Orléans, n'ont jamais été écrits. La revue du Carnaval de 1946 occupe à elle seule le cahier 4. Le volume des informations rapportées augmente au fil des semestres : ainsi, le dernier semestre couvre trois cahiers sur les sept que compte l'ensemble. Un cahier correspond en moyenne à vingt-cinq pages dans l'édition imprimée. Habituellement, il comprend la chronique proprement dite suivie de poésies, de dessins, de gravures, de reportages sur les événements saillants. La dernière annotation concerne la visite du cardinal Suhard, archevêque de Paris, le 14 mai 1947 peu de jours avant la fermeture du Séminaire. Albrecht Merck et Josef Lechner furent les principaux chroniqueurs et coordonnateurs responsables, mais au moins vingt-cinq séminaristes apportèrent leur contribution à l'œuvre commune. Ni le Supérieur ni les professeurs n'ont directement participé à la rédaction.

On lira ci-dessous quelques extraits de la *Chronique*. Ils donnent, croyons-nous, une image plus concrète de la vie au Séminaire des Barbelés.

Dimanche 21 octobre 1945. Un événement ! Au menu, des nouilles grâce aux deux sacs de farine apportés par l'évêque de Chartres le jeudi précédent, jour de l'ouverture de l'année académique.

6 décembre 1945. Saint Nicolas et Père fouettard rendent visite au Séminaire. Ruprecht (c'est le nom allemand de Père fouettard) assène à chacun ses quatre vérités, sans acception de personne. Les professeurs sont gratifiés de quelques couplets qui n'ont rien d'amène.

Janvier 1946. Premier rapatriement massif : quarante-deux hommes font partie d'un « *DU-Transport* » (transport d'inaptes au service).

9 et 19 février 1946. Coup sur coup, mort de deux séminaristes dont un diacre orthodoxe ukrainien.

Le premier hiver à Chartres. Deux poêles en fer sont installés au réfectoire. Leur rayonnement calorifique ne dépasse pas deux mètres. La nuit, le plafond et les parois se couvrent de givre qui fond le jour : à ce moment, il pleut littéralement. Situation analogue au dortoir baptisé « Palais de la Glace », à cette différence près qu'il n'y pleut pas le jour, le thermomètre ne dépassant jamais zéro ; par contre, il pleut abondamment quand le temps se réchauffe. Dans la salle de cours aussi il fait glacial ; les doigts raidis refusent d'écrire. Le seul endroit où l'on puisse goûter la chaleur, c'est son lit, à condition toutefois de se couvrir de tout ce qui tombe sous la main au lieu de se déshabiller. Impossible de faire sa lessive puisqu'on ne peut faire sécher le linge. Les offices religieux à la chapelle se muent en exercice d'ascèse. Les pieds glacés avec lesquels on entre dans le sanctuaire ne se réchaufferont au mieux qu'à midi. L'eau pour les ablutions matinales est contenue dans des tonneaux entreposés dans une baraque ouverte. Qui a le courage de percer l'épaisse couche de glace pour s'en servir a droit à l'admiration de ses condisciples. Ceux qui sont frigorifiés cherchent un prétexte pour trouver refuge dans la chambre des professeurs, à la bibliothèque ou à la cuisine, endroits chauffés à certaines heures seulement et chichement. Quoi d'étonnant que l'infirmerie ne désemplisse pas pendant tout l'hiver ?

4 mars 1946. Veille du mardi gras. Revue particulièrement réussie. L'humour, de règle en pareille circonstance, est maître du jeu : la chapelle du Séminaire, bâtie à l'ombre de la cathédrale de Chartres est une réussite telle qu'elle a rejeté dans l'ombre le prestigieux monument. Cependant, le sacristain est préoccupé : le Supérieur a omis de peindre les pieds de l'apôtre Jean et de Marie. Momentanément, les fleurs qui ornent l'autel en permanence masquent cette lacune. Mais, se demande-t-on dans la *Revue*, que fera-t-on le vendredi saint où toute ornementation est défendue ? En fait, le lendemain du spectacle, – séquelle imprévue – les séminaristes eurent la malicieuse satisfaction de surprendre le Supérieur se glisser furtivement à la chapelle pour peindre les pieds qui faisaient défaut !

27 mars 1946. Le Séminaire prie pour le cardinal comte von Galen, évêque de Münster, décédé inopinément ; il avait héroïquement résisté au nazisme.

Début d'avril. Franz Stock peint deux personnages supplémentaires dans la chapelle : saint Michel et saint Boniface les deux patrons de l'Allemagne.

Mi-avril. Au début de l'année, le Supérieur avait souhaité que soient faites des propositions pour l'embellissement du terrain environnant les bâtiments. Une commission très active s'affaire depuis la mi-avril pour la réalisation des projets. Des surfaces vertes sont créées ainsi que des parterres de fleurs. En bordure, on installe des bancs. On trace de nouveaux chemins. Six séminaristes s'attellent à un rouleau compresseur. On sème, on plante. « Déjà le désert est vaincu. Tous nous sommes heureux en pensant à la verdure et aux fleurs qui envahiront le territoire du Séminaire. »

25 avril 1946. Première promenade, première sortie hors de l'enclos des barbelés depuis de nombreux mois sinon des années ! L'impression ressentie est si profonde que le chroniqueur appelle le poète à la rescousse : « Enivrez-vous, mes yeux, buvez à pleines gorgées… »

26 avril 1946. Célébration du premier anniversaire de la fondation du Séminaire à Orléans. La séance commémorative est en même temps séance d'adieu au colonel Gourut, commandant du camp. Le tonnerre du martèlement des tables retentit selon l'habitude quand l'abbé-lieutenant Johner conduit le colonel à la place d'honneur.

12 mai 1946. Des liens se sont créés entre le Séminaire des Barbelés et celui de la Mission de France à Lisieux, « comme nous, un enfant de la détresse moderne ». Nous marchons la main dans la main et nous nous aidons mutuellement. Raymond le Bars de la Mission de France vient célébrer sa première messe au Séminaire du Coudray.

16 et 17 mai 1946. Seconde visite du nonce apostolique. Le 17, il offre le petit déjeuner à tout le Séminaire. À son départ, vers midi, il rencontre des professeurs qui arrivent au même moment du camp de prisonniers de Mulsanne (Sarthe).

27 mai 1946. Création officielle du lycée classique. Cent cinquante-huit séminaristes sont répartis en cinq classes selon leur niveau de connaissance du latin.

30 mai 1946. Le départ massif de cent cinq hommes désencombre le Séminaire qui avait atteint son occupation maximum le 16 mai (cinq cent six présences).

3 juin 1946. Pour la première fois, il est question de l'expérience de Chartres dans la grande presse : un article sur le Séminaire des Barbelés paraît dans l'hebdomadaire américain *Time*.

5 juin 1946. Saint Boniface est fêté comme patron principal des Allemands et, en particulier, de la chapelle du Séminaire. C'est la septième visite de l'évêque de Chartres qui vient célébrer une messe pontificale. En ami fidèle, le colonel Gourut y participe.

Début des vacances de Pentecôte. Le Supérieur demande qu'on procède au nivellement de la plaine de sports.

9 juin 1946 (Pentecôte). Aux plus grandes fêtes, le Séminaire dispense ses trésors : les denrées non périssables acheminées dans les paquets du Secours

Catholique et entreposées dans les armoires à provisions sont distribuées aux séminaristes à l'occasion du petit déjeuner. Au cours de ce repas, le Supérieur vient présenter ses souhaits.

24 juin 1946. Fête de saint Jean-Baptiste. Le Supérieur du Séminaire est invité à la cathédrale de Chartres où Mgr Harscouët fête le vingtième anniversaire de son ordination épiscopale. Stock avait prévu d'allumer un feu de la Saint-Jean, le soir, sur le terrain de sport. Il plut à torrent. La fête eut lieu à l'intérieur, marquée notamment – c'était une grande première – par l'exécution collective de beaux chants populaires allemands.

« Nous étions enthousiastes. Nous souhaitions pouvoir nous retrouver plus souvent et pouvoir donner libre cours à notre envie de chanter en groupe spontanément. »

24 juillet 1946. Dans la préparation de la méditation, le Supérieur évoque la croisade de la paix organisée à Vézelay à l'occasion du huitième centenaire de la prédication de la deuxième croisade par saint Bernard. Quatorze croix venant de pays étrangers et de diverses régions de France convergent vers Vézelay. Elles sont portées par des jeunes hommes. À l'initiative des bénédictins de Vézelay, cinquante prisonniers allemands construisent une quinzième croix plus grande que les autres. Ils l'introduisent eux-mêmes dans la basilique où ils assurent le relais de la prière nocturne et dressent leur croix au milieu des autres[1].

2 août 1946. Les examens étant terminés, on expédie à l'université de Fribourg une pile de dissertations à corriger. Les vacances dureront jusqu'à la mi-octobre. Le Supérieur donne à ses séminaristes cette consigne : « Davantage de joie ! » Mais que peuvent signifier des vacances derrière des barbelés ?

7 août 1946. Le Père Max, jeune jésuite parisien, vient partager pendant près d'un mois la vie des prisonniers.

21 août 1946. Arrivée d'Allemagne de deux professeurs volontaires. Détail pittoresque : deux objets devenus insolites pour eux excitent la curiosité amusée des séminaristes : le chapeau et le parapluie des nouveaux venus. Les prisonniers avaient oublié l'existence de ces ustensiles de la vie civile...

Histoire de Franziska. Un beau matin, on aperçut une chèvre sur la pelouse récemment aménagée au Séminaire. Frère Sigismund, qui l'avait amenée du Thieulin, se hasarda à l'appeler Minka, mais les étudiants en théologie en décidèrent autrement : « Franziska sera son nom. » Était-ce à cause de sa maigreur, symbole de la pauvreté franciscaine ou était-ce plutôt l'évocation du

---

1. Actuellement, les quatorze croix sont dressées dans les bas-côtés de la basilique. La quinzième est adossée à un mur du croisillon nord. Elle avait été confectionnée à l'aide de poutres d'une maison incendiée par les Allemands pendant la guerre.

prénom du Supérieur? Toujours est-il que la biquette ne tarda pas à se faire des amis parmi les « Pères de l'Église » du cours supérieur. Mais survint l'automne. Les feuilles jaunissaient, l'herbe se flétrissait. Le problème de l'alimentation de Franziska allait se poser avec acuité. Pour cette raison et d'autres, la haute direction du Séminaire décida la mise à mort de la malheureuse qui, fort heureusement, trouva un habile défenseur parmi les aînés des séminaristes. L'un d'entre eux s'en fut plaider sa cause chez le Supérieur. Il fit valoir qu'elle était pour le Séminaire dispensatrice de joie, qu'en outre, on avait l'impression qu'elle était le seul être à se sentir parfaitement à l'aise derrière les barbelés et qu'en outre elle bêlait avec ponctualité. Ces arguments émurent le Supérieur. Il admit qu'elle restât en vie. Et si l'hiver devait être trop rude pour Franziska, on l'expédierait en pension.

Le mois d'octobre 1946 reflète bien la vie du Séminaire. Chaque jour de ce mois, fidèles à une tradition allemande, les séminaristes récitent ensemble la prière du chapelet.

6 octobre. Jour d'action de grâces pour les bienfaits de la terre. La bénédiction céleste et le zèle éclairé des frères ont produit une abondante récolte de tomates, de choux, de navets et de carottes. La reconnaissance s'exprimera par une messe solennelle suivie du *Te Deum*.

15 octobre. L'abbé Johner est promu au grade de capitaine. Une malicieuse prophétie des séminaristes avait prévu l'événement lors de la soirée récréative du 22 septembre précédent.

17 octobre. Fête de la dédicace de la cathédrale de Chartres. Le chroniqueur précise qu'on peut la voir de trois endroits du Séminaire. « Elle est devenue pour nous le symbole de toutes nos attentes. »

29 octobre. Au soir, tout le Séminaire se réunit pour dire adieu à l'abbé Le Meur, adjoint de l'aumônier général, appelé maintenant à d'autres fonctions. Dans son discours, un professeur, Martin Billinger, reconnaît en lui le pasteur qui a discerné les signes des temps. Le Supérieur exprime à son tour sa reconnaissance et remet au « fondateur » du Séminaire *L'Eucharistie dans l'Art*, un volume richement illustré relié en cuir par les frères[1]. Dans sa réponse, l'abbé Le Meur explique comment il eut en mains les fils du destin du Séminaire. Il n'exagérait nullement en citant le petit livre au titre bien suggestif de Stephan Andres, *Nous sommes [l']Utopie*, une utopie qui avait pris corps dans la réalité.

---

1. M. VLOBERG, *L'Eucharistie dans l'Art*, ouvrage orné de 202 héliogravures, couverture et hors-texte : enluminures de Robert LANZ, Grenoble, Paris, [1946], 142 p.

21 novembre 1946. Le Supérieur inaugure par la projection de diapositives de peintures de Grünewald, la série de conférences culturelles hebdomadaires que donneront les professeurs.

6 décembre 1946, fête de saint Nicolas. « Pendant toute l'année, chacun tient compte instinctivement de saint Nicolas, parce qu'il est d'usage en ce jour d'entendre la vérité sans fard. » Et le chroniqueur pose une sage question : « Qui est aigri au point de ne pas reconnaître la vérité qui lui est décochée sur un ton badin et de n'y pas mûrement réfléchir ? » Chacun peut ce soir-là découvrir l'impact sur les autres d'habitudes dont il n'est pas conscient.

8 décembre 1946. Conférence de l'abbé Gray, professeur au Grand Séminaire de la « Mission de France » à Lisieux. Un grand nombre de paquets du Secours Catholique proviennent des séminaristes de Lisieux.

18 décembre 1946. Depuis 17 h 25, les séminaristes disposent d'une horloge dans le grand hall. Que, pour le chroniqueur, ce soit un événement, a de quoi surprendre. Mais sait-on que beaucoup de séminaristes sont privés de leur montre depuis leur captivité ?

Les préparatifs des fêtes qui approchent mobilisent la moitié du Séminaire. À tous moments, des appels fusent : répétition du chœur, de la schola, construction de la crèche, confection des couronnes en sapin. Il faut bien renoncer aux projets personnels qu'on avait échafaudés.

23 décembre 1946. Un bruit insolite au Séminaire : le clip clap des sabots qu'on a distribués.

24 décembre 1946. Après les vêpres de la veillée de Noël, la fête se déploie. L'abbé André, secrétaire de l'évêque de Chartres, est de la partie ; il en est de même du Père Brass, confesseur extraordinaire, du Père Max qui avait séjourné au camp pendant les grandes vacances et de deux séminaristes de Lisieux. Chorale et instrumentistes annoncent Noël à leur façon au reste du camp. Au Séminaire même la fête commence à 20 h 30. Toute la communauté se rassemble devant les portes du réfectoire. Chant alterné : qui a frappé à la porte ? Les longues rangées de bougies sur les tables et celles de l'arbre de Noël donnent un éclairage nouveau et un peu plus humain à l'énorme hall aux murs de béton. Sur toutes les assiettes, des cadeaux. La crèche rayonne. Le Supérieur prend la parole : « Nos pensées aujourd'hui sont plus que jamais dans notre patrie ; nous ne voulons cependant pas oublier l'essentiel : le Christ nous est né ! Notre promesse auprès de la crèche : comme futurs prêtres, engager un combat décisif contre toutes les ténèbres. » Tout le Séminaire chante *Stille Nacht*. Et la fête continue.

2 février 1947. Le Supérieur part pour l'Allemagne. Il reviendra le 16. La tension qui précède les grands rapatriements règne au Séminaire. Beaucoup ont voulu faire partie du convoi en partance pour l'Autriche : ils y seront accueillis comme hôtes des couvents et des séminaires. Mais le départ est postposé de jour en jour.

15 février 1947. Le départ de cent deux prisonniers est effectif. L'affliction de ceux qui restent ne dure pas. Il y a, à nouveau, plus de place et de calme au Séminaire !

17 février 1947, lundi gras. Le prince Carnaval décerne au Supérieur une décoration gigantesque pour « mérites exceptionnels ».

2 mars 1947. Un fait unique au Séminaire : un religieux prononce ses vœux perpétuels en présence du Supérieur. Le Supérieur général de la Congrégation a habilité Stock à les recevoir.

6 mars 1947. Vingt-huit nations sont représentées au Congrès international de Caritas qui se tient à Paris. Franz Stock, invité, y participe. Il ramène à Chartres Kuno Joerger, directeur de Caritas à Fribourg. Joerger a visité un grand nombre de villes allemandes. Le bilan est consternant. Partout il n'est question que de ruines et de décombres.

29 mars 1947. Festivité à l'occasion de la clôture du semestre. Le directeur Kölble remercie le *Regens* qui, par son initiative, a tout rendu possible. Il dit aussi un merci spécial à Johner dont le gymnasium est le favori. En procurant des livres, en aménageant des locaux, ce dernier a fourni les moyens dont une école en Allemagne ne disposait peut-être pas alors. Dans l'océan de haine et d'hostilité n'ont subsisté que des îlots de paix et de compréhension. La plus grande île c'est le lieu de la charité chrétienne. L'aumônier Johner fut constructeur de ponts d'une île vers les autres.

6 avril 1947. Josef Rehm, ordonné prêtre la veille par le nonce, a ces paroles lourdes de sens : « Il m'est difficile d'exprimer les sentiments qui nous habitent, nous les nouveaux prêtres. C'est à Pâques 1940 que nous aurions dû être ordonnés dans notre patrie. C'est à Pâques 1947 que nous avons célébré notre première messe, ici en captivité. La plupart de nos anciens compagnons de cours sont morts. »

18 avril 1947. Un séminariste français a tenu à recevoir le corps du Christ au Séminaire des Barbelés. Le chroniqueur, impressionné par ce geste, écrit : « Séminaire de Chartres, tu nous apportes toujours des expériences de vie uniques. »

14 mai 1947. « Nous nous trouvons à l'aube du jour de notre liberté… »

Dans un épilogue, le chroniqueur s'interroge sur l'objectivité de la *Chronique*. N'a-t-elle pas passé sous silence la grisaille quotidienne et privilégié fêtes et réjouissances au détriment de la dureté des journées où rien de saillant ne se passe ? Il ne faut pas s'en étonner, répond-il, car c'est inhérent au genre : la chronique, à la différence du récit historique, ne relate que les faits qui sortent de l'ordinaire. Et puis, n'était-ce pas précisément l'enseignement de Stock et de Delbeck de transfigurer en joies les misères et la banalité de la vie quotidienne ?

La fin de Chartres

Le 13 mars 1947, l'abbé Johner annonça que la dissolution du Séminaire serait proche : elle devrait intervenir avant le 1er mai[1].

Les cours du semestre d'hiver 1946-1947 – en fait, le troisième semestre du Séminaire du Coudray-Morancez – allaient s'achever le 15 mars. Les copies d'examens que les théologiens présentèrent pendant la dernière semaine de mars furent envoyées à Fribourg, mais les résultats ne seraient connus qu'après la fermeture du Séminaire.

Le 17 mars 1947, un directeur du ministère du Culte et de l'Enseignement, un professeur et un assistant de l'université de Fribourg débarquent au camp du Coudray pour interroger les étudiants de l'année terminale du Collège (*Vorkurs*). Dès leur arrivée, les examinateurs sont impressionnés par l'ardeur au travail des séminaristes, leur concentration et la camaraderie qui règne entre eux. « Chacun semble n'être là que pour l'autre, pour lui élargir un peu le cœur à l'intérieur de l'enclos des barbelés. Ainsi s'explique cette faim de recevoir une nourriture spirituelle », écrit le Dr Fleig, Supérieur de la Commission d'examens. Il apprécie aussi la qualité et la cordialité des discussions vespérales et nocturnes des membres de la Commission avec les professeurs du Séminaire malgré la divergence parfois radicale des points de vue. Il admire l'attention extrême avec laquelle les étudiants boivent littéralement l'exposé que fait sur la philosophie contemporaine, son collègue examinateur le Dr Max Müller. « Aucun doute, observe-t-il, la jeunesse allemande enfermée ici dans ce camp manifeste sa capacité de comprendre le monde en train de naître. Si cette jeunesse, sur le point de regagner le pays, peut cultiver cette attitude d'esprit, elle sera le levain de notre nouveau mode de vivre ensemble. » L'examinateur termine par ce constat paradoxal : « Et cet état d'esprit s'est développé dans un camp où les besoins humains les plus profonds ne purent être satisfaits que de la façon la plus élémentaire, puisque par la force des choses, il y avait un contraste prononcé entre la haute culture de la vie de l'esprit et l'inclémence des conditions de vie

1. De nombreux soldats allemands ne pourront regagner leurs foyers avant longtemps. En mars 1948, ils seront encore deux cent cinquante mille en France et soixante mille à l'automne.

matérielles. » Précisément, de cet état de dénuement on a réussi à faire un terrain propice au développement de la personnalité.

Se défendant de faire preuve de générosité, les examinateurs accordèrent l'*Abitur* (le baccalauréat) à cinquante-huit candidats ; aucun ne fut refusé. Pour la première fois, ce diplôme était décerné à l'étranger. La solidité de la formation dispensée suggéra à la Commission d'examens l'idée de valider les épreuves de l'année antérieure qui, forcément, s'étaient déroulées en l'absence d'interrogateurs venus d'Allemagne. Après contrôle, il apparut que cette validation était pleinement justifiée. Cette judicieuse décision porta à cent trente le nombre d'étudiants qui achevèrent à Chartres leur formation secondaire supérieure. Cinquante autres furent admis à l'épreuve de l'*Abitur*, après seulement un semestre complémentaire en Allemagne. C'est d'un cœur léger que les membres de la Commission, sur le chemin du retour, allèrent contempler le miracle des verrières multicolores de la cathédrale de Chartres.

Le 5 avril 1947, samedi saint, fut une des plus grandes dates de l'histoire du Séminaire. Les deux jours précédents s'étaient déroulés dans un silence total. L'abbé Delbeck avait voulu en faire une retraite qui fût un regard sur le passé vécu dans la communauté du Séminaire et un regard sur l'avenir qui serait vécu dans la liberté recouvrée. Le matin du samedi saint, le nonce apostolique, usant de l'autorisation donnée par l'archevêque de Fribourg, confère l'ordination presbytérale à deux diacres de ce diocèse. Ainsi, trois séminaristes au total seront devenus prêtres pendant leur captivité. Aussitôt après la célébration, le nonce partage son repas avec les deux nouveaux ordonnés. Il découvre ainsi le charme des assiettes et des tasses en aluminium.

L'après-midi réunit au Séminaire le général Buisson, l'évêque de Chartres, le préfet du département, le chanoine Rodhain et d'autres hôtes de marque. « Je suis moi-même ancien prisonnier de guerre, dit le général Buisson aux séminaristes. J'ai vécu cinq ans en Allemagne et je fus même condamné à mort. Comme vous voyez, je suis encore en vie. Je connais d'expérience la situation morale, matérielle, spirituelle du prisonnier, loin de sa famille. Aussi, comme directeur des camps de prisonniers, n'ai-je aucun dessein de vengeance dans les fonctions qui sont les miennes. Ma principale directive à mes subordonnés est que les prisonniers de guerre doivent être traités comme des hommes : ils n'ont fait que leur devoir à l'égard de leur patrie. Vous allez bientôt retourner chez vous. Je vous en prie, au nom de la France, ne faites aucune propagande mais dites la vérité sur la façon dont vous avez été traités ici. C'est donc une parole de paix que vous pourrez dire dans votre patrie. Des prêtres doivent parler en faveur de la paix, ils doivent bâtir la paix. C'est ainsi qu'un jour viendra où le peuple qui a engendré Beethoven et Schiller vivra en paix avec le peuple d'où est issu Pasteur. »

Le deuxième anniversaire de la fondation du Séminaire à Orléans est fêté le 26 avril. Le cardinal Suhard ne peut, pour des raisons de santé, participer à la fête. Le Supérieur prononce une allocution qui est une sorte de testament spirituel en même temps qu'un discours prophétique sur la tâche qui attend les prêtres de demain.

Le départ prévu pour le 1er mai étant retardé, des cours à horaire réduit sont organisés depuis le 28 avril.

Le mois de mai voit encore défiler plusieurs évêques : l'évêque de Mayence appelle les séminaristes à être des hommes ardents. Le 10 mai, l'évêque de Chartres vient prendre congé de « ses chers enfants ». Ceux-ci, à l'issue d'un concert, lui offrent un album de photos concernant le Séminaire. Mgr Harscouët termine son allocution par ces mots : « *nicht vergessen* ». Enfin, le 14 mai, le Séminaire reçoit le cardinal Suhard de Paris. Un an et demi plus tôt, le 21 novembre 1945, Stock l'avait rencontré chez Mgr Harscouët. Il avait promis sa visite, mais il fut amené à la différer par crainte de heurter l'opinion publique. Celle-ci, en effet, ne faisait pas suffisamment la distinction entre le peuple allemand et le nazisme coupable de tant d'atrocités : la thèse de la responsabilité collective des Allemands avait libre cours. La population reprochait aussi à certains évêques leurs compromissions avec le régime de Vichy[1]. En 1947, les choses s'étaient apaisées. Dans son discours, le cardinal parle des années de Chartres comme d'un long bienfait.

Le 16 mai – enfin ! – pour un groupe d'environ cent quatre-vingts prisonniers, c'est le grand départ. Pour cent trente autres séminaristes, la libération n'aura lieu que le 5 juin. Les derniers jours sont mis à profit pour procéder à une liquidation méthodique. Le matériel liturgique, les livres empruntés sont restitués ; les autres livres sont envoyés à Fribourg d'où ils seront répartis entre les séminaires allemands. Auparavant, un wagon avait été chargé de dix tonnes et demi d'objets personnels. L'énervement qui s'était développé au cours du mois de mai en raison des reports successifs de la date de départ,

1. Si les évêques comme Mgr Saliège et Mgr Théas furent d'authentiques résistants, si Mgr Gabriel Piguet, évêque de Clermont-Ferrand fut séquestré au camp de Dachau pour avoir caché des Juifs, l'attitude du corps épiscopal dans son ensemble provoque encore des remous un demi-siècle après les événements. Certes, on ne peut parler d'inféodation au régime de Vichy puisqu'en diverses matières les évêques marquèrent leur opposition aux décisions gouvernementales. Dans un article objectif et nuancé (« *L'Église de France dans les années de l'occupation* », dans *Études*, septembre 1992, p. 203-213), l'historien René Rémond observe qu'en 1940 une grande partie de l'opinion se rallia au régime de Pétain, mais pourquoi les évêques ont-ils « conservé jusqu'à la fin une allégeance dont les justifications perdaient chaque jour un peu de leur légitimité ? Telle est la vraie question, celle d'une obstination et d'un aveuglement qui nourrissent encore le soupçon et entretiennent le procès récurrent de la hiérarchie » (p. 209).

trouvera un nouvel aliment dans une grève des chemins de fer français qui paralyse le convoi à vingt kilomètres en deçà de Châlons-sur-Marne. Les séminaristes resteront bloqués pendant huit jours !

Au camp du Coudray, des anciens occupants du bloc 1 ne restent que l'abbé Delbeck, son secrétaire et son sacristain. Il reprendra ses fonctions d'aumônier de l'ensemble du camp jusqu'à la fin de 1947. Franz Stock, quant à lui, a regagné la rue Lhomond à Paris.

Le jour même de la dissolution définitive du Séminaire, fut annoncé le plan Marshall, qui allait permettre le redressement économique de l'Europe et en particulier de l'Allemagne. On pourrait voir dans la coïncidence fortuite des dates un symbole : le clergé issu du camp de Chartres, dynamisé par la fraternité et l'espérance vécues à travers l'épreuve, allait pour sa part contribuer à la résurrection spirituelle de l'Allemagne et amorcer une renaissance qualitative et quantitative du clergé allemand après que le néo-paganisme nazi et la guerre eurent vidé les séminaires.

Discours d'adieu (26 avril 1947)

Le 9 octobre 1945, quelques jours avant le début des cours à Chartres, l'abbé Stock avait écrit à Mme Coudert, employée dans une librairie du boulevard Malesherbes à Paris : « Ce sont les futurs prêtres dont l'Allemagne a tellement besoin après tout ce désastre, qui sont sous ma direction. Je voudrais tellement qu'ils soient formés pour cette lourde et belle tâche de demain[1]. » Après la mort de Stock, Joseph Folliet estime pouvoir attester qu'à Chartres son ami transmit aux séminaristes « ce qu'il y avait de meilleur dans une âme sacerdotale : son immense Charité et son idéal de Paix ».

Le discours d'adieu prononcé à l'occasion du deuxième anniversaire de la fondation du Séminaire commence par exposer comment son projet s'inscrivit dans les faits. Mais surtout il analyse la situation et propose avec une remarquable lucidité un comportement pour affronter l'avenir. Je résumerai les deux premières parties et citerai intégralement la troisième, plus importante.

1. Bilan de deux années

Des centaines d'étudiants de tous les diocèses et de toutes les congrégations ont entamé ou poursuivi leur formation au Séminaire de Chartres. Un double résultat a été obtenu : la reconquête de l'équilibre intérieur et un

1. Cité par Jeanne ANCELET-HUSTACHE, dans E. KOCK, *L'Abbé Franz Stock,* [Tournai, 1968], p. 223.

approfondissement intellectuel et spirituel. Par quels moyens ? Grâce à un style de vie où calme et silence restituaient une certaine solitude ; grâce aussi à la communion de tous dans la poursuite d'un même idéal : la fidélité au Christ et le désir de se préparer à une tâche commune, à savoir l'immense labeur pastoral dans un pays ravagé.

En clair, cela signifie qu'une étonnante métamorphose est survenue : l'intolérable promiscuité des camps de prisonniers a fait place à une certaine solitude – entendue comme présence à soi-même -, celle qu'engendre le silence observé pour respecter l'autre ; cette même promiscuité chaotique s'est muée en une communion issue de la conscience de s'atteler ensemble à un grand projet. En d'autres termes encore : une cacophonie est devenue symphonie où chaque instrument est mis en valeur.

Était-ce une formation adéquate ? Seul l'avenir le dira. Pour l'instant, le jugement reste en suspens. Mais sur le passé, une appréciation peut déjà être formulée. Ce fut souvent un chemin de croix ; mais le soleil inonde aujourd'hui de sa lumière la dureté des conditions de vie et l'amertume naguère éprouvée. La pauvreté fut bénéfique ; la plénitude de l'Esprit a enrichi intérieurement les va-nu-pieds de Dieu.

Le prédicateur se dispense de retracer l'histoire des deux années écoulées. D'une part, la *Chronique* a fixé au jour le jour le déroulement des événements ; l'histoire proprement dite du Séminaire sera écrite par ailleurs[1].

2. *Expression de la reconnaissance au corps professoral*

La satisfaction des évêques devant les résultats obtenus est imputable à l'effort scientifique et spirituel consenti par les professeurs et à leur dévouement aux étudiants. « Moi-même, précise-t-il, je ne pouvais apporter que quelques prérequis à la mission qui me fut confiée. » C'est au corps professoral qu'est imputable le succès remporté.

3. *Le programme proposé aux séminaristes*

Se tournant ensuite vers ses étudiants en théologie, Stock poursuit :

« Je voudrais maintenant m'adresser à vous, mes chers théologiens, et vous prier de considérer ce qui suit comme un programme. Car vous savez aussi bien que moi que dans la crise des structures à laquelle l'homme d'Occident est aujourd'hui confronté, le théologien et le jeune prêtre – à la différence d'autrefois – est aux prises avec le questionnement de notre temps, en première ligne

1. Ce projet recevra un début d'exécution sept mois plus tard.

et à découvert, l'esprit lucide et le cœur grand ouvert. Il se dresse au point le plus chaud, à la croisée des chemins, décelant les dangers, guérissant les blessures, se fixant comme but d'apporter salut et réconfort à ceux qui cherchent et qui désespèrent.

« Un monde autre est né. Vous serez effrayés en face des bouleversements que cette guerre a provoqués dans les âmes et les esprits. Il devrait se vérifier alors que la solitude protégée du séminaire ne vous a pas rendus étrangers au monde, mais au contraire vous a formés de telle façon que l'élan et l'optimisme de votre jeunesse, ne se soient pas bientôt émoussés et ne gisent pas brisés au fond de vous-mêmes. C'est alors que devront se démontrer le sérieux et la justesse de ce que furent nos conceptions au fil des années écoulées[1].

« Quand un tremblement de terre ébranle une ville, les clochers s'écroulent en même temps que les édifices et les maisons. Quand une crise économique et sociale bouleverse le monde, les institutions et la vie de l'Église – qui ne peut se tenir à l'écart de l'histoire générale – ne sont pas épargnées. Plus la crise est profonde et plus elle met sens dessus dessous les valeurs fondamentales de l'existence humaine, plus violente aussi est la secousse qui affecte le corps de l'Église. Beaucoup de choses aujourd'hui sont sur le point de s'effondrer, d'éclater ; autour de nous rien n'est stable, rien n'est sûr. Les opinions héritées du passé, telles des valeurs d'heureuse mémoire, sont évanescentes et les hypothèses les plus bizarres trouvent créance.

« Dans de telles conditions, il serait étrange que l'Église incarnée et humaine restât une oasis de calme en marge de la dissolution universelle. Si ce qui en elle est divin et éternel reste inchangé, on constate par contre que l'humain est emporté comme dans la danse endiablée de la sarabande espagnole[2].

« La civilisation moderne, propulsée par le progrès technique qui en l'espace de cent cinquante ans a bouleversé la vie sociale, se développe à une vitesse hallucinante. Une nouvelle culture se fraie un chemin. Dans un premier temps elle se présente sous les traits d'une barbarie mécanisée. L'humanité, arrivée à la croisée des chemins, peut se tromper de direction et choisir la termitière humaine ou le suicide atomique au lieu d'opter pour le progrès authentique qui consiste à dominer par l'esprit les conquêtes de la science et de la technique pour les maintenir au service de l'homme. Dans ce nouveau Moyen Âge, l'Église peut jouer le rôle qu'elle joua au seuil du grand Moyen Âge : messagère du surnaturel, elle peut sauver le naturel ; mandataire de Dieu, elle peut libérer l'homme[3].

---

1. Le texte qui suit reprend un article de J. FOLLIET, dans *L'Appel de la Route*, nouvelle série, 15e année, n° 8, novembre 1946, p. 5-28.
2. *Ibidem*, p. 5, *passim*.
3. *Ibid.*, p. 20.

« Notre époque, lassée de l'individualisme, tend vers des formes communautaires. Mais elle les cherche là où elles ne peuvent éclore : dans le Parti ou dans l'État. L'Église doit lui présenter le modèle idéal de la communauté, elle qui fonde ses communautés terrestres sur la participation à la communauté suprême, celle du Corps mystique du Christ.

« Notre époque parle toujours de masses. Or, nous savons que les masses d'aujourd'hui sont plus loin du christianisme que les païens des terres lointaines. Le temps des grandes persécutions peut reparaître où les chrétiens redeviendront les ennemis du genre humain[1]. Et la proximité du paganisme exige de nous des méthodes neuves, efficaces. La possibilité du martyre exige un retour aux sources, à l'esprit du temps où le sang des martyrs se mêlait quotidiennement au vin de l'Eucharistie. À temps paganisé, Église missionnaire. Mais la mission ne s'exprime pas seulement par des méthodes. Elle s'exprime par l'esprit de mission qui doit pénétrer tout uniment tout le clergé et tous les fidèles.

« Hypnotisés par l'existence de ces masses, certains semblent croire que l'idéal du chrétien moderne consiste à se perdre dans la masse comme la goutte de pluie dans l'Océan. Même dans la masse, le chrétien doit faire choc, être un scandale car c'est précisément par ce choc scandaleux que commence l'apostolat[2]. Et ce christianisme doit être viril, un christianisme de présence d'affrontement, d'engagement, un christianisme d'éclairs pour un temps de ténèbres, un christianisme d'acier pour un siècle de fer, un christianisme déflagrant pour une époque atomique[3].

« Notre temps est activiste, agité, érotique, il confond le spirituel et le temporel. Notre temps voit le triomphe de la haine, il est anarchique, révolutionnaire ; les catastrophes s'y multiplient, il accumule ruines sur ruines dans les villes comme dans les âmes. Notre temps est celui de la division, il se dissout en nationalismes ridicules comme un vieux costume de zouave.

« Il en résulte que notre temps a deux pôles : l'un qui nous tire vers l'apostasie, l'autre vers la sainteté ; l'un qui repousse l'Église, l'autre qui l'attire. Il importe d'être enfant de son temps, de réconcilier l'Église et le monde moderne.[4]

« Le nombre voulu de saints suffit à sauver (la vocation d') une époque. Des saints qui se conforment eux-mêmes à cette vocation et qui transmutent en vertus les effets de l'air du temps. Des saints qui, s'ils renoncent à l'amour humain, savent à quoi ils renoncent. De saints qui, par le spectacle et l'exemple de leur vie, enseignent la voie de l'ordre humain. Des saints qui n'aient pas peur

1. *Ibid.*, p. 21.
2. *Ibid.*, p. 22.
3. *Ibid.*, p. 24.
4. *Ibid.*, p. 25-27.

des catastrophes ni des révolutions mais savent tirer profit de tout et qui tendent tout leur être vers le second avènement du Sauveur. Des saints qui concilient l'attachement à leur patrie charnelle avec l'amour de l'humanité, par-delà les frontières des nations, des empires, des races et des classes.

« C'est l'appel à la sainteté que nous jette la Providence par la voix de l'histoire. Il importe de le suivre[1]. Ce devrait être pour nous tous un legs sacré, en ce second anniversaire de notre séminaire, de recevoir en nous cet Esprit de vie et de l'apporter à la pauvre humanité.

« Alors l'exécution de notre chant de fête, composé pour ce jour jubilaire, résonnera comme une profession de foi qui nous libère et nous met à l'entière disposition du Christ et de son Royaume. »

Nulle part Franz Stock n'a plus clairement exposé son idéal apostolique. Tout ce qu'il a vécu et observé est sous-jacent à ces lignes et les inspire : son ministère dans les régions minières, son rectorat auprès des Allemands de Paris, son aumônerie dans les prisons, son apostolat dans les camps de prisonniers. À l'arrière-plan, le nazisme, le communisme, mais aussi le renouveau naissant de la théologie de l'Église et l'encyclique *Mystici Corporis Christi* (1943) de Pie XII, le cri d'alarme contenu dans *France, pays de mission ?* de Daniel et Godin, et des réalités sociologiques majeures : la naissance des mégalopoles et l'explosion démographique, l'essor – ambivalent – de la science et de la technique et la maîtrise de l'atome.

Cependant, ce message que le Supérieur propose comme un programme à ses séminaristes et qui livre sa pensée profonde, n'est pas de lui dans son expression littérale. Il est la traduction fidèle d'extraits – le début et surtout la fin – d'un long article de Joseph Folliet paru en novembre 1946 dans *L'Appel de la Route*[2], le bulletin des Compagnons de Saint-François, et reproduit à la demande de nombreux lecteurs et de hautes autorités religieuses dans un livre du même auteur, *Les chrétiens au carrefour* qui sera publié peu après[3]. Il

---

1. *Ibid.*, p. 27. Fin de l'emprunt à J. Folliet.

2. Nouvelle série, 15e année, n° 8, novembre 1946, p. 5-28.

3. J. FOLLIET, *Les chrétiens au carrefour,* Lyon [1947]. L'article était intitulé *L'Église de France dans la crise des structures.* Ce livre est fait de quatre essais : tenant compte des différents paliers de la réalité sociale, ils sont d'un penseur chrétien qui a recours à l'histoire et à la sociologie. Une note de Folliet nous avertit qu'il a trouvé son inspiration dans les messages de guerre de Pie XII, dans les écrits du cardinal Saliège et [pour une partie des textes] dans le mandement de carême du cardinal Suhard (*Essor ou déclin de l'Église,* 11 février 1947).
Joseph Folliet qui écrivit la préface à la première édition (1964) de la biographie de Stock par le P. René Closset, dut sourire en redécouvrant son texte dans le discours-testament...

a été dit plus haut que les deux hommes s'étaient bien connus et appréciés au sein des « bandes » des Compagnons de Saint-François. Vingt ans plus tard, le regard que l'un et l'autre, au terme de cheminements bien différents, portent sur le monde est le même au point que Stock a pu faire de cette analyse la substance de son discours-testament. On peut s'étonner qu'il ne cite pas sa source. Mais on ne l'attend pas nécessairement d'un prédicateur comme on l'exige d'un écrivain. Débordé par un labeur excessif, Stock a trouvé chez un sociologue, ami de longue date, l'heureuse et exacte expression de sa propre pensée. Précisons cependant que lorsque Folliet décrit son époque, Stock abrège et réduit l'exposé au mot-clef de l'alinéa. Or, dans ses développements, Folliet montre que ces caractéristiques, toutes négatives, peuvent devenir le creuset d'une authentique valeur positive. Pourquoi cette omission chez Stock ? Sans doute voulait-il aggraver la perversion de l'époque pour mettre en plus vive lumière le rôle rédempteur des saints[1].

Selon ce message, l'Église est signe et service. Sauf à rester fidèle au Christ, elle ne peut s'aliéner le monde. Elle se doit d'être présente aux masses humaines mais sans y perdre son identité ; son action, au contraire, doit faire choc. C'est à ce prix qu'elle proposera vraiment l'Évangile, message de vie, non à la façon d'une reconquête mais d'une libération. L'Église est d'autant plus fidèle au Message de son Seigneur et à la Vie qu'il apporte qu'elle est plus consciente du relatif que ses institutions charrient et des nécessaires adaptations au monde moderne.

L'Histoire n'avait jamais tant dit en si peu de décennies et n'avait jamais évolué si rapidement. Le message essentiel que la Providence confie à l'Église, c'est l'appel à la sainteté. L'auteur tente de décrire les traits du saint moderne : il s'immergera dans le monde contemporain pour infléchir vers le bien ses forces de progrès et le réconcilier avec l'Église. Renonçant délibérément à plaire, son comportement révélera aux hommes la voie d'un surcroît d'humanité. Loin de céder à l'angoisse devant la menace des catastrophes – nous sommes en 1947, en pleine guerre froide –, il considérera que les vicissitudes de l'histoire accélèrent le retour ultime du Sauveur. Citoyen du monde, aucune appartenance – ni nationale, ni raciale, ni sociale – ne le distraira de la fraternité universelle. L'histoire porte l'empreinte des savants et des penseurs de génie, des grands chefs militaires ou politiques. Mais les saints sont les maîtres de l'histoire comme l'affirme le titre d'un livre de

1. Dans sa préface à la biographie de Stock écrite par Closset, Joseph Folliet exprime le vœu qu'un jour l'Église propose Franz Stock comme « le type de sainteté nouvelle que requiert le monde d'aujourd'hui ». En 1960, Lorenz Jaeger, archevêque de Paderborn, le présente comme modèle à ses prêtres, lui dont le nom-programme ne fut autre que charité pastorale.

Reinhold Schneider. Écrivant en 1955 à Mme Van Beek qui fut la première à Neheim à attirer l'attention sur l'œuvre de Stock, le poète-historien observait qu'« un seul homme de cette trempe désarme l'incroyance des temps[1] ».

On aura reconnu dans ce discours quelques intuitions fondamentales de *Gaudium et Spes*, qui sera quinze ans plus tard, un des messages essentiels de Vatican II. Sa pensée est dans le droit fil de la « théologie nouvelle » qui allait triompher au Concile. Elle appelle à révéler le *vrai visage du christianisme* (Karl Adam), se veut résolument christocentrique, convie à un *christianisme de choc* (Louis Beirnaert), seul capable de relever le défi nietzschéen. Elle est soucieuse de se couler dans une pensée et dans des mots adaptés à l'homme contemporain et de suggérer à celui-ci des voies qui lui permettront de traverser indemne et même grandi les défis herculéens que sa propre évolution lui pose.

Franz Stock s'adressait aux fils d'une Allemagne dont les villes étaient encore des monceaux de ruines. Qui oserait dire qu'aujourd'hui son message est tombé en désuétude ?

Le Séminaire des Barbelés : bilan

L'entreprise était hasardeuse, les circonstances largement défavorables. Tout faisait redouter que le projet de créer un « Séminaire des Barbelés » fût une gageure. Au moment où les monstruosités des camps de concentration imposaient brusquement leur sinistre évidence, le retournement de la situation offrait une occasion de vengeance. Et de façon plus générale, la tentation était forte de faire expier à l'occupant d'hier les vexations imposées et la superbe affichée. L'opinion publique tolérerait-elle que l'on prenne des mesures d'exception en faveur de certains soldats allemands ?

Par ailleurs, ces soldats candidats au presbytérat étaient – comme tous leurs compatriotes – des hommes démoralisés par la défaite imminente, par la captivité et les sacrifices inutilement consentis. De surcroît, la malnutrition et les déplorables conditions de détention – du moins au début – les avaient physiquement affaiblis. Utopie que de transformer en séminaristes ces soudards dont certains avaient connu pendant plus de six ans les vicissitudes et la brutalité de la vie militaire !

1. Fac-similé de la carte postale dans *Abbé Franz Stock. Dokumentation deutsch-französischer Friedensbemühungen*, Arnsberg, 1986, p. 53.

Quand prit corps l'initiative, les tendances allaient à l'opposé de l'irénisme. Au moment même où Stock arrivait à Orléans, les troupes russes de Joukov pénétraient dans la banlieue de Berlin. En France, les poches allemandes de l'Atlantique, autour de Lorient, Dunkerque, Saint-Nazaire, La Rochelle, n'étaient toujours pas réduites.

Alors que s'essoufflait une guerre génératrice de tant de crimes et d'actes barbares, des hommes, courageusement, accomplissaient un acte de haute humanité. L'initiative en revient à quelques Français : Boisseau et Rodhain la conçurent, Le Meur la réalisa. Mais sans contredit, elle n'aurait pu réussir sans Franz Stock, ce prêtre allemand agréé par les deux parties. Lui aussi, prisonnier à Cherbourg, avait fait ce rêve, mais comme un projet à mûrir longuement. C'est l'action complémentaire de deux hommes foncièrement différents, Le Meur et Stock, qui lui fit prendre corps. Ils avaient en commun une clairvoyance décidée et un grand idéal de vie apostolique. Rodhain voulait le Séminaire. Ce qu'il avait fait pendant toute la guerre au profit des prisonniers français, il envisageait de le faire pour les prisonniers allemands. Mais c'est à l'abbé Le Meur qu'il confia cette nouvelle activité. Le Meur, efficace et très actif se mit au travail, en collaboration constante avec le général Boisseau désireux de rééditer en France l'expérience de Rivet. Le Meur mit tout en route : les relations avec les autorités compétentes françaises et allemandes, le statut particulier d'aumônier de camp et, lié à cela, la possibilité pour tout prêtre allemand prisonnier d'exercer la fonction d'aumônier[1], la recherche des séminaristes dispersés dans les différents dépôts, la désignation d'un *Regens*, le choix d'un camp, d'un officier français en la personne de l'abbé Johner, l'organisation de l'aide alimentaire, le transfert à Chartres (de connivence avec le colonel Gourut), la nomination de Delbeck comme adjoint de Stock. Il est l'auteur de toutes les décisions importantes ou, à tout le moins, y est impliqué.

Une pléiade d'hommes les épaulèrent. Outre le commandement de l'armée française représenté par le général Boisseau et l'Aumônerie générale, trois évêques appuyèrent l'entreprise avec courage et lucidité : un Français, un Italien et un Allemand.

Le Français, c'est l'évêque de Chartres qui prit le risque – car c'en était un – d'accueillir dans son diocèse un second séminaire, bien plus important que le sien propre. Il courait ainsi un double danger : le risque d'être compromis en cas d'échec pur et simple de l'expérience, le risque d'être accusé d'incivisme par l'opinion publique, étant donné les accointances d'une partie

1. Il y eut en tout 237 aumôniers allemands (Article *Pater Brass berichtet* dans *Carnutum*, décembre 1948).

de l'épiscopat français avec le régime de Pétain. Ce grand protagoniste de la piété liturgique fut un père diligent pour ses diocésains allemands. Il était, à leurs yeux, la vivante évocation d'une Église sans frontière. L'évêque était relayé par son actif secrétaire, l'abbé André qui se rendait au Séminaire presque toutes les semaines.

Un évêque italien encouragea aussi la réalisation de Chartres : c'est Angelo Roncalli, le nouveau nonce apostolique. Nommé à cette fonction en décembre 1944, il fut l'homme de la communication profonde et du partage vrai. Chaque visite s'accompagnait de gestes concrets. Nullement prisonnier de sa fonction – pas plus qu'il ne sera prisonnier plus tard du « rôle » de pape – il ira aux hommes simplement et discernera dans l'existence du Séminaire de Chartres une initiative évangélique. « Le séminaire de Chartres, dira-t-il au cours de sa visite du 29 décembre 1946, contribuera à la gloire aussi bien de la France que de l'Allemagne ; il est particulièrement appelé à devenir un signe de bonne entente et de réconciliation des deux peuples[1]. » Au Concile, dans un discours remarquable, il invitera toute l'Église à faire des événements une lecture attentive qui les révèlent porteurs des signes des temps.

Un évêque allemand joua un rôle décisif dans la reconnaissance de Chartres comme vrai séminaire, c'est Mgr Gröber, évêque de Fribourg depuis 1932. Après qu'il eut vainement tenté de trouver un *modus vivendi* avec le nazisme, il en devint un des adversaires déclarés. C'était un homme ouvert aux choses de l'art et très préoccupé de rendre les chrétiens attentifs aux prisonniers de guerre allemands en France. On comprend que Stock ait trouvé en lui un protecteur efficace du camp de Chartres. Son intervention auprès de l'université de sa ville épiscopale fut déterminante pour la reconnaissance des études de théologie faites au Séminaire.

Sur le terrain même, l'abbé Stock bénéficia de précieux auxiliaires. Le capitaine Joseph Johner que l'abbé Le Meur eut tôt fait de repérer, fut l'intermédiaire idéal entre l'armée française et le Séminaire. Travailleur infatigable et d'une totale abnégation, il rendit aux séminaristes d'innombrables services.

L'aumônier Delbeck, homme d'autorité, prédicateur fougueux et éloquent, prêtre de profonde vie intérieure, exerça une influence décisive sur les séminaristes. Il fut un pilier du Séminaire, en particulier quand la maladie ou des séjours en Allemagne empêchaient le Supérieur d'exercer sa fonction.

Enfin, le colonel Gourut, grand chrétien, sut adopter le juste ton dans sa fonction de commandant du camp du Coudray-Morancez. Il parvint simultanément à faire respecter la discipline militaire tout en faisant régner un

1. K.-H. Kloidt, *Chartres 1945. Seminar hinter Stacheldraht*, Fribourg, Bâle, Vienne, [1988], p. 227.

climat de confiance et en accordant les assouplissements souhaitables. Il eut le courage d'être bon.

Il faut citer aussi Hans Brem, le Senior du camp et les séminaristes à qui un secteur de la vie du Séminaire fut confié. N'était-ce pas, avant la lettre, une remarquable application du principe de subsidiarité ainsi qu'une belle réussite de la pédagogie de la confiance et de la responsabilité ?

Qu'un seul rouage vînt à faire défaut, le fonctionnement de l'appareil entier n'eût plus été assuré. Le camp de Chartres, c'est l'œuvre du Français Le Meur et de l'Allemand Stock avec l'appui et la collaboration d'une dizaine de personnalités d'élite.

Le Séminaire de Chartres fut un événement unique dans l'histoire de l'Église. Créa-t-on jamais une faculté de théologie et un lycée classique (*gymnasium*) dans un camp de prisonniers ? Arriva-t-il jamais qu'un temps de réclusion se métamorphosât pour des centaines d'hommes en période d'études régulières ? Y eut-il dans l'histoire de l'Église un seul Séminaire fréquenté exclusivement par des soldats qui avaient tous fait la guerre ?

Il ne faudrait pas idéaliser le « Séminaire de Chartres ». Les hommes qui y vivaient n'étaient pas libres de leurs allées et venues ; la promiscuité était permanente : pas de chez-soi, aucune possibilité de s'isoler, les relations avec les êtres chers étaient presque inexistantes ; depuis des années, ces séminaristes vivaient loin de la terre natale.

L'un d'entre eux a décrit ce qu'ils ressentaient :

« Nous allions et venions par les étroits sentiers de notre camp de prisonniers, excédés par l'exiguïté de notre cage, tandis que, libre et immense dans la joie estivale, le ciel occupait tout l'espace et que, chassés par un vent gaillard, au-dessus de nous, les nuages traversaient le ciel bleu pour un lointain voyage – au-delà des champs et des bois, des rivières et des lacs, des montagnes et des vallées, des villes et des villages – quelque part.

« Et nous ?

« Nous restions là des heures près des barbelés, bercés par la paix du dimanche après-midi et les rêves nous emportaient dans le monde libre qui clamait mille fois la joie de sa beauté parfumée. Des enfants passaient devant nous en riant, des couples plaisantaient, des touristes circulaient à vélo, des voitures passaient en trombe, des calèches cahotantes se rendaient à leur destination. Toute chose avait son objectif dans le monde de l'espace terrestre et était en route pour l'atteindre.

« Et nous ? »

Le prisonnier est miné par la mélancolie. Il se sent amoindri. Un désir l'obsède : retrouver sa patrie dans la liberté. En revanche, quelle expérience humaine, à l'abri de la richesse, de l'encombrement, de la dispersion ! La pauvreté n'y était pas vécue en paroles mais en actes. Ce qu'ils possédaient, ils l'avaient reçu. L'avoir, réduit à fort peu, laissait émerger l'être. La pauvreté bien accueillie s'effaçait devant la joie et libérait la faculté d'inventer. Le dépouillement auquel l'abbé Delbeck leur suggérait d'acquiescer, était un début de résurrection. La souffrance commune rapprochait les cœurs endoloris. D'avoir eu faim et froid ensemble, les hommes vivaient en plus profonde intelligence. N'ayant rien, ils étaient acculés à créer. Faute de pouvoir scruter de larges horizons, leurs yeux avaient découvert la profondeur du regard intérieur. Ils échappaient à « l'insupportable flot d'une information superflue et détaillée qui ruine notre âme jusqu'à l'indigence » (Soljenitsyne). En revanche, l'expérience vécue leur apprit l'inanité de la haine, la possibilité d'une amitié neuve entre la France et l'Allemagne, la fécondité du dénuement.

Et cependant, on se rend compte à la lecture des éphémérides du Séminaire que la joie peut survivre en captivité et comment à Chartres l'utopie devient réalité. Aucune occasion n'est négligée d'introduire la fête dans la grisaille quotidienne. Encore faut-il être attentif aux joies qui font signe. Qui songerait, dans un camp de prisonniers, à célébrer dignement une abondante récolte de tomates ?

Outre la beauté reconnue, il y a celle que l'on crée. Le Séminaire de Chartres a amplement cultivé la beauté chaque fois que c'était possible : le chant, la musique et la peinture (où Stock paya d'exemple) méritent une mention particulière. Mais quelle impardonnable omission ce serait de ne pas évoquer la beauté envoûtante du jeu liturgique ?

L'humour est le support privilégié d'un bon moral. Quelle sagesse de rire de ses petits malheurs et de discerner les drôleries dont le quotidien est tissé ! Mais plus que tout, la prière et le recueillement donnent la force de vivre. La prière est accueil du Dieu vivant et reconquête de l'humain.

Forts d'avoir fait ces découvertes, les prisonniers du bloc 1 au camp du Coudray-Morancez sont en train – selon les paroles mêmes de leur Supérieur – de construire une cathédrale spirituelle, celle de la Foi et de l'Amour.

Plus de cinq cents prêtres, moines, religieux et évêques ont reçu à Chartres une partie de leur formation. D'autres séminaristes ont discerné que leur vocation les destinait à des tâches différentes. Aujourd'hui, plusieurs décennies après la fermeture du camp, tous se reconnaissent et s'appellent « Chartrains ». Le Séminaire des Barbelés avait été pour eux une expérience austère mais au long retentissement.

Laissons le Chroniqueur conclure :

« L'espace étriqué [du camp], à l'écart de l'agitation bariolée du monde et de ses distractions nous portait sans cesse à la réflexion sur notre destinée et sur les choses essentielles de l'existence. Notre expérience la plus intime nous faisait découvrir avec plus de netteté l'ulcère de la déchristianisation qui affligeait le monde. Elle faisait grandir en nous le sentiment d'une responsabilité historique comme chrétien. [Nous percevions cette déchristianisation] comme la cause de l'anarchie morale généralisée d'où résultait un déboussolement culturel pour ceux qui avaient un idéal.

« Telle était notre orientation de base.

« Maintes voix qui s'adressaient à nous nous donnaient des balises plus précises concernant notre mission :

« — les voix des pasteurs : celles des évêques de l'Église universelle qui nous rendaient visite et qui en incarnant la permanence historique de l'action du Christ, ont été pour nous des hommes debout ;

« — l'exposé des idées contemporaines que nous révélaient cours et conférences ;

« — la voix éminemment humaine d'un cœur élargi par la découverte personnelle de la beauté ;

« — l'appel à un cheminement résolu vers la vérité chrétienne, plus exactement vers l'insertion de cette vérité dans la vie. La force qui découle de la foi nous a souvent soutenus dans le désarroi ;

« — la voix de haute humanité que la pauvreté a fait découvrir comme chemin vers la liberté d'initiative sacerdotale.

« Ce que nous avons acquis dans la brise du Séminaire, il s'agit de le préserver dans la tempête de la liberté. »

… Et le groupe des séminaristes s'engage dans le jour de leur liberté qui se lève, plein de promesse, de l'autre côté des barbelés.

La guerre plaide contre l'homme ; la sauvegarde des prisonniers de guerre permet d'espérer en lui ; mais que cette sauvegarde se mue en magnanimité, est une victoire de l'humanité.

11. Seul à Paris

Le convoi qui emporte le 5 juin vers l'Allemagne les cent trente derniers séminaristes abandonne le Supérieur du Séminaire des Barbelés à une solitude d'autant plus redoutable qu'il se trouve désormais sans fonction précise.

Aucun document ne nous apprend ce que furent ses premières journées de semi-liberté. Il semble certain qu'il passa encore quelques jours au camp du Coudray pour préparer son propre déménagement et rédiger des rapports à l'adresse des congrégations religieuses et des diocèses allemands. L'évêque de Paderborn dit l'avoir rencontré « quelques semaines avant sa mort[1] ». Stock lui parla alors de son cœur qui lui donnait du souci. « C'est en vain, poursuit l'évêque, que je lui demandai de penser pour une fois à lui et de se soigner sérieusement sans retard[2]. » Dans une lettre du 10 juillet écrite le surlendemain de son « retour », Franz signale qu'il a souffert de crises cardiaques. Le 21 juillet, il écrit de la rue Lhomond à Mme Aylé, ancienne détenue de Fresnes : « Depuis quelques jours je suis à Paris après avoir terminé mon travail comme Directeur du Séminaire des Prisonniers de guerre près de Chartres ; je suis détaché à l'Aumônerie militaire catholique et j'attends ma libération bientôt. Je resterai à Paris pour m'occuper de plus en plus des travailleurs libres en France. Il y a quelques jours, j'ai fait des démarches auprès du ministère de l'Intérieur pour mon permis de séjour... Pouvez-vous m'envoyer un petit mot de recommandation dans lequel vous dites ce que j'ai pu faire pour votre cher mari et ses amis ? » Le discret appel à l'aide lancé par l'ancien aumônier de Fresnes nous dit l'essentiel de ce que fut sa vie pendant les huit mois de son dernier séjour parisien.

De la grande maison double occupée jadis par la Mission allemande, il n'habite qu'une seule pièce. Le reste est utilisé par le « Secours Catholique » pour l'accueil de prêtres ou de séminaristes revenant d'Allemagne et accessoirement

---

1. En fait sept mois.

2. L. L. JAEGER, *Préface* à A. ALBERT, *Das war Abbé Stock,* Fribourg, Bâle, Vienne, 1959, p. 12. Le témoignage de Mlle Berlinghof révèle son emploi du temps. Franz Stock a dû quitter Paris vers la mi-juin pour Rastatt où résidait son ancienne secrétaire. De là, il se rendit quelques jours à Neheim où il revit les siens pour la dernière fois et à Paderborn où il rencontra son évêque. Il revint ensuite à Rastatt, passa deux jours à Fribourg, siège principal de Caritas et se reposa encore environ deux semaines à Rastatt avant de rejoindre Paris (L. BERLINGHOF, dans R. CLOSSET, *Franz Stock. Er ging durch die Hölle,* Paderborn [1983], p. 226).

d'aumôniers d'action catholique rurale. Auparavant, les locaux avaient été occupés et pillés par un mouvement de la Résistance ; le maigre patrimoine de la maison avait été mis sens dessus dessous. Six prêtres français prennent habituellement le repas de midi dans la maison. Franz Stock partage leur table, mais sans nouer avec eux des liens profonds. L'un d'entre eux témoigne : « L'abbé Stock nous semblait à tous très fatigué, mais nous ne pouvions savoir qu'il était si gravement atteint… Il espérait pouvoir se rendre à Neheim pour y revoir sa famille. » Camille Gay, qui avait connu Stock à la Santé, puis à Cherbourg et à Chartres, le revit assez souvent rue Lhomond où il lui servit plusieurs fois la messe. Le prêtre allemand ne lui a jamais semblé découragé et ne lui laissait pas paraître la fragilité de sa santé. Il exprimait son désir de se consacrer aux Allemands restés à Paris et n'envisageait pas de retourner en Allemagne tant que ce problème pastoral ne serait pas résolu[1].

Quelque temps après, le Père Brass, religieux rhénan vint prendre ses repas avec le groupe. Né le 28 décembre 1910 dans un village de la région de Cologne, Johannes Brass était entré chez les oblats de Marie Immaculée. La belle humeur rhénane du Père Brass, sa charité vis-à-vis des occupés, sa connaissance de la langue française l'avait rendu populaire dans le village où stationnait son bataillon, en dépit de sa qualité de militaire allemand. Cette popularité lui permit, au moment de la débâcle, de réaliser son vœu. Il déserte donc, revêt une soutane et rejoint à vélo Lille en pleine liesse libératrice[2]. Il se cache trois mois chez les oblats de la ville, se présente à Paris chez Le Meur à l'aumônerie de la rue du Cherche-Midi qui l'emmène chez Boisseau. Celui-ci le fait incorporer comme prisonnier de guerre « détaché » et lui dit : « Père, soyez apôtre »[3]. Brass avait rencontré Stock au séminaire de Chartres où il allait entendre les confessions.

Avec la collaboration de ce compatriote, Stock essaie de venir en aide à ses nouveaux paroissiens, les soldats allemands libérés qui ne souhaitent pas regagner leur pays. Souvent, ils n'avaient plus ni famille ni maison. Les bombardements alliés et les opérations militaires avaient très durement touché les régions industrielles ; ils étaient des milliers à préférer chercher du travail en France[4].

Le Père Brass seconda Franz Stock dans les démarches entreprises auprès d'amis pour secourir ces hommes durement éprouvés. Mais le Gouvernement

1. Entretien avec Camille Gay, 3 avril 1992.

2. « On les a eus, Monsieur le Curé », crie-t-on sur son passaage.

3. D'après Ch. KLEIN, *Et moi, je vous dis : « Aimez vos ennemis ». L'Aumônerie catholique des prisonniers de guerre 1944-1948*, Paris, 1989, p. 25-26.

4. L'abbé Stock estime leur nombre à « plus de cent vingt mille » (Lettre de Fr. STOCK à L. Berlinghof du 31 janvier 1948).

ne voyait pas d'un bon œil la formation de groupes allemands sur le territoire français. S'il avait manifesté quelque bienveillance pour faciliter le ministère des aumôniers allemands dans les camps de prisonniers, en revanche il leur interdisait de prendre en charge les soldats libérés qui souhaitaient prolonger leur séjour en France. « Les autorités compétentes s'en tenaient à ce point de vue : sous aucun prétexte, une minorité nationale allemande en France. Tout Allemand devait s'intégrer et même, si possible, se faire naturaliser. Mais comme le prêtre rallie ses compatriotes autour de lui et constitue pour ceux qui sont loin de leur patrie et pour les sans-patrie le meilleur appui, son influence doit être écartée des travailleurs libres. Il ne s'agit ici que de considérations strictement politiques et non de mesures hostiles à la religion. C'est pour cette raison que, malgré toutes les interventions même de certains ministres, le défunt *Regens* n'a pas réussi à obtenir une carte d'identité[1]. » Une présence allemande affirmée eût été ressentie comme inconvenante. Il faut savoir que la première réaction des Alliés après la victoire fut de traiter durement l'Allemagne – et donc le peuple allemand – coupable à leurs yeux d'agressions répétées. En 1945, aux frontières occidentales de l'Allemagne, de grands panneaux mobilisaient l'attention des soldats alliés entrant en territoire allemand : « Soyez sur vos gardes. Ne fraternisez pas avec les Allemands. » Tel était alors l'état d'esprit et il n'avait pas disparu plusieurs années plus tard. On imagine combien l'animosité ambiante dut être péniblement ressentie par un homme sensible et déprimé, qui, de surcroît, avait tant fait pour les Français. Et par ailleurs, Stock « était informé, écrit Dieter Lanz, que son attitude francophile lui avait attiré la désapprobation de certains de ses compatriotes, comme le disait sa sœur Theresia[2] ».

La situation de Stock était singulière. En qualité de prêtre diocésain, sa mission devait lui être confiée par l'évêque de Paderborn, à la rigueur par celui de Cologne responsable des Allemands de l'extérieur ou encore par celui de Paris. On s'attendrait à ce que son statut, après Chartres, ait été redéfini, les circonstances qui avaient déterminé son envoi à Paris ayant fondamentalement changé. On ne sait s'il prit contact avec son évêque à ce sujet ou si celui-ci lui dit d'aviser sur place. Faut-il discerner dans son attitude une sourde obstination à poursuivre son apostolat parisien ? Ou pensait-il que

1. *Brass*, article *Pater Brass berichtet*, dans *Carnutum*, décembre 1948.

2. Dieter Lanz poursuit : « Il a su développer un don de se comporter de telle façon que l'on ne pouvait le coincer » (Lettre du 20 novembre 1991 à l'auteur). Le chanoine André dit, de son côté : « L'abbé Stock, après la guerre, n'est pas rentré définitivement chez lui. Certains voyaient en lui un type qui n'avait pas été correct envers l'Allemagne par son amitié trop grande envers les prisonniers français » (Entretien du 11 juin 1987).

regagner l'Allemagne serait déserter alors qu'il était le mieux placé pour jeter les bases d'une action apostolique auprès des travailleurs allemands en France, peut-être même le seul à pouvoir le faire ?

À côté de cet apostolat spécialisé auprès de ses compatriotes, il pressentait l'impérieuse nécessité pour les chrétiens d'œuvrer à la construction d'une Europe qu'il fallait pacifier durablement et « ne pouvait rester l'Europe des ruines ». Cette formule est rapportée par l'abbé Michel Ehret, prêtre alsacien qui participa pendant l'été 1947 (probablement en juillet) à un repas qui réunit à l'évêché de Paris, rue Barbet-de-Jouy, le nonce Roncalli, un vicaire général de Paris, les abbés Rodhain, Le Meur, Stock et lui-même. Il se souvient que le visage de Franz Stock était « diaphane, blanc comme son col romain »[1].

Une lettre du 1er septembre nous apprend qu'il se trouve au Thieulin et qu'il y restera au moins jusqu'au milieu du mois. Le médecin lui a prescrit un très long repos et voudrait qu'il prolongeât le séjour. Son cœur, dit-il, le fait beaucoup souffrir au point de compromettre son sommeil. Nous savons que la convalescence se poursuivit jusqu'en novembre, mais nous ignorons si ce fut au Thieulin ou à Paris. L'amélioration fut suffisante pour qu'il entreprît en décembre la rédaction de l'histoire du Séminaire des Barbelés. Cette fois encore, le Père Brass lui fut d'un précieux secours en lui communiquant les documents conservés dans les archives de l'Aumônerie générale. Bien que Franz Stock ait été personnellement très impliqué dans la création et la vie du Séminaire, il était peu informé des difficiles tractations qui précédèrent. Or, les pièces transmises par le Père Brass mettaient en évidence le rôle primordial joué par l'abbé Le Meur dans la fondation du Séminaire ainsi que son indomptable énergie à surmonter tous les obstacles. La lettre du 22 décembre, où Stock exprime à Le Meur sa reconnaissance, précise qu'il a commencé son travail de rédaction huit jours plus tôt, soit vers la mi-décembre, et qu'il espère l'achever au cours de l'hiver ; il estime disposer d'assez de matériaux pour réaliser un beau livre[2]. Les nombreuses lettres que des Anciens du Séminaire lui envoyaient durent l'encourager dans son travail.

---

1. Entretien du 1er mai 1993. Encore séminariste alors, Michel Ehret était présent à la rencontre en qualité d'ancien déporté politique. Il fut détenu dans plusieurs camps de transit et finalement dans une succursale de Dachau. Pendant les agapes, précise-t-il, l'abbé Stock parla notamment de la Bretagne ; mais il était discret, se contentait plutôt d'opiner. « Mal fringué, aucun laisser-aller cependant dans son attitude, il se tenait très droit. Il appréciait le vin, mais buvait peu. Il parlait français avec un accent, mais faisait très bien les liaisons ».

2. De larges extraits de ce document sont publiés en guise d'introduction à la *Chronique* du camp de Chartres : K.-H. Kloidt, *Chartres 1945. Seminar hinter Stacheldraht*, Fribourg, Bâle, Vienne, [1988], p. 79-105.

Le 16 décembre, l'université de Fribourg qui s'était montrée bienveillante envers le Séminaire, nommait son ancien Supérieur docteur *honoris causa*. Ce fut une lueur dans cette sombre période. Mais il ne verra jamais son diplôme.

Les sept dernières années avaient été particulièrement remplies. Années douloureuses, mais au cours desquelles le prêtre avait donné le meilleur de lui-même. Il avait servi jusqu'à la limite de ses forces et s'était consacré à des tâches littéralement extraordinaires qui l'avaient entièrement mobilisé. Par la force des choses, le voilà brusquement relevé de tous ses mandats, devenu – vraiment – serviteur inutile, objet oublié. Autour de lui, la vie reprend. Elle reconquiert les zones dont l'austérité l'avait délogée. On pouvait à nouveau crier, danser, hurler, gaspiller. Mais la frénésie libérée entraînait dans son sillage la grisaille des lendemains ternes et le retour des errements de médiocrité. La guerre, malgré ses horreurs, avait parfois propulsé l'homme sur les sommets. Mais la grandeur de l'homme n'est pas telle qu'elle puisse occuper simultanément tous les lieux de sa noblesse. L'humanité recouvrait des zones de vie, mais en évacuait d'autres auxquelles l'horrible guerre lui avait révélé l'accès.

De telles pensées, sans doute, venaient à l'esprit de l'abbé Stock quand il attendait d'être reçu dans l'antre du tout-puissant anonymat qu'incarnent les ministères, en l'occurrence celui de l'Intérieur. Il sollicitait une pauvre carte d'identité qui, en effet, l'aurait restitué à lui-même, aurait signifié la « reconnaissance » de l'État français et mis fin à son statut de prisonnier.

Il avait aussi engagé des démarches pour obtenir des visas d'entrée pour sa sœur Franziska et pour Luise Berlinghof, sa secrétaire. L'aide de ces deux auxiliaires eût été précieuse et l'aurait rendu entièrement disponible à la nouvelle forme que prendrait son ministère parisien, l'apostolat auprès des travailleurs allemands libres. Il recevait, dans ses négociations, l'appui d'anciens résistants et d'hommes politiques. Assez pour qu'on le reçût avec déférence, trop peu pour qu'on lui donnât satisfaction. « Quelqu'un s'y oppose », écrit-il dans une lettre du 19 janvier. Cet inconnu dissimulé dans l'ombre aura le dernier mot. Franz Stock continuera à vivre solitaire, sans le soutien de sa sœur Franziska, socialement marqué par le statut de prisonnier de guerre en semi-liberté, handicapé, surtout les derniers mois, par une santé défaillante. À la fin du mois de janvier, Heinrich Höfler, directeur de Caritas de Fribourg lui rendit visite. Il venait épauler l'abbé Stock épuisé et engager avec lui de nouvelles démarches pour mettre sur pied l'aumônerie auprès des travailleurs libres allemands. Mais les visites que Höfler et Stock firent de conserve ne furent pas plus fructueuses que les précédentes.

Cependant la lettre du 31 janvier à L. Berlinghof laisse entrevoir par Stock l'espoir d'obtenir ses papiers. L'intervention du nonce Roncalli auprès du ministre de l'Intérieur à qui il a exposé la nécessité d'un Centre catholique pour les travailleurs libres semble avoir été efficace : « Les choses se présentent bien. [...] On en a reconnu la légitimité. » La même lettre annonce que le visa sollicité pour Mlle Berlinghof doit faire l'objet d'une enquête par la Préfecture avant d'être octroyé par le service des cultes du ministère de l'Intérieur. Là aussi les choses sont en bonne voie. Tout dépendra en définitive du feu vert pour la réouverture de la Mission et donc d'une décision politique.

Une lettre écrite à un ami quelques mois plus tôt – elle est datée du 11 octobre 1947 – exprime assez ce que Stock ressentait : « Vos vœux de bonne fête et les lignes amicales que vous m'envoyez de notre Wesphalie natale, m'ont fait grand plaisir. Mille mercis ! Comme je voudrais être parmi vous ! S'il ne s'agissait de sauver ici l'avenir de la Mission, je serais en Allemagne depuis belle lurette. Je vis ici dans la solitude et, avec toute l'habileté possible, je multiplie les tentatives auprès des autorités pour atteindre au but. C'est dur !... Je pense à vous tous les jours en célébrant la sainte messe dans la petite chapelle de la maison, pour que vous teniez tous le coup. L'aumônier Delbeck selon toute vraisemblance entamera sous peu son voyage de retour[1]... »

Des témoins attestent qu'il connut des moments de dépression. « Ici, je n'ai personne avec qui me bagarrer ou me disputer ou échanger des paroles aimables. Seul et encore seul. Il s'accumule une quantité d'énergie qui se déchargera en temps voulu[2]. » Quelques satisfactions inattendues, cependant, au cours de ces journées sinistres : il arrivait que, soudainement, d'anciens prisonniers politiques l'embrassent en pleine rue de Paris et le remercient de l'humanité témoignée à leur égard... Il eut le réconfort de passer la fête de la Noël chez des amis : la famille Walbaum[3].

Stock envoie davantage de lettres dans sa demi-retraite parisienne, en particulier aux siens à qui il écrit six fois pendant les deux derniers mois de sa vie. Il reçoit aussi beaucoup de messages de ses anciens séminaristes. Le 5 janvier 1948, dans une lettre à sa famille revient encore le thème de la solitude plus durement ressentie lors des fêtes de Noël et de nouvel an. « J'aurais aimé passer avec vous les jours de fête[4]. » Il avait passé son dernier Noël parisien dans l'isolement, comme le premier Noël lorsqu'il étudiait à l'Institut Catholique. Il ne peut s'empêcher d'évoquer avec nostalgie l'ambiance des fêtes de Noël des trois dernières années, vécues dans une intense convivialité à Cherbourg et à Chartres. « Pas de messe de minuit, pas de

---

1. Fr. STOCK, Lettre du 11 octobre 1947 communiquée par D. Lanz.
2. Fr. STOCK, Lettre à L. Berlinghof, 31 janvier 1948.
3. Voir Fr. STOCK, Lettre à sa famille du 26 décembre 1947.
4. E. KOCK, *L'Abbé Franz Stock*, [Tournai, 1968], p. 185.

cantiques de Noël allemands. Quel sacrifice ! En captivité, ce fut chaque fois magnifique[1]... »

Le 12 janvier, Anton Vogt, ancien prisonnier de guerre, travailleur libre en France vient lui rendre visite. Il ne l'avait jamais rencontré, mais il connaissait un de ses cousins. Contrairement à son habitude, Stock fut disert. Il ramenait sans cesse la conversation à sa terre natale ; il s'étendit longuement sur son ministère dans les prisons de Paris, évitant cependant de parler des exécutions. Sa table de travail était jonchée de feuilles de papier : il était occupé, expliqua-t-il, à écrire l'histoire du séminaire allemand de Chartres. Il ajouta que, usant de ses relations avec des ministres français, il avait réussi à faire rapatrier les étudiants relativement tôt. La rencontre avec un compatriote de sa région lui avait délié la langue et lui avait fait perdre la notion du temps : l'entretien avait duré trois heures[2]. Manifestement, il souffrait de son exil solitaire.

Mais cet homme de prière ne se laisse pas vaincre par l'amertume. Le 19 janvier, il écrit aux siens qu'il s'accommode de sa solitude. Il évoque sa confiance en Dieu : « De plus en plus, je comprends que nous sommes entre les mains de Dieu. Aussi j'accepte bien volontiers la situation où je me trouve momentanément et remercie Dieu de nous vouloir tant de bien[3]. » La dernière lettre aux siens – elle date du 11 février – répète cette disposition profonde : « [...] Remettons-nous à Dieu qui, jusqu'ici, a si merveilleusement disposé toutes choses. Après Pâques, j'irai vous revoir, c'est du moins mon projet, mais je ne suis pas sûr qu'il réussisse. » S'adressant plus particulièrement à sa vieille maman, il la remercie des félicitations qu'elle lui avait adressées à l'occasion de sa nomination de docteur *honoris causa* et lui attribue une bonne part du mérite. C'est Dieu, ajoute-t-il, « qui donne sa grâce et sa force et rien n'arrive sans sa volonté. Toutes ces années, il m'a si merveilleusement conduit ; j'étais en sécurité entre ses mains. Des heures difficiles survenaient-elles, sa Providence faisait tout pour que je puisse les surmonter ». Suit une confidence : quand il est confronté à une difficulté particulière, il la confie, au *Memento* des défunts, à ses chers disparus, son père et son frère Heinz. En conclusion, il ajoute : « J'aimerais me laisser choyer un peu par ma mère... Mais ce bon temps reviendra[4]. »

1. *Ibidem.*
2. A. VOGT, Témoignage du 30 janvier 1988.
3. Cité par R. CLOSSET, *Franz Stock, aumônier de l'enfer,* [Paris, 1992], p. 253.
4. Les citations de la lettre du 11 février sont tirées de R. CLOSSET, *ibidem*, p. 254.

Ce bon temps ne revint jamais. Comment ne pas discerner dans ces lignes apaisées et cette mention du dialogue avec les défunts aimés un pressentiment que son œuvre allait s'interrompre pour de bon ?

Tout se précipite l'avant-veille de sa mort. L'après-midi du dimanche survient une crise d'étouffement. Le médecin constate un œdème du poumon et ordonne le transfert à l'hôpital Cochin où l'accompagnent deux prêtres français résidant rue Lhomond. Le Père Brass, son compatriote, averti le lendemain lors du repas de midi, le trouve en meilleure condition. Mais mardi après-midi le malade lui fait pénible impression. Stock est trop faible pour lire les deux lettres qu'il lui présente. Selon l'infirmière cependant, sa vie n'est pas en danger. Tandis que Brass se rend à l'aumônerie pour y trouver les coordonnées d'un vicaire de Saint-Jacques-du-Haut-Pas, responsable de l'hôpital, une communication téléphonique annonce une brusque aggravation de l'état de Franz. Et lorsque son ami arrive, accompagné du vicaire, dans sa chambre d'hôpital, Franz Stock a cessé de vivre depuis trois quarts d'heure. Celui qui avait si souvent passé la dernière nuit avec les condamnés à mort, qui les avait jusqu'au bout accompagnés de sa présence apaisante, venait de mourir seul le 24 février 1948, sans même avoir reçu le sacrement des malades. Il n'avait que 43 ans. À l'annonce de sa mort, un des occupants français de la rue Lhomond dit simplement : « Ce prêtre était vraiment prêtre[1]. » Le lendemain, le Père Brass envoie à la famille, hâtivement prévenue auparavant, quelques précisions sur la fin de Franz. Pauvre maman !

L'administration communiste de l'hôpital n'avait témoigné d'aucune sympathie. On l'avait traité comme un prisonnier anonyme. Un ami trouva son corps dénudé à la morgue. Le ministre Michelet entra dans une colère noire lorsqu'il fut informé de ces faits et du refus d'octroyer à Franziska l'autorisation de sortir d'Allemagne pour venir aux obsèques.

La lettre du règlement n'autorisait pas de diffuser par les moyens ordinaires l'annonce du décès d'un prisonnier de guerre. Quel bonheur que l'aumônier des prisons – élevé cependant dans le plus grand respect de la discipline – ait plus allègrement contrevenu naguère aux règlements inhumains de la Gestapo ! Une centaine de personnes qu'on avait pu joindre par téléphone participent le 28 février à la cérémonie des funérailles à Saint-Jacques-du-Haut-Pas. Mgr Rodhain célèbre l'eucharistie. Dans l'assemblée : le nonce Roncalli, Mgr Baussart, évêque auxiliaire de Paris représentant le cardinal Suhard, Edmond Michelet et Francisque Gay, ministres et anciens résistants, le général Buisson, directeur des prisonniers de guerre.

1. *Ibidem,* p. 257.

Aucun membre de la famille n'a pu venir. Franz Stock s'était bien gardé, malgré le déclin de ses forces, d'informer les siens de son état de santé. Mais cette prévenante discrétion ajoutait maintenant à la douleur de sa mère, de ses sœurs, de ses frères que la rigueur des prescriptions administratives tenait à l'écart d'un fils et d'un frère. La guerre est conséquente dans son inhumanité.

Le nonce apostolique récita l'ultime prière sur le corps du prêtre prisonnier. Auparavant, s'adressant à la maigre assemblée, il avait répété ce qu'il avait dit quelques mois plus tôt : « L'abbé Stock, ce n'est pas un nom, c'est un programme[1]. » À Thiais, Stock fut enterré dans la pelouse – si ce terme s'applique aussi aux broussailles ! – des soldats allemands prisonniers. Une douzaine de personnes – dont le Père Brass – avaient accompagné sa dépouille mortelle. La comtesse de Suzannet, présente au cimetière, répétait sans cesse : « Quel scandale ! » Scandale, certes, mais inscrit dans la logique de ce que l'abbé Stock vivait depuis son retour de Chartres.

Les derniers mois de sa vie sont l'histoire d'un dépouillement. Confiné dans une seule pièce de sa propre maison, allant de bureau en bureau comme un colporteur, en quête d'une carte d'identité qu'il n'obtiendra jamais, de plus en plus coupé des hommes, exerçant avec peine sa fonction aux contours encore mal définis, le prophète se retrouve seul, inutile, mis au rancart, rendu à sa faiblesse originelle. Dieu est parti. Les hommes vaquent à de nouvelles tâches ou croupissent dans la banalité. Le jouet est délaissé. Le frère des prisonniers, le frère des fusillés, le frère de tous les hommes s'en ira mourir seul et son corps sans vie sera exposé nu, comme Jésus un certain vendredi. Sans nul doute, *une multitude l'attendait sur l'autre rive...*

---

1. Selon H. Höfler (dans *Caritas, Zeitschrift für Caritasarbeit und Caritaswissenschaft,* 1948, p. 69), c'est par ces mots que le nonce Roncalli salua Franz Stock à la nonciature en 1947. L'archevêque de Paderborn, Lorenz Jaeger, la commente ainsi : « L'article unique de ce programme c'est... le grand commandement » [le commandement de l'amour] L. JAEGER, *Introduction* à A. ALBERT, *Das war Abbé Stock,* p. 7-8. Angelo Roncalli aurait donc prononcé cette phrase trois fois à propos de Stock puisqu'il la répétera encore le 20 juillet 1962.

12. Présence de Stock

Le retentissement d'une vie

Huit jours après le décès de l'abbé Stock, le comte Jean de Pange rompt dans *La Croix* du 3 mars, la consigne du silence. Dans l'hebdomadaire *À Présent* du 5 mars, Edmond Michelet en fait autant. C'est le prêtre, aumônier des fusillés et des détenus qui est chaque fois salué. Joseph Folliet hausse le ton dans *Témoignage chrétien*.

« [...] Il s'appelait Franz Stock et il était prêtre de Jésus-Christ. Pendant la guerre, aumônier de la prison de Fresnes, il représenta dans cette antichambre de la mort et cette annexe de l'enfer la charité sacerdotale, celle qui, pas plus que Dieu ni que la mort, ne connaît les races, les langues, les nations, les frontières et les politiques. Il consolait, il éclairait, il préparait au grand voyage les catholiques fervents, les tièdes repentis et les communistes qui gardaient une étincelle de foi chrétienne. Il réconfortait même les malheureux Juifs, auxquels, durant les quelques minutes qui précédaient leur exécution, il lisait les plus beaux passages de l'Ancien Testament.

« C'était mon ami. Je l'avais connu, dans les mouvements du *Quickborn*, grand et svelte jeune homme, aux cheveux blonds, au regard lointain. Il devint Compagnon de Saint-François et représenta plusieurs années le mouvement en Allemagne. Il fut mon condisciple à l'Institut catholique de Paris. Je vécus parmi les siens, une de ces fortes et joyeuses familles de Westphalie – totalement ouvrière, totalement chrétienne –, cette race dure qu'Hitler n'arriva jamais à réduire.

« Il aimait son pays et savait le défendre avec une intelligence persuasive. Il aimait la France qu'il comprenait admirablement. La guerre lui déchira l'âme.

« Et il mourut à quarante-trois ans.

« Il y avait peu de monde à ses obsèques. Il paraît que les contingences politiques interdisaient qu'on entourât ses funérailles de la solennité et du concours de foule qu'elles méritaient. Pauvre politique ! pauvres politiciens ! pauvres chrétiens englués dans le temporel !

« Pour moi, je me moque de la politique et des politiciens. C'est pourquoi, Franz, dans ce journal qui porte le titre de *Témoignage chrétien*, je te dis publiquement mon adieu. Tu as porté ton témoignage. Il prouve que, même au centre de l'horreur, parmi les cruautés et les apostasies, l'Église produit toujours ses fruits de fraternité et que, comme disait ce vieux "Sillon" que tu aimas, l'amour est plus fort que la haine[1]. »

---

1. *Témoignage chrétien*, 2 avril 1948.

Sous le titre *Un prêtre*, Edmond Michelet observe dans *Le Courrier de la Loire* du 1er avril 1948, que « s'il avait été possible d'aviser tous ceux à qui ce mort avait été jadis secourable, il est à croire que la foule n'aurait pas pu tenir dans l'église… Si nous ne vivions pas dans un temps d'affreuse grisaille où l'imagination fait défaut et où la crainte des audaces interdit toute initiative, j'aurais aimé qu'on donnât à ces obsèques un caractère solennel, symbolique qui aurait eu une profonde signification des deux côtés du Rhin – et même ailleurs. »

Cette grave carence fut rachetée – enfin – le 3 juillet 1949. Ce jour-là, d'anciens résistants firent célébrer la messe à la mémoire de l'abbé Stock en l'église Saint-Louis-des-Invalides. L'abbé Jean Pihan, ancien détenu de Fresnes, prononçant l'éloge funèbre de l'aumônier des prisons, souligna le caractère paradoxal de la situation : un prêtre allemand était honoré dans cette église où reposaient de glorieux chefs militaires français ayant exercé le commandement suprême devant l'ennemi, en présence d'une assemblée constituée en majorité d'anciens détenus. Ce prêtre était citoyen allemand, mais davantage citoyen de la cité universelle. Sa vie a prouvé « qu'il n'y a point d'abîme que la charité du chrétien ne puisse combler ». L'orateur exprime le souhait « que plus tard dans une Europe pacifiée, dans un monde enfin unifié, on sache qu'à l'origine de cette pacification, de cette unité, il y a l'humble sacrifice d'un Franz Stock, patriote allemand, ami de la France, serviteur du Christ universel[1] ».

Le jour de la Toussaint 1948, Mme Engels, Compagne de Saint-François, se rendait avec un groupe au cimetière de Thiais. Elle fut grandement étonnée de constater que le gardien de l'entrée savait par cœur et sans la moindre hésitation le numéro de la pelouse, celui de la rangée et de la tombe de Franz Stock. « Tant de visiteurs m'ont déjà demandé ce renseignement aujourd'hui », expliqua-t-il. Et de fait, la tombe était couverte de fleurs[2].

Un jour de février 1949, Mlle Berlinghof venait prier au cimetière de Thiais. Elle s'aperçut que les fossoyeurs exhumaient les ossements des prisonniers allemands. La conservation lui apprit que les corps, et parmi eux celui de l'abbé Stock, seraient transférés incessamment dans une fosse commune du département de l'Eure. Dans les heures suivantes, l'abbé Le Meur obtint non sans peine de l'autorité compétente qu'une exception fût faite pour l'abbé Stock. Il conçut alors le projet d'élever pour le prêtre allemand une tombe plus digne. La famille de Franz ne pouvait envisager un transfert du corps en Westphalie. Avec la collaboration de Jeanne Ancelet-Hustache, qui

1. Cité par R. CLOSSET, *Franz Stock, aumônier de l'enfer*, [Paris, 1992], p. 261-262.
2. Mme Anna ENGELS, Lettre du 15 avril 1989 à l'auteur.

plus tard traduisit en langue française la biographie rédigée par Erich Kock, il lança une souscription pour recueillir les fonds et céda même l'emplacement acheté pour sa propre famille.

Les délais étaient courts, car l'évêque de Chartres, fidèle à *son* séminaire du Coudray-Morancez, avait invité les Chartrains à participer le 15 août 1951 à l'année jubilaire de la cathédrale. Les anciens séminaristes désiraient se recueillir auparavant devant la tombe de leur supérieur. Le monument fut achevé à temps, mais la bénédiction par le cardinal Feltin, archevêque de Paris, n'eut lieu que l'après-midi du 27 octobre 1951 devant une centaine de personnes. La maman de Franz et Franziska étaient présentes, à l'invitation personnelle du Chancelier de la République fédérale, Konrad Adenauer, qui assumait tous les frais du voyage. De nombreux anciens détenus vinrent embrasser Mme Stock après la cérémonie. Le Père Riquet parla au nom des anciens détenus des prisons parisiennes. Il conclut par les mots poignants que chantait d'Estienne d'Orves en montant au Mont Valérien : « Inspire-nous les cris puissants de l'amour plus fort que la haine[1]. » Le comte Robert d'Harcourt, au nom de familles de fusillés et de déportés, rappela que l'abbé Stock rendit aux familles l'inestimable service de laisser filtrer un trait de lumière dans la nuit du silence imposé par la Gestapo et de transmettre aux proches les objets personnels des fusillés. Il révéla que l'abbé Huet, discret auxiliaire de l'abbé Stock, fixait des rendez-vous aux familles des prisonniers « dans la pénombre de l'église Saint-Dominique » dans le XIVe arrondissement[2].

Mgr Harscouët avait décidé d'ériger une nouvelle paroisse à Rechèvres, dans la banlieue nord de Chartres. Il l'avait confiée à des religieux maristes. Le jeune curé, le P. René Closset, obtint des autorités compétentes le transfert dans la paroisse à fonder d'un baraquement militaire découvert par hasard lors d'une randonnée cycliste au Coudray. C'était – l'abbé André, secrétaire de l'évêque, le lui apprit – la première chapelle du Séminaire des Barbelés. Ce local de fortune devint en 1951 l'église provisoire de la paroisse naissante. Lui substituer une église définitive posait d'épineux problèmes financiers. Sur sa lancée, le P. Closset eut la judicieuse idée d'associer les *Chartrenser* à la réalisation du projet... et chargea l'abbé André d'obtenir leur assentiment. L'occasion allait bientôt se présenter.

Une association avait été créée dès 1948 pour maintenir des liens entre les anciens du Séminaire. L'abbé Delbeck, sous-régent à Chartres, devenu supérieur du séminaire de Münster, puis vicaire général du diocèse, avait été

1. Cité par R. CLOSSET, *Franz Stock, aumônier de l'enfer*, [Paris, 1992], p. 267.
2. *Ibidem*, p. 268-269.

désigné tout naturellement pour diriger cette amicale dont il explicitera d'emblée les objectifs : il ne s'agira pas simplement de cultiver des souvenirs, mais de ranimer un esprit ; à chacun incombera d'être, là où il se trouve, « un élément de renouveau catholique et un pont pour que s'établisse une véritable compréhension réciproque au-delà de toutes les frontières qui séparent[1] ». Après sa mort survenue en 1958, l'association battit de l'aile. L'élection du cardinal Roncalli – qui ne surprit que les non-initiés – à la succession de Pierre offrit l'occasion de lui insuffler un nouvel élan. En 1959, un groupe de Chartrains bavarois proposèrent à leurs anciens camarades de captivité un pèlerinage à Rome. Une centaine d'anciens séminaristes répondirent à l'appel. Le chanoine André fut de la partie. C'est au cours du voyage qu'il informa les prêtres allemands de la réutilisation de leur première chapelle comme église paroissiale provisoire dans la banlieue chartraine. Aussitôt s'imposa l'idée d'apporter une aide tangible au bâtisseur de l'église définitive. Le bon pape Jean reçut en audience privée, sans se préoccuper du temps qui passait, ses anciens protégés du Coudray-Morancez. Jusqu'à peu de temps avant sa mort, le chanoine André se plaisait à raconter, non sans fierté, la rencontre avec Jean XXIII. À trois reprises, le pape suggéra de resserrer les liens de l'association. Il voulait que tous les anciens de Chartres – et pas seulement les prêtres – en fassent partie. Il proposa encore que Lechner, curé de Dachau, qui avait organisé le voyage, fût président effectif. Lui-même accepta la présidence d'honneur que lui offrit le chanoine André à condition toutefois que cette fonction ne fût pas purement honorifique, mais qu'on le tînt au courant des activités. Le pape fit chercher l'album contenant les photos de ses visites au séminaire du Coudray-Morancez. Les visiteurs l'informèrent de leur projet d'aider la paroisse naissante de Rechèvres. Emboîtant le pas, le souverain pontife lui destina le calice que les Chartrains venaient de lui offrir. La figure de Franz Stock fut maintes fois évoquée au cours de l'audience qui se prolongea pendant une heure quarante à l'encontre des usages protocolaires[2].

L'enthousiasme des Chartrains ne faiblit pas. L'église de Rechèvres fut consacrée le 21 septembre 1961 en présence d'une soixantaine d'entre eux. Une partie importante de son mobilier provenait de la générosité des anciens séminaristes. Ils avaient offert notamment le maître-autel en pierre de Berchères (la pierre de la cathédrale), la croix, le tabernacle et le lustre. Un coffret contenant les noms des neuf cent quarante-neuf prisonniers (prêtres, professeurs, frères et séminaristes) passés au Séminaire des Barbelés est scellé dans l'autel. Une paroi latérale porte les noms des principaux acteurs de l'aventure :

---

1. W. DELBECK, *Grenzen und Ziel unserer Gemeinschaft*, dans *Carnutum*, décembre 1948.
2. Entretien du 7 avril 1989 avec le chanoine André.

les Allemands Stock, Delbeck, Brem ; les Français Harscouët, Le Meur, Gourut, André, Johner. Depuis la création de l'association, les membres se réunissent tous les deux ans avec leurs amis français.

Devenue ainsi symbole de la réconciliation franco-allemande, l'église Saint-Jean-Baptiste de Rechèvres le serait encore plus pleinement si elle pouvait accueillir la dépouille mortelle de celui qui avait été tout au long de sa vie le protagoniste de ces retrouvailles. Le Père René Closset, curé de la paroisse, mit tout en œuvre pour réaliser ce rêve, qui devint réalité les 15 et 16 juin 1963. Comme l'avait été l'hommage en l'église des Invalides, c'était la reconnaissance définitive de l'œuvre d'une vie. Le corps de Stock fut une seconde fois exhumé le 13 juin. L'ancien cercueil où l'on laissa quelques phalanges des doigts resta à Thiais. Une nouvelle pierre tombale y gardait le souvenir de Stock, tandis que le monument offert par la Résistance fut réédifié dans une chapelle latérale au fond de l'église de Rechèvres. La dépouille mortelle fut accueillie par Johann et Ernst, frères de Franz, par Theresia, sa jeune sœur ainsi que par Mlle Berlinghof. Gourut, Johner, André ainsi qu'une cinquantaine de Chartrains l'attendaient aussi. Plusieurs grands absents déjà : Mgr Harscouët, l'abbé Le Meur, Mgr Delbeck, disparus respectivement en 1954, 1955 et 1958. Une quarantaine de drapeaux – français et allemands – flottaient au vent sur la place. Une longue veillée de prière que l'affluence de monde obligea en fait d'anticiper – et qui dura jusqu'à l'aube – commença alors. Mgr Michon, successeur de Mgr Harscouët comme évêque de Chartres et l'évêque de Spire au nom de l'épiscopat allemand, présidèrent la prière. Dans l'église, pêle-mêle Compagnons de Saint-François, anciens prisonniers de Chartres, anciens résistants français, une délégation de la Résistance allemande au nazisme, habitants de Chartres et de Neheim, paroissiens de Rechèvres et de la Mission allemande de Paris, des contemporains de toutes les étapes de la vie de Stock. Plus de deux mille personnes. Jamais depuis la guerre une prière commune n'avait réuni de la sorte Allemands et Français. Mme Aylé avait manifesté sa volonté de participer à la veillée, en mémoire de la nuit du 27 au 28 mars que Stock avait passée dans la cellule de Robert [son mari] et de Paul [De Jongh]. Le curé de la paroisse avait reçu d'une autre veuve cette lettre émouvante : « Pourrez-vous m'autoriser, malgré mes soixante-dix-huit ans, à passer la nuit auprès du corps de l'abbé Stock, en souvenir de cette autre nuit de juin 1944 qu'il a passée, lui, auprès de mon mari et de mon fils, avant de les accompagner, à l'aube, jusqu'au poteau du Mont Valérien ? » Un communiste de Chartres n'entrait plus jamais dans une église, même pour le baptême de ses enfants, mais il vint spontanément à l'église de Rechèvres pour saluer la dépouille mortelle de Stock[1].

---

1. Ce fait m'a été rapporté par le P. René Closset en février 1988.

Le lendemain, avant la messe solennelle que célébra l'évêque de Chartres, le maire de la ville en présence de l'ambassadeur d'Allemagne, dévoila la plaque donnant à la place de l'église le nom de l'abbé Stock. Jean XXIII voulut s'associer à l'hommage qu'on se préparait à rendre à Stock. Il avait programmé un télégramme qui fut envoyé la veille de sa mort, survenue le 3 juin. Après l'Évangile de la messe, l'évêque de Chartres en donna lecture devant un public très impressionné. La sainte messe terminée, deux Compagnons de Saint-François, deux anciens détenus des prisons, deux prêtres allemands issus du Séminaire des Barbelés, portèrent le cercueil vers la chapelle Notre-Dame-de-la-Paix au fond de l'église. Un chant populaire westphalien à la Vierge, adapté en français par Joseph Folliet fut chanté alternativement et bientôt conjointement par Allemands et Français. Folliet en avait dédié la traduction à Stock en 1932, l'année de son ordination. Ce jour-là il pleurait en chantant.

Il est frappant d'observer – « émouvante coïncidence » a dit Michelet – que le transfert à Chartres eut lieu le lendemain de la ratification par l'Assemblée nationale du traité d'amitié franco-allemand[1].

Le support de la mémoire

Dans les années cinquante, au cours d'un pèlerinage à Lourdes, Mme Van Beek rencontra l'évêque du lieu, Mgr Théas. C'était un grand résistant. Ayant appris qu'elle était enseignante à Neheim, l'évêque lui dit son admiration pour son concitoyen, l'abbé Stock. Jusque-là Mme Van Beek ignorait tout de son action. Pour elle, c'était une révélation ; elle en parla avec enthousiasme dès son retour en Allemagne. Ce fut le point de départ de la notoriété que Stock acquit dans son pays.

En Allemagne, s'est constitué en 1964, un *Franz-Stock-Komitee*. Deux ans plus tard était créée en France l'association *Les Amis de l'abbé Stock*. En 1995 s'y ajoutait *l'Association chartraine Franz Stock* tandis qu'un *Centre européen de rencontre Franz Stock*, fondé en 2003, se fixe pour objectif de devenir un lieu d'échange culturel, philosophique, intellectuel et artistique, de recherche, de rencontres et de sessions dans les vestiges du Séminaire des Barbelés[2]. Ces groupements contribuent à maintenir vivants le souvenir de Stock et son message de paix ; ils organisent des manifestations franco-allemandes.

1. Ce traité fut signé le 22 janvier 1963 à Paris par de Gaulle et Adenauer. Le Bundestag l'approuva à la quasi-unanimité le 16 mai suivant et l'Assemblée nationale l'entérina, à une forte majorité, le 14 juin au terme d'un débat qui s'acheva de nuit après d'âpres discussions.

2. Voir *Une œuvre qui se poursuit. Entretien avec Nicolas Villeroy de Galhau*, dans *France catholique*, n° 3010, 3 février 2006, p. 16-17. Les fresques peintes par Stock dans la chapelle du Séminaire ont été fort abîmées, mais elles seront sauvées ; elles ont été inscrites en avril 1995 à l'inventaire supplémentaire des Monuments historiques.

Trois biographies importantes virent le jour dès avant la création de ces organismes. Anton Albert, ami d'enfance de Franz, fraya la route dès 1959[1]. Il n'a pas pu disposer du *Journal*. L'année 1964 vit paraître deux ouvrages essentiels. Tout d'abord, celui du Français René Closset, *L'Aumônier de l'enfer*. Il développe davantage le ministère de Stock dans les prisons et à Chartres. Il cite de longs extraits du *Journal* dans l'ordre chronologique et, pour Chartres, il bénéficie de l'apport d'un témoin oculaire, le chanoine André[2]. Ensuite, celui de l'Allemand Erich Kock, *Zwischen den Fronten*. Plus proche des sources allemandes, il dispose du *Journal* qu'il exploite de façon synthétique. Il connut l'abbé Stock à Chartres ; il se montre assez critique. Ces deux ouvrages ont été traduits dans l'autre langue ; celui de Closset intègre dans sa traduction allemande les témoignages de Mlle Berlinghof et une introduction pénétrante de l'écrivain et publiciste Walter Dirks ; la traduction de l'ouvrage de Kock contient une importante postface de Jeanne Ancelet-Hustache qui prend parfois ses distances par rapport aux opinions de Kock[3].

Bien des travaux ont vu le jour, surtout depuis 1980, apportant notamment des documents photographiques ; on y relate aussi des rencontres et festivités autour de la mémoire de Franz Stock[4].

---

1. Anton ALBERT, *Das war Abbé Stock*.
2. Réédition en 1992 sans changements notables. Réimpression en 2006. Cette biographie fut traduite en allemand, en néerlandais (1965), en catalan (1966) et en espagnol (1967).
3. Le livre de Hans BUCKER, *Abbé Stock*, paru aussi en 1964 n'apporte guère d'éléments neufs.
4. Citons une bande dessinée (M.-A. ROUSSEAU, *Franz Stock*, collection *Belles histoires et belles vies*, [164] illustrations de P. DECOMBLE, [Paris, 1969], rééditée en 1990) ; une bonne synthèse rédigée en langue allemande par un ancien du Séminaire des Barbelés (D. LANZ, *Abbé Stock*, 1988, rééditée en 1993 sous le titre *Abbé Franz Stock. Begegnung mit einem grossen Menschen*. Cette brochure reproduit de nombeux documents et panneaux de l'exposition permanente du Fresekenhof dont il sera question ci-dessous) ; un livret publié en langue allemande à l'occasion du quarantième anniversaire de la mort de Stock (1988) ; une plaquette *Reims 8 juillet 1995* commémore la célébration mémoriale de la réconciliation France-Allemagne ; une brochure de D. LANZ (*Abbé Franz Stock : Kein Name – ein Programm*), éditée à Paderborn en 1997 et réactualisée en 2001 ; un florilège intitulé *Sur les pas de l'Abbé Stock (1904-1948)* reprenant des allocutions et témoignages présentés lors des célébrations du cinquantième anniversaire de sa mort ; une biographie par l'ancien évêque de Chartres, (Jacques PERRIER, *L'Abbé Franz Stock, 1904-1948.) – Heureux les doux*, (Paris, 1998, réimpression en 2001) ; une intéressante synthèse de diverses démarches et manifestations franco-allemandes autour de l'œuvre de Stock (FRANZ-STOCK-KOMITEE FÜR DEUTSCHLAND, *Deutsch-Französische Begegnungen 1940 bis 2000 auf dem Weg nach Europa*, 2001) ; un plaidoyer pour une fraternité franco-allemande (Hanns CORNELISSEN, *Abbé Stock – Dreiklang einer Freundschaft*, 2001) ; une évocation en langue française de l'action de cet artisan de la paix (Ludovic LECURU, *L'Abbé Franz Stock. Sentinelle de la Paix*, 2003) ; un guide d'exposition en langue allemande (Dieter LANZ, *Frieden als Auftrag – Das Lebenswerk des Priesters Abbé Franz Stock*, 2006) ; un livret illustré présentant en langue française les documents de cette exposition et les grandes lignes de l'œuvre de Stock (Dieter LANZ, *La Paix comme Vocation. L'œuvre du prêtre allemand Abbé Franz Stock*, traduction par Helga WALBAUM, 2006) ; un chapitre consacré à Stock dans un livre allemand commentant les œuvres de l'artiste Sieger Köder (Gerta KOTTERIK et Stephan SELLINGER, *Das Wunder der Versöhnung* [Le miracle de la réconciliation]).

De tous les articles publiés à son sujet, le plus éclairant est celui de Hans Jürgen Brandt, *Wem die Stunde schlägt*, paru en 1983 dans la revue *Theologie und Glaube* de Paderborn. La personnalité de ce réconciliateur continue à stimuler des travaux (mémoires de maîtrise non publiés)[1].

Les éditions Bonifatius de Paderborn ont réédité en 1992 le livre de Stock sur les premiers imprimeurs allemands à Paris, paru en 1940[2]. Cette publication est accompagnée d'un essai sur son œuvre scientifique et d'une bibliographie commentée. L'année suivante, elles ont réédité l'ouvrage sur la Bretagne paru en 1943, tandis qu'une traduction française et bretonne paraissait une douzaine d'années plus tard accompagnée d'une longue introduction de F. Morvannou. L'ouvrage reproduit les illustrations de Fr. Stock[3].

S'il est bien normal que Neheim, la ville natale de Stock, Lippstadt, où il exerça son premier ministère, Paderborn, la ville archiépiscopale de son diocèse, Dortmund, où il fut vicaire et Cologne dont dépendait la paroisse allemande de Paris, aient donné son nom à une de leurs rues ou de leurs places, Chartres a fait de même pour la place adjacente à l'église du plateau de Rechèvres et Le Coudray, pour le rond-point proche de l'ancien Séminaire des Barbelés. Il est tout à fait significatif qu'en 1990, la ville de Suresnes ait désigné une partie de l'immense esplanade du Mémorial de la France Combattante au Mont Valérien du nom de l'humble prêtre allemand combattant de la paix. L'Allemagne a donné son nom à des homes, des locaux paroissiaux, à plusieurs écoles dont le lycée de Neheim. Elle désigne ainsi l'abbé Stock à l'attention de la jeunesse. En outre, sa ville natale lui érigea un monument en 1965[4]. Depuis 1984, un niveau du Fresekenhof, bâtiment à usage culturel, est réservé à une exposition permanente dont la présentation a été complètement rénovée. Lorient, à son tour, décida en 1973 d'avoir une rue Abbé-Stock ; elle

---

1. Citons : Mémoire de Valérie LEMONNIER (en Sorbonne). Valérie Lemonnier rencontra Luise Berlinghof en août 1991. Celle-ci lui parla de Stock « avec beaucoup d'émotion, comme d'un personnage d'envergure qu'on a eu le privilège de côtoyer ». L'ancienne secrétaire souligna aussi qu'il n'y eut jamais la moindre ambiguïté dans ses rapports avec l'abbé Stock (Valérie LEMONNIER, Lettre du 10 juillet 1992 à l'auteur). Agnès ANCIEN, *L'Abbé Franz Stock, un aumônier allemand en France, 1934-1944* (Université de Rennes, 1991), Stéphane GUIGNARD, *Franz Stock und die deutsch-französischen Beziehungen* (Université de Paris, 2001), Cédric FLATRÈS, traduction française du livre *Die Bretagne* (Université de Rennes, 2003), Anne-Valérie ETENDARD, *Étude de la notion de transnationalisme au travers de l'action et de la mystique de Franz Stock* (Université de Nantes, 2005).

2. Fr. STOCK, *Die ersten deutschen Buchdrucker in Paris, in 1500,* Freiburg, Breisgau, 1940, rééd. Paderborn, 1992.

3. Fr. STOCK, *Die Bretagne, ein Erlebnis,* Colmar, 1943, rééd. Paderborn, 1993. – *La Bretagne, moments vécus,* traduction française de Marie-José ROBERT et Joël GOYAT [s.l. ; s.d.] ; traduction bretone Fanch MORVANNOU, 2004, rééd. 2005.

4. Cette imposante sculpture porte l'inscription : « Messager de la paix, témoin de l'amour de Dieu dans un monde plein de haine. »

inscrivit dans l'exposé des motifs : « fils spirituel de la France ». Le Mans aussi garde sa mémoire (1981). Paris a suivi en 1994, Quimper a fait de même en 1996, Caen en 1998, Virofley en 1999. Des plaques commémoratives ont été apposées au château du Thiculin et à la maison de la rue Lhomond à Paris où Fr. Stock a vécu de longues années. L'immeuble de la paroisse allemande de Paris porte désormais le nom de « Maison Abbé Stock », tandis qu'à Aix-en-Provence, un « Centre Abbé Franz Stock » est chargé de la pastorale catholique en langue allemande pour la région. Des stations du métro, enfin, comme Jacques Bonsergent, Honoré d'Estienne d'Orves, Gabriel Péri gardent dans leur ombre le souvenir de celui qui recueillit leur dernier regard.

Dans l'église Saint-Jean-Baptiste de Rechèvres est déposé un livre d'or où, de façon émouvante, Allemands et Français expriment leur admiration et leur reconnaissance.

Stock fut souvent mentionné, cela va de soi, lors du 150e anniversaire, célébré en 1987, de la paroisse allemande de Paris.

Deux papes le citèrent en exemple. Le 22 octobre 1961, devant un groupe parmi lesquels se trouvaient les dirigeants et des membres du collège teutonique, Jean XXIII salua les réalisations du séminaire de Chartres[1]. Le 20 juillet 1962, recevant les élèves du séminaire interdiocésain de vocations tardives de Wolfratshausen (diocèse de Munich), présentés par leur supérieur, l'abbé Édouard Spannagel, un Chartrain, le pape parla de Stock comme d'un prêtre qui « se donna tout entier à Dieu et à ses contemporains, sans aucune réserve ; dans un esprit de joyeux sacrifice. Il nous est agréable, poursuivait-il, de rappeler nos rencontres avec lui à la nonciature de Paris, où il vint à plusieurs reprises pour intéresser le Saint-Siège – entre autres choses – à la fondation d'un séminaire pour étudiants allemands, prisonniers de guerre en France… Quatorze ans après, nous aimons répéter les paroles que tant et tant de fois nous avons eu l'occasion de dire à haute voix ou à voix basse auprès du cercueil de saints prêtres… : "Oui, c'est plus qu'un nom ; c'est un programme[2] !" » Au cours de son passage à Fulda en 1980, Jean-Paul II énuméra dix saints que l'Allemagne a donnés au monde ; il y ajouta les noms de Franz Stock et de Carl Sonnenschein (1876-1929), apôtre de Berlin, bienfaiteur des isolés et des désespérés. Reprenant un texte biblique, le pape fit l'éloge de ceux qui « portèrent sur les choses un regard prophétique ». Le mouvement

---

1. *La Documentation catholique*, tome LVIII, n° 1364, 19 novembre 1961, col. 1436-1437.

2. *La Documentation catholique*, tome LIX, n° 1383, 2 septembre 1962, col. 1105-1108. Dans cette allocution, Jean XXIII rappelle ses trois dernières visites à Chartres. Le pape signale ensuite que l'abbé Stock resta en France au service des ouvriers allemands. Il affirme explicitement avoir prononcé la phrase fameuse aussi à propos d'autres prêtres que Franz Stock.

international *Pax Christi* voit dans Franz Stock « un grand précurseur ». Son nom et son œuvre firent le lien entre les branches française et allemande du mouvement.

En 1991-1992 a été réalisé en coproduction par les télévisions française et allemande un film documentaire de 90 minutes sur la vie de Stock. Le réalisateur de ce film au titre suggestif *Le Passeur d'âmes (Der Seelenschmuggler)* est, comme il a été rapporté plus haut, un des étudiants qui manifestèrent sur les Champs-Élysées le 11 novembre 1940 et furent emprisonnés. Le journaliste Hans Peylo a réalisé respectivement en 1998 et en 2004, les films *Seelsorger der Hölle* (Aumônier de l'Enfer) en deux parties de trente minutes et *Leben – Sterben – Seeligkeit* (Vie – Mort – Béatitude), film de trente minutes.

La commémoraison du cinquantième anniversaire du décès de l'abbé Stock en 1998 donna lieu, entre autres, à l'émission en France d'un timbre-poste ainsi qu'à une célébration eucharistique concélébrée par une soixantaine d'évêques et de prêtres, en présence du chancelier Kohl et du président du Sénat français. Corrélativement, le centenaire de la naissance fut fêté en 2004 à Arnsberg-Neheim.

On ne peut tout citer. Mentionnons encore que la mémoire de Stock est évoquée aussi en divers endroits par des conférences ainsi que lors d'expositions, notamment au musée de l'Armée en 1993-1994 et au musée du Maréchal Leclerc et Jean Moulin en 1996.

Comme l'observe Hans Jürgen Brandt, il fallut que survînt le transfert des restes de l'abbé Stock à Chartres pour que les yeux se dessillent sur l'importance de son action et que, devancées seulement par le livre d'Anton Albert, diverses publications fassent connaître son œuvre.

Conclusion

Franz Stock a vécu à l'affût de ce qui germait : le Quickborn revendiquait pour la jeunesse une certaine autonomie et le refus d'un monde qui se laisserait emprisonner dans le carcan industriel ; Bierville clamait sa volonté de paix ; l'expérience pastorale de la banlieue parisienne était un printemps d'Église et à NotreDame-Saint-Alban, dans la banlieue lyonnaise, la paroisse prenait un visage nouveau. Témoin de ces germinations, Franz se sentit irrésistiblement porté à s'y impliquer. L'élan créatif se manifesta en lui de multiples façons : aller étudier à Paris, entreprendre et publier des recherches historiques, découvrir la culture et le pays de France, peindre et vivre en quête de beauté, mettre en place une pastorale des camps de prisonniers, organiser le Séminaire des Barbelés, créer une pastorale des travailleurs libres…

Au plus profond de lui-même s'inscrivait aussi une nécessité absolument vitale : transgresser les frontières dressées par le nationalisme ambiant. Pour atteindre cet objectif la meilleure voie n'était pas, selon lui, d'éliminer les différences, mais d'apprendre à les apprécier : Stock s'est évertué à enseigner l'Allemagne aux Français et la France aux Allemands. Il vécut *autrement,* en avance sur son temps.

La réputation de Stock repose sur son rôle dans les prisons et lors des exécutions. À bon droit. Mais organiser et assurer dans un camp de prisonniers le fonctionnement d'une faculté de théologie et d'un lycée, malgré le chaos et le dénuement de l'immédiat après-guerre, – avec la collaboration, il est vrai, de quelques Français – est une prouesse extraordinaire. L'avis nécrologique, le seul, qui annonça le décès de l'abbé Stock fut publié par Caritas de Fribourg. Énumérant les fonctions exercées, il ne signalait son action dans les prisons qu'en appendice, comme un ministère accessoire ; cet avis, à vrai dire, paraissait en Allemagne. En France, à l'inverse, l'évocation de son ministère dans les prisons risquait d'occulter l'ampleur de sa mission auprès des séminaristes prisonniers de guerre. Il faut renoncer à privilégier un de ces deux volets et ne pas négliger de prendre en compte l'œuvre réalisée à Cherbourg où, relisant sa vie à deux mois de son terme, l'abbé Stock dit avoir connu de grandes joies pastorales.

Il fut l'homme des situations inconfortables. Mal accueilli à Paris comme étudiant allemand ; recteur à la fois du personnel nazi de l'ambassade et des émigrés fuyant le régime ; travaillant à un rapprochement dans une France hostile à l'Allemagne ; dans les prisons, suspecté par la Gestapo et par ceux-là mêmes qu'il assistait ; responsable d'un immense séminaire de prisonniers démoralisés par un désastre inutile, alors que la France découvrait les horreurs des camps de concentration ; et, au terme de sa vie, pasteur sans troupeau, objet de méfiance à la fois de la part des Français et de certains de ses compatriotes... « J'aurais aimé vivre longtemps pour raconter ce que j'ai vécu », confia-t-il un mois avant sa mort à Mlle Henriette Duhourcau[1].

Avec une unanimité frappante, les témoins de sa vie soulignent que son contact était pacifiant : « Il émanait de lui quelque chose de surnaturel[2]. » Il donnait « l'impression d'une très grande intériorité par la profondeur de son regard, la délicatesse de son demi-sourire. Il était homme à porter avec Jésus-Christ la lourde croix de nos imperfections[3] ».

Portant un regard d'ensemble sur sa vie de prêtre, on y discerne, comme fil conducteur, l'attention particulière aux exclus : les Polonais de Dortmund-Eving, les réfugiés politiques à Paris, les jeunes filles allemandes esseulées, les détenus des prisons pendant la tourmente. À l'égard de tous ces rejetés de la société, il manifesta de la « compassion » dans toute la force du terme. Après la défaite, il resta prisonnier volontaire auprès de ses compatriotes entassés dans les camps. Il fut enfin le berger non reconnu du troupeau disséminé des Allemands travailleurs libres, avant de mourir dans la solitude alors que la France différait indéfiniment sa libération.

Loin de l'enfermer dans l'amertume et le défaitisme, la guerre lui permit d'accéder à sa pleine stature. Le conflit armé avait ruiné ses espérances de paix et scellait la faillite des démarches de compréhension mutuelle entre Allemands et Français auxquelles il s'était joint avec tant de conviction. Plongé au cœur même du drame par son ministère dans les geôles parisiennes, il fut entraîné à un tel partage de la souffrance que sa personnalité en fut transfigurée.

Les grains broyés devinrent farine. Confronté à des tâches impossibles, le prêtre acquiesça plus pleinement à sa vraie fonction : être l'*instrument*, conscient de ses limites, mais habité par l'Esprit dont *paix* et *charité* sont les fruits primordiaux. Il adopta le point de vue de Dieu de qui Allemands et Français sont, au même titre, les enfants, même quand ils se font la guerre. Cette attitude il la proclama et la vécut contre vents et marées. Non de façon

---

1. Entretien du 22 avril 1989.
2. Camille GAY, Entretien du 3 avril 1992. Gerhard Schober, ex-prisonnier de Chartres, dit que Stock « était un foyer d'où émanaient le repos et la paix » (Entretien du 24 octobre 1992).
3. L.-T. ACHILLE, Lettre du 24 août 1989.

tapageuse, mais, selon son tempérament, avec discrétion, rayonnant une paix contagieuse, une paix qui ne venait pas de lui.

C'est ainsi qu'il fut prophète.

Il fut prophète quand, éprouvant en lui-même un déchirement indicible en présence d'une haine inexpiable qu'il s'évertuait à désarmer, il fut le témoin fidèle de l'Amour de Dieu et faisait découvrir à l'homme privé de liberté extérieure ce qui le révèle à lui-même. Le bannissement de la haine, l'amour sans frontière, un autre regard sur les ennemis de son pays, tels sont les sentiments qu'il suscitait dans le cœur de beaucoup de condamnés à mort. Tels sont aussi les sentiments que diffusèrent aux quatre coins de l'Allemagne ses séminaristes des Barbelés, les meilleurs artisans de la paix dans leur pays au dire de l'évêque d'Eichstätt, président allemand de *Pax Christi*.

Il fut prophète parce qu'en des temps et en des lieux où le jugement ne s'exerçait qu'à travers le prisme déformant du nationalisme, il sut dissocier l'amour légitime de la patrie et le parti pris aveugle et inconditionnel pour une nation. Il s'efforça de construire des ponts entre deux grandes cultures qui, dans une large mesure, s'ignoraient mutuellement. Il savait d'expérience que les cultures latines – la française singulièrement – et germaniques, loin de s'opposer étaient complémentaires et pouvaient se féconder : c'était le contre-pied de la doctrine inoculée dans les lycées par le nazisme.

Franz Stock fut prophète parce qu'il sut décrypter les signes des temps et dégager la signification des événements. La nouveauté de son attitude ne venait pas de sa formation intellectuelle, mais de sa lecture des faits en esprit et en vérité. Pour un cœur ouvert, la vie recèle des invitations à l'action que le savoir ne révèle pas. Ceux qui aiment les hommes en viennent à des initiatives neuves, ils voient les choses autrement et, par là, indiquent le sens de l'avenir. « Rétrospectivement, écrit Mgr Kuhnle, ancien Chartrain, l'abbé Stock, sans beaucoup de paroles mais davantage par sa vie et son action, a fait plus pour la réconciliation franco-allemande que ne le sait le grand public[1]. »

Du haut du Mont Valérien, de l'endroit où tout entretenait la haine et semblait la justifier, un prêtre allemand s'engageait avec les condamnés à mort dans le chemin de la réconciliation.

L'histoire allait lui emboîter le pas. Après la guerre, l'Europe occidentale « envahie par le doute » éprouva la nécessité de s'unir. Déjà en 1946, dans un discours célèbre prononcé à Zurich le 19 septembre, Winston Churchill désignait le continent européen comme « la patrie des grandes familles des peuples d'Occident ». Robert Schuman, prédisposé par sa double allégeance

1. Mgr F.-J. KUHNLE, Lettre du 13 janvier 1988 à l'auteur.

culturelle à percevoir la dualité complémentaire de la France et de l'Allemagne, donna une impulsion décisive à la construction européenne. Un peu plus d'un an après la mort de Franz Stock, le secrétaire d'État américain Dean Acheson lui proposa de suggérer une politique commune aux États-Unis, au Royaume-Uni et à la France à l'égard de l'Allemagne où Konrad Adenauer venait d'être désigné comme le premier chancelier de la République fédérale. Quelques mois plus tard, en mai 1950, la « Déclaration Schuman » voyait le jour. Ce projet – un texte de quatre pages – ne se limitait pas à une mise en commun des ressources économiques et industrielles comme le charbon et l'acier, mais proposait la *réconciliation* des ennemis héréditaires, l'instauration d'une authentique *solidarité* et la réalisation des « premières assises concrètes d'une *Fédération européenne* indispensable à la préparation de la paix ». C'était bien plus qu'une construction mercantile, c'était un plan magnanime de paix, passant par la mise en commun des valeurs du cœur et de l'esprit. « L'unité européenne ne vivra, a-t-on écrit, que si, à la dimension politique elle ajoute la dimension spirituelle[1]. » Pierre Pflimlin, premier vice-président du Parlement européen, n'avait pas dit autre chose : « Nous avons conscience que l'Europe ne peut être construite que sur un fondement spirituel. Par son lumineux exemple, Franz Stock a fait plus pour cette grande entreprise et donc pour la paix que les hommes d'État et les politiciens[2]. » Comment ne pas se rappeler le rêve de toute la vie de Stock et en particulier ses paroles à Höfler quelques semaines avant de mourir : « La France et l'Allemagne doivent s'unir si elles veulent vivre[3] » ? Robert Schuman confia un jour au Père Closset, biographe français de *L'Aumônier de l'Enfer,* l'admiration qu'il portait à Franz Stock. « Si l'Europe peut aujourd'hui se bâtir peu à peu, écrit Folliet, si elle marche vers son unité, des précurseurs comme Franz Stock y furent pour beaucoup[4]. »

En 1988, un quotidien pourra écrire : « L'Allemagne fédérale constitue sans doute avec la France une fondation sur laquelle, depuis vingt-cinq ans, s'appuie bon gré mal gré l'Europe occidentale. » Le même article rappelle que l'Allemagne considère toujours l'amitié franco-allemande comme « la force motrice de la construction européenne ». Dès 1950, Charles de Gaulle écrivait à Joseph Rovan que « désormais la France et l'Allemagne devaient marcher la main dans

1. Maria Antonietta Macciocchi, ancienne rédactrice au journal communiste italien *L'Unità*, citée par J. Franck, « Une femme à la recherche de l'Europe culturelle », recension de *La femme à la valise*, dans *La Libre Belgique*.

2. À l'occasion du pèlerinage pour la paix au Borberg (1983).

3. Cité par E. Kock, *L'Abbé Franz Stock*, [Tournai, 1968], p. 186.

4. J. Folliet, *Préface* de la première édition de la biographie de Stock par R. Closset, *L'Aumônier de l'Enfer. Franz Stock*, Mulhouse, Paris, Tournai, 1964, p. 8

la main comme un alexandrin avec l'autre »[1]. En 1951, Adenauer parlait déjà « du jour pas si éloigné, où les peuples pourront s'unir dans une maison commune qui porte le nom très vénéré d'Europe[2] ». Le 22 janvier 1963, Konrad Adenauer et Charles de Gaulle signent un traité scellant la réconciliation des deux pays. Écrivant un jour au maire de Suresnes, le chancelier Helmut Kohl déclare considérer Stock « comme le précurseur de l'entente franco-allemande. Et si cette union, poursuit-il, est un exemple pour l'Europe entière, c'est aussi à notre avis le legs de Franz Stock[3] ».

Qu'il nous soit permis de penser que Stock, Compagnon de Saint-François, cheminant sur les routes de France, du Luxembourg et d'Allemagne, présent dans les geôles parisiennes et au Mont Valérien, dans les camps de Cherbourg, d'Orléans et de Chartres, prêtre à l'échelle de l'Évangile, apporta, dans un temps où le ressentiment était trop vif pour réaliser l'union, sa contribution à ces retrouvailles.

Les hommes sont lents à répondre à l'appel des prophètes.

---

1. J. ROVAN, Témoignage dans *Reims. 8 juillet 1995*, p. 26.
2. Cité par P. COLLOWALD, « Maison commune européenne : recherche de paternité », article dans *La Libre Belgique* du 14 mars 1991.
3. Lettre du 18 décembre 1990 dans *Suresnes Magazine*, février 1991.

Repères biographiques

21 septembre 1904	Naissance de Franz Stock à Neheim.
Pâques 1926	Entrée au séminaire de Paderborn.
Août 1926	Participation au congrès de Bierville : « La paix par la jeunesse », organisé par Marc Sangnier.
Pâques 1928	Étudiant à Paris pour trois semestres.
Août 1931	Rencontre internationale du Borberg près de Brilon.
12 mars 1932	Ordination presbytérale dans la cathédrale de Paderborn.
29 mars 1932	Vicaire dans la paroisse rurale d'Effeln-Anröchte, près de Lippstadt.
25 juin 1932	Vicaire à Dortmund-Eving.
4 septembre 1934	Recteur de la Mission allemande à Paris.
26 août 1939	Départ précipité de Paris. La guerre est imminente.
13 août 1940	Nommé à nouveau Recteur à Paris.
23 décembre 1940	Première exécution dont il est témoin (Bonsergent).
10 juin 1941	Nomination officielle comme aumônier de place en fonction accessoire.
25 août 1944	Entrée du général de Gaulle à Paris. Stock prisonnier des Américains.
23 septembre 1944	Transféré au camp de Cherbourg.
22 avril 1945	Stock prend la direction du Séminaire d'Orléans.
17 août 1945	Transfert du Séminaire au camp du Coudray-Morancez (Chartres).
5 juin 1947	Dissolution du Séminaire des Barbelés suivie du retour à Paris.
16 décembre 1947	L'université de Fribourg nomme Franz Stock docteur *honoris causa* en théologie.
24 février 1948	Mort de l'abbé Stock.
27 octobre 1951	Le cardinal Feltin bénit la nouvelle sépulture de Stock au cimetière de Thiais.
15-16 juin 1963	Transfert de sa dépouille à Chartres.

Message de deux témoins

Un Allemand et un Français.

Le premier a connu Franz Stock dès sa jeunesse et l'a rencontré souvent au cours des années de l'Occupation. Le second a collaboré avec lui de 1945 à 1947 ; Stock dirigeait alors le « Séminaire des Barbelés » où des centaines de prisonniers de guerre allemands se préparaient à la prêtrise.

« Si quelqu'un veut venir à ma suite, qu'il renonce à lui-même, qu'il prenne sa croix et qu'il me suive » (Mt 16, 24).

En 1934, Franz Stock, jeune prêtre allemand, devint pasteur de ses compatriotes résidant à Paris. Cette ville l'avait fasciné depuis ses études à l'Institut catholique. Mais le vif attrait qu'il éprouvait pour la culture et pour l'histoire allait bientôt céder la place au partage et à la prise en charge de la souffrance des hommes. Quand, en 1940, ses compatriotes se mirent à emprisonner, torturer, déporter, fusiller, la détresse de beaucoup de détenus réclama l'assistance d'un frère en humanité. Franz perçut le cri du Seigneur qui l'avait choisi et il répondit à l'appel. II ne sortirait de cet enfer que quatre ans plus tard. La croix dont il était le témoin, la compassion qui se lisait dans son regard, ses paroles d'encouragement et sa prière apportaient comme une ultime lueur dans la nuit de ceux qui avaient perdu toute espérance ; sa présence attentive introduisait un peu de chaleur humaine dans cet univers carcéral où la haine cherchait à tuer l'amour. Combien de condamnés sont morts en pardonnant ! Pour Stock, ce service devint une destinée, qui transfigurait sa vie et la fit accéder à la pleine maturité. Mais ces rencontres douloureuses l'éprouvèrent jusqu'à l'épuisement de ses forces physiques et spirituelles.

Le signe distinctif de cette vie sacerdotale fut le mystère de la Croix, la réalité concrète d'une vie qui jaillit du Christ mis à mort par ses contemporains. Ce que fut la vie intérieure de Franz Stock restera à jamais un mystère, mais on en percevait les fruits dans son engagement pastoral : témoigner de la présence de Dieu dans un monde dominé par les forces démoniaques, c'est ce qui incombe à l'impuissance des disciples du Christ qui envoie les siens comme des agneaux au milieu des loups. Faibles, ils luttent cependant, puisant leur force dans l'action du Maître en l'homme, acculés à choisir entre Dieu et l'Adversaire. Franz luttait, sûr de la victoire de Dieu. Le mérite de Raymond Loonbeek, c'est de témoigner dans ce livre que Franz Stock, serviteur du

Christ, agissant souvent dans un total isolement, a apporté la lumière de la Rédemption à des êtres écrasés par la souffrance. Nous, Allemands, devons en savoir gré à l'auteur.

Au moment où, surtout en Europe, le spectre de la guerre recule devant les efforts déployés pour que l'unité des peuples devienne réalité, on ne peut oublier le point de départ de cette évolution. L'impulsion donnée par des artisans de paix isolés œuvrant dans les ténèbres a déclenché ce processus. Franz Stock était de ces artisans. Il put rendre ce témoignage, car Dieu l'avait choisi à cet effet, alors que l'Église institution semblait impuissante. Pour tous, chrétiens ou non, c'est un appel et un encouragement à contribuer, dans l'esprit de Franz Stock, à favoriser la fraternité entre les peuples. Jésus-Christ nous y invite.

Franz Stock nous réunit par-dessus les frontières. Au nom de ses compagnons de route encore en vie, je remercie l'auteur.

Christoph ALLROGGEN
Curé dans la Ruhr.

C'est en mai 1945, à Orléans, dans une caserne transformée en camp de prisonniers, que j'ai fait la connaissance de l'abbé Stock. Je venais d'être nommé aumônier militaire, chargé spécialement du « Séminaire des Barbelés » alors à ses débuts.

L'abbé Stock était très fatigué et marqué par ce qu'il venait de vivre. Par ailleurs la création d'un séminaire dans une telle promiscuité paraissait de jour en jour plus utopique, d'autant que le commandement local exécutait, sans enthousiasme, les ordres reçus et que les autres prisonniers de guerre allemands nourrissaient à l'égard des séminaristes des sentiments de méfiance, voire d'hostilité. Nous nous sommes écoutés mutuellement et nous allions le faire durant plus de deux ans. En effet, dès mon retour à Clermont, je pris mes dispositions pour rejoindre au plus tôt mon poste, convaincu que des ponts étaient jetés entre l'Allemand et le Français.

J'ai suivi de près le Séminaire depuis les dernières semaines de son existence à Orléans et durant toute la période de Chartres. Ma collaboration avec l'abbé Stock fut de tous les jours. Une confiance réciproque s'établit rapidement entre nous. Et plus je revis en esprit cette expérience exaltante, plus je mesure la part que l'abbé Stock a prise dans l'œuvre de réconciliation franco-allemande. Il fit découvrir et aimer la France à ces jeunes Allemands, ne ménageant aucune occasion pour les sensibiliser à la culture française. Prisonniers dans un pays ennemi, démoralisés par la défaite et l'inutilité des sacrifices consentis, ils en vinrent à éprouver un sentiment de profonde gratitude pour l'accueil et l'assistance dont ils avaient bénéficié de la part des Français.

J'ai découvert en Franz Stock un homme plein de bonté, mais un peu secret. Il avait de l'énergie à revendre malgré son état maladif. Il était très pieux et soucieux de l'éducation spirituelle et théologique des séminaristes. Autant que je sache, il recevait tous ceux qui voulaient lui parler et il les écoutait. Il réunissait régulièrement les professeurs pour récolter leurs avis et il faisait régner entre eux un bon esprit d'équipe.

Je suis convaincu que les neuf cent cinquante séminaristes, professeurs et frères convers rentrés dans leur pays, ont contribué dans une large mesure au rapprochement franco-allemand si cher à leur Supérieur. Beaucoup d'entre eux reviennent en France comme dans un pays ami et leur pèlerinage sur la tombe de l'abbé Stock à Chartres-Rechèvres constitue un témoignage de l'authenticité et de la profondeur de ce qu'ils ont vécu.

Joseph JOHNER
Aumônier de la clinique Saint-Sauveur à Mulhouse.

Index

Appel à la générosité des lecteurs

La réédition du livre de Raymond Loonbeek trouve sa place dans l'ensemble des efforts entrepris par les associations Franz Stock pour mener à bien la réalisation du « Centre Européen de rencontres Franz Stock », dans l'ancien « Séminaire de Barbelés » au Coudray-Chartres.

Les lecteurs intéressés peuvent trouver tous les détails de ce projet sur le site

www.franz-stock.eu

Si certains peuvent ou veulent participer financièrement à ce projet, ils peuvent adresser leurs dons à

FONDATION DU PATRIMOINE
Hôtel de Vigny
10 rue du Parc Royal
75003 Paris

en mentionnant CERFS dossier Z00062

Un reçu fiscal leur sera adressé, leur permettant de déduire de leur impôt sur le revenu 66 % de leur don.

Une simple adhésion à l'association peut également être faite en envoyant à la même adresse un chèque de cotisation de

Cotisation pour les moins de 26 ans	10 €
Cotisation de base	20 €
Cotisation couple	30 €

au C.E.R.F.S.
32 rue du Gord
28630 Le Coudray

Un reçu leur sera également adressé.

Une grand merci d'avance.

Le président : Nicolas Villeroy de Galhau

Cet ouvrage a été composé
par Atlant'Communication
aux Sables-d'Olonne (Vendée).

Achevé d'imprimer en France
sur les presses de Corlet Imprimeur

Dépôt légal : mars 2007
N° d'imprimeur : 99368